智能车路协同系统仿真理论与关键技术

上官伟　柴琳果　蔡伯根　著

科学出版社

北京

内 容 简 介

本书共分 10 章，内容包括对车路协同系统仿真进行阐述和分析；根据多分辨率思想对车路协同系统进行建模，并结合 HLA 的仿真框架，设计了车路协同仿真系统的联邦结构；对不同软件对车路协同系统仿真的适用性进行了分析，继而引出对场景可视化和信息交互的深入探讨及解析；给出了车路协同系统仿真、测试与验证平台的实现方法，并且通过实例展示了平台的运行流程。全书内容由浅至深，公式、图例描述详细，易于读者理解学习。

本书适合作为智能交通领域相关从业人员及学生的学习用书。

图书在版编目(CIP)数据

智能车路协同系统仿真理论与关键技术/上官伟，柴琳果，蔡伯根著. —北京：科学出版社，2021.5
　ISBN 978-7-03-068572-8

Ⅰ. ①智…　Ⅱ. ①上…　②柴…　③蔡…　Ⅲ. ①智能通信网-应用-交通控制-研究　Ⅳ. ①U491.5-39

中国版本图书馆 CIP 数据核字（2021）第 065599 号

责任编辑：赵丽欣　王会明 / 责任校对：马英菊
责任印制：吕春珉 / 封面设计：东方人华平面设计部

科 学 出 版 社 出版
北京东黄城根北街 16 号
邮政编码：100717
http://www.sciencep.com

三河市骏杰印刷有限公司 印刷
科学出版社发行　各地新华书店经销

*

2021 年 5 月第 一 版　　开本：787×1092 1/16
2021 年 5 月第一次印刷　　印张：16
　　　　　　　　　字数：379 000
定价：160.00 元
（如有印装质量问题，我社负责调换〈骏杰〉）
销售部电话 010-62136230　编辑部电话 010-62134021

前　言

近年来，我国城市交通面临交通事故、拥堵频发、环境污染等若干问题，急需从安全、效率、舒适、环保等角度开展针对性研究，满足人们不断增长的交通出行需求。随着移动互联、先进运载工具等相关概念的提出，欧、美、日等专家学者针对基于车车、车路信息交互的车辆运行模式开展了研究。国内外相关专家学者提出了智能车路协同技术与系统概念，将结合信息交互、无人驾驶、仿真测试等技术，助力智能交通系统的快速、稳定发展。车路协同技术与系统的发展越来越需要包括政、产、学、研等各行各业领域专业人才的加入，丰富这门复合交叉性学科的内容，扩展前沿技术发展界限。

在车路协同系统应用之初，需要针对系统需求进行深入分析，并结合典型场景对系统效能进行仿真及实际测试。本书面向车路协同系统产生、发展过程中所面临的关键技术及问题，从系统仿真需求、建模方法选择、仿真框架设计、仿真测试验证等环节开展研究。首先，对车路协同系统仿真进行了概述，阐述了仿真目的、仿真优势及车路协同系统仿真所涉及的关键科学问题；然后，根据多分辨率思想对车路协同系统进行建模，结合 HLA 的仿真框架，设计了车路协同仿真系统的联邦架构；接着分析了不同软件在车路协同系统仿真的适用性，深入探讨了车路协同系统交通仿真和信息交互技术，研究了车路协同仿真系统的可视化表示方法；对车路协同系统中不稳定环节的指标参数进行了建模分析，形成了车路协同系统测试与验证评估方法；最后，针对车路协同系统关键技术，从工程实践的角度给出了车路协同系统仿真、测试与验证平台的实现方法，并通过实例展示了平台的运行流程。

本书旨在研究智能车路协同系统仿真理论与关键技术，为智能交通领域相关科研人员和学者拓宽概念，提供基础理论、方法与技术支持。通过仿真手段辅助车路协同系统进行测试与验证，能够为建立我国具有自主知识产权的车路协同系统整体框架奠定方法基础，促进我国车路协同系统良好快速发展。同时，本书可作为大专院校高年级本科生和研究生教材。

本书得到国家重点研发计划项目"车路协同环境下车辆群体智能控制理论与测试验证（项目编号：2018YFB1600600）"资助。同时，也得到包括科技部 863 计划、国家自然科学基金等项目支撑，是笔者所在北京交通大学智能交通团队十余年来研究成果的总结和凝练。

参加本书编写的人员包括：上官伟（第 1 章、第 2 章、第 6 章）、柴琳果（第 7～10章）和蔡伯根（第 3～5 章），此外参与编写的人员还有王剑、刘江、陈俊杰、杜煜、邱威智、陈思睿、杨嘉明、张立爽、张瑞芬、郭弘倩、肖楠、崔晓丹、尉江华、白正伟和李秋艳。本书还得到了包括清华大学、北京航空航天大学、同济大学、东南大学、长安大学、武汉理工大学、武汉大学等兄弟院校专家和学者的指导和帮助，在此一并感谢。

由于作者水平有限，本书尚有不足之处，请各位读者批评指正。

目　　录

第 1 章 概 述

本章对车路协同系统进行了概述，基于当今交通系统面临的一系列问题，提出了车路协同系统仿真概念，并对车路协同系统仿真与验证、系统建模仿真的研究概况进行简单概述。

1.1 车路协同系统概述

车路协同系统（intelligent vehicle infrastructure cooperative system，I-VICS）是智能交通发展到车车、车路协同阶段的一种衍生系统，其主要强调车车、车路之间的信息交互，从而提高车辆运行效率，保障车辆安全。根据概念来分类，车路协同系统分为广义和狭义两种。广义的车路协同系统是基于信息处理技术、定位导航技术、通信技术、电子传感技术、数据挖掘技术、人工技术等相关技术，来获取车辆和道路信息，通过出行者、车载单元和路侧单元之间进行的实时、高效和双向的实时信息交互，并在全时空动态交通信息采集与融合的基础上开展对车辆主动安全控制和道路协同管理，为交通参与者提供全时空、可靠的交通信息，达到优化利用系统资源、提高道路交通安全、缓解交通拥堵的目的，从而形成安全、高效和环保的道路交通系统，如图 1.1 所示。

图 1.1 车路协同系统示意图

狭义的车路协同系统主要指通过路侧设备和无线通信设备进行信息交互（无车车信息交互），以实现对车辆运动的控制、交通信号的控制及信息发布。

从系统的角度，车路协同系统可分为车载和路侧两大子系统。车载子系统主要由车载信息获取、车载通信、车载警示与控制子系统组成。路侧子系统由路侧信息获取、路侧通信、交通控制与信息发布等子系统组成。车车通信、车路通信技术是车路协同系统的核心。

本书主要参考广义车路协同系统，根据信息交互的模式和对象，可将车路协同系统分为以下三类。

（1）基于车车信息交互（vehicle to vehicle，V2V）的车路协同系统。这种系统主要面向无路侧设备信息交互的交通环境，通过车车间的信息交互实现对车辆的协同控制，达到保障安全和提高通行效率的目的。例如，基于车车通信，实现对车辆队列行驶的协同控制；基于车车通信的协同跟随；基于车车通信的危险状态信息传播等。这种系统的灵活性较大，但由于车辆与路侧没有信息交互，因此在信号控制交叉口的交通环境下，无法实现对信号与车辆运动之间的协调。

（2）基于车路信息交互（vehicle to infrastructure，V2I）的车路协同系统。在这种系统中，带有路侧设备附件的车辆通过无线通信系统与路侧设备交互信息。路侧设备可作为中央控制器协调邻域内所有车辆的运动。信号交叉口的协同控制是这类系统的典型应用之一。一方面，路侧设备通过附近车辆传递来的信息作为交通信号调整的基础；另一方面，路侧设备根据交通信号的控制策略、附近车辆的运动状态和路侧系统检测到的其他信息，给车辆发出警示信息或控制信息。但这一系统由于受到路侧设备安装密度等限制，多适用于信号控制交叉口等交通环境，使用灵活性较差。

（3）基于车车与车路信息交互（V2V&V2I）的车路协同系统。通过车车与车路间的信息交互实现车辆间的协同控制，达到保障安全和提高通行效率的目的。信号交叉口的协同控制是这类系统的典型应用之一。一方面，路侧设备通过附近车辆传递来的信息作为交通信号调整的基础；另一方面，路侧设备根据交通信号的控制策略、附近车辆的运动状态和路侧系统检测到的其他信息，给车辆发出警示信息或控制信息。

1.2 车路协同系统仿真概述

1.2.1 车路协同系统面临的仿真问题

车路协同系统是一个涉及多因素和多层次复杂关系的大规模实时分布式系统，且必须建立在实际可行的应用基础上，才能切实、有效地体现其性能和价值。然而，系统目前处于测试阶段，无法保证安全测试时人员和车辆安全。此外，局部模块的功能实现和小规模系统集成测试难以彻底验证车路协同整体应用于实际路网时的运行性能和目标效果，大规模的实际现场测试十分复杂且成本过高，而且会在很大程度上影响城市路网的正常交通通行，对于仍处于测试阶段的车路协同系统来说不切实际。理论上的设计框架和结构、无线网络通信协议、交通信号协同控制方法、主动安全控制技术等，均需进行合理的测试与验证。在实际中，无法对车路协同环境下驾驶员的行为特征进行验证。通过仿真测试环境可以实现在实际系统中难以实现的测试场景，如大规模路网、混杂交通自主行为引起的复杂交通问题。

为减少研制阶段人力、物力、财力的消耗，并在实施阶段避免因性能缺陷而造成严重后果，迫切需要构建可靠、有效、逼真的车路协同系统仿真平台，支撑车路协同系统的体系结构设计、关键技术研发、系统集成和实施、系统应用效能评价和系统的运营维护等全生命周期各阶段的技术开发与实施。通过构建车路协同仿真系统，快速构建面向典型应用的测试场景，实现大规模的车路协同系统功能模拟，对系统的框架和结构设计、实时信息交互、车车/车路主动安全控制、交通信号协同控制等方面进行有针对性的测试与验证。车路协同系统的设计、研发涉及各种因素和多层次的复杂关系，然而，我国在交通仿真领域的研究起步较晚，往往只局限于对单一问题的解决，尚未把车路协同作为一个涉及整个交通环境的大系统来考虑，因此形成一套完整的车路协同环境下的交通系统仿真方法，成为搭建车路协同仿真平台的关键问题。

1.2.2 采用仿真研究车路协同系统的优势

1. 人员培训

通过仿真操作对人员进行培训，进而能够对真实系统进行操纵、控制、管理和决策。对于复杂系统，采用仿真训练能降低成本和提高安全性。在人员培训中采用多方面技术，围绕真实的"人车路侧设备"系统构成一个仿真系统，通过取代真实系统的机器和环境完成训练提高技术操作准确性，最终达到满足道路真实使用的需要。

2. 可靠的重复性试验

综合实际仿真系统的设备和装置按照现场设备进行重复性试验，对车路系统进行动态模拟，同时对重点设备的内部结构、工作原理做深入剖析。仿真软件的动态模型真实再现车路系统中可能发生的行为，通过不断的、可靠的重复性试验，能够实时、准确地模拟现场及其真实故障。

3. 降低风险、节约成本

仿真技术已经被广泛应用到科技领域的各个环节，对提高开发效率，加强数据采集、分析、处理能力，节约成本，减少决策失误，降低企业风险起到了重要的作用。

构建车路协同仿真系统的作用和优势在于：涉及人-车-路-环境相互作用的复杂系统中，交通仿真具有低成本、可重用、可控制等优点，仿真场景能够实现大规模的真实路网建模，构建现实中难以实现甚至无法实现的系统；仿真平台本身所能达到的后台运行监测以及强大的数据获取功能，可以较为方便地对仿真路网交通运行状态以及无线通信网络的工作情况进行评测与分析，并且能够为其中的车路协同系统给出可靠的性能评价；既能进行系统的集成测试，也能针对某一模块的技术或者方法单独进行模拟。

1.2.3 车路协同系统仿真发展趋势

针对车路协同系统仿真、测试与验证关键技术研究，国内外都处于研究起步阶段，相关的研究成果较少。因此，应系统地结合当前我国车路协同智能交通体系的发展战略，依托车路协同系统整体设计体系框架，为实际车路协同系统模块的设计及其应用提供仿真参考环境，验证车路协同系统不同模块的功能，面向典型应用场景进行仿真环境下的车路协同系统测试与验证，从而可以实现在实际系统中难以实现的测试场景，如大规模路网、混杂交通自主行为引起的复杂交通问题，更好地为其他课题的研究服务。车路协同系统仿真、测试与验证关键技术的研究将对实际的车路协同系统的研究与开发具有重要的指导意义，并将进一步增强我国在车路协同技术领域的核心竞争力，同时为我国车路协同智能交通战略的实现提供重要的辅助和保障。

1.3　车路协同系统仿真与验证方法研究概况

车路协同系统仿真属于多系统仿真。在研究多系统仿真中，会遇到多系统联合仿真问题、交通仿真、信息交互、测试、验证等问题。

1.3.1　多系统联合仿真方法

车路协同的交通系统呈现出超于常规的复杂性，单一集中的仿真框架支撑环境难以适应此种特性。近年来得到广泛应用的 HLA（high-level architecture，高层体系结构）是在分布交互仿真和聚合级仿真协议基础上发展起来的新一代通用分布式仿真框架。HLA 体系已经被证明是一种很有效的分布式系统的仿真框架，能很好地降低复杂系统仿真的复杂性，并实现组件间的相互独立性。在仿真应用领域，美国和欧洲各国均将 HLA 作为其军事仿真中的标准仿真体系。Galli 等将 HLA 与 OMNET 相结合对通信网络的基础设备进行了仿真。

关于多分辨率建模的应用研究：1998 年 Davis 等将多分辨率建模用于模型分析，提出了基于多分辨率模型的探索性分析（exploratory analysis）；1999 年 Lee 和 Fishwick 等研究了多分辨率建模在实时系统中的应用；2000 年 Taylor 等将基于兰彻斯特方程的作战分析仿真和基于实体的战术仿真结合起来；2001 年 Adelantado 等在基于 HLA 的空地攻防仿真系统中使用了多分辨率建模技术，讨论了多分辨率联邦中成员划分的方法和各种聚合与解聚机制，并提出将多分辨率建模功能集成到 RTI 中。

1.3.2　车路协同环境下的交通系统仿真方法

针对车路协同系统的高交互性、系统复杂性、技术先进性，其仿真系统的实现与传统交通系统仿真不同，需要着重考虑对"车路协同"这一关键特性的体现。

国外针对交通仿真的研究已经取得了许多成就，其发展大致经历了起步、发展、成熟三个阶段，其中起步阶段最具代表性的研究成果是英国道路与交通研究所开发的仿真软件 TRANSYT；发展阶段的研究成果则以美国联邦公路局开发的 NETSIM 网络微观交通仿真模型为代表；成熟阶段研究开发的 Vissim、Paramics、TransModeler 等微观商业仿真软件同样具有很强的代表性。Paramics 是英国 Quadstone 公司的微观交通仿真产品，能适应各种规模的路网（从单节点到全国规模的路网），能支持 100 万个节点、400 万个路段、32 000 个区域、仿真步长可变；具有实时动画的三维可视化用户界面，可以实现单一车辆微观处理，支持多用户并行计算；具有功能强大的应用程序接口，可实现路网交通数据实时提取、车辆行为实时控制、动态路线引导、跟驰换道模型的重写。Vissim

是离散的、随机的、以 0.1s 为时间步长的微观仿真模型，车辆的纵向运动采用了心理-生理跟车模型，横向运动采用基于规则（rule-based）的算法；但 Vissim 动态路线导航实现难度较大，没有交通事件模拟功能，而且跟驰换道模型不提供用户重写功能。TransModeler 可实现微观仿真、准微观仿真和宏观仿真的无缝集成，可依据网络范围和仿真解析度选择合适的仿真模型，路网等空间数据存储与管理完全采用 GIS 数据处理方式；采用心理-生理跟驰模型和基于规则的换道模型及间距接受模型，但模型不提供用户重写功能。因此，Paramics 满足交通仿真所需的所有功能，包括大规模路网构建、实时交通信息提取及控制、跟驰换道模型重写等，因此常选取 Paramics 作为车路协同仿真系统平台构建的主要交通仿真软件。

美国加州大学伯克利分校 Muralidharan 等进行了基于宏观连接点元胞传输模型的高速公路交通流仿真；Killat 等提出利用数据模型进行数据包的通信仿真以减少信息传输次数；Hsin 等提出在高速公路交通系统体系结构中实现商业交通模拟器 MODSIM 和通信模拟器 COMNET 的集成系统，并采用状态机对宏观交通流及通信特征进行建模。

与国外相比，我国在交通仿真领域的研究起步较晚，近年来在交通仿真领域投入大量的科研力量，取得了长足的进展，其中清华大学、同济大学、东南大学、北京交通大学等科研单位已经取得了一定的成果。钟邦秀、杨晓光建立了面向对象微观交通仿真系统；李强等建立了基于驾驶员路径选择的动态交通仿真模型；王宏进行了基于元胞自动机的交通流仿真及其与信号预测控制相结合的研究，提出基于非解析模型的交通信号预测控制策略，并利用遗传算法优化交叉口信号配时。

综上，我国对车路协同交通仿真技术的研究目前正处于起步阶段，往往只局限于对单一问题的研究解决，尚未把车路协同作为一个涉及整个交通环境的大系统来考虑。

1.3.3 车路协同环境下的信息交互仿真方法

车路协同系统是通过车辆无线通信、传感器等技术进行车辆信息和道路交通信息获取，利用车车、车路信息资源的交互和共享，实现车辆和道路基础设施之间协同配合的交通技术，以达到优化利用交通系统资源、保证车辆安全行驶、提高道路通行效率的目标。

VANET（vehicular ad-hoc network，车辆自组织网络）是车路协同系统安全信息分发的主要方式。信息交互过程是车路协同系统中重要的组成部分，通信的质量直接影响行车策略的制定以及行车安全。车路协同信息交互建模可以对典型交通应用场景进行仿真测试与验证，为实际的车路协同系统技术的研究与发展提供良好技术和策略支持。针对 VANET 的不稳定拓扑结构等特点，传统的 VANET 最常用的消息传送方式为泛洪。泛洪的方式易于实现，而且在拓扑结构不断动态变化的情况下，能够有效地将消息传递到目的节点。然而泛洪广播过程中，很多节点不必要地参加了消息的转发，增加了节点的计算负担和网络的传输负担，容易造成"信息爆炸"，降低网络传输效率。

良好的路由协议对于整个信息交互系统也是至关重要的。由于 VANET 的复杂性及"信息爆炸"等问题，国内外很多研究人员积极研究关于 VANET 路由协议算法。例如，Toutouh 等将粒子算法、蚁群算法等加入 OLSR（optimized link state routing，优化链路状态路由）协议，通过大量、真实的试验场景进行评估，发现优化后的协议能够提供更好的性能；Khokhar 等提出了一种基于最优化设计的车辆自组网自选举分簇算法，该算法使用车辆车载设备与其他节点间通信，采用最优化算法评价通信指标，将车辆节点合理地分配到不同的分组；周连科提出了一种基于综合权值的 VANET 分簇广播协议，该协议将车辆节点的交通特性纳入考虑，以产生适合 VANET 交通场景下的稳定分簇结构；Schattenberg 等研究了一种基于 GNSS-raw 数据交换的移动自组织网络通信协议，其结合 IMU 对地理信息进行更加准确、完整的提取，能够对结果进行仿真；也有部分学者结合元胞自动机和车辆对不同交互信息的兴趣程度提出 VANET 分群算法。

　　MAC 层的信道接入协议也制约着整个车路协同网络的性能，许多专家学者也做了大量的优化工作。Wang 等研究了基于 IEEE 802.11p 的多信道协调的 MAC 层解决方案，提出了 CCH 间隔变量，它可以动态地调整 CCH 和 SCH 长度比值，并进行了仿真验证。Han 等通过研究 IEEE 802.11p 在车载网络中的 MAC 层协议，提出了一种基于 EDCA（enhanced distributed channel access，增强型分布式信道接入）机制的分析吞吐量的模型，此分析模型既适用于基本的访问模式，同时也适用于 RTS/CTS（ready-to-send/clear-to-send，请求发送/允许发送）访问模式。Hung 等做了大量关于 VANET 的通信协议研究，在 MAC 层进行了大量的改进，提出基于带宽利用率和公平性的 MAC 层协议，旨在提高带宽利用率和公平性的增强。毛建兵等通过研究 DCF（distributed coordination function，分布协调控制）信道接入协议的特点，采用离散 Markov 链对 DCF 的退避机制进行建模分析，研究了多信道下两种 MAC 机制的饱和吞吐量性能与信道带宽分配比例的关系。魏李琦等研究了一种基于 IEEE 802.11p 的车辆速度的自适应退避算法，以提高 V2V 模式下信道访问的公平性问题。实际仿真表明，该算法确实提高了网络的吞吐量及公平性。刘云璐等分析了基于 CSMA/CA 的 MAC 协议在树结构无线传感器网络中的弊端，提出了基于 MAC 协议的优化算法，可以提高不同节点接入信道的公平性。Rawat 等提出了基于传输功率的自适应竞争窗口的算法来提高 VANET 的性能，传输功率的改进是在物理层进行的，且满足 QoS（quality of service，服务质量）保障。

　　目前应用较为广泛的交通仿真软件包括 OPNET Modeler、NS 等。OPNET Modeler 采用离散事件驱动的模拟机理，通过事件驱动器以先进先出的方式对事件和事件时间列表进行维护，每当有事件出现，仿真时间推进，仿真中各个模块之间通过事件中断方式传递事件信息。与时间驱动相比，这种机制的计算效率更高。NS 是一种面向对象的网络仿真器，本质上是一个离散事件模拟器，所有的仿真都由离散事件驱动且开源。以上两种软件各有利弊，但是考虑到系统集成基于 HLA 体系结构，而 OPNET Modeler 提供 HLA 接口，且其各种节点设计相对成熟，应用起来也相对方便，所以车路协同仿真系统信息交互仿真采用 OPNET Modeler 完成。

　　车路协同系统信息交互过程的意义非凡，它是整个车路协同系统的核心，也是该系统本质的体现。在路由协议、信道接入协议及信道分配方面的优化工作将对整个系统的通信性能产生至关重要的影响。

1.3.4　基于仿真的车路协同系统测试与验证评估

　　测试评估作为车路协同仿真系统的重要组成部分，将确保整个仿真体系确实能够为实际系统的搭建提供充足且正确的理论依据，为我国掌握车路系统的关键技术奠定重要基础，加速我国车路协同系统的规模化应用。

国际以及国内在车路协同系统的研究上大多集中于系统的集成开发，在系统评估方面所做的研究较少，车路协同系统测试作为评估的重要手段之一，是车路协同系统建设必不可少的一个步骤。

系统测试验证工作的实施是仿真平台功能实现的重要途径，当前国内外已有多项关于利用交通系统仿真而进行测试验证的研究。目前，国内外研究人员在基于仿真的车路协同系统测试验证的研究主要针对以下两个方面。

1. 测试用例的生成方法研究现状

测试用例，简单来讲，是指执行条件和预期效果的集合，即要测试的内容所确定的一组输入信息，是为达到最佳的测试效果或高效地揭露隐藏的错误而精心设计的少量的测试数据。

在国外，测试的发展已经相当成熟，测试的工作量投入占整个开发工作量的35%，且从事测试的人员与开发人员比例一般也高于1∶1。对于测试用例的生成方法研究也已经有了相当成熟的理论与实践基础，然而国内外研究人员一直在不断地探索和研究更加高效的方法。研究人员总结了在各种情况下各种软件的测试用例生成技术，其主要分为四类，即基于模型的测试用例生成、基于场景的测试用例生成、以路径为导向的测试用例生成，以及基于遗传算法的测试用例生成。

1）基于模型的测试用例生成

利用 UML 的活动图、顺序图、对象图等构造的用例生成模型来生成测试用例均为基于模型的测试用例生成。

2012 年 Anbunathan 等提出使用 UML 类图生成测试用例。在该方法中，首先需要手动生成基础路径测试用例，然后使用 StarUML 将 UML 类图和状态图转换导出为 XMI 文件。使用解析器解析提取这个 XMI 文件的类和状态信息。利用这些状态信息，基于路径搜索算法，生成测试用例。

2）基于场景的测试用例生成

2006 年 Nebut 等提出了一个完整的自动化的测试用例生成链，该链将测试用例从面向对象的嵌入式软件的形式化要求中推导出来。基本方法包括通过以测试目的为声明性信息对测试用例进行改善。测试用例生成分为两个步骤：通过合同推导的测试目的构建用例；使用场景取代每个用例生成测试用例。这些场景描述了系统和参与者之间确切消息交换。

2009 年 Malik 等提出了利用 Event-B 语言对测试的输入/输出场景进行建模，之后将模型转换生成测试用例。

3）以路径为导向的测试用例生成

以路径为导向的测试用例生成同时基于静态和动态的控制流。静态路径测试是依据符号执行的，而动态路径测试通过运行时间做测试。测试充分性是主要的判断依据。

2011 年 Wijayasiriwardhane 等在测试用例的生成过程中增加了一个路径查找器。路径查找器是一个关键的模块，它决定了在流图基础上设置一个程序指定的工具流程图的形式。路径查找器遍历整个流图对象，确定所有的线性独立的路径。确保遍历所有路径，实现以路径为导向的测试用例生成。

4）基于遗传算法的测试用例生成

2012 年 Haga 等在软件单元测试中，提出在以随机数据生成初始测试用例之后，利用遗传算法原理对初始用例设置突变分数，当该突变分数达到一定值时，该用例为最终的测试用例。

对上述测试用例生成方法的研究现状调研可以发现，研究中的大多数生成方法是基于白盒测试理论的，基于白盒测试则需要针对大量的数据进行"穷举"。

2. 测试序列的生成及优化方法研究现状

生成测试用例之后，必然涉及测试序列的生成及优化。对于测试序列的生成及优化，国内外的研究人员也进行了一系列的探索。

2008 年 Samuel 等提出利用 UML 序列图的抉择、选项、循环、中断等特征，将已有的测试案例形成测试序列，但是所提出的技术生成的测试序列存在覆盖率的问题。同年 Samuel 等又提出使用 UML 状态图进行测试用例的自动生成，生成的测试用例满足路径覆盖准则，但对于完整的软件覆盖还是没有提供最佳的解决方案。2009 年 Srivastava 等使用蚁群优化算法设计了一个简单、新颖的方法，该方法利用蚂蚁的属性及性质获取最优路径。这个新方法使用特定的规则集，通过蚁群优化（ACO）原则找出所有有效的最优路径，保证完整路径覆盖。使用蚁群算法来优化测试序列以确保完整的软件覆盖和路径生成的还有 Masri 等，他在 2011 年提出了针对单一路径深入沟通多种商品流问题的路径覆盖优化。

2008 年 Srivastava、Ranjan 等还提出一种布谷鸟搜索算法用于软件覆盖优化。实践证明，基于布谷鸟搜索算法来生成测试序列优化，可以获得 100%的软件覆盖率。类似这样的群智能搜索优化的研究也有很多。Srivastava 在 2008 年还提出了同时通过遗传算法和蚁群算法来生成测试数据；李丹阳等在 2013 年提出将故障测试隔离过程转化为向量的位运算过程，随后将序列优化问题转化为一种最小代价的动态树构造问题，依此对动态构造树进行蚁群优化；孟亚峰等在 2013 年提出通过引入二值属性系统的思想将多值属性系统中每个测试向量扩展为二值测试矩阵，将多值属性系统中的一次测试转化为二值属性系统中的一组测试，成功解决了多值属性系统的测试序列优化问题，得到了令人满意的效果。

2010 年朱敏等提出基于测试重要度的 Petri 网全局搜索算法的测试序列生成，算法过程中能充分利用测试包含的故障信息，计算生成测试代价小且重要性高，包含故障信息量大的测试。

2012 年 Tong 等则利用断言来帮助评估测试覆盖率，甚至作为一个测试生成的源。通过对形成相似的信号建立有效的集群分组，从而断言基于聚类选择的模式相似的信号。此外，同时在测试序列集中分析测试路径和有效地共享坐标，从而达到减少测试冗余的目的。

2012 年梁茨等在对 CTCS-3 级列车控制系统无线闭塞中心（radio block centre，RBC）的切换过程进行测试，提出利用全路径覆盖优化算法（all paths covered optimization algorithm，APCO）与序列优选算法（sequences priority selected algorithm，SPS）自动生成测试序列，并将该方法用于测试。

2012 年赵显琼等提出针对 ETCS-2 并发系统测试的 Perti 网建模，将案例信息、算法限制、序列信息融合到测试模型的 XML 格式文件中，然后对 XML 文件中的 CPN 模型使用 APBTM 算法对整个测试系统中任意一点到另一点的所有路径的合集进行生成，再使用 DFS 路径优化算法对得到的路径合集进行合并及筛选，最终得到针对 ETCS-2 系统测试的最优测试序列。

2012 年 Lam、Babu 等提出基于人工蜂群算法，利用 3 种不同的蜂群分别进行局部搜索和全局搜索，可自动生成可行的独立路径优化以用于软件测试。

2013 年 Gupta 等提出一种改进的遗传算法（genetic algorithm，GA），该算法通过同时对可能和不可能的测试案例进行适应度评估，使得不可能的测试案例向可能的测试案例演化，从而提高测试序列的覆盖度。同样使用遗传算法的还有 Chen，他于 2008 年提出使用 GA 算法优化测试数据的生成。

2013 年 Srivatsava 等探索利用最新发展出来的萤火虫算法（firefly algorithm，FA）来生成最优、最少冗余的测试序列。结果证明，萤火虫算法在对测试序列的测试冗余的减少上是有效的。

2014 年 Iqbal 等提出将给予恢复性的静态测试压缩应用于功能测试序列。该方法通过忽略没有必要的检测目标以达到减少测试序列的目的。

3. 仿真系统验证方法

要瑞璞等针对多层次多指标系统的评价问题，给出了一种模糊综合评价方法。首先采用 4 种不同的模糊综合评判模型对最底层指标进行评价，然后对 4 种不同的评价结果进行二次评判，得到最底层指标的评价结果；把评价结果作为上一层（$n-1$ 层）的模糊关系矩阵，再根据 $n-1$ 层的权重进行评价计算，得到该层的评价结果。依次进行，直到最顶层，得到系统的最终评价结果。

周家红等针对系统中诸多不确定因素和系统的动态特征进行分析，将 SPA 和 Markov 链用于系统的动态安全评价进行了深入研究，提出了一种集状态评价和趋势分析于一体的系统动态安全评价方法，利用 SPA 中的联系数确定系统的危险等级，建立了将系统的安全状态变量、集对势的趋势变量、悲观势的趋势变量相结合的三元组趋势分析模型，剖析了系统的发展趋势，动态评价系统的安全状况。

Underwood 等认为对 ITS 项目评价必须按社会效益、个人效益、企业效益对效益进行分类。社会效益主要是从社会整体来看，ITS 给社会带来的效益，如减少交通拥堵、提高安全性、改善环境、减少能源消耗等。

Quiroga 等比较了拥挤管理系统（congestion management system）的三类绩效评价指标，即道路通行能力指标、与排队相关的指标和基于出行时间的指标，认为基于出行时间的指标最好。

Varaiya 等开发的 PeMS（performance measurement system）采用了路段计算延误、车公里数 VMT、车小时数 VHT 和出行时间 4 个评价指标。

胡明伟等探讨了费用-效益分析法和多目标分析法在 ITS 项目评价中的具体应用，认为在 ITS 项目评价中仅采用费用-效益分析法是不够的，层次分析法等几种多目标分析法较适合于 ITS 项目评价，并对两类方法进行比较研究，探讨了在 ITS 项目评价中费用-效益分析法和多目标分析法的应用范围。

1.3.5　三维视景仿真研究现状

车路协同的交通系统典型场景类型较多且表现复杂，车车、车路等设备之间频繁的信息交互行为与车辆之间复杂的运动趋势仅靠以往的仿真难以给出实时、直观的图形表现形式，近年来得到广泛应用的虚拟现实仿真技术是一项综合集成技术，涉及计算机图形学、人机交互技术、传感技术、人工智能等领域，它用计算机生成逼真的三维视觉、听觉、嗅觉等感觉，使人作为参与者通过适当装置，自然地对虚拟世界进行体验和交互作用，能够及时地对仿真结果进行全方位三维显示与反馈，且在航空、航海、铁路、自动控制仿真等领域已经得到广泛的应用，而成为一种比较实用的仿真方法。

MultiGen-Vega 作为一种可视化与仿真软件，具有功能模块多、仿真能力强的特点，支持快速、复杂的视觉仿真程序，可及时处理较为复杂的交通仿真事件，且具备 C 语言应用程序接口（API），包含丰富的相关应用库函数，可以在仿真过程中对仿真事件进行实时的控制和管理。Vega 的这些特点使其特别适合用于车路协同系统这类分布式复杂大系统的仿真，使仿真平台的维护和实时性能的进一步优化变得更加容易，尤其是对于典型应用场景中的各种突发事件的及时处理效果更加突出。此外，MultiGen-Creator 作为一种建模工具，可建立多种数据库组织形式下的三维仿真模型。在建模过程中即可对模型进行优化处理，大幅度精简模型结构，减少内存占用，采用多种节点组织方式，如 LOD、DOF、Switch 节点等，提高显示时的渲染效率与速度，在三维仿真平台搭建之初即可对组织模型进行优化，提高了系统仿真效率。同时在仿真应用领域，美国和欧洲各国等发达国家均将视景仿真技术作为其军事仿真中的重点发展技术。

基于 MultiGen-Vega 和 MultiGen-Creator 的三维视景仿真技术能够很好地将当前快速发展的虚拟现实仿真技术与交通系统仿真相结合，紧跟技术前沿，实现车路协同系统典型复杂应用场景的全方位显示与交互仿真，再考虑 MultiGen-Vega 的三维显示效率的优越性和 MultiGen-Creator 模型组织的高效性，采用该方法构建车路协同系统的三维视景仿真平台具备充足的理论与技术支持。

目前，虚拟现实仿真作为一种前沿科技，在一些行业已经取得成功应用并积累了相关实践经验，但当前针对三维视景仿真技术的研究，国内外的可视化仿真应用多集中在驾驶培训和城市规划等领域，国内较为成功或完备的公路交通行业的可视化仿真案例较少见到，直接研究对象为"车路协同系统"的成果更为少见，这也印证了其前沿性。另外，也反映了当前对车路协同系统可视化仿真工作的迫切需求，为研究工作的开展提供了良好的外部环境。

1.4　车路协同系统建模仿真理论研究概况

1.4.1　车路协同系统建模技术研究现状

近年来，随着机动车辆总量的快速增加，我国面临着严重的交通拥挤、能源、环境等问题。车路协同技术是目前交通领域发展的趋势和热点，也是满足现代道路交通发展需要、提升道路交通化水平和通行能力的有效解决方案。

车路协同技术是目前交通领域发展的趋势和热点，也是满足现代道路交通发展需要、提升道路交通化水平和通行能力的有效解决方案。目前，世界各国都积极发展车路协同技术的研究与试验，并将其作为改善道路交通安全和效率的重要手段，其中美国、日本和欧洲各国处于领先地位。

美国通过 VII 及其后续计划 IntelliDrive 等研究项目大力推动了车路协同技术的发展，其中 IntelliDrive 是 VII 项目的演进，其研究方向的重点在于车辆主动安全方面，同时兼顾多种运输方式和出行模式的不同需求，为驾驶员提供动态、连续的服务，并保证车与车、车与路侧、车与管理中心等主体之间互联互通的便利性。目前美国国内已建成多条车路协同系统的试验线。

日本车路协同技术的最大特点是个性化行车安全与导航。2006 年，日本由政府和 23 家知名企业共同启动了“SmartWay 计划”，并将 SmartWay 作为国家政策予以实施，其核心目的是整合日本各项 ITS 功能，建立车载集成平台，将道路与车辆连接成为一个整体，形成车路协同感知整体环境。继 2009 年完成在东京试验厂区大规模测试后，已陆续开始在 3 个都市区部署应用 SmartWay 项目。

欧洲关于 ITS 的研究基本与美国和日本同期起步，其车路协同相关系统的发展主要是在 2000 年之后启动。面向安全和效率的 CVIS & Safe SPOT 项目计划由欧盟资助，并于 2006 年启动，这是欧洲车路协同系统实用化的重要一步。欧洲车路协同技术的研究重点是安全问题，同时非常注重体系框架和标准、交通通信标准化、综合运输协同技术等的研究，有效地推动了综合交通运输系统与安全技术的实用化。

与国外研究相比，我国车路协同系统的研究仍处于起步阶段，各个研究单位的研究都比较分散且没有统一规划。另外，我国车路协同应用研究的规模较小，缺乏系统和大规模的车路协同实际场景集成应用，各种技术标准亟待制定。清华大学从“十五”期间就对相关技术开始了攻关工作，建立了车辆安全测试平台；2007 年起通过“863 计划”项目“交通对象协同式安全控制技术”和自主科研计划项目“基于车路协同的交通系统”等对车路协同技术进行系统研究，在车路协同通信、主动安全等关键技术方面取得突破性进展，大量关键技术都在实测场景下进行了功能验证。同济大学已建立了基于 WAVE 的车路协同试验系统平台，并正在进行国家自然科学基金项目“基于车路协同环境的下一代道路交叉口交通控制技术探索研究”等。

1.4.2　车路协同系统仿真发展趋势

近年来，针对交通需求日益增长的现状，作为解决交通问题有效途径的交通技术得到了极大发展，综合运用无线通信、控制等先进技术成果的车路协同系统已成为重要的发展方向，国内外众多机构已在该领域进行了一些研究和探讨。现有的研究成果已证明车路协同系统对解决交通问题和优化交通系统具有积极的现实意义，然而现有研究在车路协同各关键技术方面尚未充分体现"协同"这一核心思想，未来的研究工作还有十分广阔的发展空间。

随着现代交通技术向车路协同方向发展的重要趋势，美、日、欧等国家和地区均在车路协同系统的研究与开发方面进行了大量工作，开展了一批高水平的研究及试验项目。在车路协同交通系统中，基于系统级的架构制定以及部件级的车载/路侧关键设备的研制与开发，还需要对所设计开发的系统架构本身以及实际系统功能、性能等关键特性进行测试、评估与验证。限于现场实际测试验证的诸多因素，一种有效且常规的方式即为通过构建系统仿真平台，完备和高效地完成系统测试评估任务。

车路协同仿真测试是车路协同系统重要支撑技术之一，国外的研究主要依托 VII 等典型示范项目的建设而开展，国内专门从事车路协同系统仿真的研究尚少，目前国内外鲜有较为直接相关的研究成果，当前的成果主要集中于车车、车路之间信息交互方面的仿真，而信息交互只是整个车路协同系统众多研究内容的一个方面，这造成车路协同系统仿真各研究内容的不均衡，从中可以窥见这一重要的契机和研究空白领域。鉴于车路协同系统仿真测试系统构建对于该技术领域研究实施的重要性，面向车路协同系统的仿真测试是当前在车路协同领域必然的发展趋势和重要前沿，它的开展是我国充实技术积累乃至占领该领域研究制高点的重要保障。可以预见，未来随着车路协同技术所受到的关注越来越多，研究会越来越深入，车路协同系统的仿真、测试、验证等问题必将在车路协同研究领域中占据重要位置。

交通运输是建设资源节约型、环境友好型社会的重要领域，应用车路协同技术能够节约资源，促进其循环利用，推进节能减排，发展清洁运输。大力发展车路协同技术，构建更加高效的现代交通系统，需要准确把握这一领域的研究趋势和发展空间，同时合理结合我国当前的技术储备、经济基础以及现实需要。在车路协同系统这一热点技术领域中，仿真测试技术的引入，必将为推动我国技术、经济发展及研究技术水平起到关键作用。

针对车路协同系统仿真、测试与验证关键技术研究方面，国内外都处于研究起步阶段，相关的研究成果较少。因此，系统地结合当前我国车路协同智能交通体系的发展战略，依托车路协同系统整体设计体系框架，为车路协同系统模块的设计及其应用提供仿真参考环境，验证车路协同系统不同模块的功能，面向典型应用场景进行仿真环境下的车路协同系统测试与验证，从而可以实现在实际系统中难以实现的测试场景，如大规模路网、混杂交通自主行为引起的复杂交通问题，更好地为研究服务。

在未来的研究工作中，将对无信号交叉口、区域化、MC 层协议竞争、通信协作等进行研究，进行一系列模型测试。

车路协同系统仿真、测试与验证关键技术的研究将对实际的车路协同系统的研究与开发具有重要的指导意义，并将进一步增强我国在车路协同技术领域的核心竞争力，同时为我国车路协同智能交通战略的实现提供重要的辅助和保障。

第2章 基于HLA的系统建模与仿真框架

本章以车路协同系统仿真为研究对象，基于多分辨率建模思想，采用 HLA 仿真框架进行仿真，设计了车路协同仿真系统的联邦结构，从而根据不同分辨率针对不同角度建立系统模型并开展研究，对于提高仿真可重用性和互操作性具有重要意义。

2.1 车路协同系统多分辨率建模研究

2.1.1 多分辨率建模理论基础

1. 分辨率及其相关概念

1）分辨率的定义

分辨率（resolution）在不同领域具有不同的含义，简单地讲，一个模型的分辨率是指这一模型描述现实世界的详细程度，也就是模型对细节描述的多少。在多分辨率建模的发展过程中，众多研究学者从不同角度分别给出了分辨率的定义，其中具有代表性的有以下几种。

（1）Roza 和 Van Gool 等认为：分辨率是用来描述现实世界某些方面的模型或仿真应用的详细程度或精度。

（2）Hamilton 给出的定义：分辨率是仿真可以输入和输出的详细程度。

（3）美国仿真互操作标准化组织（SISO）给出了一个被广泛认可的定义：分辨率是指在建模或仿真中，模型描述真实世界的精确度和详细程度，也称粒度。

（4）RAND 公司的 Davis 等给出的定义：分辨率是在模型中系统各要素及其行为被描述的详细程度。

（5）Powell 等从面向对象的角度来定义模型的分辨率：分辨率是仿真中对象的表示粒度的度量。

此外，中国国防科学技术大学的刘宝宏针对军事仿真领域给出了模型分辨率的概念：模型分辨率是指模型所描述的实体的最小粒度和模型所描述的属性、行为、输入/输出等方面的详细程度。刘宝宏还给出了模型分辨率的定量描述，即

$$\gamma(M) = \frac{\text{num}_M}{\text{num}_{\text{all}}} \tag{2.1}$$

式中：num_M 为模型 M 中的实体数目；num_{all} 为系统对象中自然存在的实体数目。

根据以上叙述可知，模型分辨率主要表示的是一种对系统对象描述的详细程度，以上定义虽然表述各异，但本质上是一致的。目前仿真领域对模型分辨率的概念基本趋于统一，即模型的分辨率是指模型所描述实体的细节层次和详细程度。

2）分辨率相关概念

逼真度（fidelity）、粒度（granularity）、细节层次（level of detail）等概念与分辨率的概念类似，但是也存在不同之处。

逼真度的概念与分辨率比较相似但也有区别，逼真度的概念指的是模型与对象的相似程度，但是分辨率的概念侧重模型对对象细节描述的详尽程度，从一般意义上讲，逼真度与分辨率成正比，即模型的逼真度越高则模型的分辨率也越高，但是在模型分辨率越高时逼真度不一定越好。例如，气象模型中，分辨率越高误差可能会越大，逼真度反而降低。

模型粒度的概念主要指的是对仿真实体的可分辨程度，模型粒度侧重于对仿真实体的细节描述层次。粒度和细节层次在概念上基本是一样的，细节层次相当于模型分辨率的一个方面。

3）多分辨率建模的定义

多分辨率建模（multi-resolution modeling），也经常被称为可变分辨率建模（variable-resolution modeling）、混合分辨率建模（mixed-resolution modeling）、跨分辨率建模（cross-resolution modeling）或者多粒度建模（multi-granularity modeling）。同样，对于多分辨率建模的定义目前还没有形成统一的认识，参考目前国际上对分辨率的相关定义，本书提出了针对车路协同仿真系统方面的分辨率定义，即"在建模、仿真过程中，以信息交互的细节层次不同为准则，采用不用精度、层次的建模方法来描述车路协同系统完成的各项功能，这些精度、层次可以定义为车路协同系统建模中的分辨率"，并且将"车路协同系统多分辨率建模"定义为"在建模、仿真过程中，以信息交互的细节层次不同为准则，对车路协同系统建立多分辨率的模型，这些不同分辨率的模型相互作用，协调运行来完成特定的仿真任务，以达到提高仿真逼真度或提高仿真效率的目的"。

2. 多分辨率建模原理

设多分辨率实体包括分辨率级别 A 和分辨率级别 B 两个级别上的属性，并且分辨率 A 的状态和分辨率 B 的状态总是保持一致，如图 2.1 所示。

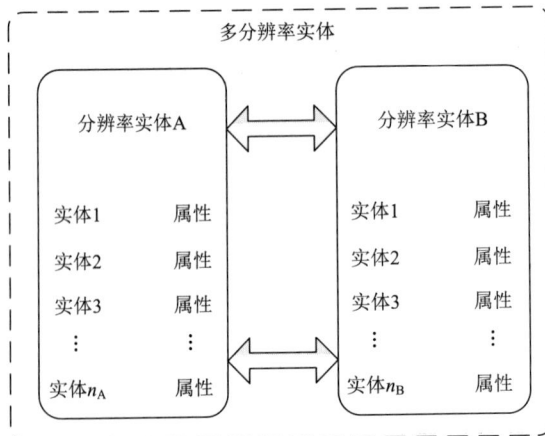

图 2.1　多分辨率建模示意框图

设定分辨率实体 A 为 $\mathrm{MRE_A}$，分辨率实体 B 为 $\mathrm{MRE_B}$，分辨率实体 A、B 可以分别表示为

$$\mathbf{MRE_A} = \left[X_1^A X_2^A \cdots X_{n_A}^A \right]^T \tag{2.2}$$

$$\mathbf{MRE_B} = \left[X_1^B X_2^B \cdots X_{n_B}^B \right]^T \tag{2.3}$$

假设分辨率实体 A、B 间的仿真关系为

$$\mathbf{MRE_B} = \boldsymbol{K} \cdot \mathbf{MRE_A} \tag{2.4}$$

将式（2.4）写成向量的形式为

$$\begin{bmatrix} X_1^B \\ X_2^B \\ \vdots \\ X_{n_B}^B \end{bmatrix} = \begin{bmatrix} k_{11} & k_{12} & \cdots & k_{1n_A} \\ k_{21} & k_{22} & \cdots & k_{2n_A} \\ \vdots & \vdots & & \vdots \\ k_{n_B1} & k_{n_B2} & \cdots & k_{n_Bn_A} \end{bmatrix} \cdot \begin{bmatrix} X_1^A \\ X_2^A \\ \vdots \\ X_{n_A}^A \end{bmatrix} \tag{2.5}$$

式中：n_A、n_B 为多分辨率实体模型 A 和 B 的个数，满足 $n_B \leqslant n_A$；$\boldsymbol{K}_{n_B \times n_A}$ 为分辨率实体 A、B 模型之间的转换矩阵。

3. 多分辨率建模的描述规范

多分辨率建模的形式化描述是多分辨率建模领域的难点问题之一，不同领域的研究人员先后提出了几种形式化描述规范，但是不具有统一性及通用性，目前尚未形成系统化的理论体系。本节介绍了多分辨率建模的几种典型描述规范，为本书后面的章节中建立车路协同系统多分辨率模型的数学描述奠定理论基础。

1）DEVS 描述规范

DEVS（discrete event system specification，离散事件系统规范）是 Arizona 大学 Zeigler 教授提出的模型形式化描述规范，能较好地描述离散事件系统、连续系统和离散时间系统。它通过具有内部独立结构和输入/输出接口模块的子系统，按照一定的连接关系组合为复杂的系统模块，从而形成对模型层次化、模块化的描述。

DEVS 模型分为原子模型和耦合模型。原子模型描述了离散事件系统的系统状态转变、外部输入事件响应和系统输出等自治行为；耦合模型则是若干原子模型的耦合。

DEVS 用数偶 (s,e) 表示系统状态，其中 s 为系统状态值，e 为系统处于状态 s 的持续时间。

基本 DEVS 原子模型描述方法为

$$M = <X, s_0, S, Y, \mathrm{ta}, \delta_{\mathrm{int}}, \delta_{\mathrm{ext}}, \lambda> \tag{2.6}$$

式中：X 为输入事件的集合；Y 为输出事件的集合；S 为系统所有可能状态序列的集合；s_0 为系统初始状态；ta 为时间推进函数，$\mathrm{ta}: S \to R_{0,\infty}^+$，$\mathrm{ta}(s)$ 表示无外部事件到达时系统状态 S 保持的时间；δ_{int} 为模型内部状态转移函数，$\delta_{\mathrm{int}}: S \to S$；$\delta_{\mathrm{ext}}$ 为外部状态转移函数，$\delta_{\mathrm{ext}}: Q \times X \to S$，其中 $Q = \{(s,e) \mid s \in S, 0 \leqslant e \leqslant \mathrm{ta}(s)\}$；$\lambda: S \to Y$，输出事件在系统内部状态转移时产生。

基本 DEVS 耦合模型的形式化描述为

$$N = <X, Y, D, \{M_d\}, \{I_d\}, \{Z_{i,d}\}, \text{Select}> \qquad (2.7)$$

式中：X 为输入事件的集合；Y 为输出事件的集合；D 为成员模型索引的集合；$\{M_d\}$ 为成员模型的集合，$\{M_d \,|\, d \in D\}$，即对 $\forall d \in D$，M_d 是一个 DEVS 模型；$\{I_d\}$ 为对模型 M_d 有影响的模型索引的集合，即对 $\forall d \in D \bigcup \{N\}$，有 $I_d \subseteq D \bigcup \{N\}, d \notin I_d$；$\{Z_{i,d}\}$ 为模型 i 的输出到模型 d 的输入转换函数，描述了耦合模型的输入/输出与成员模型的连接关系，以及成员模型间输入/输出的连接关系。

基本 DEVS 模型在任意时刻仅能处理一个输入事件，为满足多个输入事件的并行处理，Zeigler 提出了并行 DEVS 模型，其原子模型和耦合模型描述如下。

并行 DEVS 原子模型的形式化描述为

$$M = <X, s_0, S, Y, \text{ta}, \delta_{\text{int}}, \delta_{\text{ext}}, \delta_{\text{con}}, \lambda> \qquad (2.8)$$

式中：δ_{con} 为并发状态转移函数，$\delta_{\text{con}} : S \times X^b \rightarrow S$，$X^b$ 为输入事件组合的集合，用于描述并发的输入事件。其余的并行 DEVS 模型的含义大体上和基本 DEVS 模型一致。

并行 DEVS 耦合模型的形式化描述与基本 DEVS 耦合模型相比，只是去掉了 Select 函数，其余变量含义与基本 DEVS 耦合模型相同。

2）MR-DEVS 描述规范

针对多分辨率建模问题，李元、李伯虎等提出了多分辨率 DEVS 描述规范（multi-resolution DEVS，MR-DEVS）的系统形式化描述规范。MR-DEVS 的优点在于可以很好地描述由分辨率改变而引起的模型结构动态改变，对于多分辨率建模的所有关键特性问题，如根据模型分辨率改变模型结构的调节、模型聚合解聚及其一致性维护问题得到了有效的解决。MR-DEVS 的基本概念和理论介绍如下。

MR-DEVS 引入了多分辨率实体（multi-resolution entity，MRE）和多分辨率系统（multi-resolution system，MRS）的概念，其中多分辨率实体是指可以在不同分辨率等级上与其他对象进行交互的概念实体。多分辨率系统是指包含多种多分辨率实体的复杂系统。

MR-DEVS 原子模型形式化描述方法为

$$\text{MR} - \text{DEVS} = <X_{\text{Res}}, Y_{\text{Res}}, R, \psi, \varphi_0, \{m_{\varphi_0}\}, \{M_r\}, \{C_{i \rightarrow j}\}, \{Z_\varphi\}> \qquad (2.9)$$

式中：X_{Res}、Y_{Res} 分别为分辨率改变时收发通知事件的端口；R 为实体分辨率的集合，或者是同一实体不同分辨率模型索引的集合；$\psi = \{2^R - \phi\}$ 为交互过程中实体分辨率模式的集合；φ_0 为实体的初始分辨率模式，$\varphi_0 \in \psi$；$\{m_{\varphi_0}\}$ 为实体在分辨率 φ_0 下模型的集合，$m_{\varphi_0} \in M_{\varphi_0}$，$M_{\varphi_0} \subset M_r$；$C_{i \rightarrow j}$ 为不同分辨率模型的一致性映射函数；Z_φ 描述了同一实体在分辨率模式为 φ 时不同模块间的耦合关系，其定义为：$Z_\varphi : Y_r^i \rightarrow X_r^j$，$\varphi \in \psi$ 且 $r \in R$。

在式（2.9）中，M_r 为实体在分辨率 r（$r \in R$）下的模型的集合，对于 $m_r \in M_r$ 为变结构的 DEVS 模型，其形式化描述方法为

$$m_r = <X_r, Y_r, s_{r,0}, S_r, \delta_{\text{int}}, \delta_{\text{ext}}, \delta_{\text{con}}, \{\rho_{r \rightarrow i}\}, \lambda_\rho, \lambda, \text{ta}> \qquad (2.10)$$

式中：X_r、Y_r 分别为模型的输入/输出集合；S_r 为模型状态的集合；$s_{r,0}$ 为模型初始状态，$s_{r,0} \in S_r$；$\delta_{\text{int}} : S_r \rightarrow S_r$ 为内部状态迁移函数；$\delta_{\text{ext}} : Q \times X_r^b \rightarrow S_r$ 为外部状态迁移函数，其中 $Q = \{(s,e) \,|\, s \in S, 0 \leqslant e \leqslant \text{ta}(s)\}$ 为模型所有状态的集合；$\delta_{\text{con}} : S_r \times X_r^b \rightarrow S_r$ 为并发状态

迁移函数；$\lambda : S_r \to Y_r$ 为输出函数；$\lambda_\rho : S_r \to Y_{\text{Res}}$ 为改变分辨率事件的通知函数；$ta : S_r \to R^{\geq 0} \bigcup \{\infty\}$ 为时间推进函数；$\rho_{r \to i} : S_r \times X_{\text{Res}} \to M_i$，$i、r \in R, i \neq r$ 为分辨率转换函数，用于向其他分辨率下模型转换的同时保持前后两个模型集的连续性。

MR-DEVS 耦合模型的形式化描述为

$$MR - NDEVS = < X_{N\text{Res}}, Y_{N\text{Res}}, n_{\text{init}}, N > \qquad (2.11)$$

式中：$X_{N\text{Res}}$、$Y_{N\text{Res}}$ 为分辨率改变事件的通知端口，端口 $X_{N\text{Res}}$ 根据接收其他网络的通知事件来改变网络中某些实体的分辨率；同样地，当网络模型内某些实体的分辨率发生改变时，通过端口 Y_{Res} 向其他交互实体发送通知事件。n_{init} 为初始网络模型，$n_{\text{init}} \in N$。

式（2.11）中，N 为网络的最小集，其形式化描述为

$$N = < X, Y, D, \{M_d\}, \{I_d\}, \{Z_{i,j}\}, \rho_N, \lambda_N > \qquad (2.12)$$

式中：X、Y 分别为网络内实体的输入/输出集合；D 为网络内实体的集合，也可作为网络内实体索引的集合；对于所有的 $d \in D$，$\{M_d\}$ 为实体 d 的 MR-DEVS 原子模型；$\{I_d\}$ 为对实体 d 有影响的实体的集合，对所有的 $d \in D$，有 $I_d \subset D \bigcup \{N\}$，其中 N 为网络本身的名称；$Z_{i,j}$ 为输入/输出转换函数，其定义为 $Z_{i,j} : Y_i \to X_j$，其中 $i、j \in D \bigcup \{N\}, i \neq j$；$\rho_N$ 为网络转换函数，其定义为 $\rho_N : S^n \times X_{N\text{Res}} \to N$，其中 $S^n = \underset{d \in D}{\times} Y_{\text{Res}}^d$ 为局域网中所有实体通知事件（由分辨率改变触发）的叉积；λ_N 为分辨率改变事件的通知函数，其定义为 $\lambda_N : S^n \to Y_{N\text{Res}}$，当某实体改变分辨率时，它可以通过端口 $Y_{N\text{Res}}$ 发送通知事件至其他网络的相关实体，这些实体据此改变各自的分辨率。

由于 MR-NDEVS 具备耦合封闭性，它可以作为原子模型加入其他更大的系统模型中，因此 MR-DEVS 描述规范具备层次化描述能力。由于 MR-DEVS 针对多分辨率建模问题（如不同分辨率模型的并发运行问题、聚合结聚问题、一致性维护问题等）的关键特性的描述特别具有优势，因此该描述规范特别适用于多分辨率建模问题。

由于车路协同系统的多因素和多层次的特征，拟采用 MR-DEVS 描述规范来描述车路协同系统仿真典型多分辨率场景。

4. 多分辨率建模的优势

车路协同系统是一个多层次、复杂的大系统，必须从不同层次、不同时间、不同空间等多个方面对系统进行建模，现有的建模技术大都无法满足如此复杂的系统建模问题，而采用多分辨率思想，从不同分辨率针对不同角度建立系统模型并开展研究，是一种行之有效的途径。

多分辨率建模是近年来国际上建模与仿真领域的研究热点，是未来复杂系统分布式交互仿真的关键技术之一。Adelantado 等在一个基于 HLA 的空地攻防仿真系统中使用了多分辨率建模技术，讨论了多分辨率联邦中成员划分的方法和聚合解聚机制并提出将多分辨率建模功能集成到 RTI 中。Taylor 等将基于兰彻斯特方程的作战分析仿真和基于实体的战术仿真结合起来；Ogata 等研究了多分辨率建模在城市交通系统仿真中的应用。

国内对多分辨率建模理论的研究起步较晚。近年来，随着我国分布交互仿真研究的逐步深入，国内学者开始重视多分辨率建模问题。李伯虎等指出，多分辨率建模是未来

仿真的重点研究方向之一。刘宝宏等对基于 HLA 的多分辨率建模框架的设计与实现方法进行了研究。蔡伯根等采用多分辨率建模思想对 CTCS-3 级列控系统进行了建模和仿真实现，取得了较好的仿真效果。

　　虽然多分辨率建模在理论上和技术上都还存在亟待解决的问题，但已经出现的一些成功应用显示了多分辨率建模广泛的应用前景。目前国内尚未有学者对多分辨率建模方法在交通领域的应用进行过深入研究，也还没有人在车路协同系统仿真中引入多分辨率建模的思想。对于车路协同仿真系统，重点研究车路协同系统的多分辨率模型构建、多分辨率建模的聚合解聚等问题，对于提高仿真可重用性和互操作性具有重要意义。

2.1.2　车路协同系统多分辨率模型构建

　　由于车路协同系统对于仿真精度要求较高，通过多分辨率建模从多个层次出发，建立各个层次之间的无缝对接模型，能够把不同的交通模型整合在一起，进行有机组合，形成多层次的车路协同仿真模型系统。不同分辨率交通仿真模型如表 2.1 所示。

表 2.1　不同分辨率交通仿真模型

模型	多分辨率仿真模型			模型特点
	微观	中观	宏观	
车路协同控制模型	单个车辆实体模型、路侧设备实体模型	车路协同应用场景模型，按队列驱动，包括跟驰模型、换道模型/排队模型、流-密-速关系模型、动态分配模型等应用模型	将车辆拟为流体或气体。以由流量守恒规则导出的微分方程描述系统优化	根据需求动态改变对象，整合不同分辨率模型的一致性维护模型

　　根据上面对典型模型的讨论，车路协同系统多分辨率模型的层次结构如图 2.2 所示。

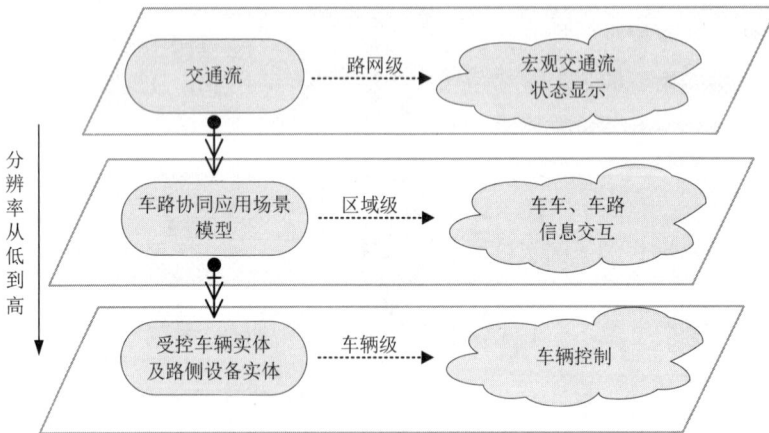

图 2.2　车路协同系统模型的三种分辨率划分

　　车路协同系统多分辨率实体的结构划分可用图 2.3 来描述，其中 V 表示车辆（vehicle），RS 表示路侧设备（roadside），F 表示交通流（traffic flow），RN 表示路网（road network），D 表示交通控制设备（traffic control devices），C 表示车路协同（cooperation），RSU 表示路侧单元（road side unit），TCC 表示交通控制中心（traffic control center），TS

表示交通信号设备（traffic signal device）。

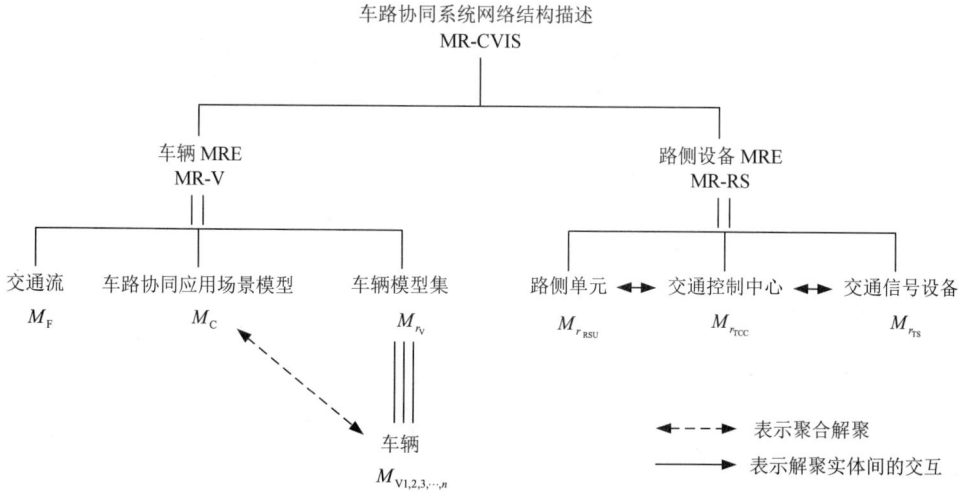

图 2.3 车路协同系统实体结构

2.1.3 车路协同系统多分辨率建模的基本方法

1. 聚合解聚法

聚合解聚法（aggregation-disaggregation）是多分辨率建模领域广泛使用的方法，它符合人们认识复杂系统的思维习惯，从实际系统到模型的映射比较自然且易于用面向对象的方法实现。其主要思想是：由高分辨率模型聚合得到低分辨率模型；由低分辨率模型解聚得到高分辨率模型。一般情况下，聚合是指用一个属性取代一组属性的过程，解聚则相反。从 DEVS 角度看，聚合是将一个耦合模型抽象并映射为一个复杂度较低的耦合模型，且在一定的建模框架内保持行为的一致性（图 2.4）。

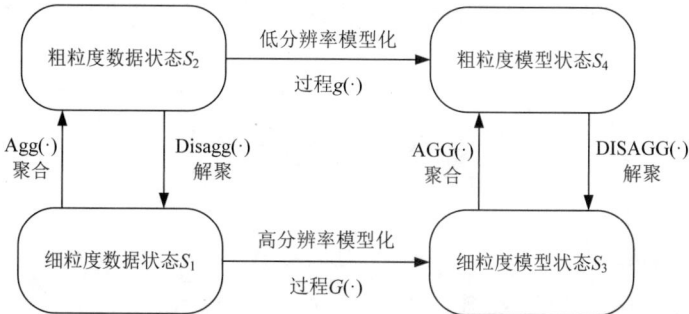

图 2.4 聚合解聚法多分辨率建模原理框图

聚合解聚法面临的最主要问题是从低分辨率的属性（包括模型的各项位置、速度、状态等属性）映射到高分辨率的属性，或者从高分辨率的属性映射到低分辨率的属性。设 $S.x$ 表示实体 S 的属性 x，则从高分辨率模型实体 $S_1, S_2, \cdots, S_n$ 聚合映射到低分辨率模

型实体 S 的过程可用公式表达为

$$f_A : S_1.a_1 \times S_2.a_2 \times \cdots \times S_n.a_n \to S.a \qquad (2.13)$$

由于高分辨率模型中含有更详细细节的模型信息，而低分辨率模型中只含有部分信息，因此从低分辨率模型解聚到高分辨率模型必须要有其他附加信息才能实现。对于从低分辨率模型解聚映射到高分辨率模型的问题，假设每个模型的解聚映射过程中都有一个相关的限制条件 ω 集，则解聚映射 f_D 可表示为

$$f_D(S.a, \omega) = (S_1.a_1, S_2.a_2, \cdots, S_n.a_n) \qquad (2.14)$$

由此可知，在设计解聚操作的映射函数时，需要根据具体模型给出附加条件，才能给出唯一合理的从低分辨率到高分辨率的映射。

聚合解聚方法主要包括完全解聚、部分解聚、区域解聚、伪解聚四种方式，其中完全解聚法主要是把低分辨率实体（low resolution entity，LRE）解聚为若干高分辨率实体（high resolution entity，HRE）。原理如图 2.5 所示，当 LRE 的 L1、L2 和 HRE 交互时，L1、L2 被解聚。由于完全解聚过程比较复杂，不同的低分辨率实体会产生大量的高分辨率实体，因此该过程将会消耗很多系统资源。该方法仅限于小范围的多层次模型。

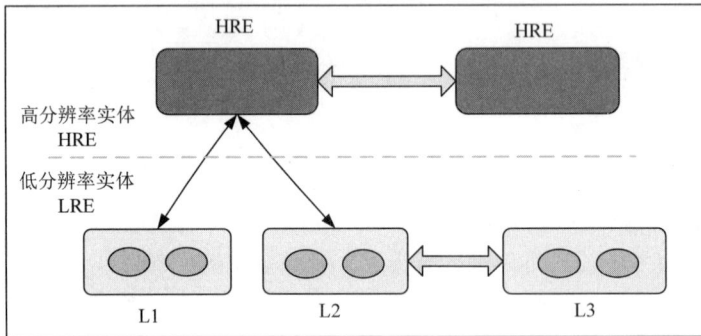

图 2.5 完全解聚示意图

部分解聚方法通过只将部分低分辨率实体解聚为高分辨率实体来避免系统资源的占用问题。原理如图 2.6 所示，把低分辨率实体 L2 做一个分区，一部分解聚成 HRE 并与 L1 交互，另一部分与 L3 交互。

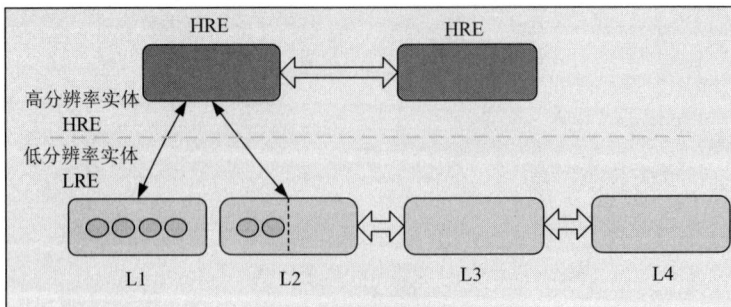

图 2.6 部分解聚示意图

区域解聚方法是将指定区域内的 LRE 解聚为 HRE。一旦 LRE 的所有 HRE 组成成

分都脱离该指定区域，HRE 又重新聚合为 LRE。

伪聚合方法是把组成 LRE 的 HRE 的信息发出去，但并不与其他分辨率实体进行交互的解聚方式，因此 LRE 并没有真正解聚。

聚合解聚法形象直观、易于理解，比较容易实现从现实世界到网络模型的映射，易于用面向对象的方法实现，和视点选择法相比，也比较节省计算和网络资源，但是这种方法也存在很多问题，如链式解聚、暂态不一致性、转换延迟问题。

（1）链式解聚（chain-disaggregation）。当某个高分辨率实体 A 和低分辨率实体 B 交互的同时又与其他低分辨率实体 C 进行交互，此时高分辨率实体 A 聚合过程与低分辨率实体 C 解聚过程会有一致性的问题，而且会增加网络负载并占用额外的计算资源，如图 2.7 所示。

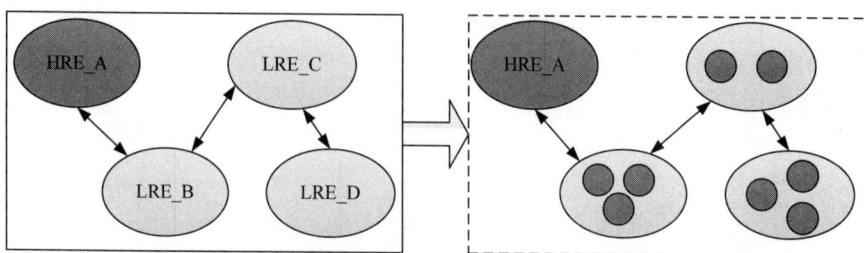

图 2.7　链式解聚示意图

（2）暂态不一致性（temporal inconsistency）。由于高分辨率模型中的属性信息较多而低分辨率模型中的属性信息较少，当低分辨率模型解聚回高分辨率模型时会造成信息丢失，从而引起高分辨率模型间的不一致。

（3）转换延迟问题。模型间的聚合解聚过程必然消耗计算资源及计算时间，当系统聚合解聚过程复杂到一定程度时，模型间的聚合解聚延迟问题将会影响系统的仿真运行。

在聚合解聚法中，不同分辨率模型间的一致性维护在聚合-解聚或多分辨率模型并发运行过程中进行，不再赘述。

2. 视点选择法

该方法的基本思想：在仿真过程中，系统模型所有时间都在最高分辨率状态下运行，只有需要与其他低分辨率实体进行交互时，系统基于高分辨率实体的详细信息才会聚合为低分辨率实体。由于一般情况下只有一个分辨率模型运行，因此该方法实现起来比较简单，且模型间一致性维护较容易，但存在对仿真资源要求较高、高分辨率模型开发困难且无法反映宏观层次信息等不足。此外，最高分辨率模型复杂性比较高，从而给模型的建立与分析带来较大困难，因此该方法并未得到广泛应用。

3. UNIFY 方法（又称多分辨率实体法）

多分辨率实体法是 Virginia 大学的 Natrajan 等提出的一个多重表示建模的框架，可以实现不同分辨率模型间的一致性维护。

该框架引入了 3 个关键技术，即多重表示实体（multi representation entities，MRE）、

属性依赖图（attribute dependency graphs，ADG）和交互分类方法（taxonomy of interactions）。其中，MRE 由同一实体的不同分辨率模型联合构成，在整个仿真过程中，这些不同分辨率模型一直存在，因此需要在不同分辨率的属性间维护交互效果的一致性。ADG 抓住了并发运行的不同分辨率属性间的依赖关系，它和与具体应用相关的映射函数构成一致性维护器（consistency enforcer，CE）来维护 MRE 内部模型的一致性。交互分类方法则提供了基于交互语义特性的交互分类方法，交互协调器（interaction resolver，IR）根据交互分类方法来解决 MRE 中相互依赖的并发交互的执行问题。

其设计要点：①在不同分辨率的模型间设置一个映射函数，利用该函数可以实现不同模型属性间的变换；②由于在不同分辨率模型间的交互中存在有依赖关系的并发交互，所以该方法中存在消解策略，通过该策略可以消解这些交互间的相互依赖性；③该方法假设多分辨率模型间存在兼容的时间步长；④该方法通过属性关系图、与具体应用相关的映射函数以及一致性增强器来保证不同分辨率模型之间的一致性。UNIFY 方法的原理如图 2.8 所示。

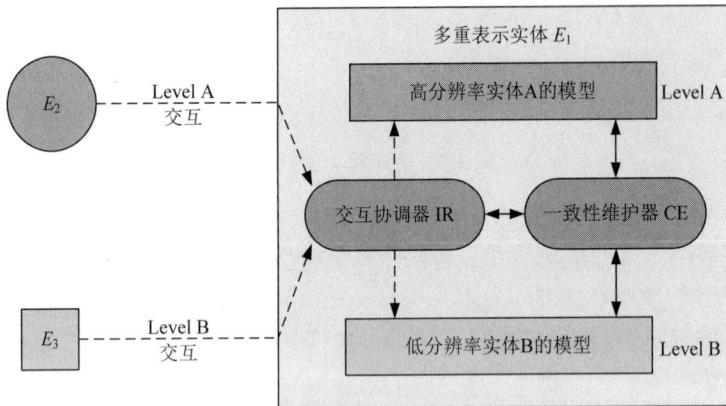

图 2.8　UNIFY 方法的原理框图

UNIFY 维护 MRE 一致性的过程：IR 确定 MRE 接收和发出的交互类型，确定交互对实体属性的影响，若是并发交互，则 IR 调用相应的消解策略处理；交互改变实体属性后，CE 通过 ADG 中的属性依赖关系确定其他分辨率模型中需要改变的属性，并调用相应的映射函数改变这些分辨率模型中实体的属性，从而实现 MRE 的一致性维护。

分辨率实体法的优点在于，能以很小的花销实现多层次模型间交互的有效性和表示的一致性，消除了链式解聚的问题，缩短了网络通信量和转换时间；缺点是它将模型的一些难点留给了设计者，如时间的推进机制、交互的分类方法等。

4. IHVR 方法

IHVR（integrated hierarchical variable-resolution modeling，综合层次化可变分辨率建模）方法是美国 RAND 公司的 Davis 等针对过程多分辨率问题提出的一种建模方法，为过程多分辨率建模提供了可资借鉴的方法。

IHVR 是一种面向过程的参数层次分解方法，其主要原理为将分析问题的决定性函数进行层次性分析, 从高分辨率层次向低分辨率层次, 将问题中的所有决定性变量间的依赖关系建立成为层次性的多叉树结构模型。在该多叉树结构模型中最高分辨率的变量作为该模型树的叶节点, 而最低分辨率的变量作为该模型树的最顶端, 输入参数也按照分辨率等级变化, 然后根据需要对问题灵活地进行分析处理。

在 IHVR 方法中, 变量是严格按分辨率等级进行划分的, 每个输入变量只对多叉树模型的上层低分辨率变量产生影响, 模型分枝之间没有影响。这将简化可变分辨率模型构建的难度, 可以清楚地看清不同分辨率层次变量之间的关系。但是 IHVR 存在只能从高到低的变量聚合过程而没有解聚过程的缺点。

2.2　高层体系结构

2.2.1　高层体系结构的基本概念

1. 基本概念

高层体系结构 (high level architecture, HLA) 由美国国防部建模与仿真办公室 (DMSO) 颁布, 并于 2000 年 9 月被 IEEE 正式接纳为 IEEE 1516 标准。HLA 引入了声明管理、数据分发管理等新机制, 实现了仿真节点间的点对点通信或组播通信, 极大减少了网络冗余数据。

本节对 HLA 的相关基本概念及运行支撑框架进行介绍, 为构建基于 HLA 的车路协同系统仿真平台打下基础。HLA 的基本思想是采用面向对象的方法来设计、开发和实现仿真系统的对象模型 (object model, OM), 其最显著的特点是可以获得仿真联邦高层次的重用和互操作。基于 HLA 的仿真系统层次结构可用图 2.9 来描述。

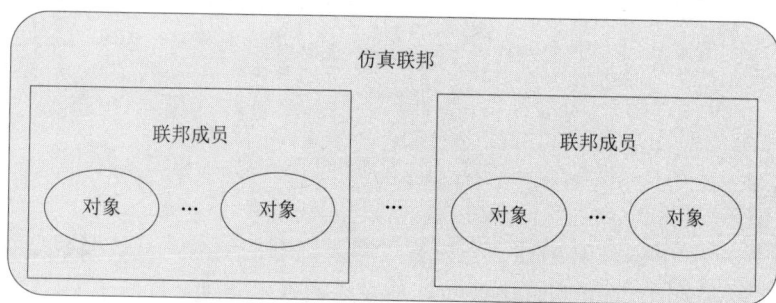

图 2.9　基于 HLA 的仿真系统层次结构

在 HLA 中, 将用于实现某一特定仿真目的的分布式仿真系统称为联邦 (federation), 联邦分为仿真对象模型 (simulation object model, SOM)、联邦对象模型 (federation object model, FOM) [这两者统称对象模型模板 (object model template, OMT)] 和运行支撑框架 (run time infrastructure, RTI)。联邦成员是联邦中的应用, 简称成员。联邦执行 (federation execution) 是指整个仿真过程。

基于 HLA 仿真框架的仿真联邦的典型逻辑结构如图 2.10 所示。

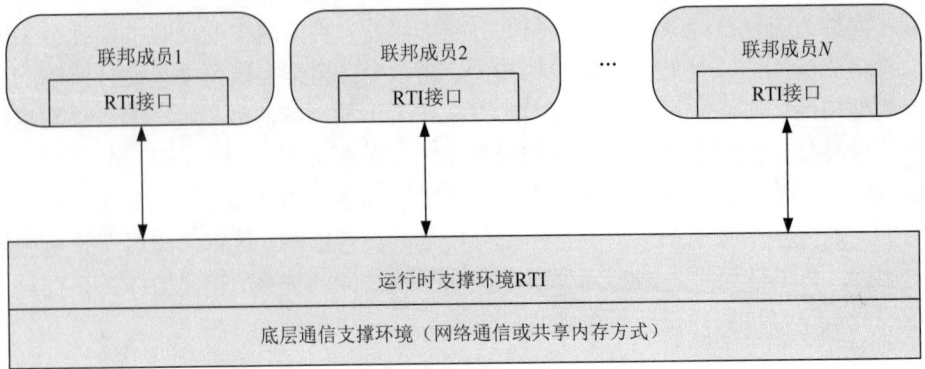

图 2.10　基于 HLA 仿真框架的仿真联邦的典型逻辑结构

参照 IEEE HLA 1516 系列标准，HLA 框架体系主要由三部分组成，即 HLA 规则（HLA rules）、HLA 成员接口规范（federate interface specification）和 HLA 对象模型模板（OMT），如图 2.11 所示。

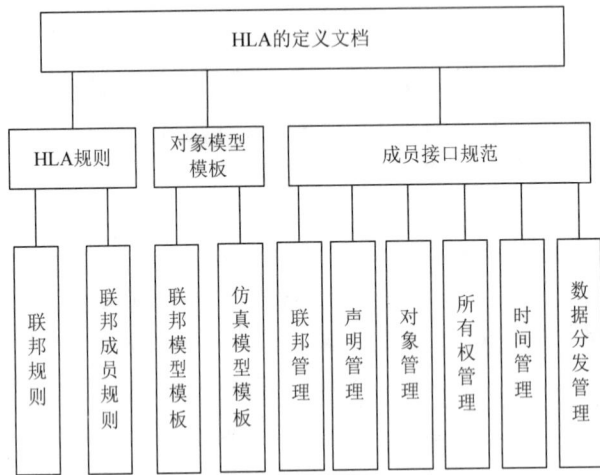

图 2.11　HLA 的定义文档结构框图

2. HLA 规则

HLA 规则共有 10 条，其中前 5 条规定了仿真联邦的要求，后 5 条规定了联邦成员的要求。这些规则是 HLA 框架对仿真联邦及成员的基本守则，是基于 HLA 的仿真系统正常运行的基础。HLA 框架与规则的内容在 IEEE 1516 标准文档有详细描述。

3. HLA 成员接口规范

HLA 成员接口规范描述了联邦成员与 RTI 之间应遵循的通用函数接口，以实现不同仿真模型的互连和协调，它是保证 HLA 具有互操作性的基础。现有成员接口规范可分为如下几类。

（1）联邦管理。主要描述联邦执行的创建、修改、销毁及联邦成员加入、退出等过程，此外还包括联邦的保存和恢复、成员间的同步等内容。

（2）声明管理。主要描述联邦成员公布或订购对象类或交互类的过程。它是 HLA 引入的、建立在类层次上的一种数据过滤机制，通过 RTI 服务对数据的公布和订购双方进行匹配，极大地减少了网络上的冗余数据。

（3）对象管理。建立在声明管理基础上，主要描述对象实例的注册/发现、属性值的更新/反射、交互实例的发送/接收以及对象实例的删除等过程。

（4）所有权管理。主要协调和管理联邦范围内实例属性所有权的转移（包括所有权转让和所有权获取两大类）。

（5）时间管理。HLA 时间管理控制系统仿真时间的推进，主要任务是使仿真世界中事件的发生顺序与真实世界中事件的发生顺序一致，协调各成员以同样的顺序接收到事件的产生及它们之间的活动。

（6）数据分发管理。在实例属性层次上对仿真运行过程中无用数据的传输和接收进行过滤，减少网络数据量，提高仿真效率。

此外，还有管理对象模型及其他辅助服务。这类服务能够为仿真系统开发人员更方便地控制仿真联邦提供便利，但是并非 HLA 仿真系统必须使用的接口。

4. HLA 对象模型模板

HLA 通过对象模型来描述联邦及其成员。对象模型描述了联邦在运行过程中需要交互的各种数据及相关仿真信息，根据 HLA 规定，HLA 框架下仿真系统必须遵循统一的 OMT 来规范对象模型描述方法。

联邦及其成员都需要建立自己的对象模型，即 FOM 和 SOM。

（1）FOM 中定义了联邦中的对象类和交互类及其属性和参数信息。

FOM 通过 OMT 提供的标准化记录格式，描述了联邦成员之间信息交互特性，在 RTI 中通过对象属性和交互的"公布与订购"服务实现。

（2）SOM 中定义了单个联邦对象的信息，包括对象、属性、交互和参数。

SOM 描述了各个仿真成员在联邦运行过程中向联邦公布的信息及向其他联邦成员订购的信息，它反映的是成员向联邦提供的能力和从其他成员接收信息的需求。

（3）三者关系。

HLA 这三个组成部分之间的关系是：FOM 和 SOM 的建立通过用 OMT 记录，而联邦成员与 RTI 的交互得益于 OMT 记录的信息，三者之间相互作用、相互影响。

IEEE 1516 版本的 OMT 包括 13 个表格，每个表格描述了联邦及其成员的一个方面。IEEE 1516.2 标准文档中对该表格的作用、格式及构造方法进行了详细描述。

2.2.2　HLA 体系结构的优势

车路协同的交通系统呈现出超乎常规的复杂性，单一集中的仿真框架支撑环境难以适应此种特性。近年来得到广泛应用的 HLA 是在分布式交互仿真和聚合级仿真协议基础上发展起来的新一代通用分布式仿真框架。HLA 体系已经被证明是一种很有效的分布式系统的仿真框架，能很好地降低复杂系统仿真的复杂性，并实现组件间的相互独立性。在仿真应用领域，美国和欧洲各国均将 HLA 作为其军事仿真中的标准仿真体系。Galli 等将 HLA 与 OMNET++相结合对通信网络的基础设备进行了仿真。

HLA 仿真框架可扩展性强，联邦可容纳的成员数量足以满足车路协同系统仿真及今后扩展的需要，各成员之间的数据交互由 RTI 统一管理，屏蔽了烦琐的底层网络通信细节，各联邦成员之间互操作性强。HLA 具有的这些优点使其特别适用于车路协同系统这类分布式复杂大系统的仿真。此外，在车路协同的信息交互系统中，OPNET 本身提供了与 HLA 的接口，使得 OPNET 仿真可以和 HLA 联合实现通信，HLA 结合 OPNET 的工具组合，可以很好地满足系统仿真要求。基于 HLA 标准和 OPNET 仿真工具的通信网络仿真平台已成为美国通信网络仿真的发展方向和标准。在国内，国防科学技术大学利用 HLA 和 OPNET 设计并实现了全球信息网格环境下网络传输栅格的性能仿真。

由此可见，基于 HLA 的仿真系统支撑框架对于构建具有多层次交互性特征的车路协同仿真系统具有较好的适应性。

2.2.3　运行支撑框架介绍

RTI 运行支撑框架是 HLA 中关键的底层通信支持系统，HLA 规则中规定在联邦运行过程中，联邦成员间的数据交换均按照 HLA 接口规范定义的方式与 RTI 交互实现，它的功能类似分布式操作系统，通过将仿真行为和数据通信分离开来，为联邦成员提供各种所需的标准服务，使用户远离了烦琐的底层通信细节。

RTI 运行支撑框架的物理主要组成如图 2.12 所示。

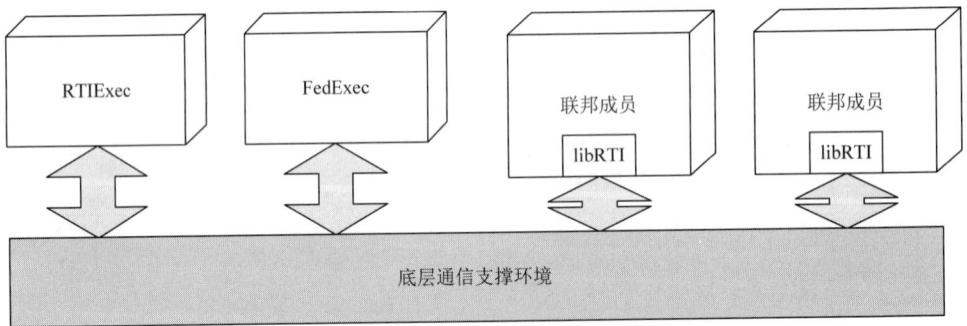

图 2.12　RTI 运行支撑框架的物理主要组成

RTIExec：具有管理联邦的创建和结束功能的全局进程，即管理 FedExec 进程的创建和结束，联邦成员通过与其信息交互来初始化 RTI 并加入联邦。

FedExec：由 RTIExec 进程创建并管理相应的联邦执行，主要功能是管理联邦成员加入和退出联邦，是联邦成员之间的信息交互底层支撑。

libRTI：是一个 C++的接口函数库，联邦成员使用 libRTI 调用 RTI 服务。向联邦的开发者提供了 HLA 接口规范中定义的六大服务功能。

联邦成员与 RTI 的关系如图 2.13 所示。RTI 是 HLA 的核心，它不仅拥有分布式系统中命名、定位和访问透明的特征，且将仿真系统中通用的函数功能进行了整合，如状态数据交换、时间管理和仿真执行管理等。

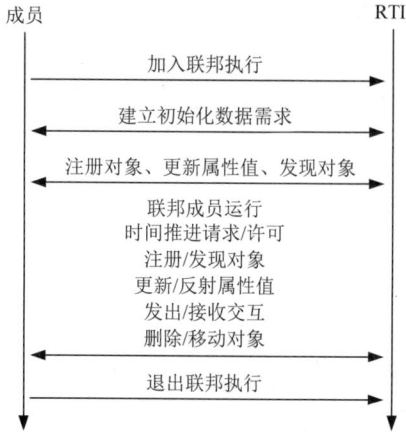

图 2.13 联邦成员与 RTI 的关系

2.2.4 基于 HLA 的仿真结构设计

车路协同系统仿真平台中仿真传输数据量大且各节点间要进行频繁的信息交互，因此需要一种支持各仿真节点间进行互操作的仿真框架——HLA。

为有效促进和规范基于 HLA 的仿真框架的开发，IEEE 提出 HLA 联邦开发和执行过程模型（federation development and execution process，FEDEP）和 HLA 联邦的校核、确认与验证（verification，validation and accreditation，VV&A）两个标准文档对 HLA 仿真联邦的设计、开发及 VV&A 过程进行规范。

按照 FEDEP 模型，基于 HLA 的仿真系统开发过程可用图 2.14 来简单描述。

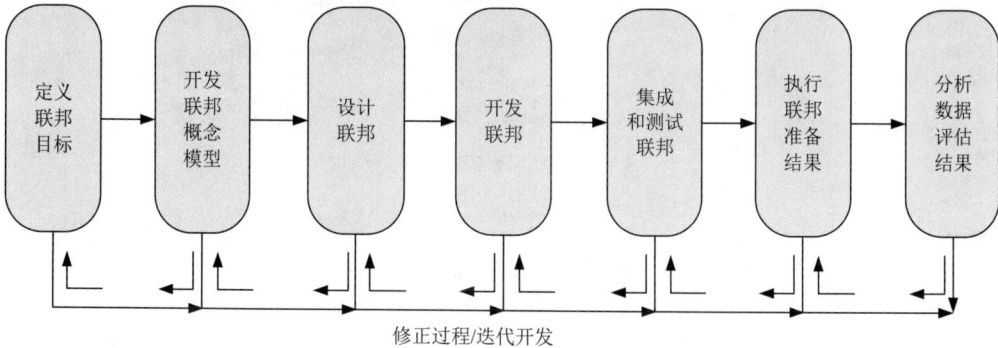

图 2.14 基于 HLA 的仿真系统开发过程

IEEE 1516.3、IEEE 1516.4 标准文档中对 FEDEP 每个步骤的主要任务及每步对应的 VV&A 过程进行了详细描述。

2.3　基于 HLA 的车路协同多分辨率仿真平台构建技术

2.3.1　基于 HLA 的车路协同系统仿真联邦设计

车路协同系统主要是为实际的车路协同系统模块的设计及其应用提供仿真参考环境，验证车路协同系统不同模块的功能，面向典型应用场景进行仿真环境下的车路协同系统测试与验证，从而可以实现在实际系统中难以实现的场景，如大规模路网、混杂交通自主行为引起的复杂交通问题。基于 HLA 联邦的设计思想，采用以 RTI 为核心的分布式体系结构，将车路协同系统定义为联邦，车路协同系统的仿真过程即为联邦的执行过程。车路协同仿真系统的各个子系统作为联邦成员，共同完成联邦的仿真目标，各个联邦成员既要完成自身的仿真任务，又要根据需要通过 RTI 与其他联邦成员发生交互，活动自身需要的信息或向其他联邦成员提供信息。车路协同系统的联邦结构如图 2.15 所示。

图 2.15　车路协同系统的联邦结构

由图 2.15 可知，I-VICS 仿真联邦共由五个联邦成员构成，包括信息交互仿真联邦、三维视景联邦、测试序列联邦、交通仿真联邦和验证评估联邦。

（1）信息交互仿真。车路协同系统是通过车辆无线通信、传感器等技术进行车辆信息和道路交通信息获取，利用车车、车路信息资源的交互和共享，实现车辆和道路基础设施之间智能协同配合的交通技术，以达到优化利用交通系统资源、保证车辆安全行驶、提高道路通行效率的目标。信息交互仿真联邦由 OPNET 和控制台程序构成，能够仿真 IEEE 802.11p、WiFi、3G 等通信协议，并且能够在仿真结束给出通信仿真指标参数。

（2）三维视景。根据确定的车路协同仿真场景图构建起三维仿真场景，加载各个仿真模块，实现车路协同多个场景的可视化仿真。系统可实现对某一重点车辆进行实时的动态监控与仿真。车辆仿真的过程中能够进行视点的切换，以增强仿真的真实性。视景仿真平台定义为一个单独的联邦模块加入车路协同仿真的大系统中，通过与系统内其他联邦成员之间进行信息交换获取实时的仿真状态信息，并予以实时的可视化仿真显示。

（3）测试序列。测试作为车路协同仿真系统的重要组成部分，将确保整个仿真体系确实能够为实际系统的搭建提供充足且正确的理论依据，为我国掌握智能车路系统的关键技术奠定重要基础，加速我国车路协同系统的规模化应用。测试序列联邦功能是编写场景测试案例，尽可能全面描述真实场景；设计场景测试案例管理软件，增加测试序列生成功能。

（4）交通仿真。针对车路协同系统的高交互性、系统复杂性、技术先进性，其仿真系统的实现与传统交通系统仿真不同，需要着重考虑对"车路协同"这一关键特性的体现。车路协同环境下的交通仿真包括大规模路网的快速构建、微观交通流仿真与全时空信息提取技术、车路协同条件下交叉口协同信号控制技术以及车速自适应控制等。交通仿真联邦由微观交通仿真软件 Q-Paramics 和控制台程序组成，可实现路网绘制、车流设置、路网关键元素状态提取与控制、典型应用场景生成等功能。

（5）验证评估。仿真过程中提取车辆信息、道路信息，对交通状态信息进行存储、计算，在仿真过程中和仿真结束后，给出此次仿真的交通流评估指标数据。

通过联邦成员的仿真协作，能够实现智能车路协同系统典型场景仿真，对交通流和通信指标进行验证评估。

根据确定的车路协同仿真场景图构建起三维仿真场景，加载各个仿真模块，实现车路协同多个场景的可视化仿真。系统可实现对某一重点车辆进行实时的动态监控与仿真。车辆仿真的过程中能够进行视点的切换，以增强仿真的真实性。

COSIM 是一套对基于 HLA 的仿真系统进行高层建模的软件平台，它可以把高层模型中各联邦成员端口的输入/输出关系转换为 XML 格式的 OMT 文件，即 FOM 文件，其部分内容如图 2.16 所示。

```xml
- <objectModel DTDversion="1516.2" name="车路协网仿真系统" type="FOM" version="1.0" date="2012年5月16日" purpose="构建车路协网仿真平台" appDomain="交通仿真" sponsor="北京交通大学" pocName="卒
四郎" pocOrg="北京交通大学GPS实验室" pocPhone="01051687111" pocEmail="10120295@bjtu.edu.cn" references="无" other="无">
  - <objects>
    - <objectClass name="HLAobjectRoot" sharing="Neither" semantics="">
        <attribute name="HLAprivilegeToDeleteObject" dataType="NA" updateType="NA" updateCondition="NA" ownership="NoTransfer" sharing="Neither" dimensions="NA"
          transportation="HLAreliable" order="TimeStamp" semantics="" />
      - <objectClass name="TASMtoTMC" sharing="PublishSubscribe" semantics="">
          <attribute name="TrafficScene" dataType="TrafficSceneEnum" updateType="Conditional" updateCondition="条件触发" ownership="NoTransfer" sharing="PublishSubscribe"
            dimensions="NA" transportation="HLAbestEffort" order="Receive" semantics="" />
        </objectClass>
      - <objectClass name="TMCtoSimuManager" sharing="PublishSubscribe" semantics="">
          <attribute name="SceneLoaded" dataType="HLAboolean" updateType="Conditional" updateCondition="条件触发" ownership="NoTransfer" sharing="PublishSubscribe" dimensions="NA"
            transportation="HLAbestEffort" order="Receive" semantics="" />
        </objectClass>
      - <objectClass name="TMCtoPARAMICS" sharing="PublishSubscribe" semantics="">
          <attribute name="VehicleCtrl" dataType="VehicleCmd" updateType="Periodic" updateCondition="500ms" ownership="NoTransfer" sharing="PublishSubscribe" dimensions="NA"
            transportation="HLAbestEffort" order="Receive" semantics="" />
          <attribute name="SignalTiming" dataType="SignalCmd" updateType="Periodic" updateCondition="500ms" ownership="NoTransfer" sharing="PublishSubscribe" dimensions="NA"
            transportation="HLAbestEffort" order="Receive" semantics="" />
          <attribute name="TrafficGuidance" dataType="TrafficCmd" updateType="Conditional" updateCondition="条件触发" ownership="NoTransfer" sharing="PublishSubscribe" dimensions="NA"
            transportation="HLAbestEffort" order="Receive" semantics="" />
        </objectClass>
      + <objectClass name="PARAMICStoSimuManager" sharing="PublishSubscribe" semantics="">
      - <objectClass name="SimuManagertoTASM" sharing="PublishSubscribe" semantics="">
          <attribute name="LoadSceneCmd" dataType="LoadSceneCmdEnum" updateType="Conditional" updateCondition="条件触发" ownership="NoTransfer" sharing="PublishSubscribe"
            dimensions="NA" transportation="HLAbestEffort" order="Receive" semantics="" />
        </objectClass>
      - <objectClass name="SimuManagertoOPNET" sharing="PublishSubscribe" semantics="">
          <attribute name="VehicleStatus" dataType="VehicleInfo" updateType="Periodic" updateCondition="500ms" ownership="NoTransfer" sharing="PublishSubscribe" dimensions="NA"
            transportation="HLAbestEffort" order="Receive" semantics="" />
          <attribute name="RoadsideBroadcast" dataType="RSBroadcastInfo" updateType="Periodic" updateCondition="500ms" ownership="NoTransfer" sharing="PublishSubscribe"
            dimensions="NA" transportation="HLAbestEffort" order="Receive" semantics="" />
        </objectClass>
      - <objectClass name="SimuManagertoVEGA" sharing="PublishSubscribe" semantics="">
          <attribute name="VehicleStatus" dataType="VehicleInfo" updateType="Periodic" updateCondition="500ms" ownership="NoTransfer" sharing="PublishSubscribe" dimensions="NA"
            transportation="HLAbestEffort" order="Receive" semantics="" />
          <attribute name="RoadsideBroadcast" dataType="RSBroadcastInfo" updateType="Periodic" updateCondition="500ms" ownership="NoTransfer" sharing="PublishSubscribe"
            dimensions="NA" transportation="HLAbestEffort" order="Receive" semantics="" />
        </objectClass>
      - <objectClass name="OPNETtoTMC" sharing="PublishSubscribe" semantics="">
          <attribute name="CVIStatus" dataType="CVIStatusEnum" updateType="Periodic" updateCondition="500ms" ownership="NoTransfer" sharing="PublishSubscribe" dimensions="NA"
            transportation="HLAbestEffort" order="Receive" semantics="" />
        </objectClass>
    </objectClass>
```

图 2.16 FOM 文件部分内容

得到仿真联邦的 FOM 文件后，可借助 COSIM OMDT 工具将该文件转换为 HLA 标准规定的 OMT 表格，之后可生成 HLA 仿真联邦运行时必需的联邦执行数据（FED）文件，如图 2.17 和图 2.18 所示。

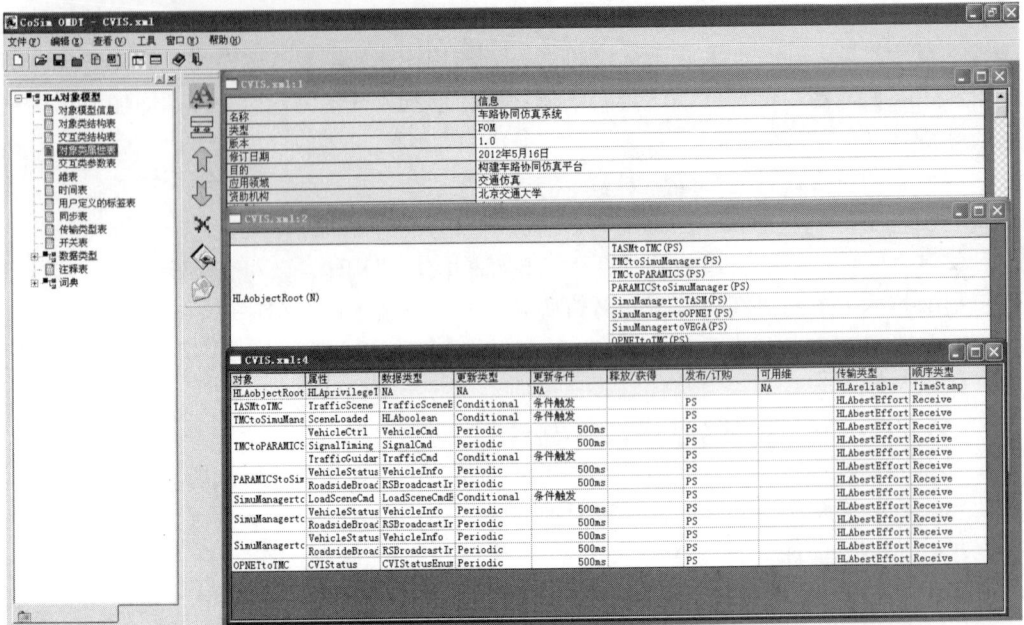

图 2.17　OMDT 中的 OMT 表格

图 2.18　FED 文件中用户自定义对象类和交互类

　　FED 文件是联邦运行过程中所有成员进行交互（或互操作）的"协议"，它记录了所有参与联邦交互的对象类、交互类及其属性、参数和相关的路径控件信息。在仿真初期，RTI 将根据 FED 文件提供的联邦执行的细节数据创建相应的联邦执行，并在联邦执行整个生命周期内根据 FED 文件中的"协议"来协调成员间的交互。

2.3.2　基于 HLA 的车路协同仿真系统接口方案设计

根据车路协同系统仿真联邦成员信息流，进行车路协同通信原语的联邦 FOM/SOM 设计。FOM/SOM 定义了联邦执行和联邦成员信息交互的具体内容，是 HLA 应用系统开发的基础。在构建基于 HLA 的车路协同系统仿真平台前，需先对仿真联邦的 FOM/SOM 进行详细设计，以便确定各成员的数据交互接口协议。为了充分分析系统，建立正确、完整的，同时又利于编程实现的交互对象模型，需要掌握正确的开发方法和过程。开发 FOM/SOM 的一般步骤如下。

（1）分解仿真任务，确定联邦成员及其仿真的实体类型。

根据分析结果，将联邦执行所完成的仿真任务分解为不同的子任务，并由不同的联邦成员完成。本仿真系统中每个联邦成员完成一个子任务。

（2）确定 FOM 中的对象类和交互类。

根据车路协同系统分析，可以确定联邦中的交互类包括仿真运行控制指令，如 JoinFed（加入仿真联邦）、SimulationInitReady（仿真就绪）、SimulationStart（仿真开始）、SimulationStop（仿真停止）、SimulationPause（仿真暂停）、SimulationContinue（仿真继续）以及 TimeAdvance（时间推进）。

车路协同通信原语作为一类特殊的对象存在于基于 HLA/RTI 的仿真环境中，基于 HLA 的仿真系统中，事件是由联邦对象模型中的交互类表示的，可以通过定义联邦成员的交互类表示车与车、车与路之间通信的元语。而且无论车路协同中车辆和路侧设备种类和特性发生什么变化，通信原语交互的结构始终保持不变。

将车路协同通信原语定义为交互类，并将每个通信原语的参数定义为相应交互的参数。如果加入仿真的某个车路协同车辆需要和联邦中的其他车路协同的车辆进行通信，则通过通信原语交互，就能够利用 RTI 的相关服务实现车与车、车与路之间的通信和合作，达到车路协同通信仿真的目的。

在 FOM 中，可以采用层次结构定义所需通信原语的交互。表 2.2 和表 2.3 说明了底层通信原语交互的参数。FOM 中定义了所有的保留通信原语交互类，在实际应用中，可以通过交互类的继承机制定义扩展的通信原语。

表 2.2　车路协同通信的车辆运行状态信息

对象	属性	数据类型
车辆运行状态信息	Sim_time	float
	Info_type	unsigned short
	Vehicle_id	unsigned short
	Veh_type	unsigned short
	Veh_failure	boolean
	Veh_avoid	boolean
	Distance	float
	Lane	float

续表

对象	属性	数据类型
车辆运行状态信息	Latitude（x_position）	float
	Longitude（y_position）	float
	Velocity	float
	Acc_vertical	float
	Acc_horizontal	float
	Headlights	unsigned short
	Preceding_veh	unsigned short
	Following_veh	unsigned short
	Destination	unsigned short

表2.3　车路协同通信的路侧设备广播信息

对象	属性	类型
路侧设备广播信息	Sim_time	float
	Info_type	unsigned short
	Roadside_id	unsigned short
	Roadside_type	unsigned short
	Latitude（x_position）	float
	Longitude（y_position）	float
	Zone_define	unsigned short
	Road_slippery_warning	boolean
	Weather_warning	unsigned short
	Abnormal_traffic_warning	double
	Velocity_limited	float
	Signal_lights	float
	Zone_traffic_state	double

联邦中的对象类包括车辆实时状态信息、车辆运行控制信息、信号配时信息、信号灯状态信息、交通流诱导发布信息、交通场景配置信息。

（3）确定对象类属性和交互类参数的特性。

需要确定对象类属性和交互类参数的数据类型、单位、分辨率、精度、精度条件、更新类型、更新速度/条件，对象类属性还需确定可传递/可接收特性、可更新/可反射特性。

例如，车辆运行状态信息：数据类型为复杂数据类型（自定义）；因为是复杂数据类型，所以它没有单位、分辨率、精度及精度条件，均记为 N/A；周期性更新；50ms更新一次；该位置属性既可公布也可订购，记为 P/S；既可更新也可反射，记为 U/R。

（4）综合 SOM，生成 FOM 表。

针对联邦成员对外与其他成员的接口，基于功能需求分析，确定 SOM 中每个对象类的属性和每个交互类的参数。在该联邦中对象类结构表、交互类结构表、SOM 词典为空。每个联邦只能有一个 FOM。该联邦的 FOM 由各个联邦成员的 SOM 组合而成，具体如表 2.4 和表 2.5 所示。

表 2.4　对象类属性表

对象	属性	数据类型	更新类型	更新条件	D/A	P/S	可用维度	传输系统	命令
HLAobject Root	HLAprivilegeto DeleteObject	NA	NA	NA	N	N	NA	HLAreliable	Time Stamp
TASMtoTMC	TrafficScene	自定义	Conditional	TASM 指令	N	S	NA	Best_effort	Receive
TMCtoPARAMICS	VehicleCtrl	自定义	Periodic	500ms	N	P	NA	Best_effort	Receive
	SingnalTiming	自定义	Periodic	500ms	N	P	NA	Best_effort	Receive
	TrafficCmd	自定义	Conditional	TMC 指令	N	P	NA	Best_effort	Receive
PARAMICStoSIMA NAGER	VehicleStatus	自定义	Periodic	500ms	N	S	NA	Best_effort	Receive
	RoadSideBroad	自定义	Periodic	500ms	N	S	NA	Best_effort	Receive
SIMUMABAGERto TASM	LoadSceneCmd	自定义	Conditional	SIMUMANAGER 指令	N	P	NA	Best_effort	Receive
SIMUMABAGERto OPNET	VehicleStatus	自定义	Periodic	500ms	N	S	NA	Best_effort	Receive
	RoadSideBroad	自定义	Periodic	500ms	N	S	NA	Best_effort	Receive
SIMUMABAGERto VEGA	VehicleStatus	自定义	Periodic	500ms	N	S	NA	Best_effort	Receive
	RoadSideBroad	自定义	Periodic	500ms	N	S	NA	Best_effort	Receive
OPNETtoTMC	CVIStatus	自定义	Periodic	500ms	N	S	NA	Best_effort	Receive

表 2.5　交互类属性表示例

对象	属性	数据类型	更新类型	更新条件	D/A	P/S	可用维度	传输系统	命令
HLAinteractionRoot	NA	NA	NA	NA	N	P	NA	HLAreliable	Time Stamp
CVIMessage	CVIMessage	自定义	Periodic	500ms	N	S	NA	Best_effort	Receive
JoinFed	JoinFed	自定义	Conditional	指令触发	N	S	NA	Best_effort	Receive
TASMessge	TASMessge	自定义	Conditional	指令触发	N	S	NA	Best_effort	Receive
SimTime	SimTime	自定义	Periodic	500ms	N	S	NA	Best_effort	Receive

在表 2.4 和表 2.5 中，"属性"列中的变量均为根据功能需求自定义的结构体；"数据类型"列的自定义表明对象类属性的数据类型为复杂类型（结构体）；"D/A"列的 N 表明仿真联邦不涉及对象类所有权的转移；"P/S"列的 P 表明成员是该对象类的公布者，S 表明成员是该对象类的订购者。

第 3 章　车路协同仿真软件

车路协同系统是一个涉及人、车、路、环境相互作用的复杂系统，针对其复杂性、动态性、随机性和不可再现性等特点，可以采用仿真技术构建在现实中难以实现甚至无法实现的系统。车路协同系统平台主要通过交通仿真、信息交互通信仿真以及三维视景仿真技术来实现平台的可靠性、有效性及逼真性。本章分为三部分，重点介绍几种常用的交通仿真、通信仿真和三维视景仿真软件。

3.1　交通仿真软件

交通仿真是 20 世纪 60 年代以来，随着计算机技术的进步而发展起来的采用计算机数字模型反映复杂道路交通现象的交通分析技术和方法。作为智能交通运输系统的一个重要组成部分，交通仿真系统可以动态、逼真地反映交通流和交通事故等各种交通现象，复现交通流的时空变化，深入地分析车辆、驾驶员和行人、道路预计交通的特征，有效地进行交通规划、交通组织和管理、交通能源节约与物资运输流量合理化等方面的研究。同时，交通仿真系统通过虚拟现实技术手段，能够非常直观地表现出路网上车辆的运行情况，对某个位置交通是否拥堵、道路是否畅通、有无出现交通事故，以及出现上述情况时采用什么样的解决方案来疏导交通等，在计算机上经济、有效且没有风险地模拟出来。

交通仿真是以相似原理、信息技术、系统工程和交通工程领域的基本理论和专业技术为基础，以计算机为主要工具，利用系统仿真模型模拟道路交通系统的运行状态，采用数字方式或图形方式描述动态交通系统，以便更好地把握和控制该系统的一门实用技术。交通仿真具有经济、安全、可重复、易用、可控制、快速、真实等特性。

3.1.1　Paramics

Paramics 最初由 SIAS 公司于 1986 年开发，之后的开发过程得到爱丁堡大学并行计算中心人员的协助。从 1998 年开始，Paramics 则由 SIAS 公司和 Quadstone 公司分别开发、销售和提供技术支持。SIAS 公司的版本现称为 S-Paramics，Quadstone 公司的版本称为 Quadstone Paramics。

Paramics 是 PARAllel MICroscopic Simulator 的简称，即并行微观仿真软件。Paramics 为交通工程师和研究人员提供了一个全新的仿真工具用以理解、模拟和分析实际的道路交通状况。Paramics 具有实时动画的三维可视化用户界面，可以实现单一车辆的微观处理，支持多用户并行计算，具有强大的应用程序接口。

Paramics 能适应各种规模的路网，从单节点到全国规模的路网，能支持 100 万个节点、400 万个路段、32 000 个区域。其应用领域有：①交通管理和控制，可以在设计阶段确定信息标志的最佳地点，在运营阶段确定优化战略；②交通控制中心的仿真，可以描述交通事故导致的拥挤情况，提供交通管理策略产生效果的细节描述；③出行前信息服务，能够经由服务提供商为出行者提供交通信息预测和最优路径诱导服务；④智能化的导航功能，Paramics 提供了用户控制的路径-费用扰动来模拟驾驶员选择路径的行为。

Paramics 也提供了 ITS 基础上的微观交通仿真功能，利用仿真的交通信号、匝道控制、可变速度控制标志和可变信息板（VMS）等仿真设备，可以实现对仿真车辆的智能化交通诱导。另外，通过 API 函数还可以实现特殊的控制策略，为研究新的控制和诱导方法带来便利。Paramics 由六个主要工具模块组成，分别是 Modeller、Processor、Analyser、Programmer、Monitor 和 OD-Estimator，其中 Modeller 是整个系统的核心。

（1）Modeller。提供建立交通路网、三维交通仿真和统计数据输出等三大功能。所有功能均支持直观的图形用户界面。Modeller 的功能囊括了实际交通路网的各个方面，包括复杂的城市路网和高速路路网、环形交叉口、各种复杂立交桥、左行/右行和停车专用道路、公共交通、停车场、事故以及重型车和高容量车车道、高效的交通信号控制等。Modeller 既可以精确模拟单个车辆在复杂、拥挤的交通路网中的运行，又能对整体交通状况进行宏观把握。

（2）Processor。允许研究者以批处理的方式进行仿真计算，并得到统计数据输出。Processor 提供图形用户界面以设定仿真参数、选择输出数据和改变车辆特征。由于用批处理的方式进行仿真计算不显示仿真过程车辆的位置和路网，因此大大加快了仿真速度。Processor 输出的仿真结果与 Modeller 的输出结果是相同的。

（3）Analyser。用于显示仿真过程的统计结果。它采用灵活、易用的图形用户界面将仿真过程中的各种结果进行可视化输出，如车辆行驶路线、路段交通流量、最大车队长度、交通密度、速度和延迟以及服务水平参数等。除了可视化输出，Analyser 也提供直接的数字输出或将数据保存为文本文件以备进一步分析所用。另外，Analyser 还包括一个 Excell 向导用于过滤大量的数据并直接输出不同仿真过程的比较结果和统计性能，这也为 MATLAB 的方便调用提供了途径。

（4）Programmer。提供了丰富的基于 C 语言的 API。API 使 Paramics 具备更强的可移植性和扩充性。例如，Paramics 实际上基于英国的驾驶规则和车辆特性，当用于其他国家和地区时，需要研究者编制适当的 API 程序使之适应当地需要。应用者也可以利用 API 扩充 Paramics 的功能，特殊的交通控制和管理策略通过加入 API 程序模块可以设计并加以测试。

（5）Monitor。这是利用 Programmer 开发的 API 模块，它可以跟踪计算仿真的交通路网中所有车辆尾气排放的数量，并在交通仿真过程中进行可视化显示。尾气水平数据每隔一定时间写入指定的统计文件保存。

（6）OD-Estimator。这是一个 OD 矩阵估计工具，用于微观层面 OD 矩阵的估计。它与 OD 矩阵、模型和模拟车辆的路径选择是完全兼容的。与传统的“黑箱”OD 矩阵估计不同，估计器给用户提供了开放和可视化的界面，允许用户把自己的先验知识和经验加入估计器的系统内核。估计器还提供了非常全面的 API 接口，使得研究人员可以定制估计程序。

在这六大功能强大的模块中，利用 Paramics 为用户提供的丰富的 API 函数，用户可以为各种交通网络加入相应的控制策略，这些算法在独立于软件环境的条件下进行编写，具有较好的独立性和通用性。

3.1.2　VISSIM

VISSIM 是一种微观、基于时间间隔和驾驶行为的仿真建模工具，用于城市交通和公共交通运行的交通建模。它可以分析各种交通条件下，如车道设置、交通构成、交通信号、公交站点等，城市交通和公共交通的运行状况，是评价交通工程设计和城市规划方案的有效工具。

VISSIM 是一款多模式下交通流建模的主流微观仿真软件，可以准确仿真城市和高速公路交通，包括行人、骑自行车者、机动车辆。可以为用户提供一个综合考虑质量、安全和成本因素的解决方案。VISSIM 由交通仿真器和信号状态产生器两部分组成，它们之间通过接口交换检测器数据和信号状态信息。VISSIM 既可以在线生成可视化的交通运行状况，也可以离线输出各种统计数据，如行程时间、排队长度等。

交通仿真器是一个微观交通仿真模型，它包括跟车模型和车道变换模型。信号状态产生器是一个信号控制软件，可以通过程序实现交通流的控制逻辑。逻辑在每个离散的时间间隔（可以是 1～0.1s）内从交通仿真器中提取检测器数据，用以确定下一秒仿真的信号状态。同时，将信号状态信息回传给交通仿真器，如图 3.1 所示。

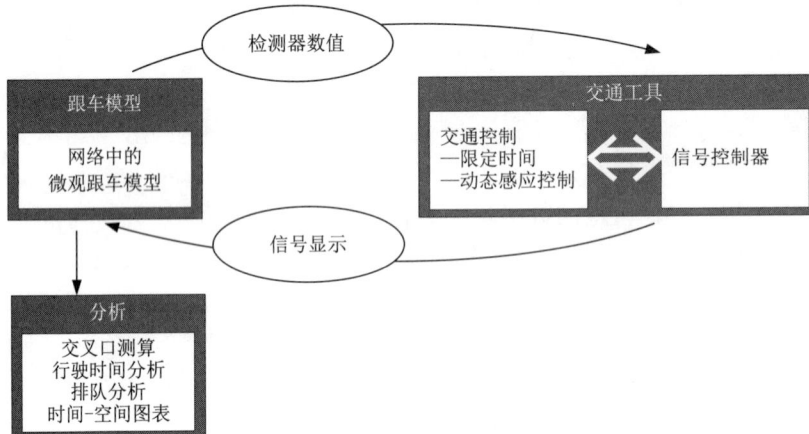

图 3.1　交通仿真器和信号状态产生器之间的交流

交通仿真模型的精确性主要取决于车流量模型的质量，如路网中的车辆行驶行为。与其他不太复杂的模型采用连续速度和确定的跟车模型不同，VISSIM 采用的跟车模型是 Wiedemann 于 1974 年建立的心理-生理类驾驶行为模型。该模型的基本思路：一旦后车驾驶员认为他与前车之间的距离小于其心理（安全）距离时，后车驾驶员开始减速。由于后车驾驶员无法准确判断前车车速，后车车速会在一段时间内低于前车车速，直到前后车间的距离达到另一个心理（安全）距离时，后车驾驶员开始缓慢加速，由此周而复始，形成一个加速、减速的迭代过程。

车速和空间阈值的随机分布能够体现出驾驶员的个体驾驶行为特性。德国 Karlsruhe 工业大学进行了多次实地测试以校准该模型的参数。定期进行的现场测试和模型参数更新能够保证驾驶行为的变化和车辆性能的改善在该模型中得到充分的反映。

在多车道路段上，VISSIM 允许驾驶员不仅考虑本车道上前面的车辆（默认为两辆），也可以考虑两边邻近车道的车辆。此外，在距离交叉口停车线 100m 处，驾驶员警惕性会提高。

在 VISSIM 中，通过在路网中移动"驾驶员-车辆-单元"来模拟交通流。具有特定驾驶行为的驾驶员被分配到特定的车辆，驾驶员的驾驶行为与车辆的技术性能一一对应。

在 VISSIM 中，车辆的纵向运动采用了心理-生理跟车模型，横向运动采用基于规划的算法，并采用动态交通分配进行路径选择。动态路径选择的标准和策略使得用户可以真实地模拟车辆寻找目的地的行为。为了更加高效、舒适地建模，可以将所有的目的地归入一组，使用用户定义的路径和动态交通分配。VISSIM 以最优化固定时间控制单个交叉口的绿灯时间。经过一系列的仿真运行后，用户定义的周期的持续时间会根据当前的交通需求做相应调整。目标是最大限度地提高计算能力并且减少损失时间。作为另一个独特的特点，行人仿真和车辆仿真已经合并在一个软件程序里，是由德累斯顿科技大学(现苏黎世联邦理工大学)的 Helbing 教授于 1995 年在社会力模型的基础上完成的。该模块可以专业、真实地仿真行人行为模式。

VISSIM 能够模拟许多城市内和非城市内的交通状况，特别适合模拟各种城市交通控制系统，主要应用有以下几个。

（1）由车辆激发的信号控制的设计、检验、评价。

（2）公交优先方案的通行能力分析和检验。

（3）收费设施的分析。

（4）匝道控制运营分析。

（5）路径诱导和可变信息标志的影响分析等。

3.1.3　AIMSUN

AIMSUN 主要用于测评交通控制系统和交通管理策略，同时也用于交通状况的预测以及车辆导航系统和其他实时交通信息的处理。可以处理各种类型的交通网络，包括城市街道、高速公路和一般公路，能处理环形道路、干线道路及混合道路网络。作为有效的交通分析工具，能模拟自适应交通控制系统、先进的交通管理系统、车辆引导系统和公交车辆行程安排与控制系统；能对环境污染和能源消耗进行评估等。AIMSUN 用于设计与管理交通系统，并对新的交通控制与管理系统进行预测和评价，基于传统的技术对于交通运输与职能的方案设计。以微观仿真为目的，路网中每个单一车辆的行为在整个仿真过程中均可连续被模拟，且可以连续和离散地进行仿真。

AIMSUM 可对不同类型交通控制建立相应的模型，如交通信号灯控制、让路信号标志、匝道控制等，并且在同一个仿真试验中能够处理不同的方案。由于路网中每个车辆都建立了相应的微观模型，因此仿真结果能够提供任何交通仿真检测器所能得到的数据，如车辆数、占有率、速度、密度等，这些数据可以用来检验任何外部控制系统的效果，还可以模拟可变信号标志及其对交通行为的影响，包括重新进行路径选择、采取速度控制策略等。

AIMSUN 的仿真模型沿用一般微观交通仿真的方法，即路网中每个单一车辆的行为在整个仿真过程中都会连续不断地被模拟，这些行为通过一系列的驾驶员行为模型（跟驰、换车道、接收可插车间隙）进行描述。仿真模型既可以采用车流和转向车辆比例输入的方式，也可以采用 OD 矩阵结合路径选择模型的输入方式。对于前者来说，车辆随机分布于整个路网上，而后者车辆只能够按照其起讫点进行路网分配。车辆行为模型是一系列参数的函数，可以模拟小汽车、公共交通车辆、卡车等不同类型的车辆，同时还可以模拟给定类型车辆专用路的情况。用户可以通过对参数的重新定义来控制模型，使模型的标定过程简单、直接。

AIMSUN 数据库有多种路径选择模型可供使用，如固定式路径选择模型、二项式、LOGIT 模型以及用户自定义的其他模型，对最短路径的计算，软件提供了一个路径费用函数库。AIMSUN 公共交通模型采用的方式是公共汽车安装时间表离开起始点，沿着给定的公交路线，于一定时间范围内在沿线设定的公交停靠站停车。

AIMSUN 主要由以下五个模块组成。

（1）AIMSUN 微观仿真器。能在大范围内对交通管理的各组成部分、管理策略及管理措施进行仿真。

（2）AIMSUN 建模器。通过其他的数字化地图导入进行建模，将其他软件编辑的路网模型导入到 AIMSUN 模型中，它有强大且方便的修改能力，可无限制地撤销和重做、复制和粘贴，并具有高质量的绘图功能等。

（3）AIMSUN 规划器。在一个完整的环境中，它对交通规划四步骤中的主要步骤提供支持。目前它可以执行用户平衡交通分配，支持需求分析并且能与微观仿真器共享网络和相关的交通数据，很容易进行宏观和微观的分析，如对一个庞大网络中的子网络进行精确仿真。

（4）AIMSUN 服务器。不需使用 GUI 并且可以通过网络实现一个 AIMSUN NG 版本，可满足比实时处理更快的要求（如控制中心在实施一个交通管理策略之前可验证它的有效性），它也包含相应的仿真工具和规划工具。

（5）AIMSUN GUI。图形用户界面建立了一个可供完成所有任务而设计的友好用户环境。

3.1.4　TransModeler

TransModeler 是美国 Caliper 公司为城市交通规划和仿真开发的多功能交通仿真软件包。可以模拟从高速公路到市中心区路网道口在内的各类道路交通网络，可以详细、逼真地分析大范围多种出行方式的交通流。TransModeler 可以用动画的形式把交通流的状况、信号灯的运作以及网络的综合性能直观地表现出来，一目了然地显示复杂交通系统的行为和因果关系。TransModeler 既可以用出行时间的实测历史资料或模拟的时间序列数据来产生车辆的动态出行路线，也可以用事先指定的线路或交叉口的转向比例来决定行车路线。它不仅可以用来模拟以不同比例组成的公交车、小汽车和卡车交通流，还可以模拟包括收费站电子收费系统、车辆导流系统和动态监测系统在内的职能交通管理系统。

TransModeler 实现了微观仿真、准微观仿真和宏观仿真的无缝集成，可依据网络范围和仿真解析度选择合适的仿真模型。最为重要的是，将交通仿真模型和 GIS（地理信息系统）有机地结合起来，路网等控件数据存储的权限采用 GIS 数据处理方式，并且可通过数据库管理系统来管理路网等空间数据。此外，还可在 GIS 图形界面上微观显示车辆运行状况及详细交通状况。TransModeler 软件提供强大而灵活的数据输入和编辑功能，除了支持多种格式的遥感图像外，还提供一套与 Google Earth 并线协调和导入图像的功能，方便生成交通仿真网络的道路和设施等，将仿真功能的结果建立在真实地理数据的基础之上，并以实时动态的方式显现出来，其结果也可存储为 WMV 等格式进行日后演示。软件还提供一套 GIS 应用开发工具库（GISDK），用于系统的二次开发，用户可以据此来定制自己的界面和其他需要扩充的功能。

TransModeler 仿真软件有以下特点。

（1）与 GIS 技术的高度结合。TransModeler 仿真软件成功地将 GIS 技术结合进来，进一步增强仿真模型的数据编辑功能，包括通过导入和转换其他规划模型或 GIS 数据来生成用于交通仿真的网络，包括存储和显示动态交通信息（如路网上的车辆以及随时间变化的网络状态和属性），对道路网络、公交线路和站点、交通检测设备、路口信号控制和其他交通管理设施进行编辑等 GIS 操作。可以方便地生成针对不同图层、不同属性的专题图，可以方便地对指定属性的对象进行搜索。另外，通过与 GIS 技术的结合，TransModeler 可以迅速地实现许多复杂路网的搭建，并且便捷地对路网进行编辑操作。

（2）不同解析度下的模型集成和综合仿真。交通仿真模型按照其反映现实的细节程度分为宏观、中观和微观三类，分别代表概略、常规和精细的解析度。TransModeler 将上述三种仿真模型成功加以集成，可以在同一路网中针对不同区域要求同时运用。这样用户可以在模拟精度和计算速度、评价指标的详细程度和模拟对系统的整体影响之间酌情取舍，灵活地解决仿真项目的具体要求。

（3）与 TransferCAD 软件中出行需求模型的集成。通过建立适合的数据调用模块和接口标准，TransModeler 成功地实现了与 TransCAD 宏观规划软件中的出行需求模型的集成，实现二者的无缝衔接和数据调用，方便了用户在宏观模型和微观模型间的交互应用。

（4）开放的接口和强大的二次开发功能。TransModeler 提供一套 GIS 应用开发工具库（GISDK），用于系统的二次开发，尤其是提供地理分析功能。这套工具库的函数库中所包含的 Caliper Script 可调用函数的数量高达 1000 个，还含有完整的建立和管理菜单和对话框（包括工具条和工具箱）、编写宏的程序。用户可以使用任何文本编辑器来编辑由 Caliper Script 所编写的源文件。例如，用户可以开发自己所需要的用户界面，如菜单、工具条、对话框等，突出用户为特定需求所需要的功能，用以扩展或取代标准的 TransModeler 界面；开发增强桌面应用程序用来在服务器上调用 TransModeler，在自己的应用程序中增加地图功能。

3.1.5　其他交通仿真软件

Visum 是用于交通规划、交通需求仿真和网络数据管理的全面、灵活的软件系统，适用于所有区域和城市的交通规划。它提供各种交通分配程序，也提供基于出行段和基于出行目的的四阶段模型。Visum 先进的规划和信息系统，具有独特集成和可扩展的特点。可扩展性体现在三个方面，即纵向可扩展性、横向整合、灵活的系统架构。

Emme 是一个较为全面的出行需求预测系统，面向城市、区域和国家的交通规划。它提供特有的灵活开放的建模思路，允许用户自由利用现有技术或创造新方法以满足当地需要。Emme 核心模块由四部分组成，即私人交通、公共交通、需求模型、分析自动化。

TransCAD 是第一个将 GIS 设计运用在交通领域，储存、显示、管理、分析交通数据的软件。TransCAD 结合 GIS 和交通建模能力于一体，提供了一个独立的集成平台，超过了以往任何一个程序包。可以在任何规模和任何细节层次上用于所有的交通模型。主要模块有网络分析、交通规划和出行需求模型、公交分析、车辆寻址和物流、属地管理和选址模型。

Cube 集成了 GIS 软件的 ArcGIS 标准，拥有一套完整的交通预测、交通仿真和交通地理信息软件。其涉及范围广，可以解决所有规划和交通工程问题。Cube 是世界上使用最广泛并且最全套的交通规划软件，其综合交通系统建模功能的易用性是 Cube 的一个亮点。Cube 的主要功能可以分为八部分，即基础模块、客流预测、中观模拟、微观交通仿真、土地应用、货流预测、估算 OD 矩阵、多处理器并发运行。Cube 6 提供一种新的云计算方法，用于运行和共享交通模型及计算结果，为交通仿真领域带来包括高速、可扩展性、安全模块的共享、数据入口等方面的改善。

3.1.6　主要交通仿真软件性能比较

交通仿真模型对交通现况的仿真效率和精度是衡量模型质量的重要标准，考虑到各交通仿真模型各具特色，在不同的应用环境中有着各自不同的表现。下面从交通仿真的三个重要环节，即路网/信号灯等交通设施表达及通信能力、车辆行为模型、其他扩展功能，对几种微观交通仿真软件进行分析和比较，如表 3.1 所示。

表 3.1　主要交通仿真软件性能比较

性能	Paramics	VISSIM	AIMSUN	Transmodeler
路网描述	节点—弧段	线—连线	线—连线	节点—弧段
信号控制	内部 VA 语言或 API	通过 VAP 模块定制来灵活地模拟定时、感应式信号及无信号控制	模拟定时、感应式信号以及 VI 无信号控制	模拟定时、感应式信号以及 VI 无信号控制
仿真模型与实际检测器的通信	与实际检测器的实时通信则需要通过其 Programmer 模块的 API 接口来实现，实现方式较为灵活，但具有一定开发难度	通过 Real-Time Pro 模块可实现与高速检测器接口卡、计算机接口和其他接口的直接通信	通过 Data Translator 模块实现检测器数据的直接传输和解析，该模块还能直接解读 CAD、GIS 等数据格式	

续表

性能	Paramics	VISSIM	AIMSUN	Transmodeler
跟驰、换道、间距	跟驰、换道、间距接受模型采用与比较精细的模型	心理-生理跟驰模型和基于规则的换道模型及间距接受模型	跟驰、换道、间距接受模型采用比较精细的模型	心理-生理跟驰模型和基于规则的换道模型及间距接受模型
匝道控制：反映高速公路出入口的车流控制	通过 API 实现	通过 VAP 模块实现	本身具有匝道控制功能	本身具有匝道控制功能
交通事件管理	内部实现了对交通事件管理的模拟	难实现	内部实现了对交通事件管理的模拟	内部实现了对交通事件管理的模拟
可变信息标示	都实现了 VMS 功能	难实现	都实现了 VMS 功能	都实现了 VMS 功能
公交优先	通过 API	VAP 模块	通过 API	
动态交通分配	有	有	有	有
动态导航	实现车辆的实时动态导航	难实现	实现车辆的实时动态导航	实现车辆的实时动态导航

3.2　信息交互通信仿真软件

信息交互过程是车路协同系统中重要的组成部分，通信的质量直接影响行车策略的制定以及影响行车安全。车路协同信息交互建模可以对典型交通应用场景进行仿真测试与验证，为实际的车路协同系统技术的研究与发展提供良好技术和策略支持。目前应用较为广泛的信息交互通信仿真软件包括 NS2、OPNET Modeler 等。本节将对几种常用的通信仿真软件进行介绍。

3.2.1　NS2

NS（network simulator）是用于仿真各种 IP 网络为主的仿真软件。NS2（network simulator version 2）是一种面向对象的网络仿真器，本质上是一个离散事件模拟器，由美国加州大学 Berkeley 分校开发而成。它本身有一个虚拟时钟，所有的仿真都由离散事件驱动。目前 NS2 可以用于仿真各种不同的 IP 网，已经实现的一些仿真有：网络传输协议，如 TCP 和 UDP；业务源流量产生器，如 FTP、Telnet、Web CBR 和 VBR；路由队列管理机制，如 Droptail、RED 和 CBQ；路由算法，如 Dijkstra 等。NS2 也为进行局域网的仿真而实现了多播以及一些 MAC 子层协议。

NS2 使用 C++和 OTcl 作为开发语言。NS2 可以说是 OTcl 的脚本解释器，它包含仿真事件调度器、网络组件对象库以及网络构建模型库等。事件调度器计算仿真时间，并且激活事件队列中的当前事件，执行一些相关的事件，网络组件通过传递分组来相互通信，但这并不耗费仿真时间。所有需要花费仿真时间来处理分组的网络组件都必须要使用事件调度器。它先为这个分组发出一个事件，然后等待这个事件被调度回来之后才能做下一步的处理工作。事件调度器的另一个用处就是计时。由于效率的原因，NS2 将数据通道和控制通道的实现相分离。为了减少分组和事件的处理时间，事件调度器和数据通道上的基本网络组件对象都使用 C++实现和编译，这些对象通过映射对 OTcl 解释器可见。当仿真完成以后，NS2 会产生一个或多个基于文本的跟踪文件。只要在 OTcl 脚本中加入一些简单的语句，这些文件中就会包含详细的跟踪信息。这些数据可以用于下一步的分析处理，也可以使用 NAM 将整个仿真过程展示出来。

1. NS2 网络仿真的过程及一般方法

使用 NS2 进行网络仿真前，首先分析仿真涉及哪些层次。NS2 仿真分为两个层次：一个是基于 OTcl 编程的层次，利用 NS2 已有的网络元素实现仿真，无须修改 NS2 本身，只需编写 OTcl 脚本；另一个是基于 C++和 OTcl 编程的层次。如果 NS2 中没有所需的网络元素，则需要对 NS2 进行扩展，添加所需网络元素，即添加新的 C++和 OTcl 类、编写新的 OTcl 脚本。

假设用户已经完成了对 NS2 的扩展，或者 NS2 所包含的构件已经满足了要求，那么进行一次仿真的步骤大致如下。

（1）开始编写 OTcl 脚本。首先配置模拟网络拓扑结构，此时可以确定链路的基本特性，如延迟、带宽和丢失策略等。

（2）建立协议代理，包括端设备的协议绑定和通信业务量模型的建立。

（3）配置业务量模型的参数，从而确定网络上的业务量分布。

（4）设置 Trace 对象。NS2 通过 Trace 文件来保存整个模拟过程。仿真完成后，用户可以对 Trace 文件进行分析研究。

（5）编写其他的辅助过程，设定模拟结束时间，至此 OTcl 脚本编写完成。

（6）用 NS2 解释执行刚才编写的 OTcl 脚本。

（7）对 Trace 文件进行分析，得出有用的数据。

调整配置拓扑结构和业务量模型，重新进行上述模拟过程。

NS2 采用两级体系结构，为了提高代码的执行效率，NS2 将数据操作与控制部分的实现相分离，事件调度器和大部分基本的网络组件对象后台都使用 C++实现和编译，称为编译层，主要功能是实现对数据包的处理；NS2 的前端是一个 OTcl 解释器，称为解释层，主要功能是对模拟环境的配置和建立。从用户角度看，NS2 是一个具有仿真事件驱动、网络构件对象库和网络配置模块库的 OTcl 脚本解释器。NS2 中编译类对象通过 OTcl 连接建立了与之对应的解释类对象，这样用户间能够方便地对 C++对象的函数进行修改与配置，充分体现了仿真器的一致性和灵活性。

2. NS2 的功能模块

NS2 仿真器封装了许多功能模块，最基本的是节点、链路、代理、数据包格式等，下面分别介绍各个模块。

（1）事件调度器。目前 NS2 提供了四种具有不同数据结构的调度器，分别是链表、堆、日历表和实时调度器。

（2）节点。它是由 TclObject 对象组成的复合组件，在 NS2 中可以表示端节点和路由器。

（3）链路。由多个组件复合而成，用来连接网络节点。所有的链路都是以队列的形式来管理分组的到达、离开和丢弃。

（4）代理。负责网络层分组的产生和接收，也可以用在各个层次的协议实现中。每个代理连接到一个网络节点上，由该节点给它分配一个端口号。

（5）包。由头部和数据两部分组成。一般情况下，包只有头部，没有数据部分。

3. NS2 现有的仿真元素

这里从网络拓扑仿真、协议仿真和通信量仿真等方面介绍 NS2 的相应元素。

（1）网络拓扑主要包括节点、链路。NS2 的节点由一系列分类器（如地址分类器等）组成，而链路由一系列连接器组成。

（2）在节点上，配置不同的代理可以实现相应的协议或其他模型仿真。例如，NS2 的 TCP 代理，发送代理有 TCP、TCP/Reno、TCP/Vegas、TCP/Sack1、TCP/FACK、TCP/FULLTCP 等，接收代理有 TCPSINK、TCPSINK/DELACK、TCPSINK/SACK1、TCPSINK/SACK1/DELACK 等。此外，还提供有 UDP 代理及接收代理 Null（负责通信量接收）、Loss Monitor（通信量接收并维护一些接收数据的统计）。

（3）网络的路由配置通过对节点附加路由协议来实现。NS2 中有三种单播路由策略，即静态、会话、动态。

（4）在链路上，可以配置带宽、时延和丢弃模型。NS2 支持 Drop-tail（FIFO）队列、RED 缓冲管和 CBO（包括优先权和 Round-robin 调度）。各种公平队列包括 FQ、SFQ 和 DRR 等。

（5）通信量仿真方面，NS2 提供了许多通信应用。例如，FTP 产生较大的峰值数据传输，Telnet 则根据相应文件随机选取传输数据的大小。此外，NS2 提供了四种类型的通信量产生器：EXPOO 根据指数分布（On/Off）产生通信量，在 On 阶段分组以固定速率发送，Off 阶段不发送分组，On/Off 的分布符合指数分布，分组尺寸固定；POO 根据 Pareto 分布（On/Off）产生通信量，它能用来产生与长范围相关的急剧通信量；CBR 用于以确定的速率产生通信量，分组尺寸固定，可在分组间隔之间产生随机抖动；Traffic Trace 根据追踪文件产生通信量。

3.2.2　OPNET Modeler

Modeler 是 OPNET（optimized performance network engineering tool）的核心产品之一，主要面向研发，为技术人员提供网络技术和产品开发平台，其宗旨是为了加速网络研发，包括网络协议和设备研发、网络性能评估和系统架构开发以及原型网络硬件和软件应用测试。

OPNET 为网络的规划设计提供可靠的定量依据，能够迅速地建立其现有网络的模型，能够方便地修改模型并进行仿真，这使得它非常适用于预测网络的性能；OPNET 能够通过为不同的设计方案建立模型进行模拟，获取定量的网络性能预测数据，为方案的验证和比较提供可靠的依据；OPNET 能够准确地分析复杂网络的性能和行为，在网络模型中的任意位置都可以插入标准的或用户指定的探头，以采集数据和进行统计。

OPNET Modeler 采用阶层性的模拟方式，从协议间关系看，节点模块建模完全符合 OSI 标准，即业务层—TCP 层—IP 层—IP 封装层—ARP 层—MAC 层—物理层；从网络物件层次关系看，OPNET Modeler 内部仿真节点的事件主要由维持路由协议的自中断事件及 HLA 接口发送的车辆信息流中断组成。在车路协同系统中所构成的 VANET 主要由以下三个建模机制层次组成。

（1）网络层：主要由车辆节点和路侧设备构成的移动自组织网络拓扑结构，所有节点集合由其初始位置形成初始网络拓扑结构。

（2）节点层：OPNET Modeler 节点模型库中有 MANET STATION 节点，其拥有描述交通网络特性及节点信息的多种属性，为不同的网络协议仿真提供接口。HLA_interface 节点相应地也提供 HLA 接口。

（3）进程层：MANET 节点的事件处理过程就在进程层完成，即在进程层完成车辆信息的转发、路由选择、决策以及通信性能指标统计反馈等行为的具体实现。

OPNET Modeler 采用面向对象模拟方式，每一类节点开始都采用相同的节点模型，再针对不同的对象，设置特定的参数。例如，配置多个 WLNA 工作站，它们采用相同的节点模块，界面上可以设置不同的 IP 地址和 WLAN 参数。

OPNET Modeler 采用离散事件驱动的模拟机理，通过事件驱动器以先进先出的机制对事件列表和事件时间列表进行维护管理，某个事件出现后，仿真时间推进若干值，仿真过程中各模块间通过事件中断的方式进行事件信息的传递。与时间驱动相比，这种机制的计算效率更高。例如，在仿真路由协议时，如果要了解封包是否到达，不必要每隔很短时间去周期性地查看一次，而是收到封包，时间到达才去看。每一时刻，FSM 将停留在特定状态，之后收到事件，完成事件并跳转状态。

在 OPNET Modeler 中各种协议的代码都是完全公开的，每个代码的注释也非常清楚，使得用户更容易理解协议的内部运作。Modeler 采用混合建模机制，把基于包的分析方法和基于统计的数学建模方法结合起来，既可得到包含具体细节的模拟结果，也大大提高了仿真效率。在物件拼盘中，包含了详尽的模型库（设备、链路及详细的协议），包括路由器、交换机、服务器、客户机、ATM 设备、DSL 设备等。Modeler 也提供多种业务模拟方式，具有丰富的收集分析统计量、查看动画和调试等功能，可以直接收集常用的各个网络层次的性能统计参数，能够方便地编制和输出仿真报告。

3.2.3　MATLAB

MATLAB 软件是用于数值计算和图形处理的科学计算系统环境。MATLAB 提供了一个人机交互的数学系统环境，该系统的基本数据结构是矩阵，在生成矩阵对象时，不要求做明确的维数说明。MATLAB 主要应用于工程计算、控制设计、信号处理与通信、图像处理、信号检测、金融建模设计与分析等领域。此外，MATLAB 还具有很强的功能扩展能力，与它的主系统一起，可以配备各种各样的工具箱，以完成一些特定的任务。

MTALAB 系统由以下五个主要部分组成。

（1）MATALB 语言体系。MATLAB 是高层次的矩阵/数组语言，具有条件控制、函数调用、数据结构、输入/输出、面向对象等程序语言特性。利用它既可以进行小规模编程，完成算法设计和算法试验的基本任务，也可以进行大规模编程，开发复杂的应用程序。

（2）MATLAB 工作环境。这是对 MATLAB 提供给用户使用的管理功能的总称，包括管理工作空间中的变量输入/输出的方式和方法，以及开发、调试、管理文件的各种工具。

（3）图形图像系统。这是 MATLAB 图形系统的基础，包括完成二维和三维数据图示、图像处理、动画生成、图形显示等功能的高层 MATLAB 命令，也包括用户对图形图像等对象进行特性控制的低层 MATLAB 命令，以及开发 GUI 应用程序的各种工具。

（4）MATLAB 数学函数库。这是对 MATLAB 使用的各种数学算法的总称，包括各种初等函数的算法，也包括矩阵运算、矩阵分析等高层次数学算法。

（5）MATLAB API。这是 MATLAB 为用户提供的一个函数库，使得用户能够在 MATLAB 环境中使用 C 程序或 FORTRAN 程序，包括从 MATLAB 中调用子程序（动态链接）、读写 MAT 文件的功能。

MATLAB 的优势包括以下几点。

（1）具有丰富的数学功能和高效的数值计算及符号计算功能，包括各种特殊函数、各种数学运算功能以及矩阵的各种运算，能使用户从繁杂的数学运算分析中解脱出来。

（2）具有完备的图形处理功能，实现计算结果和编程的可视化，可以很方便地画出二维和三维图形，可以进行色彩控制、句柄图形、动画等高级图形处理。

（3）友好的用户界面及接近数学表达式的自然化语言，使学习者易于学习和掌握。

（4）功能丰富的应用工具箱（如信号处理工具箱、通信工具箱等），为用户提供了大量方便实用的处理工具。

3.2.4　主流通信仿真软件的特点对比

以上三种通信仿真软件的特点对比如表 3.2 所示。

表 3.2　主流通信仿真软件的特点对比

对比项	NS2	OPENT	MATLAB
界面友好性	Tcl Script	GUI、代码	主要是代码
拓扑结构配置	TcL Script 代码编程	GUI、配置方便	主要是代码
支持的构件库	丰富的组件模块	丰富的构件库	丰富的工具箱
执行效率	较高	较高	低
主要应用场合	网络协议仿真、IP 网络	通信、网络仿真	科学计算、矩阵运算
入门难度	难	较难	一般

3.2.5　其他通信仿真软件

1. SPW

信号处理工作系统（signal processing worksystem，SPW）是一种能对数字信号处理及通信系统算法进行开发、仿真、调试并进行性能估计的强有力的软件包。SPW 软件包提供了先进的计算机辅助工程设计工具及完整的 DSP 模块库。用这些工具能建立任何类型的 DSP 系统并产生设计的硬件描述。

SPW 软件包主要由一系列交互运行的集成工具组成，典型的有方框图编辑器（block diagram editor，BDE）、仿真管理器（simulation program builder，SPS）、（simulation manager，SIM）及信号计算器（signal calculator，SigCalc）等。方框图编辑器内有电子、通信、多媒体等模块库，设计者可根据需要选取模块、连接并设置其参数。仿真管理器能对设计系统模型进行编译、仿真，并提示修正设计错误。信号计算器是一种处理数字信号的工具，可以创建、显示、处理和分析各种信号波形，并进行仿真结果的眼图、星座图、FFT 图等的显示、分析。另外，SPW 软件包还有滤波器设计系统（filter design system，FDS）和有限状态机（finite state machine，FSM）等集成工具。

利用 SPW 可以很方便地进行通信系统的仿真。因为 SPW 采用系统模块直观地描述系统典型环节，其模块库中提供了丰富的通信模块，包括信号源模块组（SignalSources）、编/译码模块组（Encoder/Decoder）、信道模块组（Channels）、调制/解调器模块组（Modulators/Demodulators）、滤波器模块组（Filter）、均衡器模块组（Equalizer）、输出池模块组（SignalSink）以及数学运算模块组（Math）等。尽管如此，对于一些特殊的算法或特定功能的子程序，SPW 提供的模块并不一定满足要求。但 SPW 具有灵活的创建自定义模块功能，允许用户通过自己编码来定义模块。创建用户自定义模块的方法有多种，一种比较简便的方法是使用 Block Wizard。因为它在模块产生的每一步都给用户提供了便于操作的图形化界面。模块建模可以使用 C、MATLAB、VHDL 等。

2. Systemvue

Systemvue 原名 SystemView，是一个用于现代工程与科学系统设计及仿真的动态系统分析平台。从滤波器设计、信号处理、完整通信系统的设计与仿真，直到一般的系统数学模型建立等各个领域，Systemvue 在友好且功能齐全的窗口环境下，为用户提供了一个精密的嵌入式分析工具。

Systemvue 是真正的动态系统仿真器，对 Z 域和连续的 Laplace 域系统有详细的说明，是多速率系统并行的平行系统，也是时间连续和时间离散的混合系统。Systemvue 的图形 FIR 滤波器设计包括低通、带通、高通、带阻、Hibert（90°相移）和微分网络，它拥有大量的 IIR 滤波器，包括多级 Bessel、Butterworth、Chebyshev 和 Linear Phase。Systemvue 无限制支持嵌入式系统和多层子系统，可建立大规模分层系统，具有完整的信号源、接收端、函数、算子和 MetaSystem 库。具有内置系统诊断和连接检查功能和可用于高级块处理的接收端计数器，在分析窗口中可以多图显示，而且带有指导和自动示例的在线帮助系统。

Systemvue 的应用领域有：信号处理、通信和控制系统，包括模拟、数字和混合模式的系统；相位和频率锁相环；调制、解调和通道建模；完整的 DSP 系统设计和测试；模拟到数字变换系统、量化和采样系统（包括 D-S 数据转换）、同相和正交系统；线性和非线性系统设计和测试；线性和非线性微分方程的解（包括模糊理论）；控制系统设计和测试。

3. CASSAP

CASSAP 为数字信号处理系统的开发者提供了最有效的仿真工具，使工程师在概念、算法和体系结构层次完成算法仿真。其首创的数据流驱动仿真器比传统的基于时钟周期的仿真器速度提高了 8～16 倍。提供超过 1000 个高层模块可做动态的数据流驱动仿真（支持异步、多速率），并可对其中所需模块自动生成行为级或 RTL 级 VHDL，用于 ASIC/FPGA 实现，也可生成各种风格的 DSP 代码，供 DSP 处理器进行软件实现。CASSAP 可广泛应用于需求分析和评估算法、实现方式的数字传输系统，如通信、图像、多媒体等，并提供了针对 GSM、CDMA、DECT 等标准的专用开发平台。

CASSAP 的设计思想为自顶向下（top-down）的设计方法，即先进行系统性能分析、算法分析，再进行软硬件的划分与设计，最后将软硬件合并、仿真、调测、验证之后，才能完成系统设计。

对于设计扩频数字移动通信这样复杂庞大的系统，依靠过去传统的设计方法是无法完成的，CASSAP 能帮助设计人员在算法概念级建立一个系统模型，可定义并可随时改变系统的参数，模拟系统信号处理流程来研究系统的算法性能、指标。

3.3　视景模型构建仿真软件

科学技术的发展提高了人与信息之间接口的能力以及人对信息处理的理解能力，人们不仅要求以打印输出、屏幕显示这样的方式观察信息处理的结果，而且希望能通过人的视觉、听觉、触觉以及形体、手势或口令参与到信息处理的环境中去，获得身临其境的体验。视景仿真技术是虚拟现实技术中重要的表现形式和重要组成部分，是三维动画的高级形式。视景仿真技术是集计算机图形学、图像处理和生成技术、信息合成、光学技术、三维影像、控制技术等于一体的综合技术，也是最有发展前途的尖端技术。用户同样可以在虚拟环境中产生身临其境的感觉，并与其中的对象进行丰富、多样、自然的交互和交流。视景仿真技术的基本思想是将大量抽象的数据以图像和声音的形式显示在一个虚拟环境中，使人们能够在三维图形或图像的世界中，以在现实世界中无法显示的方式获取有价值的信息，进而有效提高工作质量和效率。

在进行科研以及试验领域，视景仿真在缩短周期和提高试验的精确性、减少人力成本和科研经费方面发挥了重要作用。视景仿真是在决策和分析现实世界的系统性和重复建设过程中一个有效率的、具有成本效益的工具。它是一种有效了解世界的方式，为人类在有限时间内对许多动态、复杂的环境和过程进行直接和详细观察提供了一种有效方法，通过形象的实时显示，使得人类可以获取对某一事物新的认知。随着计算机图形学以及其他技术的快速发展，视景仿真技术逐渐应用到越来越多的科学领域中。

3.3.1　Vega 和 VegaPrime

1. Vega

Vega 是用于开发实时视觉模拟、虚拟现实和普通视觉应用的工业软件。它采用先进的模拟仿真功能和易用工具相结合，并且提供语言编码应用 API 接口，便捷地创建、编辑和驱动工具，使开发人员可以通过简单的代码操作定制所需的仿真功能，开发出各具特色的仿真应用程序。大幅度地提高开发效率、缩短源代码的开发时间。

　　Vega 主要由多种动态链接库（DLL）、函数库（Lib）和应用程序接口构成，组建出的平台具有图形化界面和指导性的交互操作等特点。DLL、Lib 作为 Vega 内核，完成所有具体的动作，函数之间通过自动的相互调用构成 Vega 内部工作机制。Vega 二次开发应用程序接口是完整的 C 语言应用程序结构，可通过改变运行参数和操作方式灵活地改变软件控制功能。

　　Vega 支持的三维场景模型为 OpenFlight 格式文件，该类文件可通过 MultiGen Creator 进行创建和编辑，模型制作完成后通过导入机制，将虚拟三维模型导入 Vega 仿真平台，由 Vega 平台在后台进行控制和管理，形成视景仿真系统。对于 Windows 平台上的应用，主要有三种类型，即控制台程序、传统的 Windows 应用程序和基于 M FC 的应用。无论哪种应用，建立 Vega 仿真开发平台的步骤均可分为以下三步。

　　（1）初始化。用于初始化 Vega 系统并创建共享内存及信号量。

　　（2）定义。通过 ADF 应用定义文件创建三维模型或通过显示调用相关函数创建三维模型，定义的部分主要包括显示窗口、视觉通道、观察者、物体对象、运动物体、场景、环境特效、交互设备及系统属性等。

　　（3）配置。通过调用配置函数设置完 Vega 系统后，开始 Vega 应用的主循环，进入对三维视景进行渲染驱动阶段。在该阶段可定制相应的功能，实现对特殊交通场景的视觉仿真。详细流程如图 3.2 所示。

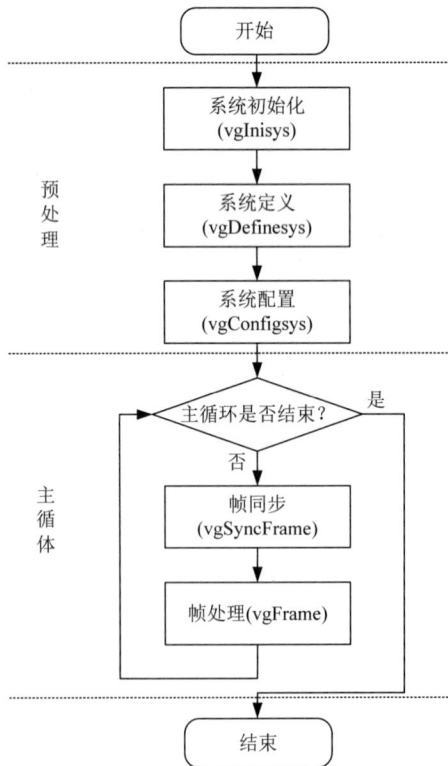

图 3.2　Vega 仿真程序主循环处理步骤

应用程序前半部分用于设置系统。循环实体用于实现场景动画浏览的程序部分。各个类的参数定义在循环体前进行配置，根据需要，少量的参数可在循环体内进行修改。

Vega 已经成功应用于建筑设计漫游、城市规划仿真、飞行仿真、海洋仿真、传感器仿真、地面战争模拟、车辆驾驶模拟、虚拟训练模拟、三维游戏开发等方面，并不断向新的领域扩展。

2. VegaPrime

随着虚拟仿真应用不断大型化、复杂化和普及化，出现了新一代的仿真应用环境平台——VegaPrime。VegaPrime 虽然与 Vega 一脉相承，但它并不是 Vega 的简单升级，而是一种全新的软件环境。VegaPrime 提供真正跨平台、可扩展的开发环境，来高效创建和配置视景仿真、城市仿真、基于仿真的训练、通用可视化应用等。它既具有强大的功能来满足当今最为复杂的应用要求，又具备高度的易用性来提高效率。

VegaPrime 基于 VSG（Vega Scene Graph）和底层（OpenGL），同时包括 Lynx Prime GUI（用户图形界面）工具，让用户既可以用图形化的工具进行快速配置，又可以用底层场景图形 API 进行应用特定功能的创建。它将先进的功能和良好的易用性结合在一起，帮助用户快速、准确地开发实时三维应用，加速成果的发布。VegaPrime 基于工业标准的 XML 数据交换格式，能与其他应用领域进行最大程度的数据交换。针对用户特定要求，VegaPrime 还设计了多种功能增强模块，和 VegaPrime 结合在一起，进一步提升了应用开发的效率和适用性。

VegaPrime 主要特点如下。

（1）单一源代码。不管是什么硬件平台（Windows、Linux 或 IRIX），只需要开发一次，就可以在重新编译后应用于任何地方、任何所支持的操作环境中。

（2）GUI（用户图形界面）配置工具。Lynx Prime 是一个可扩展的、跨平台的 GUI 配置工具，它用标准的基于 XML 的数据交换格式以提供最大的灵活性，极大地增强了 VegaPrime 应用的快速创建、修改和配置性能。

（3）可扩展性。VegaPrime 具有高度可定制性，它使得用户可以方便地开发适合自己特定目的的应用。可以开发自己的模块，结合自己的代码以及派生自定义的类来优化应用。

（4）卓越的效率。VegaPrime 极好地提取了通用的仿真应用功能，使得用户只需要关注自己应用特定的功能（和其他人不一样的功能），从而极大地提高了生产效率。

（5）支持 MetaFlight。MetaFlight 是 MPI 公司基于 XML 的一种数据描述格式。它使得运行系统及数据库应用能够理解数据库组织结构，极大地提升了 OpenFlight 文件（仿真三维文件格式标准）的应用范围。VegaPrime 中的 LADBM（大面积数据库管理）模块使用 MetaFlight 确保海量数据以最高效率、最先进的方式联系在一起。

（6）其他。VegaPrime 还有很多特性使它成为当今最为先进的商用实时三维应用开发环境，包括虚拟纹理（virtual texture）支持、自动异步数据库载入/相交矢量处理、增强的更新滞后控制、直接从 Lynx Prime 产生代码、直接支持光点、支持 PBuffer、基于 OpenAL 的声音功能、可扩展的文件载入机制、平面/圆形地球坐标系统支持、星历表模型/环境效果、多种运动模式、路径和领航、平面投射实时阴影、压缩纹理支持、Shader

支持和向导工具等。

3.3.2　OpenGL

OpenGL（open graphics library）是图形硬件的一种软件接口，是一个优秀的专业化的三维 API。作为与 DirectX 类似的语言，OpenGL 最早是以 SGI 为图形工作站开发的图形开发接口 IRIXGL，它可以独立于操作系统和硬件环境。程序员只需进行布景、建模、光照与渲染，然后调用相应的 OpenGL API 指令，无须与图形硬件直接打交道。OpenGL 负责与操作系统和底层硬件交互。

OpenGL 具有很高的可移植性。OpenGL 的设计目标就是作为一种流线型的、独立于硬件的接口，在当今大部分主流操作系统 UNIX/Linux、Windows 98/NT/2000/XP/Vista 和 Mac OS 等都有其相应的实现。然而为了达到这个目标，OpenGL 并未包含用于执行窗口任务或者获取用户输入之类的函数，反之必须通过窗口系统控制所使用的特定硬件。类似地，OpenGL 并没有提供用于描述三维物体模型的高层函数（这类函数可能允许用户指定相对较为复杂的形状，如汽车、身体的某个部位等）。在 OpenGL 中，必须根据少数几个基本图元（如点、直线、多边形）来创建所需要的模型。

1. OpenGL 工作方式

OpenGL 指令模式是 C/S（client/server，客户/服务器）模型，通常用户程序（客户）发出命令提交给内核程序（服务器），内核程序再对各种指令进行解释，并初步处理，之后交给操作系统处理后转交给硬件。上述过程可以在同一台计算机上完成，也可以在网络环境中，由不同的计算机合作完成，OpenGL 通过上述合作实现网络透明。

2. OpenGL 渲染管线

OpenGL 具有超强的图形绘制能力，包括绘制物体、启动光照、管理位图、纹理映射、动画、图像增强以及交互技术等功能。作为图形硬件的软件接口，OpenGL 主要是将三维物体投影到二维平面上，然后处理得到像素并进行显示。

OpenGL 首先将物体转化为可以描述物体集合性质的顶点与描述图像的像素，在执行一系列操作后，最终将这些数据转化为像素数据。也就是说，OpenGL 是基于点的。在 OpenGL 中，无论何种情况，指令总是被顺序处理，由一组顶点定义的图元执行完绘制操作后，后继图元才能起作用。绝大部分 OpenGL 实现都有相似的操作顺序，即称为 OpenGL 渲染管线的一系列相关的处理阶段。

3. OpenGL 数据类型

OpenGL 定义了自身的数据类型，主要有 GLbyte、GLShort、GLint、GLfloat、GLdouble、GLubyte、GLushort 和 GLuint。不同的 OpenGL 实现在选择哪些 C 语言数据类型来表示 OpenGL 数据类型方面存在一些差异。使用 OpenGL 定义数据类型，就可以避免在 OpenGL 代码跨平台移植时产生类型不匹配的问题。

3.3.3　VTree

VTree 实时三维实景管理软件是一个面向对象、基于便携平台的图形开发软件包（SDK）。SDK 包括大量的 C++类和压缩抽象 OpenGL 图形库、数组类型和操作方法。平台本身可将细节处理通过一组源代码来开发和维护。

VTree 是针对实时三维图形可视化、三维模型开发和仿真应用开发等领域为客户提供的实时三维图形开发工具，可以跨平台使用。通过 VTree 的图形工具 SpliceTree 和 Audition 可以方便地实现视觉仿真、实时场景生成、娱乐冒险环境模拟、任务训练及事件重现等应用。

VTree 长期以来被用于开发高质量的可视化和仿真应用，可把符合工业标准的三维图形模型引入 VTree 程序并对其进行实时控制，从而产生生动的可视内容，并可通过各种方式（如显示器、头盔显示仪等）观看。通过在程序中运用 VTree，可以展示各种复杂、动态的信息，如各种模型之间的实时交互，从而有助于更好地理解真实世界和概念、想法等抽象的事物。通过采用面向对象的技术以及对 OpenGL API 的包装和扩展，VTree 为应用程序提供可跨平台、可移植和可扩展性。因此，VTree 几乎可用于任何涉及复杂或动态可视化信息的应用中。

VTree 具有三种层次的开发功能。

（1）最高层。用户使用图形工具制作窗口、视角、地形、场景、实体、运动、光源等。此外，光源、特殊效果以及运动控制可以通过 Gwiz 编辑器的调整参数进行实时改变。

（2）中间层。通过高级 API 直接控制所有由 Gwiz 创建的对象，如物体的运动规律、烟火、水花等特效或动画行为，可以由用户定义的函数直接触发。

（3）最底层。使用底层的 API 来支配单个的视景和图形软件及硬件之间的交互，为实现最大限度的性能和灵活性，VTree 允许开发者在任何时候调用它的底层函数。

第4章 车路协同系统交通仿真技术

在车路协同系统中,车与车、车与路侧之间存在着大量的信息交互,本章以 Paramics 为例对车路协同系统进行仿真。车路协同系统具有信息交互频繁、信息实时性高的重要特性,所以需要在路网仿真中,实时提取交通流数据,综合自由产生的交通流数据,用特定的控制策略来控制仿真路网的关键元素。最后通过 Paramics 自带的模块 Analyze 对仿真生成的日志文件进行分析,从而对控制算法的可行性进行评估。

4.1 大规模仿真路网的快速构建技术

传统的仿真环境生成,往往多采用人工生成的方法,例如根据航拍地图或卫星地图通过手绘制作仿真环境,这种方法虽然操作简单,但有很多不足之处,如绘制准确性差、绘制效率低、再现性差等。针对这种情况,提出了大规模路网的快速构建技术,它是基于由真实数据构建的路网数据库,对信号交叉口的地理位置及配时方案、路网中交叉口的连接关系、路段属性、出行需求等信息进行统计,建立城市道路交通典型路网信息数据库,自动输入交叉口位置以及信号配时、解析路网拓扑结构、自动设置路段属性以及注入 OD 信息,通过脚本编写或插件开发,实现对路网关键元素的自动、快速建模,从而极大地简化了人工构建的工作量,提高了路网的准确性和再利用性,如图 4.1 所示。

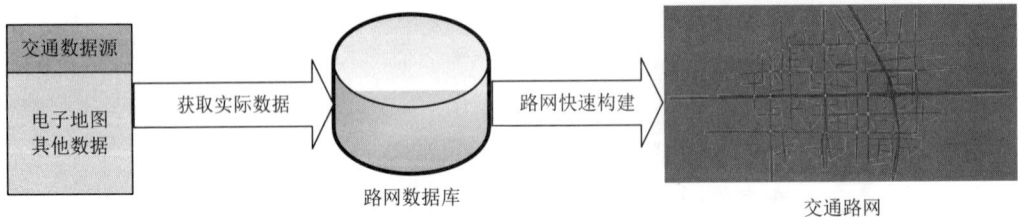

图 4.1 大规模仿真路网的快速构建技术

4.1.1 定义数据格式

路网数据是车路协同系统仿真、测试与验证的基础,为了构建大规模的基于实际数据的交通仿真平台,首先要获取真实、准确的路网数据,并将之转化为易于处理的数据结构。综合多方面因素,路网数据库基本结构包括路网节点数据信息、路网连接数据信息、路网连接类型信息等。该数据库会被集成到路网快速构建的软件平台中,作为生成 Paramics 仿真路网文件的数据基础,如图 4.2 所示。

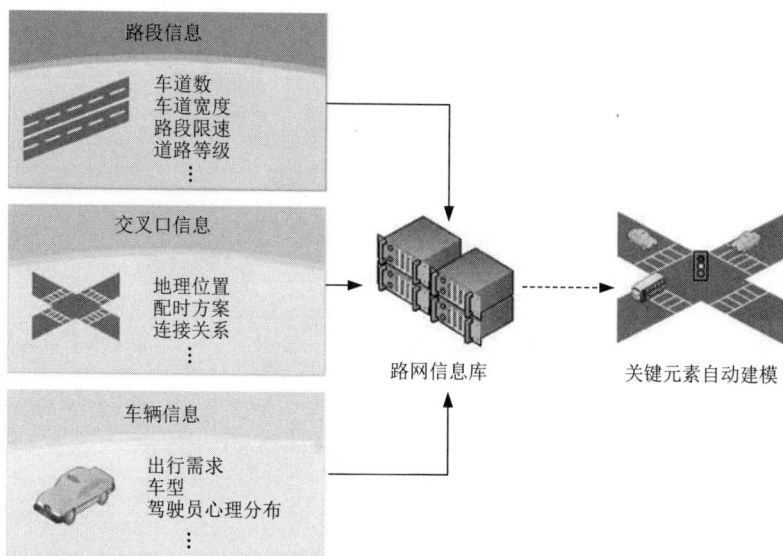

图 4.2　大规模路网的快速构建

4.1.2　生成路网文件

Paramics 的仿真路网文件可分为三部分，即路网编辑文件、仿真参数文件和系统默认数据文件。

Paramics 路网文件如表 4.1 所示。Paramics 路网是基于节点以及节点连接关系的。因此，通过读取路网的路口坐标数据、邻接关系以及基本路段属性，可以快速、自动地生成基本的仿真路网，并且根据一定的小区和 OD 信息，完善仿真路网中的相应内容。

表 4.1　Paramics 路网文件

文件名	描述
Nodes	所有节点的编号、三维坐标数据
Links	所有的路段，以起点、终点的节点编号表示路段的类型和属性
Zones	所有的 OD 小区编号及位置
Demands	OD 矩阵

从表 4.1 可以看出，Paramics 路网的构成结构清晰，与路网数据库结构相对应，因此对 Paramics 路网的快速构建不需要对路网数据进行太多的转换和处理。

4.1.3　提取路网文件信息

在 Paramics 中，可以获取信息并且实现控制的元素有很多，其中，有一些信息在仿真运行前就可以得到，如路网规模、节点位置、车道转向等，但是有些信息必须在仿真运行时或者运行之后查看日志文件才能得到，如动态车辆速度信息、信号配时信息、某个时间点道路的车流密度信息等。在 Paramics 中，可以通过两种方式获取交通信息：使用 Programmer 编辑器编写插件加载到路网中，通过插件获取；设置好路网仿真时需要保存的数据，在仿真结束后查看日志文件。

Paramics 中的编程器模块 Programmer 为扩展程序开发提供了一个全面的基于 C++ 的 API。应用程序接口使得 Quadstone Paramics 具备非常强大的可移植性和可扩充性。通过编写插件，便可以在任务执行中实时获取仿真信息。Programmer 自带的代码分为以下四大类。

1. QPX（标准扩充代码）

QPX 是定义了 Paramics 的功能性接口函数，即应用程序的入口都是通过这些函数进入的。例如，当用户开始仿真时，系统会自动进入 POSTOPEN 触发函数中，当有车辆从 OD 矩阵中驶出时，系统会进入 VEHICLE_RELEASE 函数中，如果希望在每个仿真步长中遍历所有车辆的信息，可以通过 TIMESTEP 进入应用程序，获取车辆信息。

2. QPO（标准强制代码）

QPO 是定义了 Paramics 的强制执行函数，这些函数可以用户自定义 Paramics 内部的处理机制。例如，车辆跟驰模型中的车辆安全距离模型，可以通过前车的速度和本车的速度来改写其内部默认的安全距离模型。

3. QPG（获取信息标准代码）

QPG 是定义了 Paramics 中获取信息的函数，通过这些函数互用可以获取 Paramics 在仿真运行时的各种信息，如车辆速度信息函数 qpg_VHC_speed、车辆加速度信息函数 qpg_VHC_acceleration、道路的车道数函数 qpg_LNK_lane 等，还可以通过获取信息标准代码函数来获取信号灯控制信息、VMS 发布的信息等。

4. QPS（设置信息标准代码）

用户可以通过 QPS 函数设置仿真路网中的车辆、小区等可以实时更新的信息。例如，设置车辆速度信息函数 qps_VHC_speed、设置车辆加速度信息函数 qps_VHC_acceleration。根据所获取的信息不同，所需要使用的函数也不同。

这四类代码的关系如图 4.3 所示。

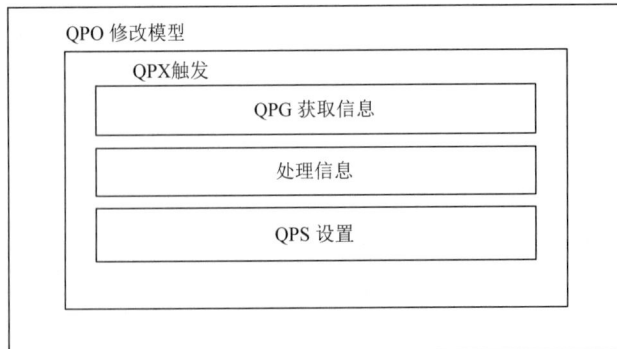

图 4.3　Programmer 四类代码的关系

4.2　车路协同系统交通仿真技术

4.2.1　微观交通流仿真模型技术

微观交通流仿真模型是运用数学方法对城市道路交通系统的抽象。跟驰模型是其中的一种，传统的跟驰模型有刺激-反应跟驰模型、安全距离跟驰模型等。车辆跟驰理论是运用动力学的方法研究在无法超车的单车道上，行驶车队中前车速度的变化而引起后车反应的一种理论。跟驰状态也称为非自由行驶状态。处于非自由行驶状态的车队具有以下三个特点。

1. 制约性

从安全角度出发，跟驰车辆均满足两个条件：一是后随车的车速不能长期大于前车速度，否则会发生追尾危险，这是"车速条件"；二是前后车辆之间必须保证一个最小安全距离，这是"距离条件"。

2. 延迟性

当前车速度改变之后，后车要经过一个时间 T 才会改变其速度，这就是跟驰特性的延迟性。当前车在 t 时刻产生状态变化时，后车要经过 T 时间（即在 $t+T$ 时刻）才会做出相应的反应动作，这就是车辆跟驰的延迟性。

3. 传递性

由车辆跟驰的制约性可以看到，第一辆车的运行状态制约着第二辆车，第二辆车的运行状态制约着第三辆车，以此类推，第 n 辆车的运行状态制约着第 $n+1$ 辆车，这就是跟驰中的传递性。

车辆跟驰示意图如图 4.4 所示。

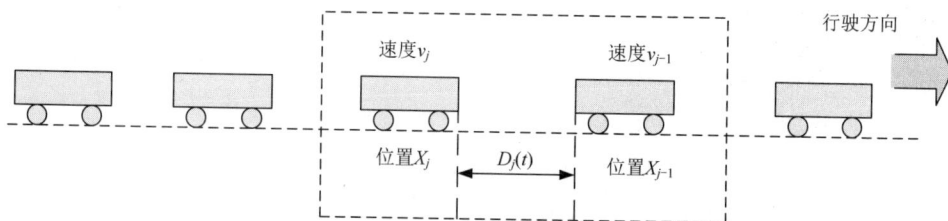

图 4.4　车辆跟驰示意图

4.2.2　全时空交通信息提取与控制技术

交通仿真数据的提取是实现仿真控制的基础。在 Paramics 中，每个仿真步长都会产生一次仿真数据，仿真步长一般可设置在 33～500ms 之间。仿真数据获取后，有一些数据需要进行转换，如车辆位置转换为经纬度信息、车辆相对速度转换为绝对速度信息等。可见，仿真数据的实时获取以及有效利用是影响仿真运行效率的关键问题。

　　获取的数据经过处理之后将控制决策注入仿真网络中，这也是非常重要的一步，控制策略的实现都需要对仿真网络进行数据控制。

4.2.3　多交叉口信号灯协同控制技术

　　传统的信号灯控制都局限于单交叉口或者干线的协同控制，很少涉及区域交叉口控制，并且不会根据区域交通流量的实施情况来改变控制策略。在车路协同系统中，由于车车、车路通信的存在，可以通过获取车辆位置信息，得到区域交通流量信息，再对这些信息进行处理、分析，采用协同控制算法来实现区域信号的协同控制，以减少车辆的出行时间和平均延误。

4.3　车路协同条件下无信号交叉口控制仿真方法

　　本节设计了无信号交叉口控制系统构架，并在此基础上设计了车路协同环境下的车辆集中式优化控制方法：一种是基于车速引导的无信号交叉口优化控制方法，另一种是基于时延 Petri 网（timed Petri net，TdPN）的无信号交叉口优化控制方法。两种控制方法分别适用于不同的交通负载。前者是将交通信号转化为车速引导信息和路权信息，从而化解各方向车流之间的冲突以保证安全，适合于交通负载较大时的交通情况；后者则是通过发送路权信息化解各方向车流之间的冲突，使不同流向的车辆在不同的时间段内安全通过交叉口。该方法适用于交通负载较小或车流密度较小的路况。

4.3.1　无信号交叉口控制系统架构

1. 无信号交叉口布局

　　如图 4.5 所示，双车道十字交叉口的研究范围包括交叉口及其周围的一段进出口路段，可以将它们分为入口区域、共享区域及出口区域。其中，入口区域为距离交叉口上游某截面到交叉口停止线的一段区域，在该段区域内车辆发出路权请求信息，等待路权分配；共享区域即为从停止线开始到下游路段进口的一段区域，由于这一区域由各冲突车流共享，因此又称为冲突区域；出口区域为从交叉口下游路段进口到交叉口下游路段截面的区域，车辆进入该段区域后释放交叉口路权。

2. 无信号交叉口控制系统

　　在车路协同环境中，通过信息技术将人、车、路三者联系起来，对保证交叉口通行安全、提高通行效率具有重要意义。特别是将车路协同技术运用到传统的无信号交叉口控制，既为"路权分配"机制提供了可能，又对区域内传统的信号控制做了信息连接，实现了整个区域化的协调控制。

　　常见的广义车路协同环境下的无信号交叉口控制系统包括三部分，即智能路侧系统、智能车载系统、无线通信系统。下面将从这三部分介绍广义车路协同环境下无信号交叉口控制系统。

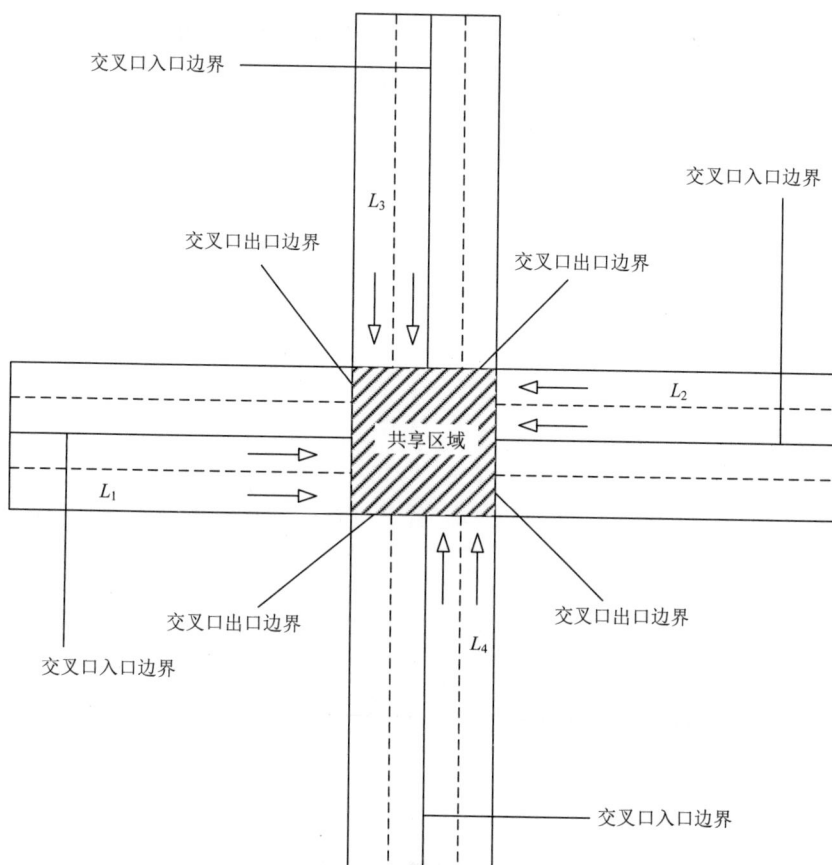

图 4.5　无信号交叉口布局

1）智能路侧系统

在车路协同环境下，智能路侧系统对当前交通信息进行采集，如气候环境检测信息、道路交通状态检测信息以及行人、非机动车监测后的信息，通过车路通信传输技术、路侧与控制单元通信传输技术以及路侧设备之间通信传输技术，对交通信息进行安全预警、实时诱导、控制与管理等方面的处理，最终达到辅助驾驶员行驶车辆的目的。智能路侧系统结构如图 4.6 所示。

（1）路侧信息系统。

路侧信息系统主要是先预处理传感器传送的原始信息，并将其结果作为车路协同路侧设备底层信息。常见的路侧设备主要的底层信息包括三种，即道路交通状况信息、行人及非机动车车辆信息、路面状况及天气状况信息。其中，道路交通状况信息主要包括当前车流量、车流密度、该路段平均速度、该路段总旅行时间、车道占有率以及交叉口前路段的车辆排队情况等。在对车辆进行路径规划以及无信号交叉口路权分配时，只有获得实时且准确的道路交通流信息才能达到优化控制的效果。所以，针对道路交通状况信息的

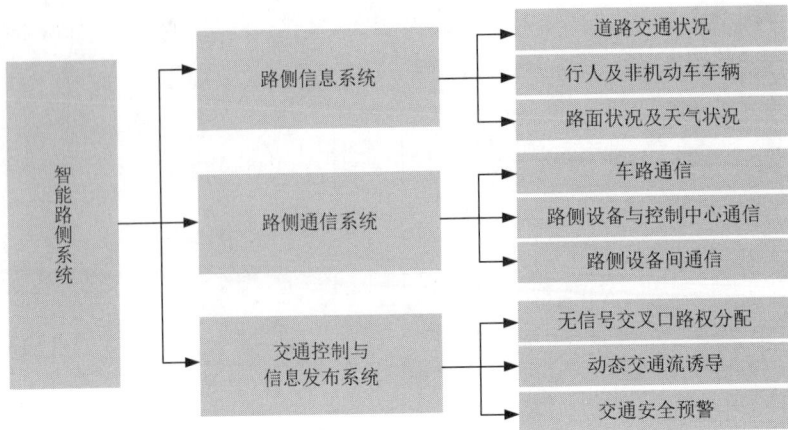

图 4.6　智能路侧系统结构

获取方式，一般选择多种检测技术混合处理。行人及非机动车车辆信息包括其几何大小、位置、数量以及移动速度等信息。路面状况信息主要包括道路几何状况（主要包括道路建设时的渠化信息、道路长度、车道个数、各车道宽度以及道路曲线半径、横向坡度、纵向坡度等）以及异常事件信息（主要包括交通管制、紧急车辆出现、交通事故突发、交通违章事件等）。另外，还包括气候环境引起路面状况变化的信息，如雾、风、霜、雨、雪、冰、浆状混合物对路面的湿滑情况的影响。

（2）路侧通信系统。

路侧通信系统主要是将路侧信息系统预处理后的信息传输到对应的车载控制单元，主要包括路侧设备间通信、车路通信以及路侧设备与控制中心通信三种。图 4.7 所示为路侧通信系统的传输流程。

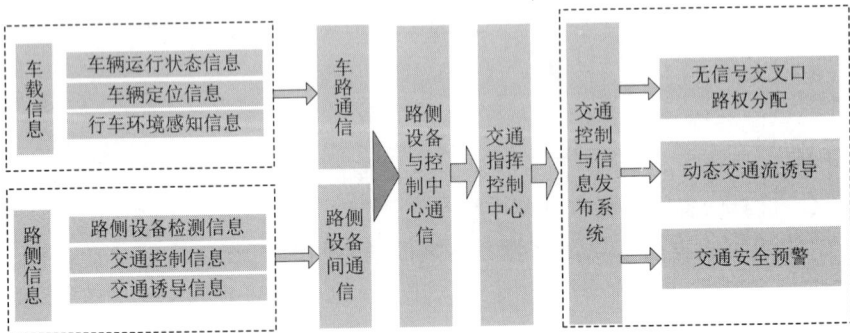

图 4.7　路侧通信系统的传输流程

（3）交通控制与信息发布系统。

交通控制与信息发布系统是根据交通控制中心以及智能路侧设备传送过来的数据，按照无信号交叉口路权分配方法、动态交通流诱导方法、交通安全预警方法对交通成员（在无信号交叉口中主要针对车辆）进行动态改变，实现区域内的交通通行效率最大化。

以动态交通流诱导技术为例，路侧传感器将路侧三大类信息传送给智能路侧系统，智能路侧系统向所管辖车辆进行车路间通信，传输其他车辆以及道路等相关信息；与交通指挥控制中心建立通信后，完成动态最优路径决策，并将其决策传送至所管辖车辆，实现区域化的交通流均衡分布，完成交通流诱导。

2）智能车载系统

智能车载系统作为车路协同中最接近客户终端的系统，其主要功能是通过感知技术来获得车辆实时的运行状态信息，如车辆速度、加速度、方向盘转角、油耗以及周围道路环境信息，通过选择不同目标，进行相关动态数据分析以及控制决策技术为出行车提供可靠、实用性强的道路安全服务和速度、路径等引导性服务。结合智能路侧系统以及车路通信技术，对周围环境危险因子判定以及车辆危险状态识别，实时调整优化车辆的运行状态，从而保证车辆能够安全通过危险场景或者主动避让，防止危险产生。在整个智能车载系统中，除了以上提到的车辆运行状态感知功能以及行车环境感知功能外，还需要利用车辆定位技术，如 GNSS 定位技术、惯性导航技术、地图匹配技术，以保证信息来源的可信度。另外，还需要有信息处理及发布的相关先进技术，如信息处理及存储技术、信息发布技术以及人机交互技术。智能车载系统结构如图 4.8 所示。

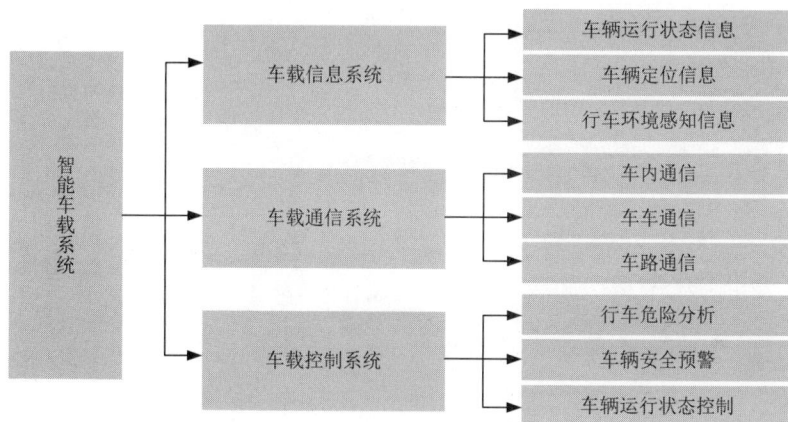

图 4.8　智能车载系统结构

（1）车载信息系统。

车载信息系统主要完成三部分功能：车辆运行状态信息获取；车辆定位信息获取；行车环境感知信息获取。针对不同的信息来源，所用的传感器技术也不相同。其中，车辆运行状态信息包括车辆速度、加速度、航向角等，可通过 ABS、车载陀螺仪、加速度传感器、方向盘转角传感器、GPS 等设备技术获取。一般来说，车辆定位信息可以分为绝对定位信息和相对定位信息。绝对定位信息是指一台接收机在确定绝对坐标后得到车辆的经纬度信息。相对定位信息是通过 GPS 定位技术、车载距离传感器等检测车辆与其他交通因素之间的相互位置，如车与车的相对位置、车与车道的相位位置等，如图 4.9 所示。车辆周围行车环境信息主要是通过多种传感器进行融合处理得到的，如利用雷达、微波、红外传感器等获取行人以及非机动车信息，利用激光、视频传感器等获取路面状态信息等。

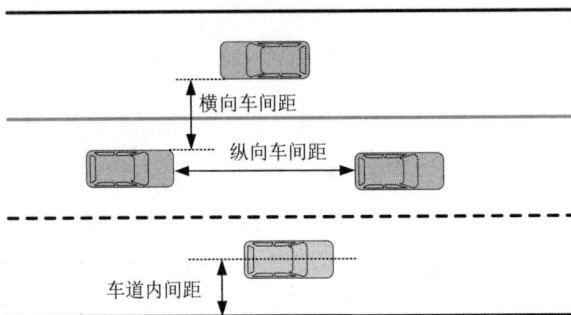

图 4.9　车辆相对定位信息

（2）车载通信系统。

车载通信系统主要将车载信息系统的信息传输到对应的车载控制单元，主要包括车内通信、车车通信以及车路通信。图 4.10 所示为车载通信系统的传输流程。

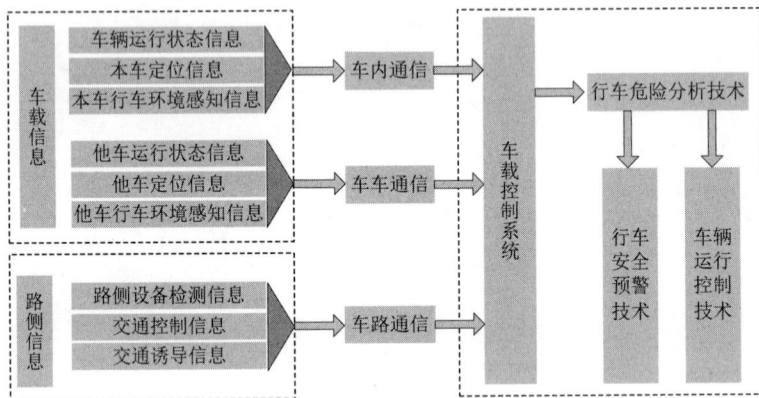

图 4.10　车载通信系统的传输流程

（3）车载控制系统。

车载控制系统是智能车载系统中的核心部分，通过智能控制算法，将通信发过来的信息进行分析与处理，然后对车辆的下一步行为做引导控制。根据不同的交通需求，车载控制系统包含不同的信息，典型车载系统包括行车危险分析模块、行车安全预警模块及车辆运行状态控制模块。首先将车车通信、车路通信以及本车信息进行接收，分析当前车辆是否处于危险状况。根据交通危险等级指标的多少，对驾驶员提供运行控制信息，如车辆加速、减速、转弯、换道、超车、停车等行为指令，自动驾驶的车辆可以自动执行行为指令。

3）无线通信系统

无线通信系统作为车路协同车车、车路通信的桥梁，其主要功能是将智能车载系统收集到的车辆实时运行状态信息、周围道路环境信息等按照一定的周期发送到智能路侧设备，同时接收智能路侧协调控制单元发送的控制策略信息传递到车载设备，以完成车辆的速度引导等。

传统的交通信息采集主要是利用线圈检测器、超声波检测器、微波检测器等进行断面检测，无法构成具有全时空特色性质的动态交通信息。在车路协同环境下，利用先进的传感器网络技术，完成人-车-路的信息交互。常见的车路协同信息交互模式主要有 Infrastructure 模式和 Ad hoc 模式。前者主要应用到有中心模式的车路通信系统，在该模式下，车车、车路的交通信息都需要经过控制中心站转发；Ad hoc 模式是不包含中心站数据转发的通信模式，在该模式下，车辆可以跟相邻车辆、周边路侧直接通信（单跳），如图 4.11 所示，可以经过其他车辆转发与较远车辆、路旁单位通信（多跳），如图 4.12 所示。

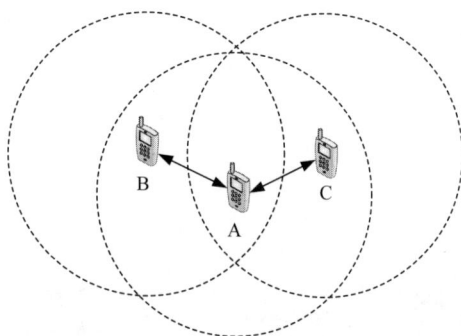

图 4.11 Ad hoc 网络通信示意图（单跳）

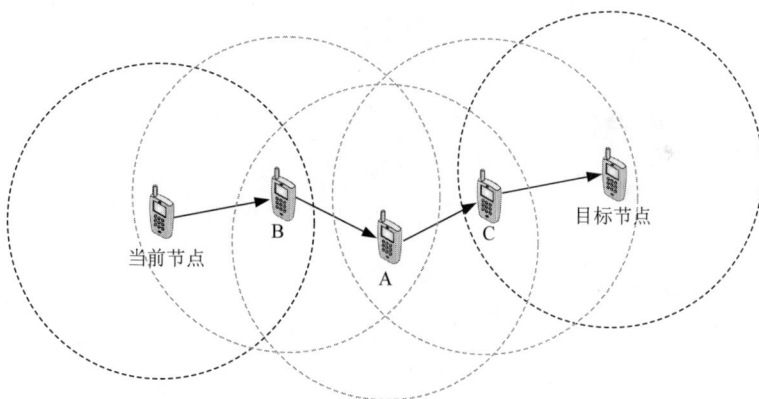

图 4.12 Ad hoc 网络通信示意图（多跳）

对于 Ad hoc 网络来说，每个网络节点的通信覆盖范围都是一定的，只有其他节点在该节点的网络覆盖范围内，两者之间才能进行信息交互。但是在 Ad hoc 网络中，每个节点都可以完成路由搜寻、数据包转发等功能。所以，如图 4.12 所示，虽然节点 B 与节点 C 之间不能直接通信，但是它们共同覆盖的节点 A 可以作为数据中转站，实现节点 B 与节点 C 的间接通信。在实际应用中，如果单次的转发不足以满足事件的需要，面对这种情况，选择多跳形式构成路由，即数据包经过多个节点转发至目标节点。

3. 无信号交叉口信息交互协议

对于固定配时或感应控制等信号控制方法而言，交叉口信号是提供给所有道路使用者的。对于车路协同环境下的无信号交叉口而言，要想实现对车辆的控制，必须通过为每一辆车提供个性化的引导服务来实现，这就需要车载单元、路侧单元和路侧管理单元间的信息交互。无信号交叉口信息交互示意图如图 4.13 所示。

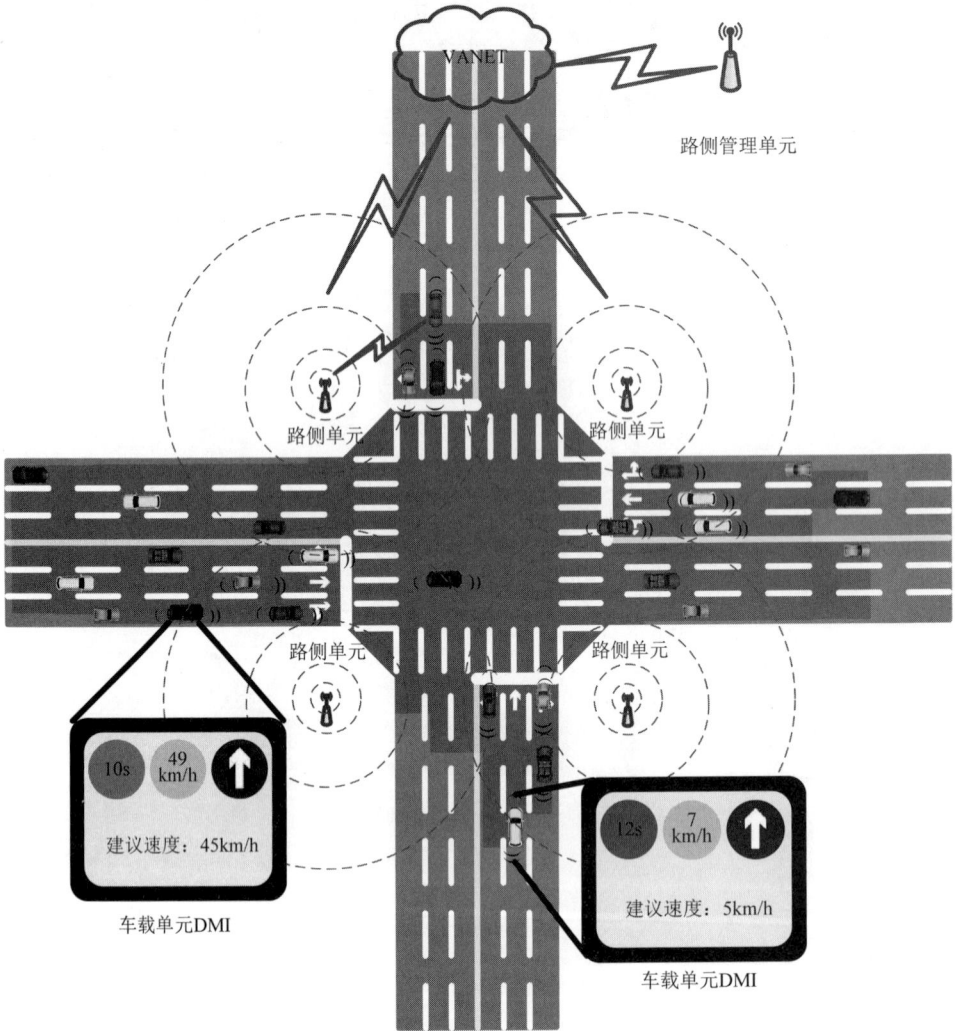

图 4.13　无信号交叉口信息交互示意图

在车路协同环境下，智能车辆车载单元采集车辆传感器的位置、速度、加速度等信息，每隔 0.5s 通过 VANET 发送给路侧单元。当车辆检测到自己进入交叉口区域，发送路权请求至路侧单元。路侧单元收集车辆信息和路权请求，发送给路侧管理单元。路侧管理单元接收到实时车辆信息和路权信息后，送入无信号交叉口优化控制方法中进行计算，得出路权分配结果以及车辆引导信息，然后发送给每一个路权请求车辆。车辆车载单元接收到控制信息解析后，在人机接口显示屏上显示路权信息（"绿色"代表获得路权，"红色"代表没有获得路权）以及车辆引导信息（目标速度、加速度等）。无信号交叉口信息流图如图 4.14 所示。

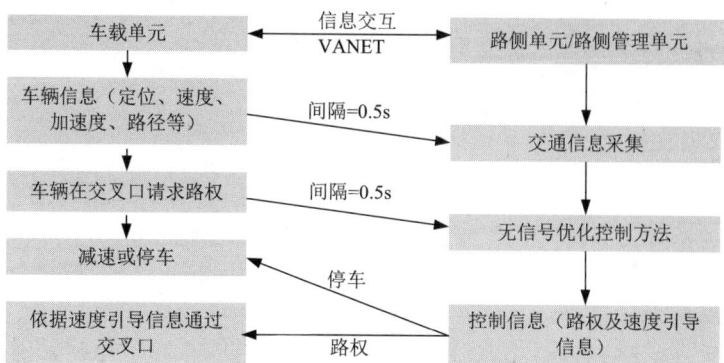

图 4.14　无信号交叉口信息流图

4. 无信号交叉口控制基本流程

图 4.15 所示为整个无信号交叉口系统控制流程。其中，该系统的输入包括三部分，即车辆信息、交叉口信息、天气情况或其他影响因素。其中，车辆信息包括车辆的位置、速度、加速度等；交叉口信息包括交叉口的进口数以及每一进口的车道数、宽度、坡度等信息；其他影响因素包括天气情况、紧急事件等。这三部分信息收集后被输入路侧控制单元进行处理，经过无信号交叉口优化控制方法计算后，将控制结果输出给各个车辆。输出信息包括路权和车辆引导信息两部分。其中获得路权的车辆将根据车辆引导信息安全通过交叉口；没有获得路权的车辆将继续请求直到获得路权为止。

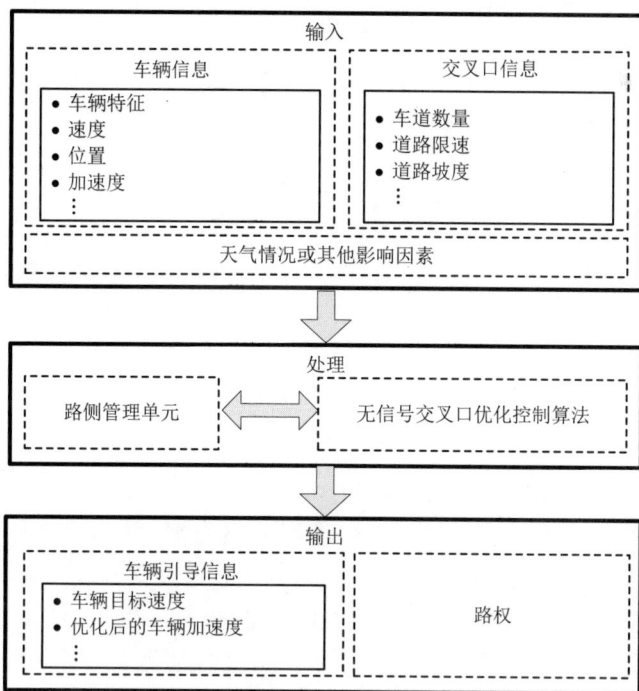

图 4.15　无信号交叉口系统控制流程

4.3.2　基于车速引导的无信号交叉口优化控制方法

1. 问题描述

目前城市交叉口的控制主要指交叉口的信号灯控制。通过控制交叉口信号灯的灯色变化,实现合理指挥交通流的通行或停止,从而达到疏散交通流、减少交通拥堵及尽可能避免交通事故的目的。然而,交通灯控制也存在着一些问题。首先是"两难区"问题,两难区是指在黄灯期间,车辆既不能通过停止线又不能安全地在停止线内停车的区域,即当车辆进入两难区时,驾驶员必须要抉择是否通过交叉口,但无论驾驶员作何抉择,都必然出现急刹车或闯红灯现象,容易引发交通事故;其次是由于信号配时不合理而造成的停车延误问题,虽然目前有些大中城市采用了感应信号控制机制,但通过地感线圈采集的交通流信息反馈到交通配时上往往存在一些滞后性,很难满足日益增长的交通需求。

基于车速引导的无信号交叉口优化控制方法,将交叉口道路使用权以控制命令的方式通过信息交互点对点发送给各车辆,使各车辆在进入交叉口前就能明确自身是应该在停车线前等待,还是以某一安全速度直接通过交叉口,可有效避免出现交通信号灯中"两难区"的情况,其安全性较交通灯控制更高。因此,基于车速引导的无信号交叉口优化控制方法的关键是如何发放交叉口道路使用权及如何进行车辆速度引导。

设存在冲突车流 i 和 j,即 $d_{ij}=1$ 时,在没有交通控制的情况下,通常会有两种情况,即车流在交叉口存在冲突和不存在冲突,如图 4.16 所示。

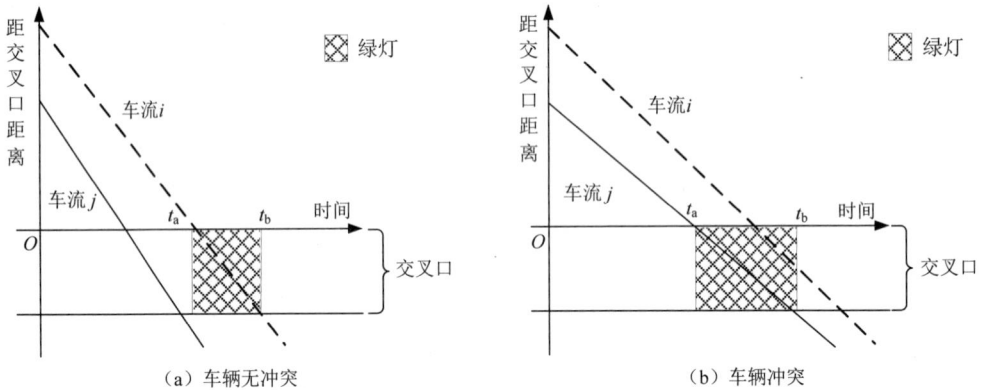

图 4.16　交叉口车辆时空轨迹图

对于交通控制的交叉口,车流 i 和 j 通常有如图 4.17 所示的时空轨迹图。从图 4.17(a)中可看出,车流 i 的车辆和车流 j 的车辆均在各自绿灯相位内到达并顺利通过交叉口;图 4.17(b)中车流 j 的车辆在绿灯相位内到达并通过交叉口,车流 i 的车辆在红灯时到达交叉口,停车等待至交通灯变为绿灯,才能通过交叉口。对于图 4.17(b)中的驾驶员而言,其在交叉口停车等待的时间称为该车的车辆延误。如果能够通过车辆速度引导的方式使得车流 j 的车辆能够不停车通过交叉口,即到达路口时提前减速,恰好在灯位变换时到达停车线,那么将降低车辆在交叉口的损失时间和停车次数,增加驾驶员舒适度。

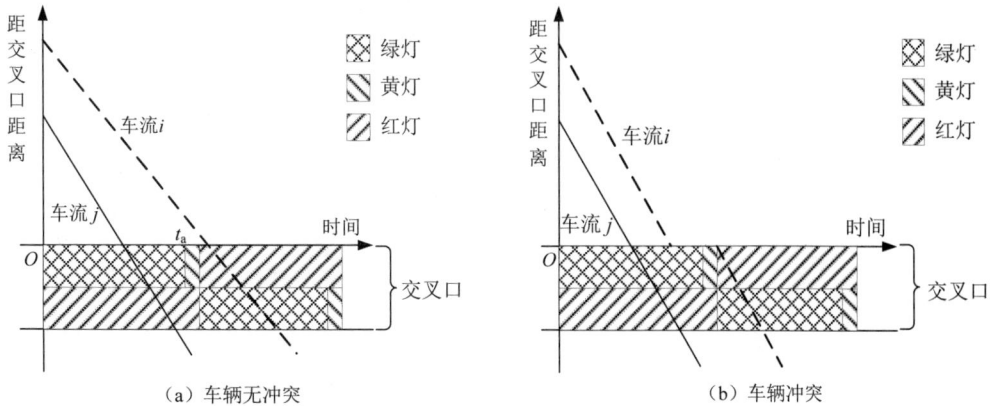

（a）车辆无冲突　　　　　　　　　　　　　（b）车辆冲突

图 4.17　交通信号控制下车辆时空轨迹图

　　经过上面的分析，可以把单个车辆在交叉口的控制问题转化为对车辆速度的控制问题。对于整个交叉口交通流优化控制问题而言，在单个车辆控制的基础上，本方法将根据不同的虚拟信号配时备选方案，对交叉口范围内的所有车辆在考虑车辆之间制约关系的前提下，分别进行车速引导优化；并将优化结果送入事先建立好的目标函数，选择能够使交叉口控制参数达到最优的信号配时方案；最后将虚拟信号配时结果转换成对应于每一辆车的交叉口使用权和车辆速度引导信息，发送到车载设备，从而达到无信号交叉口优化控制的目的，如图 4.18 所示。

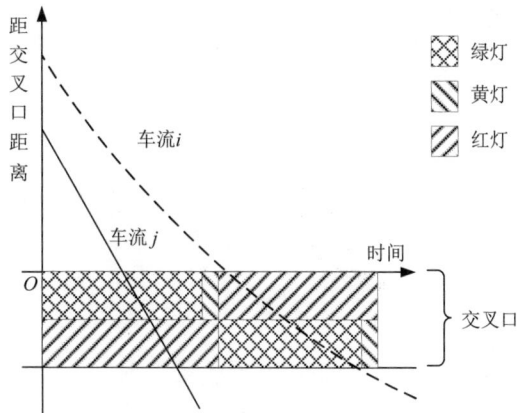

图 4.18　交通信号控制下车辆引导时空轨迹图

　　依据上面对于无信号交叉口控制问题的描述和分析，本书将基于车速引导的无信号交叉口优化控制方法分为四个阶段，如图 4.19 所示。

　　（1）交叉口控制初始化。根据交叉口车辆行驶信息，以满足当前相位的初始排队消散为目的，确定交叉口首个虚拟信号配时。

　　（2）虚拟信号配时优化。根据路侧设备收集的车辆速度、位置及信号状态等具体信息，利用改进的交叉口信号优化模型对相关信号配时进行优化。

（3）车辆速度优化。根据车辆的速度、位置及优化后的信号配时等具体信息，利用车速引导模型确定交叉口车辆移动授权，并进行车速优化。

（4）交叉口控制实现。依据车速优化结果，将移动授权及速度引导信息通过无线网络发送到车载设备上，对交叉口的车辆进行引导，直至其安全顺利地通过交叉口。

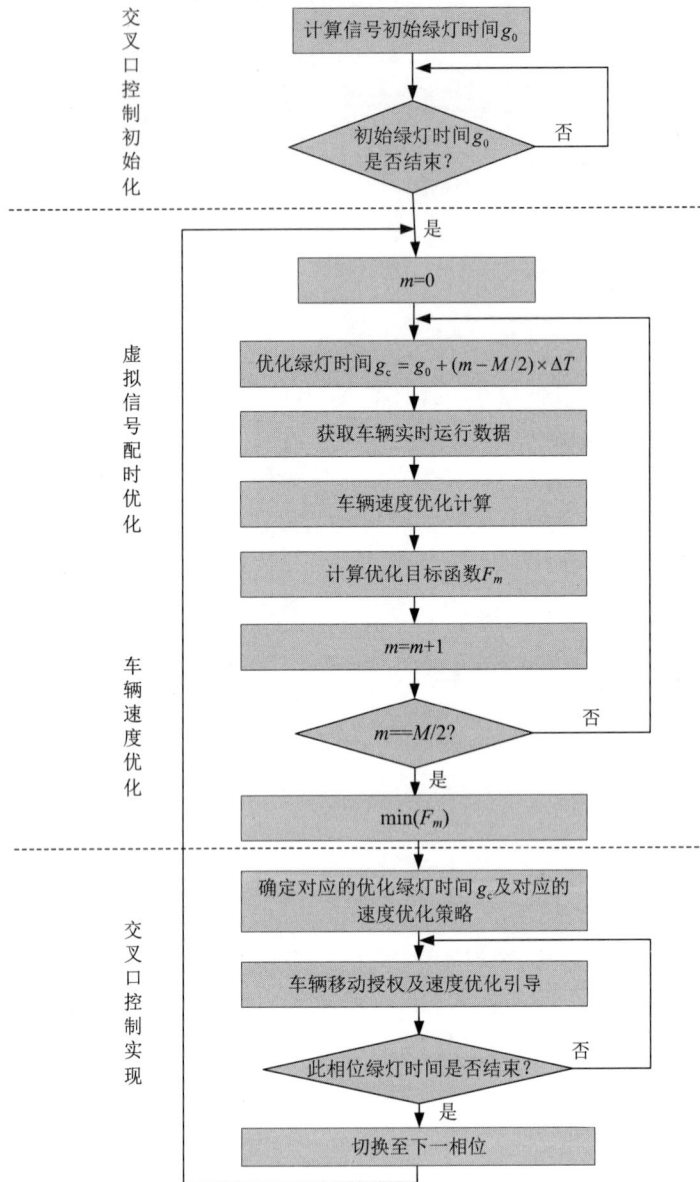

图4.19　基于车速引导的无信号交叉口优化控制方法

2. 建立目标函数

交叉口优化控制的目的在于最大限度地提高交叉口的使用效率。目前，常用的交叉口交通效率评价指标包括延误、停车次数、饱和度、服务水平、行程时间、排队长度以及油耗等。其中，延误主要是由于交通阻塞与交通管制引起的行驶时间损失。另外，拥堵的主要表现是大量车辆滞留于车道上，因此要提高交叉口通行能力，控制车辆的停车次数也是尤为重要的。因此，将延误与停车次数综合考虑作为交叉口优化目标函数，建立交叉口动态信号优化控制模型。

交叉口车辆延误 d_i 可表示为车辆 i 实际通过停车线的时间与其以自由流车速行驶至停车线的时间差，即

$$d_i = t_i - \frac{L_i}{v_i} \tag{4.1}$$

式中：t_i 为车辆 i 实际通过停车线时间；L_i 为车辆 i 距停车线的距离；v_i 为车辆 i 的自由流速度。

因此，交叉口车辆的平均延误为

$$D_n = \sum_i^N \frac{d_i}{N} \tag{4.2}$$

式中：N 为该相位内通过交叉口的车辆数。

交叉口车辆的平均停车次数为

$$S_n = \sum_i^N \frac{s_i}{N} \tag{4.3}$$

式中：s_i 为车辆 i 在交叉口的停车次数。

在本方法中，交叉口优化控制的目的为降低交叉口的车辆平均延误和停车次数，考虑到延误和停车次数对交叉口综合效率的影响程度不同，在此引入 α 作为加权系数，将延误与停车次数综合考虑作为目标函数，寻找函数的最小值。故模型的优化目标函数为

$$\text{Obj.Fun} = \min(F_n) = \min\left(\alpha \sum_i^N \frac{\left(t_i - \dfrac{L_i}{v_i} \right)}{N} + \frac{(1-\alpha)\sum_i^N s_i}{N} \right) \tag{4.4}$$

可以看出，计算目标函数的关键是确定绿灯期间通过交叉口的车辆数量 N 和车辆实际通过停车线需要的时间 t_i 及车辆停车次数 s_i，以上三个参数均可通过车辆速度引导模型获得。

3. 车辆速度引导模型

1）车速引导模型推导

本方法是以单车为研究对象的车速引导，交叉口路侧设备根据采集到的车辆运行状态、位置和轨迹等数据预测车辆运行轨迹，并依据车速引导模型进行车辆速度引导，实线表示车辆速度不变时的预测轨迹，虚线表示进行了速度引导的车辆预测轨迹，如图 4.20 所示。对于当前进口道上距路口距离为 L_i 某一车辆 i，其预计到达停止线的行驶时间 t_p 为

$$t_p = \frac{L_i}{v_i} \tag{4.5}$$

如果 $t_p < g_c$，车辆 i 将在优化绿灯相位期间通过交叉口，引导该车辆匀加速通过交叉口。

如果 $t_p > T$，车辆 i 距离停止线较远，在本优化相位周期中该车辆不能通过交叉口，需减速停车。

如果 $g_c < t_p < T$，如果不进行速度优化，车辆 i 将在优化绿灯相位时间结束后（红灯期间）到达交叉口。此时，可根据运动学定律进一步分析该车辆是否可通过速度引导策略，使车辆 i 在绿灯延长时间内顺利通过交叉口。

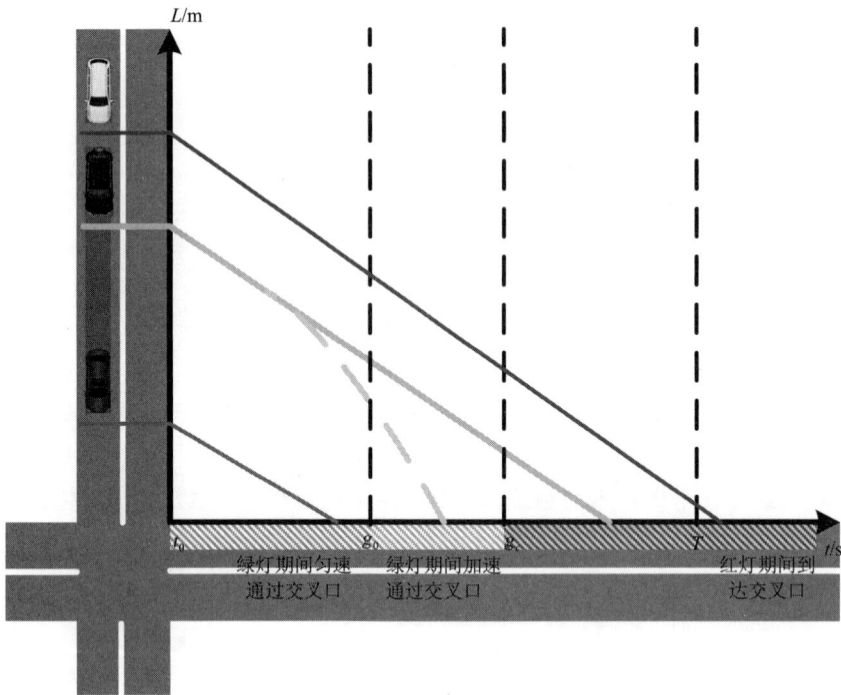

图 4.20　基于车路协同的车速引导示意图

根据车辆运动学定律，有

$$x_i(t) = x_i(0) - \frac{1}{2}a_i t^2 - v_i t \tag{4.6}$$

式中：$x_i(t)$ 与 $x_i(0)$ 分别为车辆 i 在时间 t 距离停止线的预测距离和当前距离；a_i 为车辆 i 预测轨迹的加速度或减速度。

某车辆经车速引导后不停车通过交叉口，其过程一般可分为两个阶段：①车辆初始速度 v_i 加速或减速至优化车速 v_i'；②车辆以优化车速匀速行驶不停车通过交叉口。同时考虑司机的反应时间 t_d（一般为 2s），若车辆 i 加/减速至引导车速 v_i' 后，可在绿灯优化时间内通过交叉口，则有

$$x_i(0) - x_i(t) = v_i t_d + \frac{v_i'^2 - v_i^2}{2a} + v_i' \left(g_c - \frac{v_i' - v_i}{a} - t_d \right) \geqslant L_i \tag{4.7}$$

上述不等式取等号，如果车辆引导后减速/匀速行驶，则优化车速为

$$v_i' = [v_i - (g_c - t_d)a] + \sqrt{(g_c - t_d)^2 a_i^2 - 2(g_c - t_d)a_i v_i + 2a_i(L_i - t_d v_i)} \tag{4.8}$$

如果车辆引导后加速行驶，则优化车速为

$$v_i' = [v_i + (g_c - t_d)a] + \sqrt{(g_c - t_d)^2 a_i^2 + 2(g_c - t_d)a_i v_i - 2a_i(L_i - t_d v_i)} \tag{4.9}$$

车辆实际通过停车线预测时间 t_i 为

$$t_i = t_d + \left| \frac{v_i' - v_i}{a_i} \right| + \frac{L_i - \left| \frac{v_i'^2 - v_i^2}{2a_i} + v_i t_d \right|}{v_i'} \tag{4.10}$$

按照上述公式，对交叉口进口车辆进行分析，即可判断该车辆能否顺利通过交叉口，绿灯优化时间内可通过交叉口的车辆获得移动授权，并将车辆数量进行累加，即可得到优化绿灯时间内可通过交叉口的车辆总数 N；将绿灯优化时间内需停车车辆的停车次数进行累加，得到 s_i。由此可计算出当前相位优化绿灯时间内交叉口车辆的目标函数。

2）约束条件

（1）优化车速约束。优化后的车速应位于最低与最高阈值之间，即

$$v_{\min} < v_i' < v_{\max} \tag{4.11}$$

（2）优化加/减速度约束。模型计算的加/减速度应满足

$$a_i \geqslant \max \left(a_{\min}, \frac{-v_i^2}{2x_i(0)}, \frac{v_{\min}^2 - v_i^2}{2(x_i(0) - x_i(t))} \right) \tag{4.12}$$

$$a_i \leqslant \min \left(a_{\max}, \frac{v_{\max}^2 - v_i^2}{2(x_i(0) - x_i(t))} \right) \tag{4.13}$$

其中，最大加/减速度取决于司机的驾车行为和车辆性能。然而在本方法中考虑司机舒适度，同时为简化模型，选择-3m/s² 和 4m/s² 作为最大减/加速度。

（3）前后车辆通过时刻约束。为保证车辆安全，即后车不与前车相撞，后车通过停车线的时刻应不小于前车通过停车线的时刻与最小车头时距之和，即

$$t_{i+1} = t_i + t_s \tag{4.14}$$

式中：t_s 为最小车头时距。

4. 交叉口控制优化模型

1）虚拟初始绿灯时间

初始绿灯时间 g_0 以满足当前相位的初始排队消散为目的，其计算公式为

$$g_0 = \frac{N_0}{Q_s} + \sigma \tag{4.15}$$

式中：N_0 为初始排队车辆数（取当前周期各进口车道排队车辆数的最大值）；Q_s 为单条进口道饱和流率（在绿灯期间可直接检测）；σ 为车辆启动损失时间（通常可取为 3s）。

需要说明的是，当初始排队较短时，可能导致所计算的 g_0 小于最小绿灯时间 G_{min}，此时应将 G_{min} 作为初始绿灯时间；当初始排队较长时，可能导致所计算的 g_0 大于最大绿灯时间 G_{max}，此时应将 G_{max} 作为初始绿灯时间。

2）虚拟绿灯时间优化

对于绿灯优化问题，本方法通过采集运动状态和车辆位置等信息预测车流的到达状态。由于无信号交叉口区域内的车辆运行具有一定的不确定性和随机性，为保证模型预测精度，同时保证模型效率，设置滑动时间窗 T，虚拟绿灯时间在该滑动时间窗 T 范围内滑动。具体绿灯时间优化步骤如下。

（1）将滑动时间窗 T 平均分为 M 个时间间隔，每个时间间隔为 ΔT，则优化后的绿灯时间为

$$g_c(m) = g_0 + \left(m - \frac{M}{2}\right)\Delta T \quad m = 0,1,\cdots,M \tag{4.16}$$

（2）本方法将道路平均车辆延误与停车次数综合考虑作为绿灯优化的目标函数，如式（4.16）。在交叉口进口车辆运行状态分析基础上，通过预测不同优化绿灯时间的交叉口车辆延误及停车次数来确定最优的绿灯优化方案，即分别计算不同优化绿灯时间的 $M+1$ 种取值方案，记为 $F_m(m = 0,1,\cdots,M)$。

（3）比较 $M+1$ 种方案下的道路目标函数 F_m，选取其值最小的方案作为本相位优化后的绿灯时间的最佳方案，即

$$F = \min(F_m) \quad m = 0,1,\cdots,M \tag{4.17}$$

（4）若优化后绿灯时间 g_c 与优化前的绿灯时间 g_0 不同，则下一周期绿灯时间为 g_c，同时对滑动时间窗进行更新（将滑动时间窗平移至 g_c，以当前时刻作为下一周期滑动时间窗 T 的零点）。

（5）待交通灯进入下一相位后，重复前面的步骤，如此往复对绿灯时间进行优化。

因此，基于车速引导的无信号交叉口优化控制方法如下。

1:	计算虚拟绿灯时间 g_0；
2:	**for** $m=0,1,\cdots,M$ **do**
3:	$g_c(m) = g_0 + (m - M/2)\Delta T$；
4:	对每一辆车进行车速引导；
5:	计算优化目标函数 F_m；
6:	**end for**
7:	Obj.Fun $= \min(F_m)$，$g_0=g_c(m)$；
8:	交叉口控制策略发送与执行。

4.3.3　基于 TdPN 的无信号交叉口优化控制方法

1. 问题描述

在传统的感应控制中，对交通的监控是通过地感线圈采集交通流实现的。在车路协

同环境下，可以对每一辆车进行监控，因此可以将每辆车的到达看作是离散的。首先，将车辆进入进口区域、进入共享区域（交叉口）、进入出口区域分别看作离散事件；其次，事件与事件之间的触发需要一定的条件（如判断事件之间是否存在冲突）；最后，事件之间的变迁需要一定的时间来完成（如车辆通过交叉口的时间）。依据以上分析，本方法将车路协同环境下的无信号交叉口的车辆状态按照时延 Petri 网进行建模，以交叉口最小消散时间为目标，对交叉口车辆进行调度和控制。

依据上面对于无信号交叉口控制问题的描述和分析，可以将基于 TdPN 的无信号交叉口优化控制方法分为四个阶段。

（1）TdPN 建模。依据 Petri 网理论建立基于 TdPN 的车路协同环境下无信号交叉口车辆状态模型。

（2）建立目标函数。以交叉口最小消散时间为目标，依据 TdPN 模型，建立交叉口目标函数。

（3）交叉口控制策略。依据交叉口车辆状态及目标函数，确定交叉口车辆的规划方法，利用递归方法求出车辆通过交叉口的控制策略。

（4）交叉口控制实现。依据控制策略，将车辆移动授权通过无线网络发送到车载设备上，对交叉口的车辆进行引导，直至其安全顺利地通过交叉口。

2. Petri 网建模

1）Petri 网理论

Petri 网是用于描述分布式系统的一种模型，它既能描述系统的结构，又能模拟系统的运行。

最先提出的 Petri 网称为原型 Petri 网，后来的学者在原型 Petri 网的基础上进一步抽象，提出各种类型的高级 Petri 网，其中纵向扩展的有颜色 Petri 网、增广 Petri 网以及谓词/变迁网，横向扩展的有时间 Petri 网、时延 Petri 网和随机 Petri 网等。

一个典型的原型 Petri 网需要满足以下两个定义。

定义 4.1　三元组 $(P,T;F) = N$ 作为一个网的充分必要条件：

（1）$P \cup T \neq \varnothing$；

（2）$P \cap T = \varnothing$；

（3）$F \subseteq (P \times T) \cup (T \times P) P \cap T = \varnothing$；

（4）$\mathrm{dom}(F) \cup \mathrm{cod}(F) = P \cup T$。

其中，

$$\mathrm{dom}(F) = \{x \in P \cup T | \exists y \in P \cup T : (x,y) \in F\}$$

$$\mathrm{dom}(F) = \{x \in P \cup T | \exists y \in P \cup T : (y,x) \in F\}$$

式中：P 为库所元素集；T 为变迁元素集，两者是网 N 的无交集的基本元素集；F 为流关系，表示弧的集合。

在利用 Petri 网构建图形模型时，库所元素用圆圈表示，变迁元素用矩阵表示，两者之间的流关系利用有向边表示。需要说明的是，有向边只存在于库所和变迁之间。

定义 4.2　设 $N = (P,T;F)$ 为一个网，映射 $M : P \to \{0,1,2,\cdots\}$ 称为网 N 的一个标识，

则 $\sum = (P,T;F,M)$ （也可以表示为 $\sum = (N,M)$ ）称为一个标识网。

其中，对于某一库所元素 $p \in P$，满足 $M(p) = k$ 时，在该库所的圆圈内有 k 个小黑点（Token，也称为令牌）。当 k 数值较大时，可以用数字标识。

在 Petri 网运转中，需要满足以下规则。

（1）变迁使能，即具有发生权。当变迁 $t \in T$ 的所有相关的输入库所都至少有一个令牌时，变迁具有发生权。

（2）当变迁可以发生后，标识发生变迁得到一个新的标识。

（3）变迁发生的结果：每一个输入库所的令牌减 1，每一个输出库所的令牌加 1。

满足下列条件的三元组 $N = (P,T;F)$ 称为一个原型 Petri 网（Original Petri Net），有

$$\begin{cases} P \cup T \neq \varnothing \\ P \cap T = \varnothing \\ F \subseteq (P \times T) \cup (T \times P) \\ \mathrm{dom}(F) \cup \mathrm{cod}(F) = P \cup T \end{cases} \tag{4.18}$$

式中：P 和 T 为 Petri 网 N 的基本元素集，P 代表库所，用圆圈表示，T 代表变迁（Transition），用矩形表示；F 为 P 和 T 之间的流关系，用有向边表示。需要注意的是，有向边只存在于库所和变迁之间，任意两个库所之间或两个变迁之间没有有向边链接，且网中不存在孤立的节点。

在原型 Petri 网中，一个变迁是否发生取决于它的外延（局部），与系统运行的时间或时长无关。然而在实际建模过程中，时间往往是变迁发生所不可避免的因素之一，在 Petri 网中加入时间往往能够为某些实际系统的模拟和分析提供方便。时延 Petri 网是在原型 Petri 网的基础上加入时间因素，其概念是由 Ramchandani 最先提出的，当时主要利用在异步并发系统性能研究中。后来，研究者将时延 Petri 网应用到其他行业领域。

定义 4.3　设 $\sum = (P,T;F,M)$ 是一个原型网，定义在变迁集上的时间函数 DI：$T \rightarrow R_0$，则 $\sum = (P,T;F,M,\mathrm{DI})$ 五元组称为时延 Petri 网，其中 R_0 为非负实数。

在一个时延 Petri 网中，变迁发生变化是需要一定时间的，即变迁从开始发生到发生结束需要持续一段时间。对于 $t \in T$，$\mathrm{DI}(t) = a$ 表示变迁 t 的发生需要 a 个单位时间来完成。因为无信号交叉口路权转换是需要一定时间延迟的，所以本书选择时延 Petri 网对系统进行建模。图 4.21 即为一个时延 Petri 网。

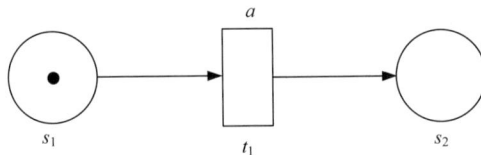

图 4.21　时延 Petri 网

目前时延 Petri 网的基本结构有串联结构（又称为顺序结构）、同步结构、并行结构、选择结构（又称为冲突结构）、循环结构、混惑结构、通信结构和资源共享结构等。这些结构都会在交通控制系统建模中用到。

2）交叉口 TdPN 建模方法

在对交叉口进行建模的过程中，将无信号交叉口的控制模型分成两部分：对车辆通过交叉口的过程进行建模；对交通控制（即路权转换）进行建模。

首先，对车辆通过交叉口的过程进行建模。为了简化路口模型，将每个交通流向单独对待，并离散成三个区域，即进口区域、出口区域和共享区域，并将每一段区域看作一个库所，把处于该路段上的每一辆车看作一个令牌。车辆 i 从一个路段行驶到另一个路段叫作变迁，变迁完成需要 t_i 个单位时间。故车辆通过交叉口的 TdPN 模型如图 4.22 所示。

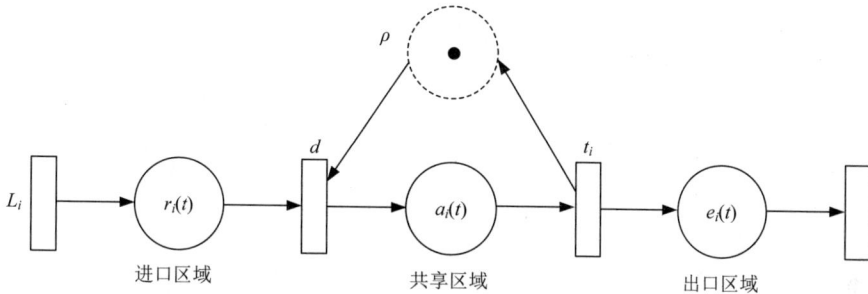

图 4.22　车辆通过交叉口的 TdPN 模型

在图 4.22 中，将进口区域、共享区域和出口区域分别作为一个库所。需要注意的是，图中虚线的圆圈是一个虚拟的库所 ρ，由库所 ρ 到库所 $a_i(t)$ 之间的变迁表示一条车道上前后两车通过交叉口的最小时间间隔时延，用 d 表示。图中 $r_i(t)$ 表示 t 时刻在进口区域内准备通过交叉口的车辆数；$a_i(t)$ 表示 t 时刻在进口交叉口共享区域内正在通过交叉口的车辆数；$e_i(t)$ 表示 t 时刻离开共享区域的交叉口车辆数；t_i 表示车辆通过交叉口所需要的时间。

其次，对交通控制（即路权转换）进行建模。交通控制即冲突交通流之间路权的转换，只有获得路权的交通流车辆才能通过交叉口。前面已经提到过，为保证冲突车流间的安全，具有冲突的车辆之间会存在一个安全的临界间隙 s，也就是说，只有具有冲突的车辆通过交叉口的间隙大于 s 时，车辆在交叉口的穿越才是安全的。因此，这个临界间隙 s 就成为交通控制的关键。在建模中，将道路使用权看作库所，路权之间的转换看作变迁，临界间隙 s 即为变迁的延迟时间。假设交叉口有两组冲突车辆，交叉口交通控制建模如图 4.23 所示。

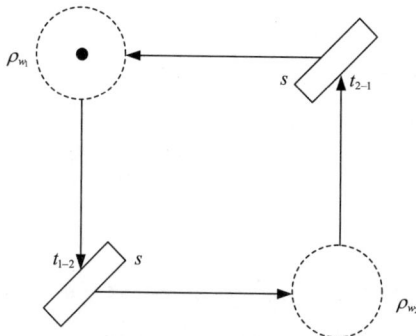

图 4.23　交叉口交通控制建模

在图 4.23 中，库所 ρ_{w_i} 代表道路 L_i 上车辆的道路使用权的归属。ρ_{w_i} 中的令牌代表该条道路具有使用权，允许路口车辆安全地通过共享区域。很显然，ρ_{w_1} 和 ρ_{w_2} 不能同时拥有令牌。路权的转换用变迁 t_{i-j} 表示，时延为最小临界间隙 s。

3. 单向单车道交通控制策略

1）单向单车道交叉口 TdPN 模型

为了简化交叉口模型，首先对一个单向单车道的交叉口进行分析。一个单向单车道交叉口如图 4.24 所示。

图 4.24　单向单车道交叉口

单向单车道交叉口 TdPN 模型如图 4.25 所示。单向单车道交叉口 TdPN 模型可以分成三部分，即 L_1 方向车辆通过交叉口、L_2 方向车辆通过交叉口及交叉口交通控制（路权转换）。图 4.25 中交通控制部分 ρ_{L_1} 中令牌表示 L_1 方向中距交叉口最近的车辆拥有路权，允许其按照规定速度通过交叉口，跟车时间间隔为 d。另外，需要注意的是，车辆通过交叉口的时间为 t_i，该时间由车辆当前速度 v_i、加速度 a_i（为简化模型，假设车辆是匀加速运动）、通过交叉口的最高速度 v_{smax} 以及交叉口的长度 l 确定，即

$$t_i = \left|\frac{v_{\text{smax}} - v_i}{a_i}\right| + \frac{l - \left|\dfrac{v_{\text{smax}}^2 - v_i^2}{2a_i}\right|}{v_{\text{smax}}} \tag{4.19}$$

当道路使用权发生转换时，库所 ρ_{L_1} 中令牌转移至库所 ρ_{L_2}，相应的变迁发生所需的时间即为前面所提到的临界间隙 s。完成令牌从库所 ρ_{L_1} 到库所 ρ_{L_2} 的转移后，L_2 方向车辆获得道路使用权，从而实现了无信号交叉口不同车流方向之间的车流控制。

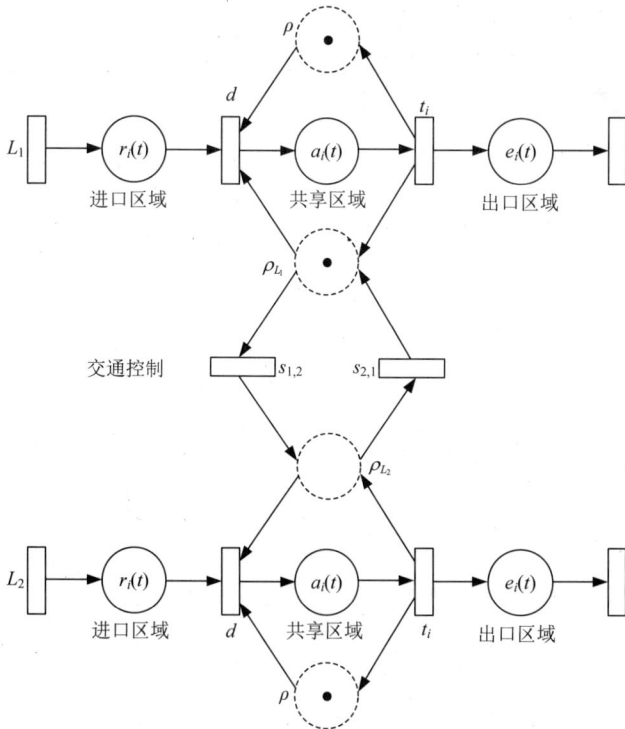

图 4.25　单向单车道交叉口 TdPN 模型

2）交通控制策略

前面利用 TdPN 模型对车辆通过交叉口的过程以及道路使用权的转换进行了描述，但是尚未解决路权何时进行转换的问题，也就是无信号交叉口交通控制策略的问题。交叉口的交通控制应该根据交叉口车辆状态合理地分配路权，从而达到充分利用交叉口资源的目的。这就意味着该策略应该能够尽快清空交叉口和路段，也就是令交叉口的车辆以最短的时间进行消散。例如，交叉口车辆理论到达时间如图 4.26 所示。

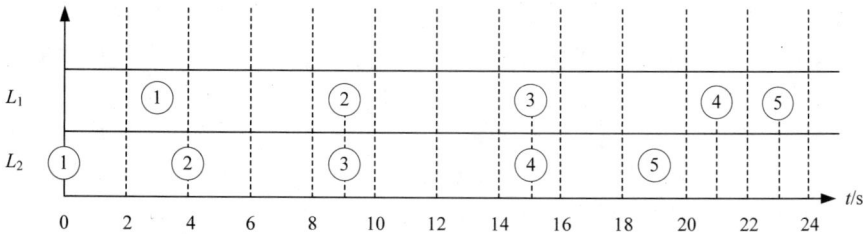

图 4.26　交叉口车辆理论到达时间

从图 4.26 中可以看出，L_1 和 L_2 方向车流是分散到达交叉口的，若是传统的信号配时方法，必然会有一个方向的车流需要在交叉口等待至信号灯相位转换才能通过交叉口，这样就会增加车辆在交叉口的等待时间和停车次数。如果两方向的车流能够穿插通过交叉口，则可以很好地减少车辆在交叉口的等待时间，提升驾驶员的舒适度。为了能够更好地描述车辆在交叉口的运动状态，首先定义一些变量，如表 4.1 所示。

表 4.1　变量定义

变量	定义
w	车辆流向的编号，$w=1$、2
$<q_w,w>$	车辆 w 上的第 q 辆车
$r_{<q_w,w>}$	车辆 q_w 的理论到达时间
$t_{<q_w,w>}$	车辆 q_w 通过交叉口所需要的时间
$s_{w',w}$	道路使用权转换的临界间隙时间
d	同一车道上相邻车辆间的最小跟车时间
$c_{<q_w,w>}$	车辆 q_w 允许通过交叉口的时间
$O(q_1,q_2,w)$	根据交通控制策略，从车辆$<1,1>$，$<2,1>$，$\cdots$，$<q_1,1>$与$<1,2>$，$<2,2>$，$\cdots$，$<q_2,2>$的最小总旅行时间，即交叉口车辆的最小消散时间

此外，为保障车辆安全，假设交叉口在同一时间只允许一辆车通过，也就是说，车辆通过交叉口的时间即为后车与前车的最小跟车时间，即 $d=t_{<q_w,w>}$。此式表明，车辆通过交叉口的时间与其初始速度有关，但在下面控制方法分析的过程中为简化模型，暂令 $d=t_{<q_w,w>}=2\text{s}$。另设：临界间隙时间 $s_{2,1}=s_{1,2}=5\text{s}$。

另外，交叉口控制方法应满足以下三个约束，即

$$r_{<q_w,w>} \leqslant c_{<q_w,w>} \tag{4.20}$$

$$c_{<q_w,w>}+d \leqslant c_{<q_w+1,w>} \tag{4.21}$$

$$c_{<q_w,w>} - c_{<q'_w,w'>} \geqslant s_{w',w} \tag{4.22}$$

式（4.20）指明一辆车必须在其到达交叉口后才能通过交叉口；式（4.21）约束了同一条车道上相邻两辆车的跟车时间间隔不得小于 d；式（4.22）约束了冲突车流间先后通过交叉口的车辆的时间间隔不得小于 $s_{w',w}$。

假设每辆车按其到达的先后顺序依次通过交叉口，也就是说，对于每一条车道上的车辆而言，需要遵守先入先出原则，不允许任何一辆车先于它前面的车通过交叉口，即

$$(1,w)<(2,w)<\cdots<(q,w) \tag{4.23}$$

前面已经提到过，我们的目标是令交叉口的车辆以最短的时间进行消散，也就是说使得交叉口车辆消散总时间最少，即使得最后一辆车离开交叉口的时间减去第一辆车到达交叉口的时间达到最小。这里可以记第一辆到达交叉口的车辆为 0 时刻，则优化目标变为使得最后一辆车驶出交叉口的时间最短。对于单向单车道的交叉口而言，最后离开的车辆有两种可能：从 L_1 方向离开，即 $O(q_1,q_2,1)$；或者从 L_2 方向离开，即 $O(q_1,q_2,2)$。因此，交叉口优化策略的目标函数为

$$\text{Obj.Fun} = \min\{O(q_1,q_2,1),O(q_1,q_2,2)\} \tag{4.24}$$

图 4.26 所示的车辆到达情况的优化策略目标为

$$\text{Obj.Fun} = \min\{O(5,5,1),O(5,5,2)\} \tag{4.25}$$

对于某一方向上的车辆 $<q_w,w>$ 而言，其最小总旅行时间取决于前一辆车通过交叉口的时间、临界间隙时间（路权转换时间）、车辆距离交叉口的行驶时间以及其自身通过交叉口的行驶时间。具体而言，一般存在以下两种情况。

（1）前车与本车行驶在同一方向上，即不存在路权转换，其最小总旅行时间等于前

车通过交叉口的时间、车辆通过交叉口的行驶时间与车辆距交叉口的行驶时间之和（若已在交叉口等待则取 0）。例如，有

$$O_1(5,5,1) = O(4,5,1) + t_{<5,1>} + \max\{0, r_{<5,1>} - O(4,5,1)\} \tag{4.26}$$

（2）前车与本车行驶方向不同，即存在路权转换，其最小总旅行时间等于前车通过交叉口的时间、临界间隙时间、车辆通过交叉口的行驶时间与车辆距交叉口的行驶时间之和（若已在交叉口等待则取 0）。例如，有

$$O_2(5,5,1) = O(4,5,2) + t_{<5,1>} + s_{2,1} + \max\{0, r_{<5,1>} - O(4,5,2) - s_{2,1}\} \tag{4.27}$$

从上面两种情况中，选出最小的作为行驶于某方向上的车辆 $<q_w, w>$ 的最小总旅行时间，即为

$$O(5,5,1) = \min\{O_1(5,5,1), O_2(5,5,1)\} \tag{4.28}$$

$t_{<5,1>}$、$s_{2,1}$ 及 $r_{<5,1>}$ 均为已知量，$O(4,5,1)$ 和 $O(4,5,2)$ 值可以根据前面所述的方法继续向前推演，因此解交叉口优化策略的目标函数转换为一个递归问题。递归方程为

$$O(q_1, q_2, w) = \min\{O(q_1', q_2', w') + s_{w',w} + t_{<q_w,w>} + \gamma\} \tag{4.29}$$

式中：

$$
\begin{cases}
q_f' = \begin{cases} q_f & f \neq w \\ q_f - 1 & f = w \end{cases} & f = 1,2; w = 1,2 \\[2mm]
s_{w',w} = \begin{cases} 0 & w' = w \\ s_{w',w} & w' \neq w \end{cases} & w' = 1,2 \\[2mm]
\gamma = \begin{cases} \max(0, r_{<q_w,w>} - O(q_1', q_2', w')) & w' = w \\ \max(0, r_{<q_w,w>} - O(q_1', q_2', w') - s_{w',w}) & w' \neq w \end{cases}
\end{cases} \tag{4.30}
$$

一般而言，递归方程需要一个停止条件。对于本方法而言，递归停止的条件是只有一辆车在交叉口入口区域，该情况有四种可能，即 $O(1,0,1)$、$O(0,1,1)$、$O(1,0,2)$ 和 $O(0,1,2)$。但是，对于 $O(1,0,2)$ 而言，意味着 L_2 拥有道路使用权，但在 L_2 方向上却没有车，而相反的 L_1 方向上有一辆车，这种情况显然是不合理的；$O(0,1,1)$ 同理。因此，有

$$
\begin{cases}
O(0,1,1) = \infty \\
O(1,0,2) = \infty
\end{cases} \tag{4.31}
$$

对于 $O(1,0,1)$ 和 $O(0,1,2)$，有

$$
\begin{cases}
O(1,0,1) = t_{<1,1>} + r_{<1,1>} \\
O(0,1,2) = t_{<1,2>} + r_{<1,2>}
\end{cases} \tag{4.32}
$$

因此，基于 TdPN 的无信号交叉口优化控制方法如下。

1:	计算进入交叉口范围内的车辆理论到达时间 t_i；
2:	计算终止递归条件 $O(1,0,1)$，$O(0,1,2)$；
3:	递归运算 $O(q_1, q_2, w) = \min\{O(q_1', q_2', w') + s_{w',w} + t_{<q_w,w>} + \gamma\}$；
4:	计算目标函数 $\text{Obj.Fun} = \min\{O(q_1, q_2, 1), O(q_1, q_2, 2)\}$；
5:	确定交叉口控制策略，发送与执行。

设 $d = t_{<q_w,w>} = 2s$，$s_{2,1} = s_{1,2} = 5s$，可以获得如图 4.27 所示的车辆通行序列。在图 4.27 中，小方格的左起点为车辆进入交叉口的时间，右终点为离开交叉口的时间，即为车辆通过交叉口（变迁）的时延时间；在道路使用权发生转换时，存在一定的最小临界间隙时间（变迁）。在该例中，所有车辆在交叉口消散的最短时间为 35s。经验证，该序列为基于 TdPN 模型的车辆通过交叉口的最优序列，平均车辆延误时间最小为 7.5s。

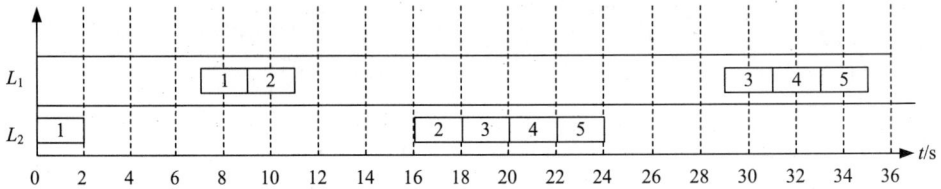

图 4.27　优化后的车辆通过序列及时间

4. 双向多车道交通控制策略

前面对单向单车道交叉口进行了建模，并制定了相应的交叉口车辆控制策略。下面将就上文设计的单向单车道交叉口模型进行扩展，使其符合更为普遍的双向多车道交叉口交通控制方法。双向多车道交叉口车流包括西向东车流 L_1、东向西车流 L_2、北向南车流 L_3、南向北车流 L_4。根据前文提到的交叉口 TdPN 建模方法，双向多车道交叉口 TdPN 模型如图 4.28 所示。需要说明的是，图中库所 ρ_{c_1} 中有两个令牌代表此时道路使用权同时授予 L_1 和 L_2 方向。图中其余参数定义基本与单向单车道交叉口 TdPN 模型相同，在此不再赘述。

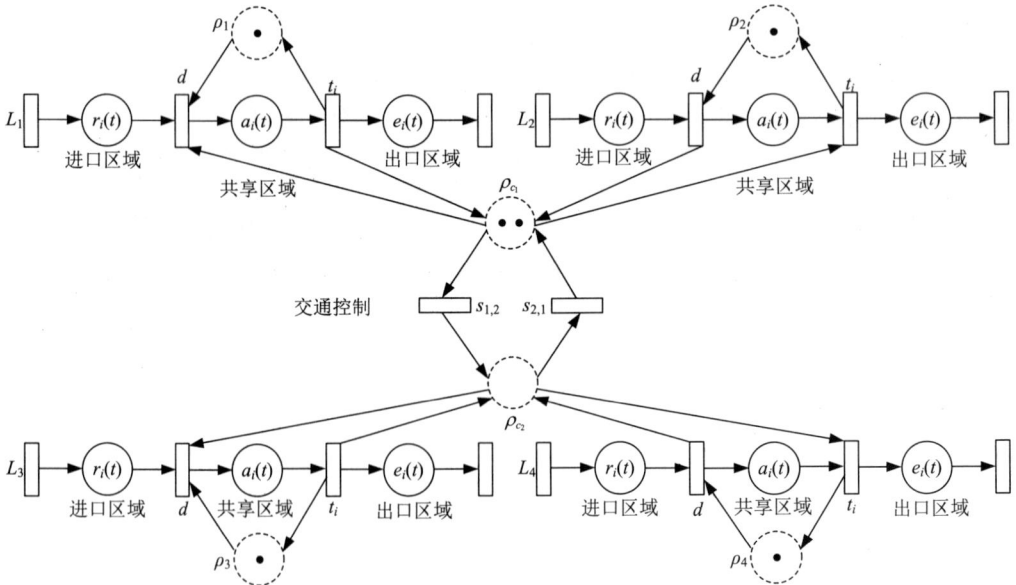

图 4.28　双向多车道交叉口 TdPN 模型

第 5 章　车路协同系统信息交互仿真技术

VANET 是车路协同系统安全信息分发的主要方式。信息交互过程是车路协同系统中重要的组成部分，通信的质量直接影响行车策略的制定以及影响行车安全。车路协同信息交互建模可以对典型交通应用场景进行仿真测试与验证，为实际车路协同系统技术的研究与发展提供良好技术和策略支持。VANET 信息交互示意图如图 5.1 所示。

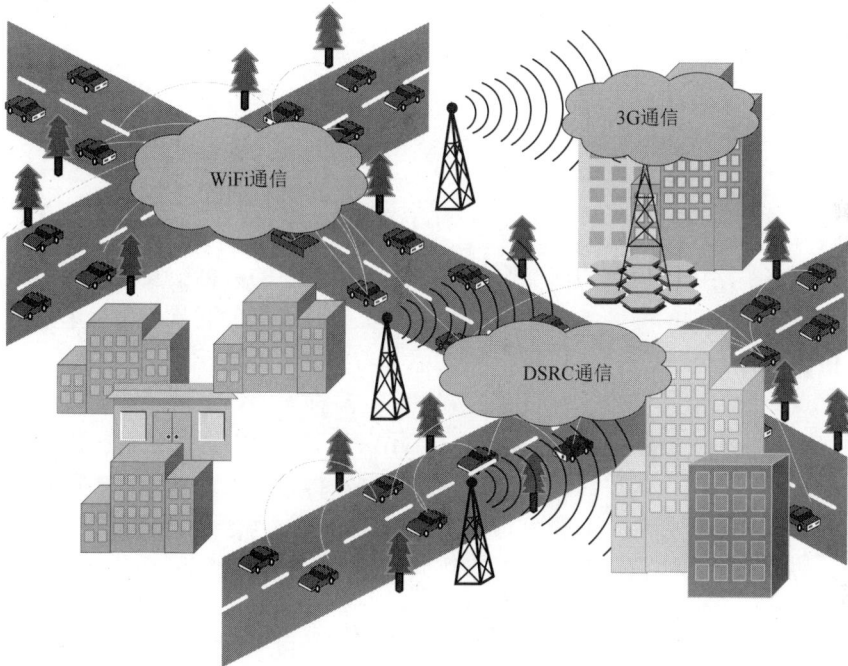

图 5.1　VANET 信息交互示意图

在传统交通仿真软件无法完成信息交互仿真，而且网络通信仿真工具不具备微观交通仿真能力的情况下，采用协同控制与车路信息交互一体化仿真的思想，在仿真车辆微观驾驶行为的同时，完成车车、车路之间数据传输的模拟。通过交通仿真，提取全时空交通信息，设计全新的多交叉口交通控制策略和车速自适应控制策略，同时对典型交通场景进行"快照"处理，在后台进行信息交互仿真，从而实现交通仿真与信息交互仿真的一体化。

信息交互仿真的难点主要在于集成 3G、WiFi、WAVE 等多种无线通信模式，采用多接口的消息映射机制，保证在多种模式下的数据交互性能；针对车路协同系统与传统交通系统构架的不同特性，通过系统仿真研究车路协同信息交互过程中的信道协调、信道接入和信道分配机制，研究自组织网络中信息交互可靠性、实时性保障方法；借助OPNET 与 HLA 的接口功能，结合基于 HLA 的车路协同系统仿真架构，分析 OPNET

与 HLA 的联合通信和仿真时间管理机制。信息交互仿真整体方案如图 5.2 所示。

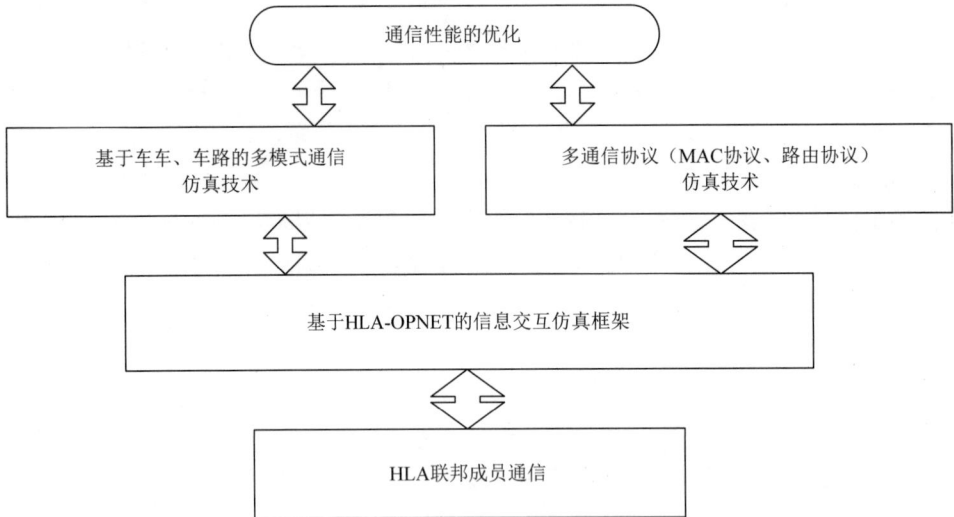

图 5.2　信息交互仿真整体方案

实现车车、车路协同信息的交互，保证在多种模式下的数据交互，采用多接口的消息映射机制是一种合理的方式，一方面可以实现安全消息在车辆节点或者车辆与路侧单元的实时信息交互，另一方面还可以在较大范围内实现组网通信。

本章重点介绍如何集成 3G、WiFi、WAVE 等多种无线通信模式；在多模接入的车路协同网络车车、车路信息交互中，如何加强并完善多接口的消息映射机制以保证数据的交互性能；在分析多模下通信链路数据包封装、拆封协议的基础上，所设计的消息映射模式的高效性、可行性如何得到保证。同时，研究适用于移动自组织网络的 MAC 层信道接入协议和路由协议，并根据车路协同实际情况进行优化。

5.1　OPNET 与 HLA 联合仿真方法研究

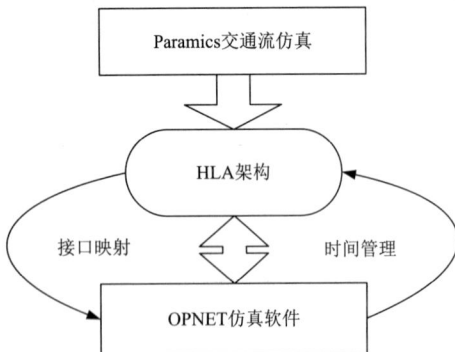

图 5.3　HLA-OPNET 平台仿真整体设计方案

信息交互仿真是实现车路协同系统仿真的核心模块，是实现路网内车辆、路侧设备之间信息交互的媒介。本书应用 OPNET 与 HLA 的接口功能，结合基于 HLA 的车路协同系统仿真架构，设计并开发了 OPNET 与 HLA 的联合通信和仿真时间管理机制，在后台进行信息交互仿真，从而实现交通仿真与信息交互仿真的一体化。HLA-OPNET 平台仿真整体设计方案如图 5.3 所示。

5.1.1　OPNET 网络仿真机制

在本系统中，OPNET 内部仿真节点的事件主要由维持路由协议的自中断事件及 HLA 接口发送的车辆信息流中断组成。车路协同系统中的 VANET 主要由以下 3 个建模机制层次组成。

（1）网络层。主要由车辆节点和路侧设备构成的移动自组织网络拓扑结构，所有节点集合由其初始位置形成初始网络拓扑结构。

（2）节点层。OPNET 节点模型库中有 MANET 节点，其拥有描述网络特性及节点信息的其他属性，为不同的网络协议仿真提供接口；同时，OPNET 中还提供了 HLA 接口，用于联邦成员间通信。

（3）进程层。MANET 节点的事件处理过程就在此层完成，即在此层完成车辆信息的转发、路由选择、决策等行为的具体实现。

5.1.2　信息交互仿真时间管理

基于时间驱动的 OPNET 仿真机制拥有良好的时间管理策略，HLA 体系架构需要维护全局的时间逻辑正确性，因此 HLA 定义联邦成员的时间管理策略分为"时间控制"和"时间受限"两种。本章仿真系统中，OPNET 采用仅"时间受限"的管理策略，即 OPNET 联邦成员时间推进受其他联邦成员影响，而自身并不影响其他联邦成员时间推进。根据车路协同仿真系统需求，系统仿真周期是 500ms，也就是说，各个联邦成员每 500ms 更新一次数据，由于 OPNET 软件自身开发的局限性，需要设计基于车路协同的信息交互中转软件对其时间进行推进。

5.1.3　OPNET 建模接口设计

HLA 采用"发布/订阅"的声明管理机制控制联邦成员的信息交互。HLA 中数据以交互类和对象类两种形式存在，各联邦成员只需订购自己感兴趣的信息，发布自身声明的交互类或对象类信息。

系统要求在 OPNET 仿真环境中的数据具有时间标记性，因此其采用交互类与其他联邦成员进行通信。交互类中的参数（Parameter）是用于说明联邦成员间进行数据交互的命名数据。Paramics 及仿真管理器中的数据都是以对象类的属性形式长期存在的，因此信息交互中转软件还应该完成车路协同信息由对象类到交互类的转换，并且能够将数据存放到 MySQL 数据库中以便查询数据包具体信息并回放。

在 HLA-OPNET 的结构中，HLA 的交互类的参数对应 OPNET 中数据包的属性，本系统中车辆及路侧信息对应关系在联邦 FED 文件及 OPNET 的 Map 文件中进行了详细说明。其对应关系如表 5.1 所列，左侧是 FED 文件中声明的交互类，右侧为 Map 文件中与交互类对应的 OPNET 数据包格式。

表 5.1　交互类与数据包映射关系

CVISVehicleStatus	VehicleStatusReceived
sim_time	Parameter sim_time
info_type	Parameter info_type
veh_type	Parameter veh_type
vehicle_id	Parameter vehicle_id
latitude	Parameter latitude
longitude	Parameter longitude
velocity	Parameter velocity
veh_failure	Parameter veh_failure
veh_avoid	Parameter veh_avoid
distance	Parameter distance
lane	Parameter lane
acc_vertical	Parameter acc_vertical
acc_horizontal	Parameter acc_horizontal
headlights	Parameter headlights
preceding_veh	Parameter preceding_veh
following_veh	Parameter following_veh
destination	Parameter destination

5.1.4　OPNET 模型节点构建

根据车路协同系统信息交互过程的特殊性，选取 OPNET Modeler 模型库中的 MANET 模型作为车辆和路侧设备进行仿真试验。此外，由于整个系统是基于 HLA 平台的，所以还应加入 HLA_interface 节点。另外，用于控制车辆广播信息距离控制的广播距离控制节点也应加入。

作为 VANET 中的主要信息载体，MANET 节点的设计对整个网络环境仿真起到决定性作用。车辆信息从 WLAN 收发信机进出，依次经过 MAC 层、数据链路层、IP 层、UDP 层、路由层、应用层，完成整个消息的通信流程。MANET 节点内部进程模型如图 5.4 所示。

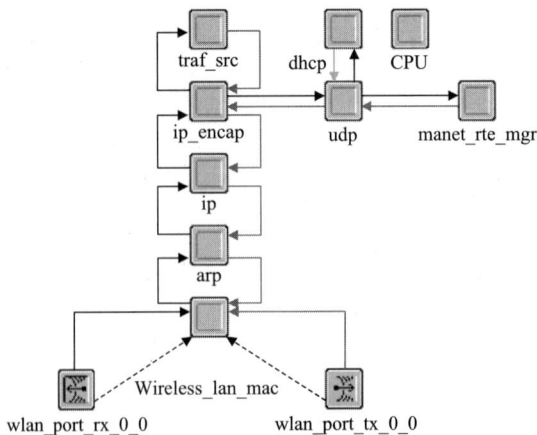

图 5.4　MANET 节点内部进程模型

对消息处理的进程为 traf_src 进程模型，该进程模型中有 SELF_INTERRUPT 和 STREAM_INTERRUPT 两种中断事件，分别用于消息转发和接收 HLA 节点发送的信息，其对应的处理函数完成具体功能的代码实现。traf_src 进程模型状态转移过程如图 5.5 所示。

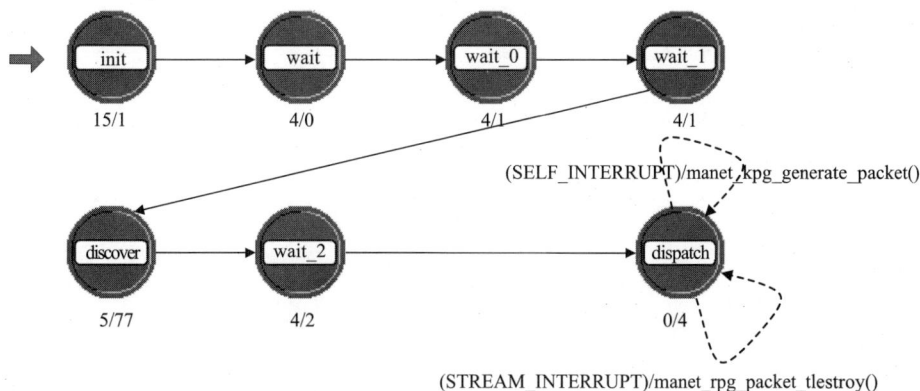

图 5.5　traf_src 进程模型状态转移过程

5.1.5　OPNET 仿真的信道接入协议

传统的车辆自组织网络是基于 IEEE 802.11 通信协议的，其信道接入协议有 DCF（分布式访问技术）和 PCF（中心网络控制方式）两种。

基于分布式竞争公共介质和采用带冲突避免的载波监听多路访问技术是分布式协调控制接入协议的两大特征。DCF 主要采用基本接入机制以及请求发送机制两种方法进行帧的传输。

PCF 是一种可选优先级的无竞争介质访问方法，它在 DCF 的基础上，由中心控制器向各个站点发送数据帧，中心控制器控制管理所有节点。

5.1.6　OPNET 仿真的路由协议

MANET 路由协议主要分为表驱动路由和按需路由两种。在表驱动路由协议中，无论是否有通信需求，每个节点采用周期性的路由分组广播，交换路由信息，维护一张包含到达其他节点的路由信息的路由表。当检测到网络拓扑结构变化时，节点在网络中发送更新路由的消息。

按需路由协议包括"路由发现"和"路由维护"两个过程。当源节点需要获得到目的节点的路由，而该路由又没有在路由表中时，路由发现过程被激活。节点采用泛洪的方式，向整个 VANET 网络广播路由请求分组。随着拓扑结构的变化，当激活路径上的某段链路发生中断时，路由维护过程被启动。此种路由协议可以降低路由开销，提高网络吞吐量。

在 OPNET Modeler 中的 MANET 节点模型提供了多种成熟的路由协议，包括 AVDO（Ad Hoc on demand distance vector，按需距离向量路由）、DSR（dynamic source routing，

动态源路由）、GRP（geographic routing protocol，地理路由）、TORA（temporally ordered routing algorithm，临时按需路由算法）等，具体分类如图 5.6 所示。

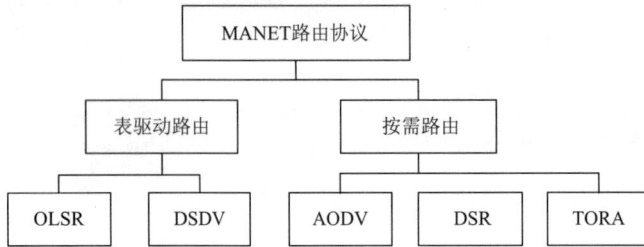

图 5.6　MANET 路由协议分类

5.2　基于车辆位置的分簇优化路由协议

车路协同系统的核心是信息交互，如何使车路消息能够高速、有效地传递到目的节点是需要解决的根本问题，为解决"信息爆炸"问题，同时减少网络负载和减小信息延时，通过对车路协同系统实际仿真场景特点的研究，本节结合车路协同系统特性及车辆位置信息，充分利用车辆路径规划信息，提出一种基于车辆位置信息的分簇路由协议优化方法，并对其进行仿真试验分析，与其他路由协议进行比较。

5.2.1　基于车辆位置的分簇优化方法

车路协同系统所构成的 VANET 网络作为一种特殊的多跳移动网络，有平面结构和分级结构两种，而分级结构通常是通过将区域内的车辆节点划分成若干个簇构成分簇结构，每个簇由一个簇头和若干普通节点构成。通过分簇结构可以提高网络的可扩充性，减小路由和控制开销，并且减少共享相同信道的节点数目，从而降低碰撞效率。

传统的分簇算法根据簇头选举的方式及优化目标的不同主要有基于节点 ID 分簇算法和最高节点度分簇算法。顾名思义，基于节点 ID 分簇算法选举邻居节点中 ID 最高的节点为簇头，其允许有多个簇头，加入次高 ID 未在最高 ID 覆盖范围内，则亦成为簇头；最高节点度分簇算法借鉴 Internet 中路由节点选择方法，每个节点通过交互控制信息来获得邻居节点的数目，然后向邻居广播自身节点度，选举节点度最高的节点作为簇头。在下面将通过 OPNET 对基于车辆位置的分簇算法与上述两种分簇算法进行仿真，比较其稳定性及对系统通信性能的影响。假定车辆节点通过 OPNET 获得所有车辆的信息且具有自主导航和交通信息处理决策的能力。基于车辆位置的分簇优化算法以复杂的十字交叉口及其周围地区为例进行分析，包含了直行道路及交叉口交通信息交互的情况。

在描述具体算法之前，先描述一下前提条件。每个车辆节点拥有自身唯一 UserID，通过 UserID 进行邻居节点和目的节点的识别，试实验场景选择的是廊坊市某十字交叉路周围地区，场景的四个端点的经纬度坐标分别为(116.72,39.59)、(116.76,39.59)、

(116.72,39.57)、(116.76,39.57)，交叉口位置位于(116.74,39.58)。

基于车辆位置的分簇优化路由算法步骤如下。

（1）定义车辆节点集合为 V，分簇的原则是以十字交叉路口为基准，各方向道路中的车辆节点拥有与所在道路相匹配的标志位，北、南、西、东四个方向分别定义为 1、2、3、4，此分类对所有路口均适用。各方向的车辆节点集合分别为 C_1、C_2、C_3、C_4，且 $V = C_1 \bigcup C_2 \bigcup C_3 \bigcup C_4$，分类示意如图 5.7 所示。

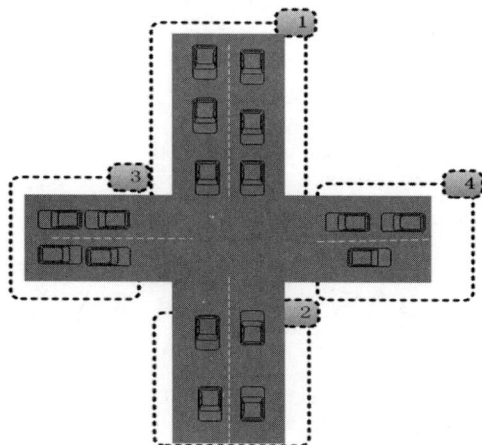

图 5.7　车辆节点所在集合分类

（2）根据道路静态地理范围数据及车辆经纬度坐标，判断车辆节点所属的道路。上文中已经提到场景经纬度边界及交叉路口经纬度坐标，只需进行简单的判断即可得到车辆所属的道路，路侧节点也是如此。例如，设某车辆的经纬度坐标为 (x, y)，有

$$
\begin{aligned}
&\text{if}(116.72 < x < 116.74) \\
&\text{then } x \in C_3 \\
&\text{if}(39.57 < y < 39.58) \\
&\text{then } x \in C_2
\end{aligned}
\tag{5.1}
$$

对处于交叉路口的车辆，由于其行驶方向的不确定性，暂时不做考虑，500ms 后再做判断，直至车辆驶出路口，再加入所进入道路的节点集合。

（3）通过以上步骤确定车辆所属道路后，对各道路的车辆节点进行详细分簇。假定每个簇为正方形，互不重叠且大小相等，簇内暂时不存在簇头，节点的通信范围等于正方形簇的对角线，目的是使簇内节点可以单跳进行通信。本试验中假定节点通信范围为 40m。先假定车辆节点坐标为 (x, y)，车辆节点可以根据式（5.2）来确定自己所在的簇，即

$$
\begin{cases}
x^c = \text{floor}\left(\dfrac{\sqrt{2}x}{r} + 0.5\right) \\[3mm]
y^c = \text{floor}\left(\dfrac{\sqrt{2}x}{r} + 0.5\right)
\end{cases}
\tag{5.2}
$$

式中：(x^c, y^c) 为节点所在的簇；r 为通信距离，即 40m；floor 为下取整函数。

通过上述分簇方法得到的分簇结构如表 5.2 所示。

表 5.2　分簇结构

(−2,2)	(−1,2)	(0,2)	(1,2)	(2,2)
(−2,1)	(−1,1)	(0,1)	(1,1)	(2,1)
(−2,0)	(−1,0)	(0,0)	(1,0)	(2,0)
(−2,−1)	(−1,−1)	(0,−1)	(1,−1)	(2,−1)
(−2,−2)	(−1,−2)	(0,−2)	(1,−2)	(2,−2)

表 5.2 中的坐标轴原点 $(0,0)$ 位置为十字交叉路口。

（4）簇头的确定。一个簇的簇头不应大于 1，有上述分簇方法，簇内节点可以直接通信，即通信跳数为 1。由于 OPNET 仿真环境中每个车辆节点可以接收所有车辆的信息，所以可以根据簇内所有车辆数据选择簇头。假定本地某簇中的邻居节点数目为 n，一个节点 i 的位置坐标为 (x_i, y_i)，那么可以得到该节点的质心为

$$\begin{cases} X_z = \sum \dfrac{x_i}{n} \\ Y_z = \sum \dfrac{y_i}{n} \end{cases} \tag{5.3}$$

然后选择离质心最近的节点作为本簇的簇头，因为质心到簇内各节点的距离之和是最短的，采用此种方法可以减少簇头与簇内节点直接通信的成本。

通过以上步骤初步确定车路协同内车辆自组织网络的簇拓扑结构。

5.2.2　基于车辆位置的分簇优化路由协议

在上文提出的分簇优化算法的辅助下，结合车辆地理位置信息，提出了与车路协同系统相适应的自组织路由策略，旨在提高通信效率。

位置辅助的路由协议的典型代表为 LAR（location aid routing）。下文中的路由协议是在 LAR 的规定 RREQ 分组携带目标节点和距离参数的机制基础上，结合实际交通系统中的信息传递特点进行优化的。首先介绍一个基于最小距离的路由竞争机制，其通过周期性转发路由请求分组 RREQ 来实现，其方法流程如下。

（1）定义源节点和目的节点的地理经纬度坐标分别为 (X_s, Y_s)、(X_d, Y_d)，通过经纬度坐标计算源节点到目的节点的距离 D_s，有

$$D_s = F\{(X_s, Y_s) - (X_d, Y_d)\} \tag{5.4}$$

式中：F 为经纬度坐标差到距离的转换公式，将 D_s 加入 RREQ 列表中。

（2）当 i 节点收到 RREQ 时，计算 i 到 (X_d, Y_d) 的直接距离 D_i，对于给定的权系数 δ，如果 $D_s + \delta > D_i$，则 i 节点向其临界点转发 RREQ，并在 RREQ 分组中重新标记 (X_d, Y_d) 和 D_i（用 D_i 代替 D_s），并将此次更新存放到路由列表 R 中。

（3）如果 $D_s + \delta < D_i$，则 i 节点丢弃该 RREQ。

（4）当节点 j 收到经节点 i 转发的 RREQ 时，也采用上述处理方法。

（5）当路由列表 R 中存在多条可行路径时，选择到达目的节点最短的那一条。如果此路径被突然中断，则选择次短路径，依次类推。基于最小距离的路由竞争机制如图 5.8 所示。

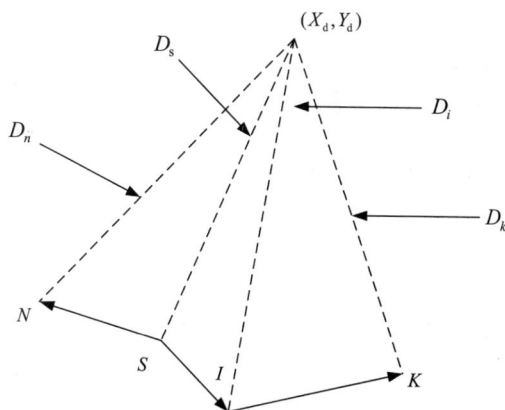

图 5.8　基于最小距离的路由竞争机制

权值系数 δ 与道路车流密度有关，通过分析本次试验的路段特点和多次试验的结果综合考虑，给出合理的经验值。随着路段车辆数的增加，导致车辆间隔减小，这里给出路段车辆的数目与 δ 的关系，如表 5.3 所示。

表 5.3　车辆密度与 δ 的关系

路段车辆数/辆	δ/m
100	60
200	50
300	35
500	20
800	12

仿真场景车辆数目为 500 辆，所有在 OPNET 中的仿真环境中的 δ 取 20m。

结合上述路由竞争机制得到基于车辆位置的分簇路由优化协议过程如下。

（1）确定目的节点位置。本步骤的主要任务是确定目的节点所处的位置处于哪条道路，即属于 C_1、C_2、C_3、C_4 的哪个集合中，如果遍历四种集合后未发现目的节点，则该目的节点位于交叉路口，暂时不发送消息，路由列表为空。

（2）簇间路由控制。由分簇过程中选举出的簇头负责协调本簇内的路由，与外界其他簇的首次通信由簇头完成。簇头拥有两个路由列表，设其为 L 与 S。其中，S 列表负责簇间路由，L 列表负责簇内路由，将所有簇当作若干由簇头代表的质点，然后采用距离竞争机制获得簇间传递最佳路由，并将路由结果加入 S 路由列表中。

（3）判断簇节点移动趋势，分析计算簇中每个车辆节点的移动方向，通过两次信息更新周期内车辆地理信息变化趋势，很容易判断出车辆的运行方向，然后在 OPNET 中为 MANET 节点自定义的属性 Direction 赋值。

（4）簇内节点间路由与簇间路由类似，只不过目的节点为簇间节点路由发现中最优的邻居簇中的簇头。但是在此之前需要判断车辆运行方向，剔除与消息传播方向相反的车辆节点。设最优邻居簇头坐标为(X_b, Y_b)，本簇簇头坐标为(X_h, Y_h)，本簇内的其他节点设为(X_q, Y_q)，这里引入向量的概念，(X_h, Y_h)到(X_q, Y_q)再到(X_b, Y_b)构成的向量夹角小于$90°$时，舍弃(X_q, Y_q)点；大于$90°$时，将(X_q, Y_q)加入到路由列表L中。

（5）目的节点回执，当目的节点(X_d, Y_d)收到源节点(X_s, Y_s)发送的信息时，按S路由列表和L路由列表返回回执命令，并且保存S列表和L列表，同时停止消息广播。

基于车辆位置的分簇优化路由协议流程如图 5.9 所示。

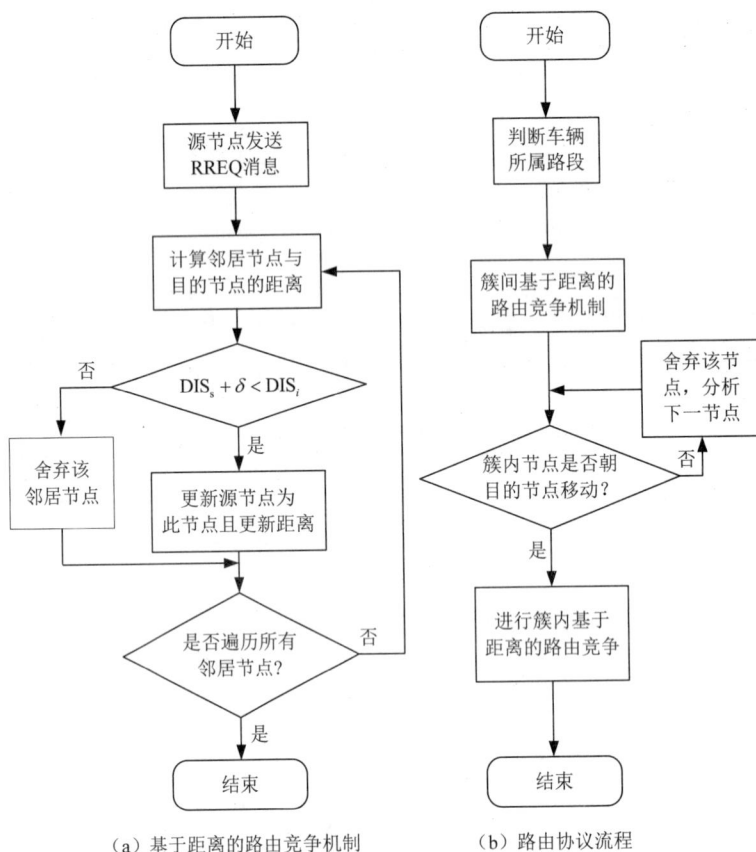

（a）基于距离的路由竞争机制　　（b）路由协议流程

图 5.9　基于车辆位置的分簇优化路由协议流程

5.2.3　分簇优化路由协议仿真结果

路由协议为源节点和目的节点的信息交互开辟了一条捷径，在 500ms 内的数据更新周期内，路网信息延时和网络负载及丢包率是评价通信质量的重要指标。在 OPNET 中定义消息延时（s）、网络负载（b/s）、重发率（%）等参数进行验证分析。仿真结果如图 5.10、图 5.11 和表 5.4 所示。

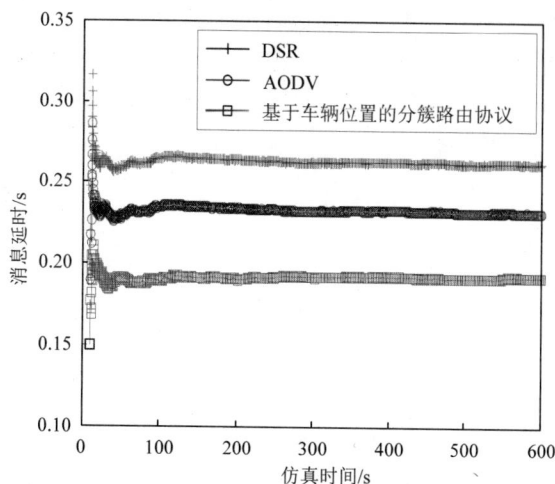

图 5.10　信息交互延时仿真结果

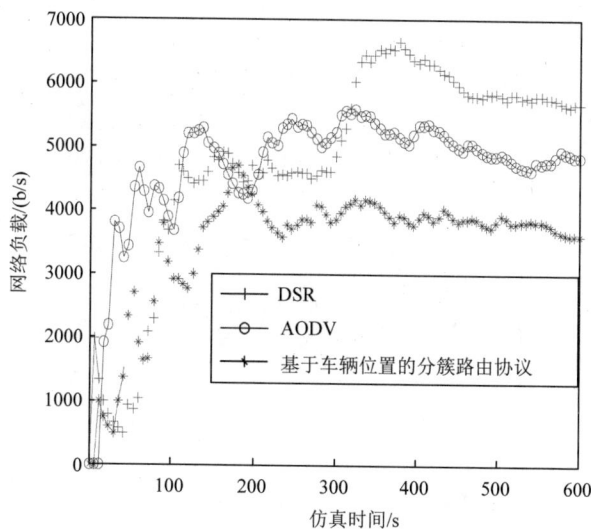

图 5.11　信息交互网络负载仿真结果

表 5.4　不同路由协议的消息重发率

路由协议类型	重发率/%
AODV	17.9
DSR	16.7
车辆位置分簇路由	10.8

由关于消息延时、网络负载、重发率的仿真结果显示，与传统的 AODV 和 DSR 路由协议相比，基于车辆信息的分簇优化路由协议的效果明显更好，其在网络负载及消息延时方面较前两种协议分别改进和减少了 20.83% 和 26.9%，尤其是延时方面，维持在 193ms 上下，满足系统 500ms 的实时性要求。同时，消息的重发率较两种传统的路由协

议也有所减少，为信息开辟了一条快捷到达目的节点的路由。

通过以上仿真结果可以看出，本协议考虑了车辆的运动特性，通过分簇优化算法形成的簇有规律且合理，避免了不必要的消息转发，抑制了消息冗余，减少了消息的重广播率，更加有效地利用了通信介质。

5.2.4　分簇优化算法性能仿真分析及比较

簇头变化率反映了分簇算法的稳定性，其含义是单位时间内簇头的变化频率，单位为（次/s）。由仿真结果（图5.12）可以看出，随着传输距离的增加，簇头变化率呈现先递增后递减的趋势，这是因为传输距离较短，节点跳数较少，网络负载远远未达到饱和，各类分簇算法结果差别不大；当传输距离增大时，由于通信范围的限制，各簇直接逐渐分离，产生一个峰值；当距离继续增大，簇内成员变化不大时，由于道路结构及行驶速度的限制，簇头变化率进一步下降，且趋于平稳。由于此优化分簇路由算法将车辆位置、车辆运行方向、道路结构考虑进去，与本试验车路协同的实际情况相适应。因此，该分簇路由协议的稳定度高。

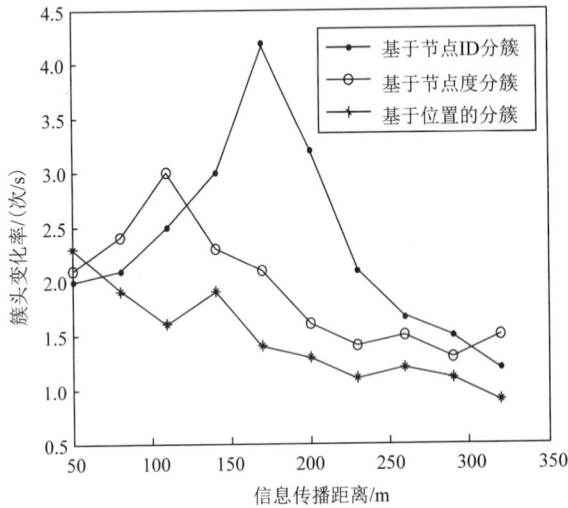

图 5.12　簇头变化率仿真结果

分析簇头变化率的意义在于簇头变化率与车路协同系统消息的延时有直接的关系。当簇头变化时，管理簇头的路由列表需要更新，还需要广播簇头变化的消息，整个簇接收到的新消息也都要通过新的簇头重新转发，加大了系统信息交互的负担和延时。为了直观地分析不同分簇算法对车路协同信息交互过程延时的影响，应用不同分簇协议进行信息交互仿真。基于车辆位置的分簇优化路由协议的延时效果最明显（图5.13），193ms左右，较其他两种分簇路由协议分别减少了19.6%、27.2%。

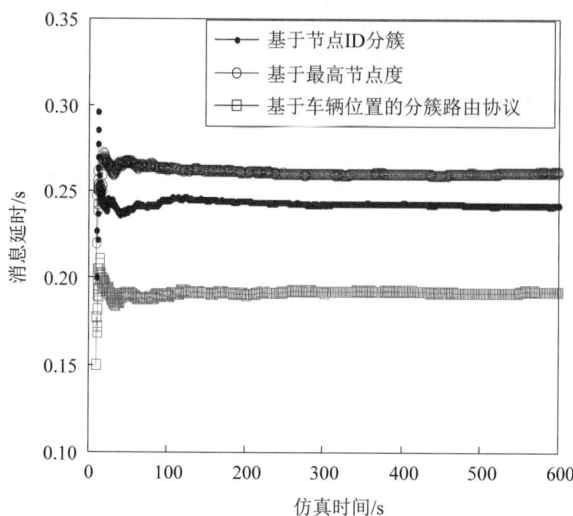

图 5.13　分簇协议延时仿真结果

5.3　MAC 层信道接入协议的优化

如何在多个节点间高效地分配无线信道资源是数据链路层的媒介接入控制子层要解决的问题。自组网的 MAC 协议设计的主要目标是：能够保证信道资源的高效利用；能够保证信道的快速和公平接入。信道协调机制、信道接入机制和信道分配机制是多信道 MAC 协议研究的三个重要方面，区别于多台设备协商用于传输的信道以及解决同一信道潜在竞争的方法，不同的多信道 MAC 协议影响了网络性能。

本节提出的 MAC 层解决方案主要是针对信道接入协议的握手机制和退避算法进行改进，同时，对 MAC 层进行的优化设计是在 DCF 信道接入协议的基础上完成的，优化的 MAC 协议定义为 ODCF（optimized DCF）信道接入协议。

5.3.1　MAC 层信道接入协议研究

IEEE 成立了 802.11p 工作组以制定 IEEE 802.11 在车辆环境下无线接入（wireless access in the vehicular environment，WAVE）的版本，并以 IEEE 1609 系列协议作为上层协议，从而形成车辆无线通信的基本协议构架。IEEE 802.11p 定义了 WAVE 协议 MAC 层和物理层的功能。WAVE 的物理层采用 IEEE 802.11a 物理层的技术，只是前者与时间相关的参数为后者的两倍。WAVE 的 MAC 层采用的增强型分布式协调接入机制（enhanced distribution channel access，EDCA）则源自 IEEE 802.11e。WAVE 协议 MAC 层的扩展——多信道操作则在 IEEE 1609.4 中定义，以协调车辆在多个信道进行通信，如图 5.14 所示。

载波侦听多址接入协议（carrier sense multiple access，CSMA）是目前应用的大多数 MAC 层协议的基础。按照信道划分方式的不同和节点侦听到信道忙时的处理方式不同，可以将 CMSA 协议分为如图 5.15 所示的若干类。坚持的 CSMA 协议的效果有随机性，而非坚持的 CSMA 协议的缺点是"过于自私"。在 CSMA 中加入一种冲突避免机制来提高信道利用率，形成 CSMA/CA 信道接入协议。节点在发送数据时先通过较短的控制分组进行信道的探测，短控制分组成功发送后，再发送后续数据分组。

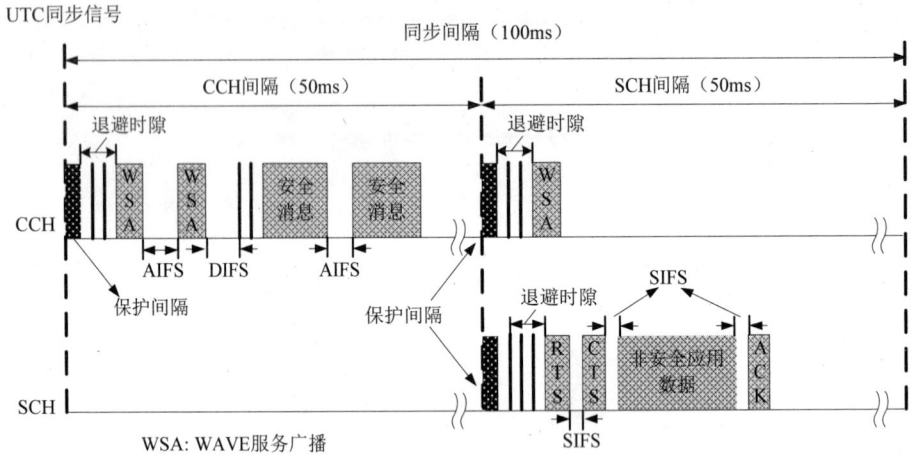

图 5.14　IEEE 802.11p 多信道 MAC 机制

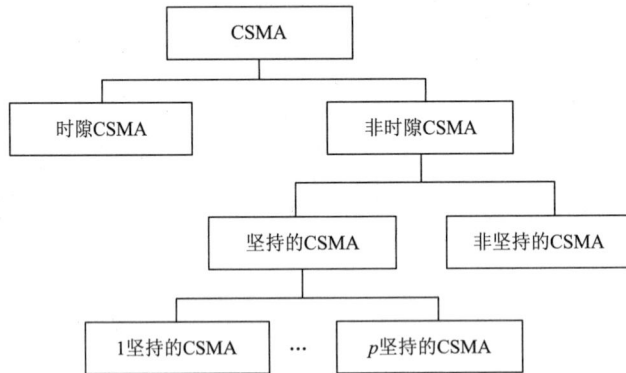

图 5.15　CSMA 协议的分类

　　通过 RTS/CTS 和载波监听机制，CSMA 进一步减少了报文冲突的概率。如果应用于多跳的 Ad Hoc 网络，由于存在隐藏终端和暴露终端等问题，网络性能提高不明显，因此 Ad Hoc 必须引入更为复杂、准确的控制机制解决隐藏终端和暴露终端问题。

　　IEEE 802.11 的 MAC 协议中最典型的媒体访问控制机制是 DCF 协议。DCF 方式是基于 CSMA/CA 机制的信道接入协议。DCF 协议的核心机制包括四次握手机制、载波检测机制、帧间间隔协调控制及随机退避规程，其基本解决了隐藏终端和暴露终端问题，同时可以预防共享信道中数据包的冲突问题。

5.3.2　MAC 层握手机制优化过程

　　传统的 DCF 协议未能彻底解决暴露终端问题，且在高速动态变化的车载环境中表现欠佳。本节沿用 DCF 信道接入协议的 RTS-CTS-DATA-ACK 握手机制。源节点发送给目的节点 RTS 控制帧，目的节点收到后回复 CTS 控制帧，源节点收到 CTS 后开始发送 DATA 包，目的节点接收完毕后发送 ACK 应答信息，结束传输过程。这种握手机制并不能完全解决暴露终端问题，可能会导致系统不必要的延时发送。因此，本小节对 DCF 握手机制进行了两方面的改进：一是每个节点维护一张邻居节点的表单，并加以合理运用；二是对 RTS 控制帧、CTS 控制帧的内容进行修改，增加信息位。

（1）节点维护的邻居节点表单中描述当前在节点传输范围内的邻居节点 ID、更新时间、是否进行正在通信的标志位及其邻居节点个数，ID 是当前系统中各节点的唯一标识符，更新时间是一个整型数，每当更新时，累积加 1。为避免刻意的定时更新对系统的传输造成不必要的压力和网络资源的浪费，邻居节点发送数据或接收数据时对列表进行更新，必要时进行广播索取。是否正在通信属性可以通过接收到的 RTS 和 CTS 报文进行判断。图 5.16 所示为节点 i 的邻居表单。保存邻居节点的目的是更加准确地消除暴露终端问题。

节点ID	更新时间	是否进行通信	邻居节点个数
邻居节点ID_1	Time_1	1或0	N_1
邻居节点ID_2	Time_2	1或0	N_2
邻居节点ID_3	Time_3	1或0	N_3

图 5.16　节点 i 的邻居表单

（2）RTS 帧的 MAC 负载包括指示信道的忙闲状态的 FREE 列表、节点 ID 序号以及发送的 DATA 数据的长度等信息，在此基础上，在 RTS 中添加本次请求的重发次数占 1 字节，添加此节点的邻居节点的个数占 1 字节，此字节用于退避算法的改进。同理，在 CTS 报文中加入 3 字节，保存所有邻居节点的 ID。ODCF 的传输时隙流程及 RTS 和 CTS 的帧结构如图 5.17 所示，其中 SIFS（short interframe space）是最小的帧间间隔，

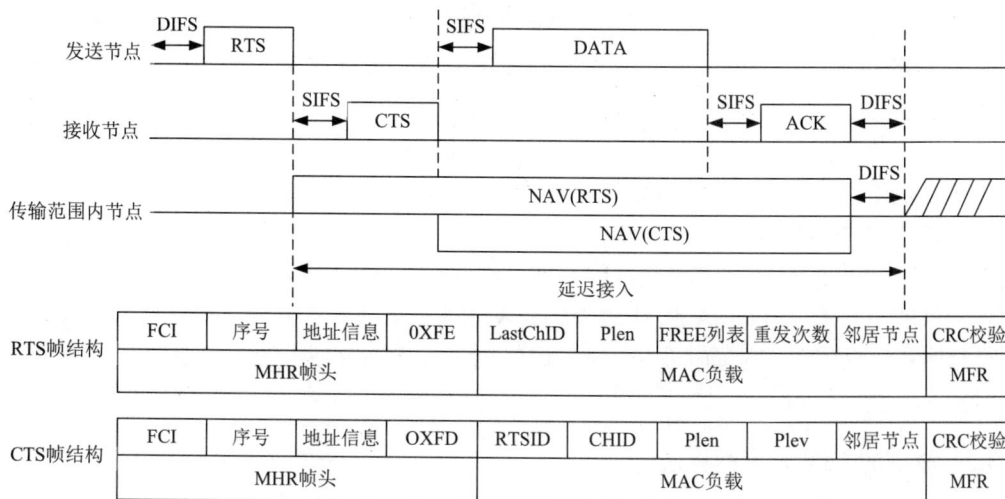

图 5.17　ODCF 的传输实现和控制帧结构

用于发送 CTS、DATA、ACK 分组；当节点发现信道空闲时，必须延时 DIFS（DCF interframe space）时间后再发送数据；NAV（network allocation vector，网络分配向量）是节点检测到信道忙后预计信道再次空闲的时间间隔。

（3）当完成了前两项 MAC 层协议优化的准备工作后，对于网络信息交互过程中的暴露终端等问题就能够进一步遏制。另外，这两项改进对退避算法的改进也起到辅助的作用。下面论述整个优化的握手算法工作流程，ODCF 模拟传输过程如图 5.18 所示。

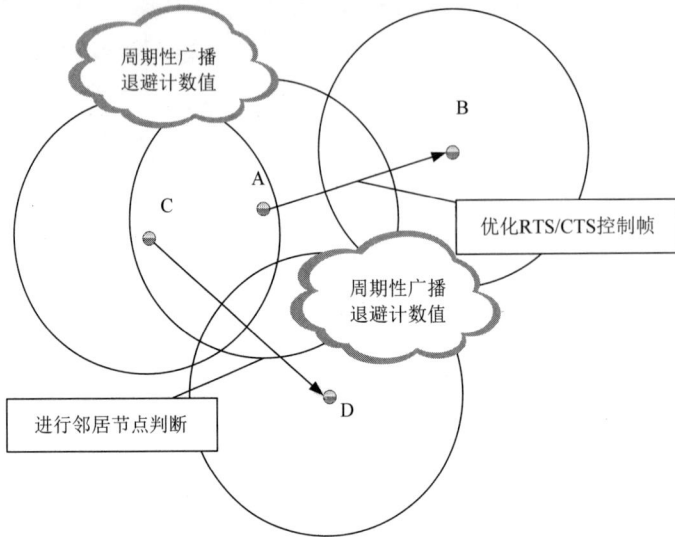

图 5.18　ODCF 模拟传输过程

ODCF 继承了 CSMA 的信道准预留机制，本次发送数据前，首次载波监听上次使用的信道，这比随机选取信道的成功概率更大。同时，与 DCF 接入协议相同，为了减小信道冲突的可能性，发送节点发送 RTS 控制帧信息，里面携带了新添加的重发次数和邻居节点的信息，且邻居节点的信息在发送时得到更新。A 节点发送给 B 节点，B 节点未在 C 节点的覆盖范围之内，但是在 A 节点的覆盖范围之外，即 C 可能成为暴露节点。传统的做法是，C 如果收不到 B 的 CTS，则判定自己为暴露终端而延时发送，但是如果 C 发送的目的节点在 B 节点的通信范围之外，它们的通信其实是不会相互干扰的，但是为了防止发生拥堵，B 节点采取延时，这时就会造成网络资源浪费。多信道的实际分配及 ODCF 的改进可以避免这一延时。由于 RTS 和 CTS 控制帧中包含了源节点和邻居节点的 ID，C 节点在收到 B 节点回复的 CTS 帧中查看 B 的邻居节点，然后查看自己需要发送的目的节点 D 是否在 A 和 B 的邻居列表之内，如果不在其中，则可以立即发送，不必延时；如果存在，则延时发送，延时的时刻为包含在 RTS、CTS 和 DATA 中的 NAV 延时，而后执行退避算法。

5.3.3　改进的 ODCF 退避算法

改进的信道接入协议 ODCF 采用了 DCF 协议的帧间间隔的定义，其通信机制如图 5.19 所示，其中退避时隙是改进的重点。在 CSMA 系列的接入技术中，当检测到信道忙时，发送者要执行退避算法，延迟一段时间后再次发送。目前应用广泛的退避算法是 BEB（二进制指数退避算法）。实行退避算法的目的是减少重发时再次发生冲突的可能性。一般来说，退避算法提供两个函数 F_{inc} 和 F_{dec}。每次发送失败时，为了减少后续通信的冲突概率，就对退避计数器进行 F_{inc} 操作；每次交互成功时，就对退避计数器进行 F_{dec} 操作。图 5.19 描述了退避算法执行的退避时隙。但是，当网络拓扑结构复杂变化时，BEB 算法不能正确地反映信道竞争状况，可能造成网络性能下降，因此本书提出一种具有自适应能力的退避算法。

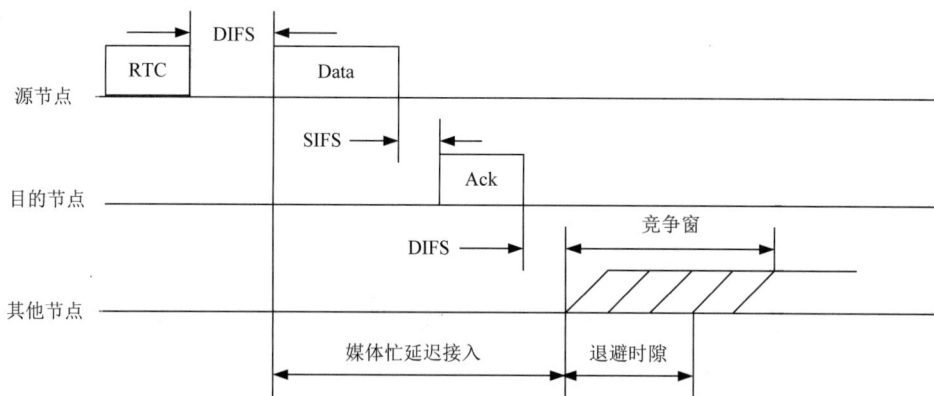

图 5.19　退避算法的时隙

在 BEB 退避算法中，竞争窗口值为 CW，$\mathrm{CW_{min}} \leqslant \mathrm{CW} \leqslant \mathrm{CW_{max}}$，$CW_{min}$ 为竞争窗口的初始值，$\mathrm{CW_{max}}$ 是可能达到的最大值，一般初始化设 $\mathrm{CW_{min}}=15$，$\mathrm{CW_{max}}=1023$。如果检测到信道忙，则

$$T_{\text{backoff}} = \text{Random}[0, \text{CW}] \cdot T_{\text{slot}} \tag{5.5}$$

式中：T_{backoff} 为此次退避时间，其由一个 $[0, \text{CW}]$ 的随机数和时隙长度 T_{slot} 的乘积求得，退避时间和 CW 关系紧密。当检测到信道空闲时间大于 DIFS 时，退避计数器减 1，当退避计数器为 0 时，开始发送数据。每个节点都要维护自身的重传次数 RC。当节点成功发送数据后，$\mathrm{CW} = \mathrm{CW_{min}}$；否则，随着重传次数的增加而增加，直至 $\mathrm{CW} = \mathrm{CW_{max}}$。这是造成竞争不公平的根本原因，如果发送成功，$\mathrm{CW} = \mathrm{CW_{min}}$，其他节点的 CW 较大，造成竞争极不公平，且这种不公平会累积。同理，发送失败后 CW 值成倍增加，虽然其目的是减小下次竞争减少冲突的可能，但是这种盲目的增加必然会造成网络整体性能的下降，毕竟信号干扰等原因也可能导致发送失败。

重传次数、邻居节点的数目和 CW 存在合理的必然联系。下面分两方面进行退避算法的优化。

（1）重传次数与 CW 的初始值应大致成正比例关系。首先，如果本节点的竞争力强，可以根据重传次数使它的 CW 值适当增加，减小其竞争等待成本；其次，如果本节点竞争力弱，可以适当增加其 CW 初始值，以减少其竞争失败的概率，浪费网络资源。因此，设最大重传次数为 $\mathrm{RC_{max}}$，将 $[\mathrm{CW_{min}}, \mathrm{CW_{max}}]$ 分为 $\mathrm{RC_{max}}$ 段，每一段的间隔为 T_{cw}，则竞争窗口初始值 $\mathrm{CW_{ini}}$ 的取值可以通过下列公式求得，即

$$T_{cw} = \frac{(CW_{max} - CW_{min})}{RC_{max}} \tag{5.6}$$

$$CW_{RC} = T_{cw} \cdot RC = \frac{(CW_{max} - CW_{min})}{RC_{max}} \cdot RC \tag{5.7}$$

$$CW_{RC-1} = \frac{(CW_{max} - CW_{min})}{RC_{max}} \cdot (RC - 1) \tag{5.8}$$

$$CW_{ini} = Random(CW_{RC-1}, CW_{RC}) \tag{5.9}$$

（2）当网络不繁忙时，BEB 算法中翻倍地增大 CW，会增大网络的消息延时，因此网络的繁忙程度直接影响 CW 值增加的情况。由于 5.3.2 节中提到改进的 RTS 控制帧中保存有邻居节点及其重传次数，通过下列公式简单地反映网络的繁忙程度，设节点 i 的邻居节点及其邻居节点个数分别为 N_i、N_{num}^i，假设要分析的节点为 index，设网络繁忙系数为 Net_{index}，则

$$Net_{index} = \sum N_i \cdot N_{num}^i \cdot (1 + C_{flag}) \tag{5.10}$$

式中：N_{num}^i 为 Net_{index} 邻居节点的个数；C_{flag} 为是否正在通信的标志位，通信时取值为 1。为网络繁忙系数设定一个阈值 Net_G，结合 BEB 算法，执行 F_{inc} 函数时，有

$$\begin{cases} if(Net_{index} > Net_G) \\ CW_{new} = min\{(CW_{old} + 1) \cdot (\beta + 1) - 1, CW_{max}\} \\ else \\ CW_{new} = min\{(CW_{old} + 1) \cdot (\alpha - 1), CW_{max}\} \end{cases} \tag{5.11}$$

执行 F_{dec} 函数时，有

$$\begin{cases} if(Net_{index} < Net_G) \\ CW_{new} = \alpha \cdot CW_{ini} \\ else \\ CW_{new} = \beta \cdot CW_{ini} \end{cases} \tag{5.12}$$

式中：$\alpha = \dfrac{Net_{index}}{Net_G}$；$\beta = \dfrac{Net_G}{Net_{index}}$。

根据仿真数据，Net_G 设为 1000，式（5.12）的实质是充分利用网络资源，当网络不繁忙时，尽量降低竞争窗口的值；繁忙时，尽量增加竞争窗口的值。退避计数器与竞争窗口关系紧密。

为了保证节点竞争信道的公平性，减少自身退避计数器无必要的增加，可以将自身的退避计数器进行周期性广播，周期要求不是很严格，可设 $T = 1s$，与邻居节点的计数器值进行比对，进而把自身计数器调整到更合理的位置。由于通过以上算法得到的退避计数器值基本合理，当某些节点没有参加过发送、接收，即将加入通信时，可以根据广播的其他节点的退避计数器值修正自己的退避计数器值，即

$$CW_{newjion} = \frac{1}{N} \sum_i CW_i \tag{5.13}$$

设 N 为邻居节点数目，整个 ODCF 信息交互流程及退避算法流程如图 5.20 所示。

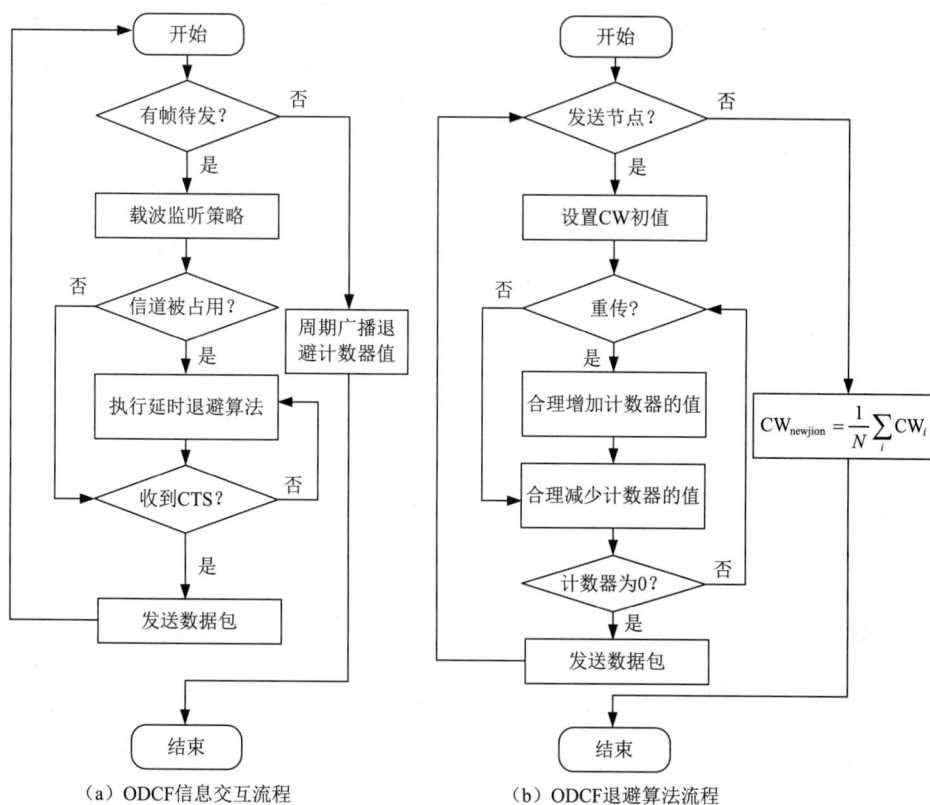

（a）ODCF信息交互流程　　　　（b）ODCF退避算法流程

图 5.20　ODCF 信息交互流程及退避算法流程

5.3.4　仿真验证场景的建立

为了验证上文提出的 ODCF 协议对车辆协同系统信息交互过程的网络性能有所提高，本小节设计三个对比场景，比较其吞吐量和消息延时，分析结果，得出结论，部分不变的仿真参数如表 5.5 所示。

表 5.5　仿真参数设定

参数	值
仿真场景大小	1000m×1000m
仿真时间	20s
节点移动模型	定点移动模型
信道类型	无线信道
信道带宽	10MHz
工作频率	5.895GHz
无线传输模型	TwoRayGround
网络接口类型	WirelessPhyExt
接口队列模型	PriQueue
链路层类型	LL

续表

参数	值
路由类型	AODV
天线类型	全向天线
MAC 协议	Mac 802_11p
SIFS	20μs
DIFS	50μs
SLOT	13μs
最小竞争窗口	15
最大竞争窗口	1023

1. 不同的车辆密度

网络中车辆节点的稀疏直接关系到网络状态的稳定、网络路由的连通性及网络信道接入的竞争力。为了探寻不同的接入协议及不同的车辆密度对网络性能的影响，本仿真试验设计两个车辆密度不同的场景，即在同样大小的 1000m×1000m 的场地内，车辆数分别为 50 辆、100 辆时，比较本书提出的 MAC 层 ODCF 协议与系统自带的 DCF 协议，局部仿真参数的设定如表 5.6 所示。

表 5.6　场景 1 仿真参数的设定

参数	值
车辆数/辆	50/100
传输距离/m	200
车辆运行速度/（km·h^{-1}）	40

2. 不同的传输距离

车路协同系统中车辆节点的传输距离即其通信半径，因为传输距离直接关系到节点信息传输的跳数及邻居节点的个数，也直接影响不同节点竞争信道的强度。当传输距离长时，虽然网络稳定，但是为了防止发生冲突，同时参与传输的节点少，所以吞吐量可能下降，延时可能增加。所以，本仿真试验对比 100m、250m 两种不同的传输距离下，优化的 ODCF 与传统 DCF 对系统通信性能的影响。局部仿真参数的设定如表 5.7 所示。

表 5.7　场景 2 仿真参数的设定

参数	值
传输距离/m	100/250
车辆节点/个	100
车辆运行速度/（km·h^{-1}）	40

3. 不同的行驶速度

车路协同系统中车辆节点的行驶速度对网络拓扑结构的变化率有决定性的影响。当车速变化极快时，可能造成隐藏节点与暴露节点的误判。所以，本仿真试验设计并对比

20km/h、40km/h 两种不同的行驶速度下，优化的 ODCF 与传统 DCF 对系统通信性能的影响。局部仿真参数的设定如表 5.8 所示。

表 5.8　场景 3 仿真参数的设定

参数	值
传输距离/m	200
车辆节点/个	100
车辆运行速度/（km·h^{-1}）	20/40

通过设计的不同车辆密度、不同传输距离、不同行驶速度三个仿真场景来验证及比较 IEEE 802.11p 的 ODCF 协议与传统 DCF 对网络性能的影响。

5.3.5　不同车辆密度的仿真结果

根据仿真试验的设计，仿真场景中分别设置 100 个和 50 个车辆节点，消息延时仿真结果如图 5.21 所示，吞吐量仿真结果如图 5.22 所示。

通过仿真结果可以得出结论，ODCF 算法在消息延时和吞吐量的性能指标下表现均比 DCF 突出。仿真系统有 100 个车辆节点和 50 个车辆节点时，在延时方面，ODCF 分别比 DCF 减少了 15.6%、11.6%；在吞吐量方面，ODCF 比 DCF 分别增加了 28.1%和 34.7%。ODCF 效果突出的原因是消息发送成功后竞争窗口的初值 CW_{ini} 设置得更加合理，当车辆数目较少时，退避算法执行时，退避计数器初始值较小，退避的时间较短；车辆数目增多时，退避计数器初始值较大，退避的时间就会较长。通过这种方法可以根据车辆密度自适应地调整退避计数器初值和改变值，减少车路协同系统网络共享信道冲突的可能。

通过仿真发现，车辆节点数目不同对网络性能参数也有影响，因此本试验另外设计了拥有 200 个车辆节点的网络环境，通过表 5.9 的仿真结果显示，随着车辆节点数目的

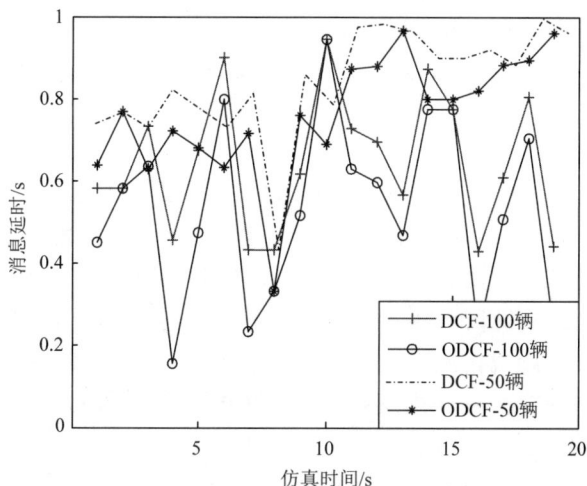

图 5.21　场景 1 消息延时仿真结果

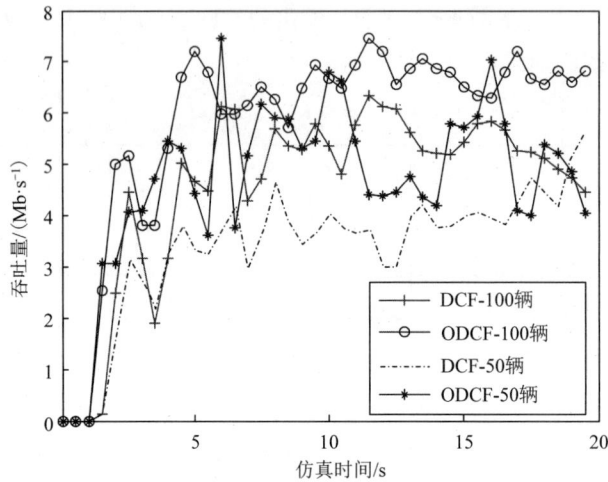

图 5.22　场景 1 吞吐量仿真结果

表 5.9　不同车辆密度的仿真结果

车辆数/辆	指标			
	DCF		ODCF	
	延时/s	吞吐量/（Mb·s⁻¹）	延时/s	吞吐量/（Mb·s⁻¹）
50	0.860 466	3.476 9	0.760 566	4.683 83
100	0.629 214	4.525 1	0.531 244	5.795 61
200	0.687 920	4.138 4	0.659 323	4.908 341

增加，会出现一个网络性能相对较好的峰值，这是因为当车辆数较少时，到达目的节点的路径相对较少，信息交互数据量也相对较少，因此延时可能较大，吞吐量也不高；随着车辆数目的增加，路由建立得更加完善，信息交互过程更加充分地利用了网络资源，使消息延时和吞吐量的性能达到最佳；当继续增加车辆数目时，网络资源就相对拥堵，同一时间收、发信息造成冲突的可能性骤增，造成消息延时和吞吐量性能指标的再次恶化。但总体而言，不论车辆节点数目较少还是较多，ODCF 协议的网络性能效果比 DCF 协议突出。

5.3.6　不同传输距离的仿真结果

图 5.23 和图 5.24 分别为本仿真试验中传输距离分别为 100m 和 250m 的消息延时和吞吐量的仿真结果。从图中可以看出，车辆节点传输距离分别为 100m 和 250m 时，在延时方面，ODCF 协议分别比 DCF 协议减少了 12.5% 和 14.0%；在吞吐量方面，ODCF 比 DCF 分别增加了 21.1% 和 28.3%。

本试验对多种传输距离情况下的网络进行了仿真，仿真结果如表 5.10 所示。随着传输距离的增加，网络性能也呈 U 形变化。产生这一现象的原因是，当传输距离短时，网络节点相对稀疏，消息延时必然很大，吞吐量也不大。当传输距离非常大时，为了减小信道冲突，同一时间进行通信的节点会迅速减少，网络资源的利用率下降，消息不能及时发送出去，导致消息延时增大，网络吞吐量减少。

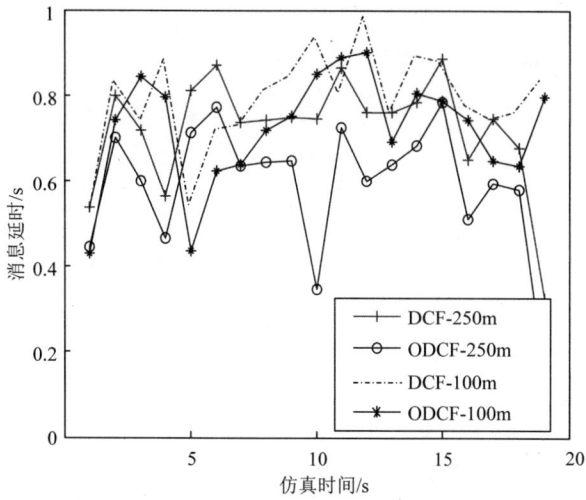

图 5.23　场景 2 消息延时仿真结果

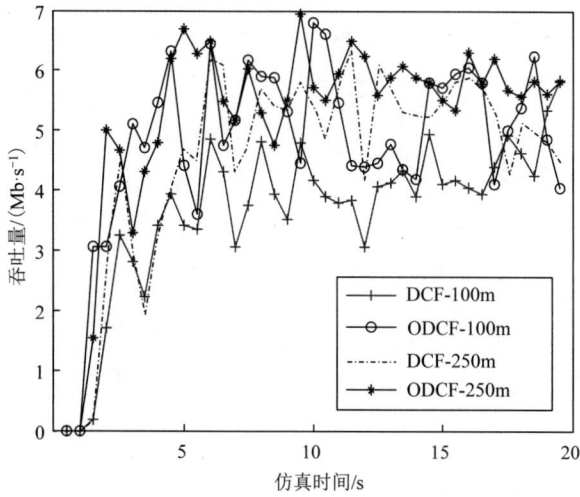

图 5.24　场景 2 吞吐量仿真结果

表 5.10　不同传输距离的仿真结果

距离/m	指标			
	DCF		ODCF	
	延时/s	吞吐量/（Mb·s⁻¹）	延时/s	吞吐量/（Mb·s⁻¹）
100	0.822 437	4.255 61	0.723 437	5.154 62
250	0.690 996	4.523 2	0.593 996	5.805 62
400	0.765 455	4.343 5	0.654 367	5.246 74

5.3.7　不同行驶速度的仿真结果

车辆的行驶速度对网络拓扑结构的变化起到决定性作用，对网络性能有很大影响。本试验的仿真结果如图 5.25 和图 5.26 所示。总体来讲，ODCF 协议在延时方面和吞吐量方面较 DCF 协议都有所提高,在 20km/h 和 40km/h 情况下,消息延时分别减少了 15.8% 和 15.0%;在吞吐量方面,分别增加了 30.0% 和 30.3%。

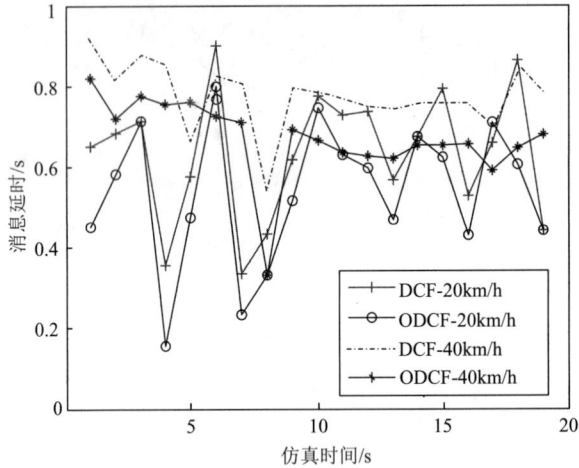

图 5.25　场景 3 消息延时仿真结果

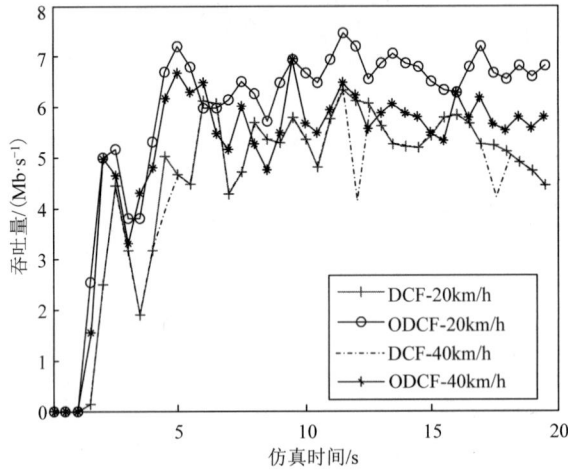

图 5.26　场景 3 吞吐量仿真结果

通过仿真在不同车辆行驶速度情况下的车路协同系统网络发现,网络性能的表现没有规律可言,不会像前两个试验场景那样存在波峰或波谷,仿真结果如表 5.11 所示。

表 5.11　不同车辆速度的仿真结果

速度/(km·h⁻¹)	指标			
	DCF		ODCF	
	延时/s	吞吐量/(Mb·s⁻¹)	延时/s	吞吐量/(Mb·s⁻¹)
10	0.698 76	4.328 0	0.568 224	5.234 22
20	0.633 358	4.515 4	0.533 298	5.866 61
40	0.669 312	4.322 2	0.568 922	5.632 1
60	0.629 521	4.442 7	0.535 342	5.645 2

速度在本仿真系统中相当于一个随机量，毕竟与无线电的传输速度相比，本仿真系统中车辆的行驶速度 10～60km/h 可以忽略不计。至于车辆速度对车路协同系统网络的影响暂不做深入分析，但是总体而言，ODCF 协议效果依旧比 DCF 突出。

通过对车路协同系统中信息交互过程的深入研究，得知 IEEE 802.11p 的 MAC 层协议的特点以及 CSMA/CA 机制，并提出了 ODCF 信道接入协议。ODCF 协议改进了 DCF 协议的握手机制过程，在 RTS、CTS 控制帧中增加了辅助信道接入的控制字节；其优化了退避算法，将 CW 的初始值及变化值都控制在更加合理的范围内。通过设计不同车辆节点数、不同传输距离、不同行驶速度三个场景对 ODCF 协议进行仿真。仿真结果表明，ODCF 在消息延时、吞吐量方面较 DCF 效果有明显改善。

5.4　多通信模式竞争机制

目前应用广泛且可选择的通信模式为 WiFi 模式、3G（3rd-generation）模式、DSRC（dedicated short range communications，专用短程通信技术）模式。评判一种通信模式是否适应交通场景的标准就是通信性能的优劣。由于车路协同网络属于移动较频繁的自组织网络，可能需要多种通信模式协调完成通信任务。

神经网络在交通领域和通信领域应用广泛，因此认为神经网络可用于预测不同交通场景的最优通信模式。本节研究一种基于车路协同和神经网络的多种通信模式共存的信息交互优化策略和竞争机制，提升车路协同系统网络性能，并对竞争结果进行仿真、验证和评估。图 5.27 所示为多通信模式竞争机制方案。

图 5.27　多通信模式竞争机制方案

5.4.1　多种通信模式研究

本节主要对车路协同中用到的 WiFi、3G、DSRC 三种通信模式的性能参数、协议类别进行分析对比，根据其各自特点研究其在车路协同仿真系统中的适用性，并且定义设计通信网络性能评价指标模型。

DSRC 技术是车路协同系统产生后，为解决车车通信、车路通信问题而提出的一种高效的短距离无线通信机制。DSRC 的优势主要体现在消息传输延时、节点移动性、通信频段的抗干扰性和 IEEE 802.11p 对车路协同系统的适用性。其在网络性能、实现成本及复杂程度方面的综合评价均优于普通的无线通信技术，其参数如表 5.12 所示。

表 5.12　DSRC 技术参数

参数	值
消息延时/ms	小于 50
移动性/(m·h⁻¹)	大于 60
通信传输距离/m	不大于 100
数据传输速率/(Mb·s⁻¹)	3～27
通信带宽/MHz	10
通信频段/GHz	5.68~5.925
IEEE 标准	IEEE 802.11p

　　DSRC 的协议体系主要依托于 IEEE 802.11p 协议，它是针对汽车通信的交通应用环境而设计的标准，主要作用于物理层和数据链路层。物理层处于协议的底层，且是基于正交频分复用的，主要负责为设备之间的数据通信提供传输介质及互联设备，控制信道的激活或失效服务，为数据传输提供可靠的环境。数据链路层包括 LLC（logical link control，逻辑链路子层）和 MAC（media access control，介质访问控制子层），其中 IEEE 802.11p 的 MAC 层是整个协议架构中性能优势的集中体现。MAC 层为数据传输的信道协调控制方面提供服务，通过可靠的信道接入协议，更加高效地进行数据交换。DSRC 模式适合应用于车辆较多、通信距离较短的交通应用场景。

　　WLAN（wireless local area networks，无线局域网）是一类无线通信系统的简称，具有灵活性、移动性、易扩展性及成本低等特点。WiFi 是一个无线网络通信技术的品牌，其主要采用的通信协议也是 IEEE 802.11 系列协议标准。IEEE 802.11 协议标准主要位于 OSI 协议的物理层和 MAC 层。物理层定义了三种无线传输方法，即跳频扩频、直接序列扩频及红外传输方法。MAC 层的主要功能是规范了访问机制、控制数据的传输，并且定义了 MAC 帧格式，采用 CSMA/CA（载波侦听多点接入/冲突避免）机制控制及协调信道的接入，其协议结构如图 5.28 所示。

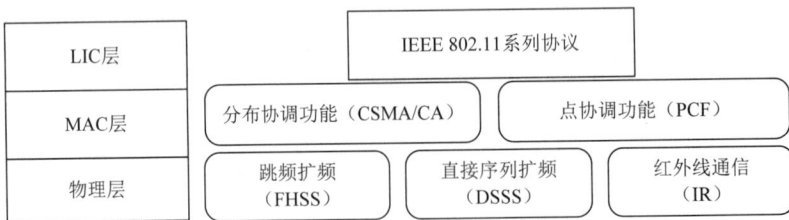

图 5.28　WLAN 协议体系

　　随着高速无线数据传输业务的需求与发展，IEEE 802.11 标准的 2Mb/s 速率已经不能满足需要。IEEE 工作组又发布了 IEEE 802.11b、IEEE 802.11a 和 IEEE 802.11g，将最大无线传输速率提高到 11Mb/s 和 54Mb/s。各种协议的特性如表 5.13 所示。

表 5.13　IEEE 802.11 系列性能参数

协议	最大传输速率/(Mb·s⁻¹)	工作频段/GHz	传输范围/m
802.11	2	2.4	50

续表

协议	最大传输速率/(Mb·s^{-1})	工作频段/GHz	传输范围/m
802.11a	54	5.0	50
802.11b	11	2.4	100~300
802.11g	54	2.4	小于300

WiFi 常采用的是 IEEE 802.11b 协议，有多种路由协议可供选择，信道接入协议有 DCF（distributed coordination function，分布式协调功能）、PCF（point coordination function，点协调功能）及 HCF（hybrid coordination function，混合协调功能）可供选择。WiFi 通信模式适用于车辆数适中、车辆行驶速度适中及通信距离适中的通信场景。

OPNET Modeler 中的 WLAN 模型提供了上文中提到的路由协议和信道接入协议的属性选择交互设置界面，操作性强，也可通过第三方应用程序进行动态修改。OPNET Modeler 中的 WLAN 模型提供多个进程模型，每个进程都可以进行代码修改，为研究者开发通信协议提供便利。交通业务配置在 traf_src 进程中设置，该进程用于设置源节点 IP 地址、目标节点 IP 地址、发生包内容、发送的时间及周期。

本节所研究的 3G 技术为 UMTS（universal mobile telecommunications system，通用移动通信系统）。UMTS 除了把 WCDMA 作为首选空中接口技术获得不断完善外，还相继引入了 TD-SCDMA 和 HSDPA 技术。UMTS 结构主要包括无线接入网络和 CN（core network，核心网络）两部分，无线接入网络部分包括 UE（user equipment，用户设备）和 UTRAN（UMTS terrestrial radio access network，陆地无线接入网）。UMTS 支持 1920kb/s 的传输速率，其关键技术为切换技术，主要包括软切换和硬切换，目的是保证移动节点良好地接入到当前的移动通信网络。

由于本节的所有仿真过程在 OPNET Modeler 网络仿真软件中完成，OPNET Modeler 中定义了 UMTS 的仿真模型。UMTS 结构如图 5.29 所示。3G 通信模式适合通信距离较远、车辆数较少的交通应用场景，其优点是对节点的移动速度要求不高，缺点是数据传输速率及容量有限。

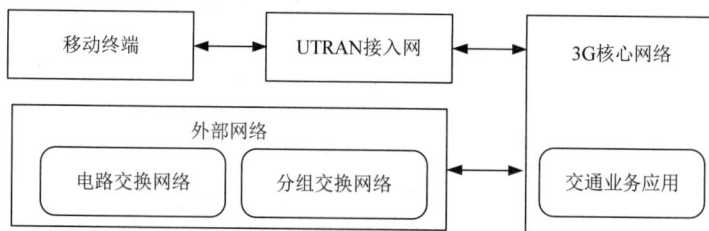

图 5.29　UMTS 结构

5.4.2　基于神经网络的通信模式竞争机制

通信模式竞争机制的根本目的是解决车路协同系统中随时变化的车辆密度及行驶速度对系统通信性能影响的问题。依靠神经网络对已仿真的个别场景及统计结果进行学习，然后将训练好的自适应非线性神经网络应用于车路协同仿真系统，通过此通信模式竞争机制，得到最合适的符合当前交通场景状况的通信模式，以便取得优异的通信质量。

　　人工神经网络是由简单的逻辑处理单元所组成的大量并行分布的处理机，这种处理机具有记忆和应用经验知识的自然特征，可以通过学习过程利用神经网络从外部环境中获取知识，内部神经元用来存储获取的知识信息，用于对系统输入进行合理判断，输出根据经验得到的结果。

　　下面的基于神经网络的通信模式竞争机制将首先构造单层自适应神经网络模型，然后训练学习样本和定义分析 LMS（least-mean-square，最小均方）学习算法，输出结果为神经网络计算后的通信模式定义值，进而得到训练完成的单层自适应神经网络应用模型并进行仿真。

　　本节以车辆密度和车辆平均速度作为神经网络输入量，由于不能保证输入向量与结果直接存在线性关系，所以采用非线性元件进行训练。自适应非线性元件组成的神经网络也是由神经元输入向量、突触权值向量、输出控制阈值函数等部分组成。本书所设计的神经网络模型如图 5.30 所示。

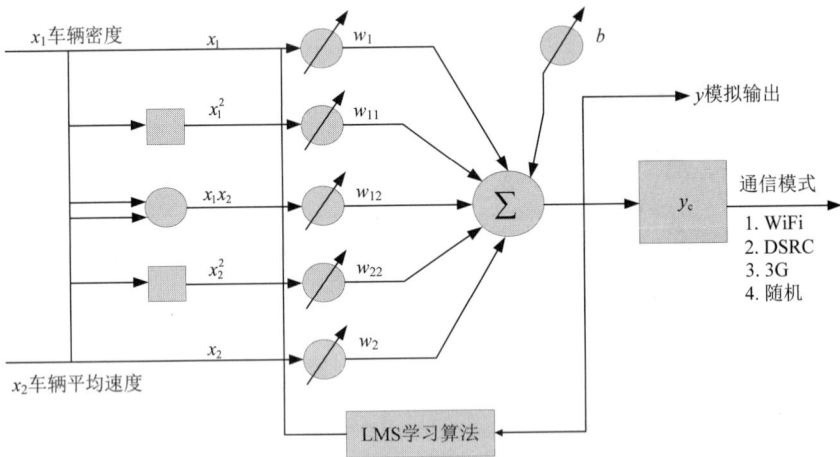

图 5.30　基于车路协同的神经网络模型

　　此模型采用对神经元施加非线性输入函数的方法进行系统非线性化处理。车辆密度 x_1 及车辆平均速度 x_2 作为系统的输入，模拟输出 y 通过下式求解，即

$$y = b + x_1 w_1 + x_1^2 w_{11} + x_1 x_2 w_{12} + x_2^2 w_{22} + x_2 w_2 \tag{5.14}$$

　　由于神经网络的输出结果为当前系统应该采用何种通信模式，本书定义 WiFi 模式为 1，DSRC 模式为 2，3G 模式为 3。模拟输出 y 不能输出以上三种整数值，所以定义了阈值函数 y_c，即

$$y_c = \begin{cases} 1 & 0.5 \leqslant y < 1.5 \\ 2 & 1.5 \leqslant y < 2.5 \\ 3 & 2.5 \leqslant y < 3.5 \\ 4 & 其他 \end{cases} \tag{5.15}$$

　　当 $y_c = 4$ 时，采用 Random[1,2,3]的方式进行通信模式的决策选择。

为了使训练完成得到的自适应神经网络模型随着车辆数和行驶速度变化具有普遍适用性，合理的学习样本的获取至关重要。通过在 OPNET Modeler 中建立合理的仿真场景，对若干不同车辆密度和行驶速度情况下的车路协同系统进行仿真。对传输延时、吞吐量及丢包率参数进行收集统计，然后计算 3 种不同通信模式下的通信评估指数，将指数值最大的通信模式性能视为最优，生成学习样本，统计结果如表 5.14 所示。

表 5.14　神经网络学习样本

输入变量/(辆，速度)	延时/s	吞吐量/(b·s⁻¹)	丢包率/%	最优模式
（100，20）	0.062	76 382	3.10	WiFi
（100，30）	0.053	75 438	2.30	3G
（100，40）	0.067	72 800	2.03	3G
（200，20）	0.050	93 847	1.72	WiFi
（200，30）	0.054	94 926	1.84	WiFi
（200，40）	0.051	95 213	1.71	DSRC
（300，20）	0.057	100 323	1.90	WiFi
（300，30）	0.055	113 216	1.84	WiFi
（300，40）	0.052	112 314	1.91	DSRC

设置 WiFi 为 1，DSRC 为 2，3G 为 3，将表 5.14 中输入变量作为神经网络模型的输入后，开始学习过程。

5.4.3　LMS 学习算法研究过程

本书所构建的神经网络决策系统构造简单，模拟输入向量相对较少，仅为二维，所以采用传统易实现且效率高的自适应滤波算法的 LMS 算法，可称为最小均值误差规则或梯度算法。LMS 算法的实质是定义误差变量，反复调节突触权值，使权值沿着误差函数负梯度方向改变，直至训练结果符合要求为止。LMS 算法的学习步骤如下。

第一步，设置模型变量及参量。

$X_{in}(n)=[x_1,x_2]$ 为输入向量，或称为训练样本，其中 x_1 代表车辆密度，x_2 代表车辆平均速度。

$X(n)=[1,x_1,x_1^2,x_1x_2,x_2^2,x_2]$ 为输入非线性化后的输入。

$W(n)=[b(n),w_1(n),w_{11}(n),w_{12}(n),w_{22}(n),w_2(n)]$ 为突触权值向量，其中 $b(n)$ 为偏差。

$y(n)$ 为实际输出，$d(n)$ 为期望输出，η 为学习效率，n 为迭代次数。

第二步，进行神经网络初始化，设 $n=0$，且赋值给 $W_j(0)$ 一个较小的随机非零值。

第三步，对任意一组神经网络输入学习样本 $X(n)=[1,x_1,x_1^2,x_1x_2,x_2^2,x_2]$ 和对应的输入期望 d 进行计算，有

$$\begin{cases} e(n)=d(n)-X(n)W^T(n) \\ W(n+1)=W(n)+\eta X(n)e(n) \\ \quad\quad =W(n)+\eta X(n)[d(n)-X(n)W^T(n)] \\ \quad\quad =[1-\eta X(n)X^T(n)]W(n)+\eta X(n)d(n) \end{cases} \quad (5.16)$$

第四步，判断是否满足条件，若满足算法，则结束；若不满足，将 n 值加 1，转到第三步继续执行。判断条件为误差 $e(n)$ 满足设定的值 ε，即 $|e(n)|<\varepsilon$；或突触权值向量的变化量越来越小，即 $|W(n+1)-W(n)|<\varepsilon$。另外，在实现过程中可以设定最大的迭代次数，以防程序进入死循环，不能收敛，算法即无意义。本书定义的收敛条件是误差 $e(n)$ 满足 $|e(n)|\leqslant 10^{-2}$。

LMS 学习算法的学习速率因子 η 对算法影响很大，LMS 算法的运行时间与学习速率因子成反比。当 η 值较小时，算法自适应过程较慢，记忆了更多的过去数据，从而 LMS 算法的结果更加准确。

从上述算法描述可以看出，LMS 学习算法的稳定性受输入向量 $X(n)$ 的统计特性和学习速率因子 η 影响，对 η 的选择也至关重要。根据"不相关理论"及关于此算法的研究，η 的取值一般满足下式，即

$$\begin{cases} 0 < \eta < \dfrac{2}{\lambda_{\max}} \\ P=[100\ 20;100\ 30;100\ 40;200\ 20;200\ 30;200\ 40;200\ 20;200\ 30;200\ 40;] \end{cases} \quad (5.17)$$

式中：$\lambda_{\max}$ 为输入向量 P 的自相关向量 R_x 的最大特征值。

本书采用 MATLAB 中的 maxlinlr(P) 函数求得最合适的学习速率因子值，式（5.17）中 η 取值为 0.4。神经网络按照上文确定的参数和 LMS 学习算法进行学习，直至满足停止条件为止。图 5.31 描述了 LMS 算法的学习曲线，描述其收敛速度，在迭代次数到达 300 时，基本满足收敛条件。

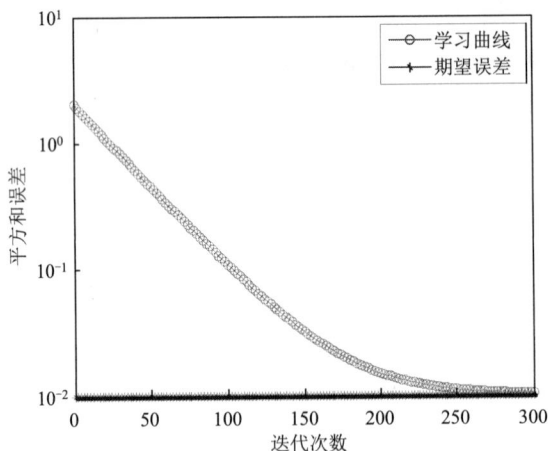

图 5.31　LMS 算法的学习曲线

按照上文中建立的自适应神经网络通信模式竞争机制及 LMS 学习算法，将更加细化的不同车辆节点数及车辆行驶速度的交通场景作为神经网络模型的输入。在 1000m×1000m 仿真范围内，车辆数从 100 辆增至 400 辆，车辆平均速度从 10km/h 增至 45km/h，间隔为 5km/h。经过仿真，所构建的自适应神经网络模型输出结果如表 5.15 所示。

表 5.15　神经网络仿真结果

车辆密度/辆	速度/（km·h⁻¹）							
	10	15	20	25	30	35	40	45
100	1	1	1	3	3	3	3	2
200	1	1	1	1	1	1	2	2
300	1	1	1	2	2	2	2	2
400	1	1	1	2	2	2	2	2

从仿真结果可以看出，不同场景下自适应神经网络的输出结果基本合理。当车速较慢时，选择 WiFi 通信模式；车速较快且车流量较少时采用 3G 通信模式；车流量较大且车辆行驶平均速度较大时采用 DSRC 通信模式。

综上所述，整个基于神经网络的通信模式竞争机制及验证评估流程如图 5.32 所示。

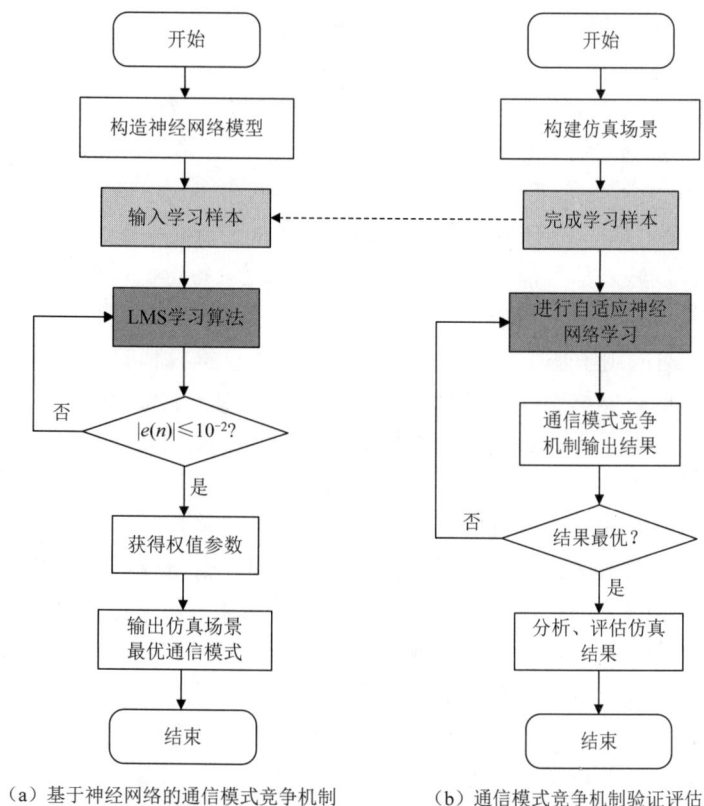

（a）基于神经网络的通信模式竞争机制　　（b）通信模式竞争机制验证评估

图 5.32　基于神经网络的通信模式竞争机制及验证评估流程

5.4.4　多模式竞争机制仿真结果

交通仿真场景建立的目的是研究不同车辆密度和车辆平均速度下，整个车路协同在不同通信模式下的通信性能的对比，选取最优的通信模式。仿真场景主要由两部分组成：一是 OPNET Modeler 本身构建 MANET（mobile ad-hoc networks）节点交通仿真场景；

二是 VC 控制程序，用于对 OPNET Modeler 场景的控制。两者通过 HLA（high level architecture，高级体系结构）定义的交互类接口进行控制信息的传递。

仿真场景主要由 OPNET Modeler 提供的 MANET 节点的 umts_wkstn_adv 节点、utms_node_b 节点、umts_rnc_ethernet_atm_slip 节点及一些必要的接口节点组成。路由协议统一设定为 DSR 路由协议，MAC 信道接入协议采用 DCF 机制完成。通信过程中的目标节点、通信内容均采用随机方式设置。WiFi 通信模式采用目前最常采用的 IEEE 802.11b 协议。DSRC 通信模式采用 IEEE 802.11p 协议，由于 OPNET Modeler 本身不提供此协议，需要自行修改 MANET 节点中各进程的代码来模拟完成 IEEE 802.11p 协议功能。

应用 5.4.3 小节设计的基于神经网络的通信模式竞争机制使系统能够自适应地选取通信性能最优的通信模式，神经网络模型的输入为车辆密度及车辆平均速度。车辆密度定义为 1000m×1000m 的范围内的车辆数目，此参数在仿真开始就可以设置和获得。由于车辆节点不能在仿真过程中动态添加，所以场景以 MANET 节点数目区分，即仿真四个场景，场景一至场景四中 MANET 节点分别为 100 个、200 个、300 个、400 个。

仿真总时长为 480s。四个不同车辆节点数目的场景在仿真过程中，车辆平均速度随着仿真时间的推进，从 10km/h 逐步增加至 45km/h，步长为 5km/h，间隔为 60s。在速度推进的同时，重新进行神经网络竞争机制的决策，计算最优的通信模式。通过设置 Random Mobility 使车辆节点在仿真场景中随机移动，车辆速度的设置是通过 VC 控制台程序中的 HLA 接口调用 op_ima_obj_attr_set()函数修改 ground speed 属性来完成的。仿真进行过程中，反映通信性能的指标参数会实时地记录备份，以便仿真后进行分析。

按照上文设计建立的 OPNET Modeler 交通场景，本小节在不同车辆密度和车辆平均速度条件下，对应用了基于神经网络的多通信模式竞争机制的车路协同系统信息交互过程中的传输延时、网络吞吐量及丢包率进行统计，用于验证及评估。

不同交通仿真场景下的传输延时结果如图 5.33 所示。由仿真结果可以看出，在场景中有 200 个和 300 个车辆节点时，传输延时相对小些，这是由于车辆较少时，节点分散稀疏，从源节点到目的节点的可到达路由相对较少，传输延时可能较大；随着车辆数的增加，延时效果相对有所改善；而车辆数继续增加时，会造成信道拥堵，发送失败的概率增加，MAC 层 DCF 信道接入协议的退避计数器增加的可能性增大，造成延时增加。仿真的总体效果表现良好，所有交通场景的平均延时维持在 0.059s 左右。

网络吞吐量的大小取决于车辆数目的多少。当车辆节点数较多时，进行信息交互的车辆相对较多，虽然通信介质会相对拥堵，但是网络吞吐量还是会增加。网络吞吐量仿真结果如图 5.34 所示，随着车辆数目的增加，吞吐量增加明显，速度对吞吐量的影响相对较小，主要原因是基于神经网络的多通信模式竞争机制会实时地切换到 DSRC 等适合的通信模式。所有交通仿真场景的平均吞吐量约为 104 862b/s。

车路协同仿真系统丢包率的仿真结果如图 5.35 所示。丢包率的变化趋势和传输延时类似，即车辆节点较少时，路由路径较少，可能因为在发送周期内完成不了发送任务而丢失数据包；车辆节点增多时，信道拥堵，发送成功的概率也有所降低，导致丢包率增加。综合来看，所有仿真场景的平均丢包率为 2.0%。

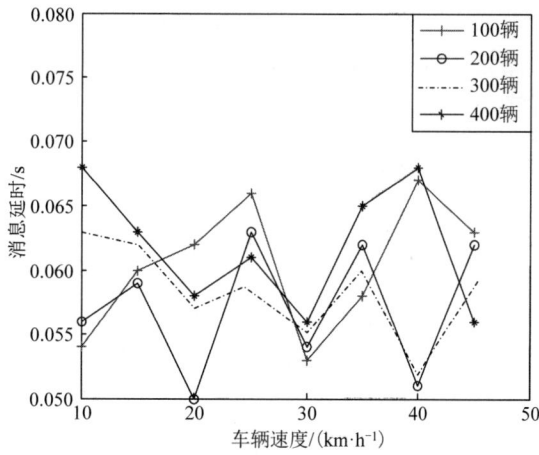

图 5.33　不同场景的延时仿真结果

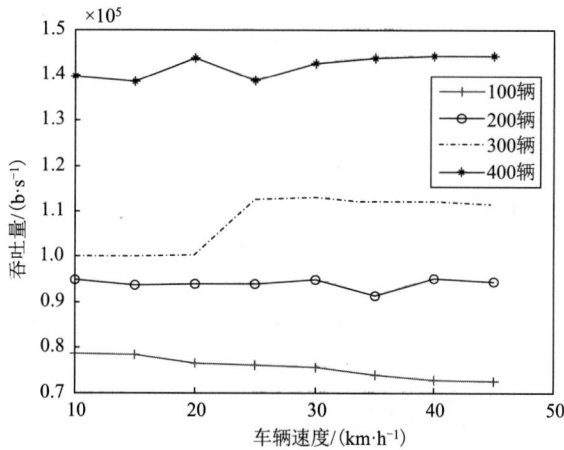

图 5.34　不同场景的吞吐量仿真结果

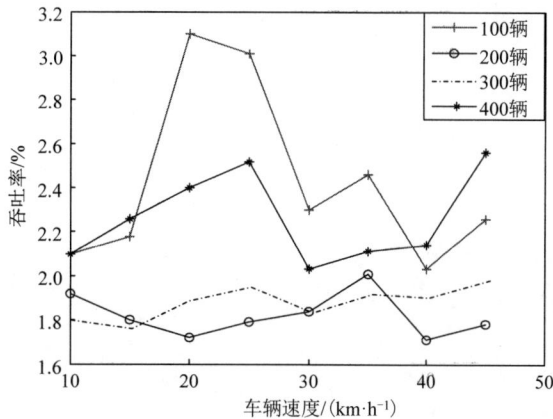

图 5.35　不同场景的丢包率仿真结果

综上所述，交通仿真场景中，车辆数量对通信性能指标的影响较大，但是通信性能参数都在稳定的范围内。车辆速度对网络性能的影响相对较小,速度由小增大时,有合适的通信模式为车路协同系统提供高效、快速的通信渠道,性能也相对稳定,这得力于本书设计的多通信模式竞争机制。

5.4.5　多模式竞争机制的验证及分析

　　验证基于神经网络的多通信模式竞争机制合理性的唯一途径就是统计每种交通场景下的最优通信性能的通信模式。表 5.16 中描述的是车路协同最优仿真结果,与表 5.15 中神经网络竞争机制输出的结果比较发现,仅在(车辆密度,速度)为(100,25)、(200,35)、(400,25)时与最优的通信模式选择相悖,平均误差率为 9.4%。存在差别的这三组交通仿真场景中,竞争机制输出的模式与最优模式的通信性能差别并不大。在车辆密度较小时,随着车辆速度的增加,采用 WiFi 模式和 3G 模式易发生混淆;当车辆密度较大时,WiFi 模式易与 DSRC 模式产生混淆。产生这些易混淆结果的原因是各种通信模式在车路协同系统中的适用性界限很模糊,也验证了系统的随机性。

表 5.16　车路协同最优仿真结果

车辆密度/辆	速度/(km·h⁻¹)							
	10	15	20	25	30	35	40	45
100	1	1	1	1	3	3	3	2
200	1	1	1	1	1	2	2	2
300	1	1	1	2	2	2	2	2
400	1	1	1	2	2	2	2	2

　　根据通信性能评价指数的定义,将上文的传输延时、网络吞吐量及丢包率性能参数整合到评价指数中,可以直观地展示出本书设计的神经网络竞争机制的输出结果及其正确性,不同交通仿真场景的评价指数比较如图 5.36 所示。

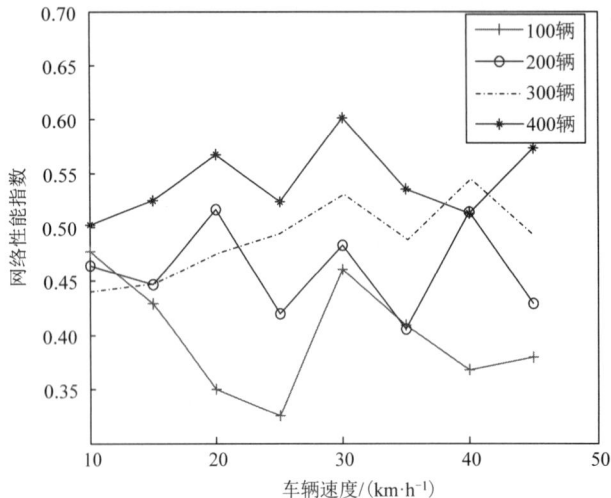

图 5.36　不同仿真场景的评价指数结果

　　车路协同所有仿真场景的平均通信评价指数约为 0.473。从结果可以看出，出现判断错误的三个场景的平均指数相对较低，效果比最优通信模式差。通信评价指数结果表明，随着车辆数量的增加，指数也有所增加，根本原因是吞吐量导致的，因为它对车辆数量最敏感，也最能反映其变化，传输延时与丢包率对通信评价指数的影响和敏感度相对较小。

　　WiFi 的传输速率及容量均高于 3G 模式，这种优势在车辆数较少且低速时尤为明显；DSRC 的通信性能在节点高速移动时体现最为明显。以上分析也验证了在上面三个场景中竞争机制预测失败的原因。

　　综上所述，基于神经网络的多通信模式竞争机制基本能够准确地预测当前交通场景的最优通信模式。

第6章 车路协同系统视景模型构建

本章针对视景模型，采用分模块的构建方法，搭建典型场景以及可视化视景仿真平台，并基于平台做仿真测试，实现了车路协同系统视景模型的构建。

6.1 车路协同视景仿真结构

车路协同系统是一个实时分布式的复杂系统，针对系统的不同典型应用场景、不同交通构成元素，对车辆、道路、车载设备、路侧设备、车地信息交互过程等的侧重点和细节层次也不同。因此，为了准确地对这样的系统进行仿真，有必要采用分布式交互视景仿真平台从车车信息交互、车路信息交互、路面状况信息采集、交通流控制等方面结合视景仿真技术进行深入研究。通过与 HLA 提供的 RTI 仿真支撑环境建立与外部信息的传输通道，承担系统的可视化场景展现，是车路协同系统仿真的一个重要组成部分。

视景仿真系统作为车路协同系统的一个重要分支，可以输出接近真实的实时交通运行状态，是车路协同系统中最有现实表达力的部分，负责整个仿真系统的视景输出与显示。车路协同系统包含六个联邦成员，各个联邦成员分别承担一定的仿真任务，在单独完成相应功能的同时，通过与 RTI 仿真支撑环境进行通信，共同完成车路协同系统仿真。

在具体的仿真应用中，车路协同系统根据仿真元素在仿真过程中的作用，将车路系统定义为一个联邦系统，兼顾模块化原则，将车路协同系统中的各个子系统定义为联邦成员，根据功能将车路协同系统划分为六个实体仿真联邦，分别为仿真管理器联邦、交通仿真联邦、信息交互仿真联邦、典型应用场景管理联邦、交通管理控制联邦和三维视景仿真联邦，六个联邦既要分别完成各自的仿真任务，同时还为其他联邦提供仿真所需要的交互信息，组成一个分布式的车路协同仿真系统。具体的组成如图 6.1 所示。

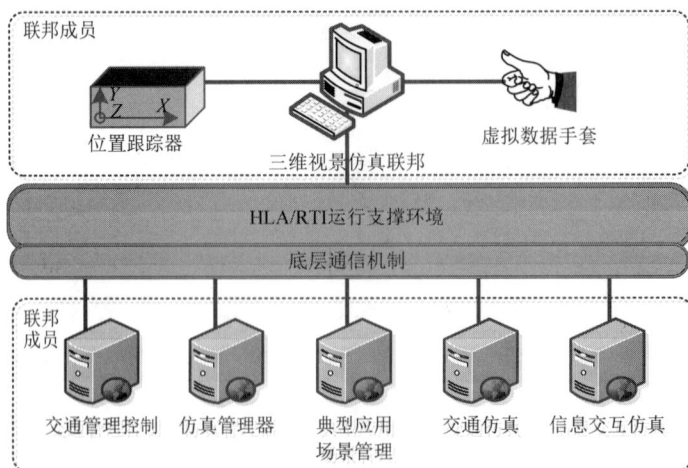

图 6.1 车路协同视景仿真系统结构

6.2 车路协同系统典型场景建模及其关键技术

车路协同系统仿真模型主要根据车路协同系统仿真的需要进行构建,应能够同时对多交叉路口、多车辆进行实时可视化仿真。建立的仿真模型如图 6.2 所示。车路协同视景仿真系统主要模拟车辆的行驶、信息的发布和周边交通环境的变化等相关现象。车路协同系统仿真模型主要包括典型场景车车信息交互模型、车路信息交互模型、路侧设备信息发布模型、车辆模拟驾驶模型、信号灯相位实时切换模型等。

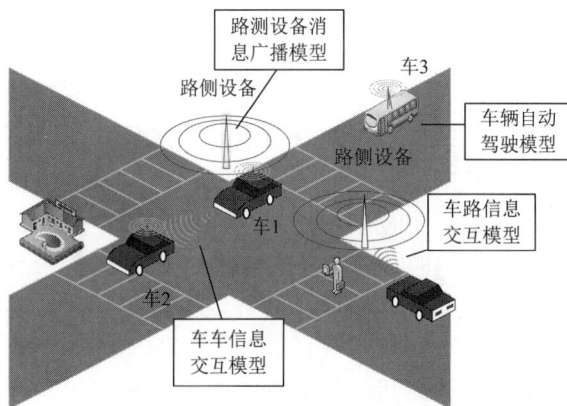

图 6.2 车路协同系统模型组合分布

6.2.1 车路系统典型场景建模

1. 应用场景分析

车路协同系统仿真以典型应用场景为基础对路面交通状况进行测试和仿真,车路协同系统集成仿真测试平台应能够具备仿真车路协同系统车车、车路数据交互能力,车辆主动避撞、安全通行、自适应车速控制等车辆主动控制功能,通过归纳法得出车路协同系统的典型应用场景如下。

1)面向路段的典型应用场景

其主要包括发生在路段中间以车辆为交通主体,模拟路段真实情况下发生的多种交通场景,如基于车载传感的路段行人识别/人车冲突危险辨识、基于车载传感的路段车辆识别/车车冲突危险辨识、基于路面状态的自适应车速控制、基于车车交互的车辆换道危险辨识/预警/辅助决策、基于车车交互的车辆跟驰危险辨识/预警/辅助控制。

2)涉及交叉口的典型应用场景

模拟在道路交叉口处在真实情况下发生的各种交通场景,主要包括基于交叉口交通信号的车辆安全通行、基于车路协同的交叉口车辆主动避撞、基于车车交互的交叉口车辆安全通行、基于路侧传感的交叉口行人识别/人车冲突危险辨识、交叉口突发事件辨识及警示、基于车路协同的车速引导控制、面向车队控制的车路协同信号配时。

3）面向典型应用功能的场景

依托车路协同仿真系统，集成演示智能交通控制下的协同场景，包括基于车路交互的施工区警示、基于车车交互的盲区警示、基于车路协同的紧急车辆接近警示与交通信号优先等。

2. 交互模型分析

从车路协同的研究现状来看，车路协同主要指的是经由路侧设备和车辆之间的无线通信进行车车/车路信息交互，从而对车辆的运动、交通信息的发布以及交通信号的控制等行为进行动态调整。

从信息交互对象的角度来看，车路协同系统交互模型可以划分为以下三类。

（1）车车信息交互模型。车车信息交互模型为可视化仿真平台能够实时动态展现仿真过程的一个有效方法。车车信息交互模型在车路协同系统进行多车仿真时，在车辆之间有信息交互时，模拟车辆之间的信息交互。对车车信息交互模型进行构建时，考虑到车车信息交互在同一时刻是有源单向的信息传递方式，因而在建模时应充分考虑到单向有源信息传递的特点，使得构造出来的车车信息交互模型具有在一定范围内进行有源定向成角度辐射功能，同时发出的交互信息模型能够在一定传输阶段后根据传输的距离和方向，收缩至目标车辆的功能。该模型主要面向无路侧设备的交通环境。通过车车信息交互实现车辆的协同控制，达到保障车辆安全、提高通行效率的目的，如车队的协同控制等。此种系统具有较大的灵活性，但由于缺少与路侧设备的信息交互，因此在涉及交通信号的控制系统中，无法实现交通信号与车辆移动的协调控制。具体效果如图 6.3 所示，发送出来的车辆状态参数及其他相关信息通过无线通道传递至目标车辆。

（2）车路信息交互模型。针对车路协同系统中的通信系统进行仿真，在对通信系统进行建模时，由于仿真过程中车路之间的信息交互仿真行为是移动车辆向固定的路侧设备发送相关的信息，和路侧设备向移动的车辆发送信息，因而在仿真移动车辆向固定的路侧设备发送相关信息时，采取有源辐射方式建立相应的信息仿真模型，类似车车之间的信息交互仿真。路侧设备向移动的车辆之间发送的信息是通过一个有源的路侧设备节点，向路侧设备周围所覆盖区域内所有的车辆广播车路协同系统消息，发送的消息为有源环形辐射方式，建模时应采取有源式，发送方式则为全方位发送。具体的车路信息交互效果如图 6.3 所示。在该模型中，围绕路侧设备的车辆可以通过无线通信系统与路侧设备进行信息交互，路侧设备作为控制中心，可协调附近所有车辆的运动，如信号交叉口的协同控制。但该系统受到路侧安装密度等限制，多适用于信号控制交叉口等交通环境，系统的适应性和灵活性较差。

（3）车车、车路协同信息交互模型。如图 6.3 所示，这种系统结合了车车与车路协同信息交互的优势，具备较强的稳定性和适应性，是未来车路协同系统的发展方向。

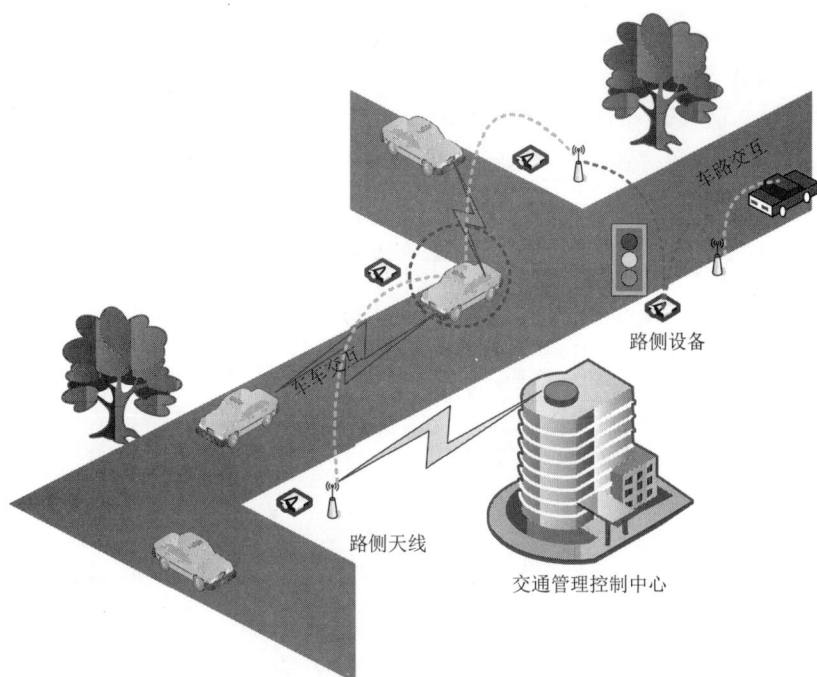

图 6.3　典型车路协同信息交互模型

6.2.2　5DT 数据手套概述及应用

1. 5DT 数据手套概述

数据手套是虚拟现实系统中实现人机交互功能的重要组成部分，为手势识别中的一种专用硬件输入设备，通过软件编程，可进行虚拟场景中物体的抓取、移动、旋转等动作。数据手套的出现，为虚拟现实系统提供了一种全新的交互手段。本书采用 5DT 公司生产的 5DT Data Glove 14 Ultra 数据手套作为与系统交互的硬件设备，如图 6.4 所示。5DT 数据手套具有佩戴舒适、简单易用、波形系数小以及驱动程序完备的特点。

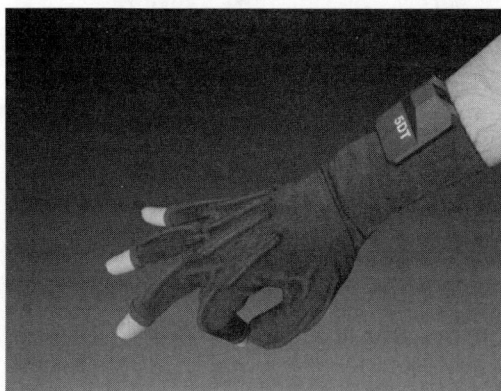

图 6.4　5DT 数据手套示意图

5DT Data Glove 14 Ultra 数据手套配备 14 个传感器用于手指弯曲角度的测量，传感器位置如图 6.5 所示。其中 0、1、3、4、6、7、9、10、12、13 号传感器分别测量手指第一个关节和第二个关节的弯曲度，2、5、8、11 号传感器测量手指间的开合角度。

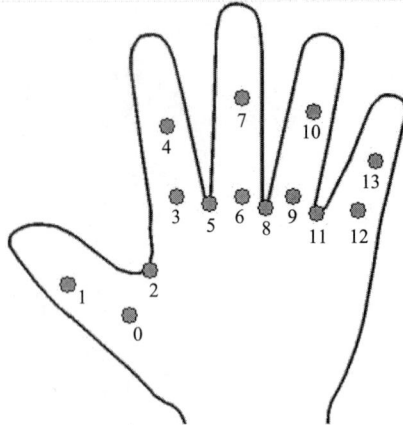

图 6.5　5DT 数据手套传感器位置分布

2. 5DT 数据手套使用方法

通过数据手套获得人手的运动信息后，要将人手的运动信息映射到机械手臂上去，有两方面的问题需要解决：一是应通过数据手套获得相对精确的人手运动信息；二是寻找合适的映射方法，把人手的运动信息转换为三维手模型的运动。

5DT Data Glove 数据手套使用一个 8 位的模/数转换器，因此它的分辨率为 256（从平伸到握拳有 256 个中间位置）。为了消除不同大小的手的影响，获得相对精确的人手运动信息，手套的原始传感器数据 raw_{val} 首先需要被标准化，标准化公式为

$$\text{out} = \frac{\text{raw}_{\text{val}} - \text{raw}_{\text{min}}}{\text{raw}_{\text{max}} - \text{raw}_{\text{min}}} \times 255 \tag{6.1}$$

式中：raw_{max}、raw_{min} 分别为传感器能够输出的最大和最小数据。该数据在使用数据手套时被实时刷新，也就是说，默认情况下 raw_{max} 和 raw_{min} 是两个十分接近的、传感器能够输出数据的中间值，在使用数据手套的过程中，如果传感器数据比 raw_{max} 大或者比 raw_{min} 小，那么 raw_{max} 或者 raw_{min} 就会被实时更新。由于人手不同，每个人手指的 raw_{max} 或者 raw_{min} 都不可能一样，所以在使用数据手套之前需要对数据手套进行校正，获得 raw_{max} 或者 raw_{min} 的值，从而得到归一化的数据。

为了得到 raw_{max} 和 raw_{min} 的值，使用者需要做出一定的手势，该手势应该能够包含手指各个关节的最大和最小伸展角度。本书采用的校正手势如图 6.6 所示：握拳手势能够获得手指各关节弯曲角度的最大值，手掌手势能够获得手指各关节弯曲角度和手指间开合角度的最小值，五指分开手势能够获得手指间开合角度的最大值。通过这三个手势即可获得特定使用者对应的 14 个传感器的 raw_{max} 和 raw_{min} 的值，从而获得归一化的数据手套传感器数据，消除不同大小的手的影响。

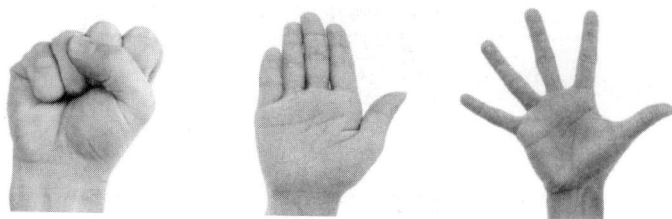

图 6.6　5DT 数据手套校正手势

　　获得校正后的数据手套传感器数据后，需要找到合适的方法把人手的运动信息映射为三维手模型的运动。在正常情况下，手指的运动受到关节、骨骼、肌腱和肌肉等条件的约束限制。图 6.7 展示了一个简化的手指关节示意图。其中远端指间关节（DIP）和近端指间关节（PIP）各有 1 个自由度，掌指关节（MCP）由于可以屈曲和外展（屈曲是指手指弯曲和伸直的过程，外展是指以中指为假想线，其他手指远离或靠近中指的过程），因此有 2 个自由度。拇指与其余 4 个手指略有不同，其中指间关节（IP）有 1 个自由度，掌指关节由于屈曲和外展以及掌骨关节（TMCP）的环绕有 4 个自由度。

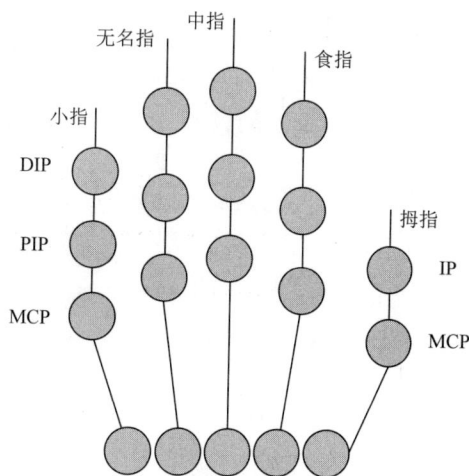

图 6.7　简化的手指关节示意图

　　根据各个手指关节的活动范围，再根据数据手套获得的归一化传感器数据，就可以控制虚拟手模型按照真实的手势在虚拟环境中做出相应的动作，完成人手运动到虚拟手运动的动作映射。

3. 手势匹配算法

1）传感器数据直接映射算法

　　为了能够实时地控制三维空间中的手模型，直接利用数据手套归一化后的传感器数据来控制各个手指关节的运动，控制算法流程如图 6.8 所示。

　　试验中发现，在控制虚拟手的过程中，虚拟手模型在不停地抖动，且时常发生突变的情况，导致与真实手运动情况不符。本书对手掌手势和握拳手势做了 6 次试验，采集手势的数据并分别进行分析以寻求改进算法。采用的数据手套每次需要同时采集 14 个传感器的数据，每次采集的数据都可能有微小的差别，若直接使用数据手套传感器的原始数据来控制三维手模型，很难获得令人满意的结果。因此，需要寻找其他方法控制三维手模型做精确的运动。

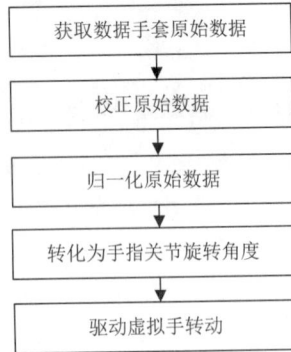

图 6.8　传感器数据直接映射算法流程

2）基于决策树的手势识别算法

数据手套主要用来实现驾驶员控制车辆虚拟仪表的动作映射，其中点选手势是驾驶员做出的最重要手势行为，用于与虚拟环境进行信息交互。因此，为了使仿真手势更加精确，同时为了减小三维模型在三维空间的抖动，本书设计了 3 个固定的手势用于与虚拟环境进行交互。3 个手势如图 6.9 所示，其中，图（a）所示手势是伸出食指的点选手势，用于驾驶员选择虚拟仪表中相应的控制单元，图（b）所示手势是手掌伸开的手势，图（c）所示手势是手指弯曲的手势。图（b）所示手势与图（c）所示手势结合使用，用于驾驶员选择控制单元。假设虚拟仪表模块为触摸屏设计，通过图（b）所示手势与图（c）所示手势的组合来完成控制模块面板的滑动操作。当滑动到相应的控制模块时，使用点选手势即可开启或关闭虚拟仪表模块，实现驾驶员与虚拟驾驶环境的实时交互。

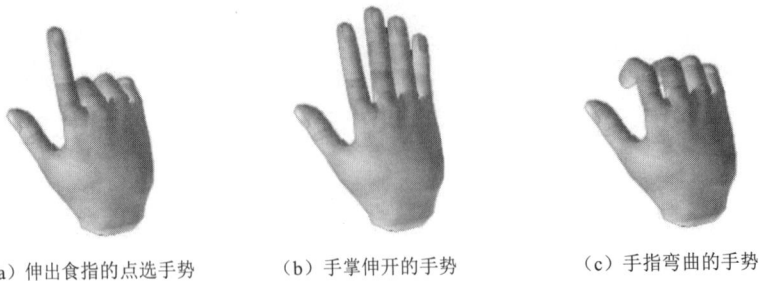

（a）伸出食指的点选手势　　　　（b）手掌伸开的手势　　　　（c）手指弯曲的手势

图 6.9　手势示意图

通过识别手势来间接控制虚拟三维手模型的运动，可以屏蔽传感器原始数据的抖动，并能够精确地控制三维手的动作，使得三维手模型的运动更加流畅、准确。

（1）决策树简介。决策树又称为判定树，是在已知各种情况发生概率的基础上，通过构成决策树来求取试验值的期望不小于零的概率，用于评价项目风险，判断可行性的决策分析方法，是直观运用概率分析的一种图解法。在机器学习中，决策树作为一个预测模型，代表对象属性与对象值之间的一种映射关系。它采用分级的形式，使分类问题逐步得到解决。图 6.10 所示为一个决策树示例，其中的每个内部节点代表对某个属性的一次测试，每条边代表一个测试结果。

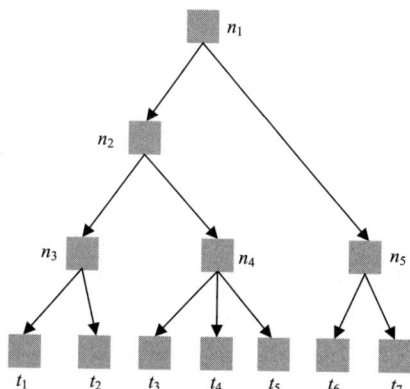

图 6.10　决策树示例

获得手指状态后即可通过决策树识别用户的手势。图 6.11 所示为手势识别的整体流程。

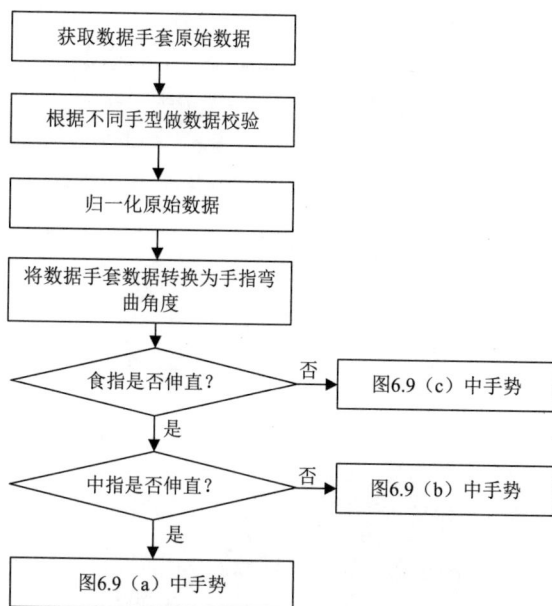

图 6.11　基于决策树的手势识别算法流程

（2）识别结果分析。按照上面提到的基于决策树的手势识别算法，编写相应的程序用于手势识别。手势识别效果如图 6.12 所示。

为了验证方法的可行性，对每个手势分别做 100 次试验。分析结果可知，手势 c 的判断先于手势 a 和手势 b，验证时间较短，验证了该方法的准确性与实时性。

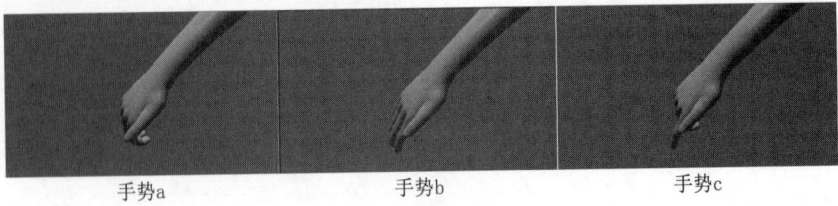

手势a　　　　　　　　手势b　　　　　　　　手势c

图 6.12　虚拟手手势

6.2.3　VM-i 三维姿态传感器概述及应用

　　VM-i 是 VMSENS 公司提供的基于 MEMS 技术的低成本、高性能的三维运动姿态测量系统。VM-i 包含三轴陀螺仪、三轴加速度计、三轴电子罗盘等运动传感器，通过内嵌的低功耗处理器可以输出校准过的角速度、加速度、磁数据等，通过基于四元数的运动传感器融合算法，能够实时输出以四元数、欧拉角等表示的零漂移的三维运动姿态数据。VM-i 可广泛应用于无人机、机器人、摄像云台、地面及水下设备、虚拟现实、人体运动分析等需要低成本、高性能三维姿态测量的产品设备中。VM-i 系统结构如图 6.13 所示，实物如图 6.14 所示。

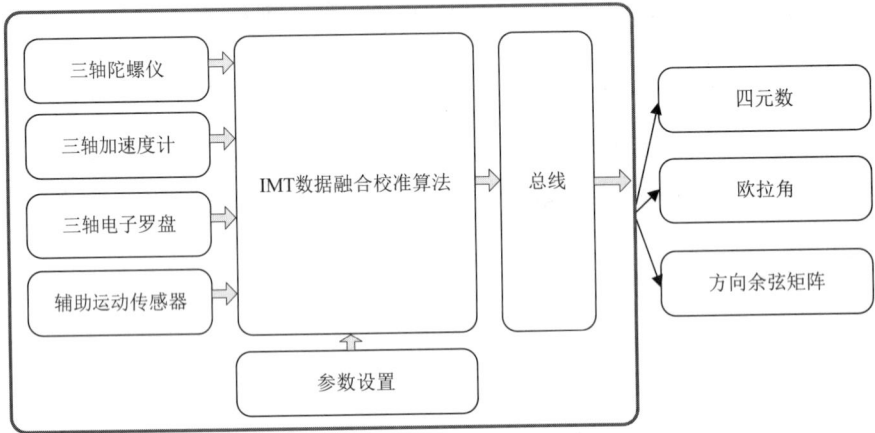

图 6.13　VM-i 系统结构

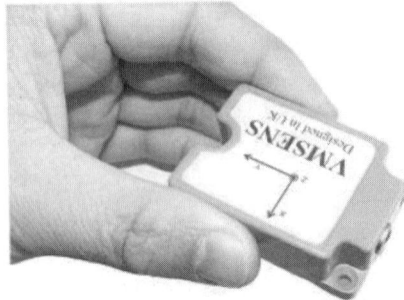

图 6.14　VM-i 系统实物

1. VM-i 三维姿态传感器开发流程

针对 VM-i 三维姿态传感器的开发使用，VMSENS 提供基于动态链接库 DLL API，可以基于 C/C++ 语言开发相关的程序。使用 DLL API 获取传感器数据流程如图 6.15 所示。

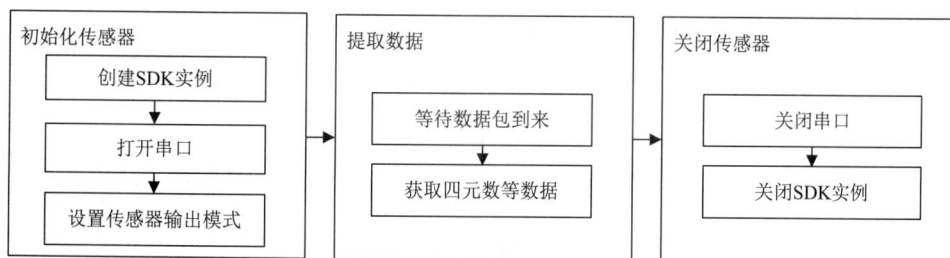

图 6.15 VM-i 三维姿态传感器开发流程

2. 基于四元数的角度计算方法

虚拟设备在三维空间中的姿态可由四元数表示。四元数是一种抽象的空间姿态的数学表达方式，采用 4 个向量来表示 3 个维度的空间信息。在一般的直接应用中，为方便理解，多采用欧拉角来表示物体的姿态信息，它使用最简单的 x、y、z 值分别表示在三维坐标轴上的旋转角度，其取值为 0~360°，一般使用 roll、pitch、yaw 表示这些分量的旋转值。这里的旋转针对世界坐标系，第一次的旋转不会影响第二、三次的转轴。简单地说，三角度系统无法表现任意轴的旋转，只要一开始旋转，物体本身就失去了任意轴的自主性，这也就导致了万向轴锁的问题。

通过实时获取 VM-i 三维姿态传感器输出的四元数，以某个四元数为初始四元数，实时计算四元数的差，获得两个四元数的相对角位移四元数，即可通过该四元数求出相对应旋转轴的旋转角度。具体公式推导如下。

由四元数的表达式，可得

$$\begin{cases} q_0^2 = \cos^2\left(\dfrac{\alpha}{2}\right) \\ q_1^2 + q_2^2 + q_3^2 = \sin^2\left(\dfrac{\alpha}{2}\right) \end{cases} \tag{6.2}$$

可得

$$\tan^2\left(\frac{\alpha}{2}\right) = \frac{q_1^2 + q_2^2 + q_3^2}{q_0^2} = \frac{|\boldsymbol{v}|^2}{q_0^2} \tag{6.3}$$

式中：$\boldsymbol{v}$ 表示向量 (q_1, q_2, q_3)；$|\boldsymbol{v}|$ 表示向量的模。

可得

$$\left| \tan\left(\frac{\alpha}{2}\right) \right| = \frac{|\boldsymbol{v}|}{|q_0|} = \frac{|\boldsymbol{v}|}{\left| \cos\left(\dfrac{\alpha}{2}\right) \right|} \tag{6.4}$$

进而得到

$$\alpha = 2\arctan\frac{|v|}{q_0} \quad \alpha \in (-\pi, \pi) \tag{6.5}$$

因此，可求出两个四元数之间的角位移，从而计算虚拟手臂的旋转角度。具体计算流程如图 6.16 所示。

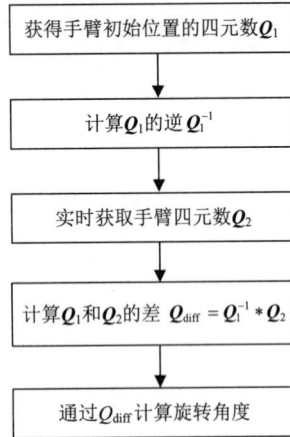

图 6.16　计算手臂旋转角度流程

6.2.4　视景仿真 DMI 设计

视景仿真联邦根据路网中的车辆信息组织虚拟仿真模型，交通仿真联邦负责向视景仿真联邦提供大规模的车辆信息，并与视景仿真联邦建立信息交互机制，实现对视景仿真联邦的间接控制。在车路协同系统仿真的过程中，对典型应用场景中的中心车辆建立起辅助驾驶功能，通过借助外部的虚拟设备，将操作人员的操作意图通过语义转换，同步现实操作与虚拟响应，实现对虚拟仿真环境的控制，进而干预相关的车辆，实现车辆的辅助驾驶。

车辆辅助驾驶可分为三部分，即操作人员的语义转换、虚拟驾驶模型驱动和仿真系统响应。图 6.17 所示为辅助驾驶控制信息架构。

1. 操作人员的语义转换

车辆辅助驾驶主要对典型应用场景中的中心车辆进行控制和管理，在仿真系统运行的过程中，仿真人员通过虚拟设备与车路协同系统进行人机交互。仿真人员的操作意图要通过语义转换，翻译成系统能够识别与处理的机器语言，通过人机交互接口输入至仿真系统，从而对运行的中心车辆进行控制。具体操作包括车辆的加减速、车载 DMI 设备的开启与关闭、车载通信模块的开闭、特殊情况下的道路预警响应、车辆方向控制等。

2. 虚拟驾驶模型驱动

虚拟驾驶一般特指汽车仿真驾驶或汽车模拟驾驶。虚拟驾驶系统是指利用现代高科技手段如三维图形实时绘制技术、汽车动力学仿真物理系统、大视场显示技术等,让体验者在一个虚拟的驾驶环境中,感受到接近真实效果的视觉、听觉和体感的汽车驾驶体验。

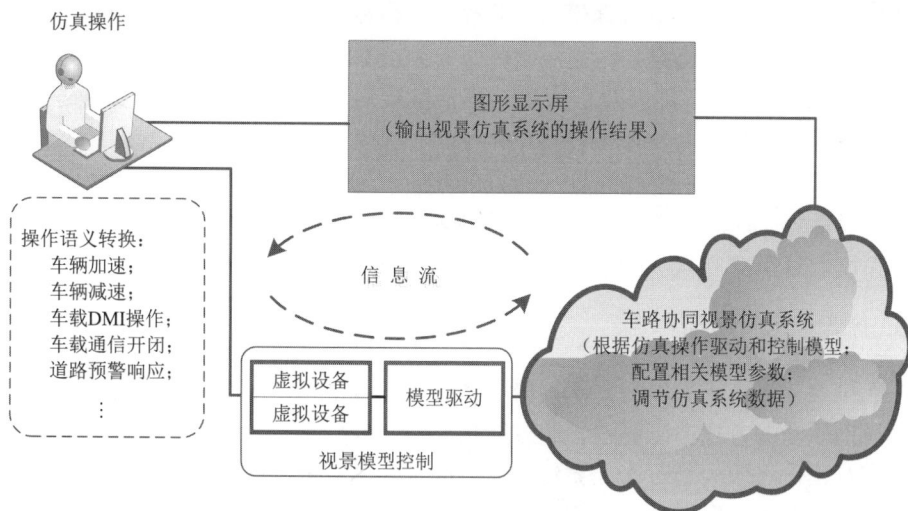

图 6.17　辅助驾驶控制信息架构

　　为了尽可能地满足用户对虚拟驾驶的需求,本平台使用平台中的罗技 G27 力反馈方向盘踏板套装作为虚拟车辆的输入,结合数据手套与惯性传感器,使得用户获得交互感十足的沉浸式的驾驶体验。不仅如此,为了使虚拟驾驶仿真场景更加真实化,本平台结合考虑驾驶员因素的交通流模型,使得驾驶员可以在趋于真实的交通环境中驾驶虚拟车辆,为虚拟驾驶提供更加真实的体验。为了保证驾驶安全,本驾驶车辆可以通过车路协同系统实时获得本车驾驶速度、前车驾驶速度、车道状况等信息。

　　虚拟驾驶场景仿真效果如图 6.18 所示。左上展示了虚拟驾驶时的驾驶员视角;右上展示了驾驶员在虚拟驾驶时利用数据手套和惯性传感器与虚拟 DMI 进行的交互;左下展示的是驾驶员驾驶车辆在交叉口等待红灯;右下显示的是驾驶员在驾驶车辆时后面车辆排队等车的状态。

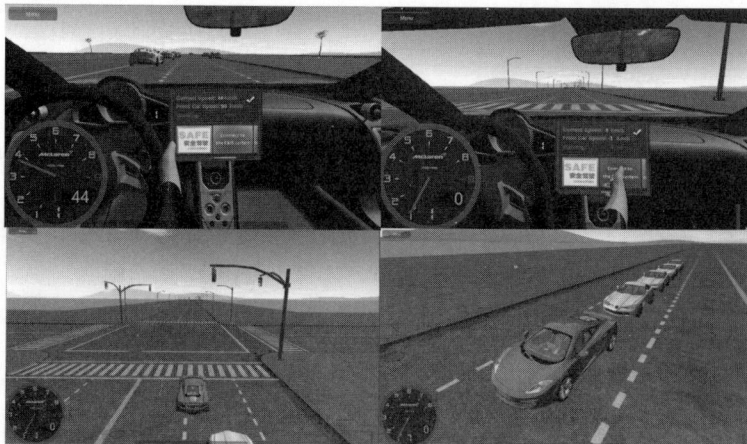

图 6.18　虚拟驾驶场景仿真效果

　　人机交互系统应能够将外部的操作信息采集到仿真系统内部，并在系统内部做出与外部相类似的反应，在系统内部模拟外部信息的输入过程。在此过程中，虚拟仿真系统需要调度和管理相关的虚拟仿真模型，并控制模型按照操作人员的需求进行运动，实现对虚拟现实世界的人机交互。

　　鉴于车载 DMI 面板能够提供大量的车辆参数信息，并能够实现收发路面交通信息的功能，虚拟人机交互主要体现在对车载 DMI 的控制方面。在典型应用场景仿真的过程中，中心车辆通过不断地与外界交通系统发生信息交互，完成典型应用场景的仿真与通信系统功能测试，对车载 DMI 的控制能够完成仿真过程中对车辆的实时干预，并检验仿真系统对复杂交通状况的应变能力。

3. 仿真系统响应

　　在人机交互操作输入以后，视景仿真系统采取以下两个步骤：①将仿真人员的操作信息以模型驱动的方式输出显示，通过视景输出向外界表达同步的仿真操作信息；②将因人机交互操作等原因而改变的系统参数，如车辆制动力、车载通信状态等反馈至仿真系统内部，调节仿真参数信息，重新配置仿真操作系统，如图 6.19 所示。

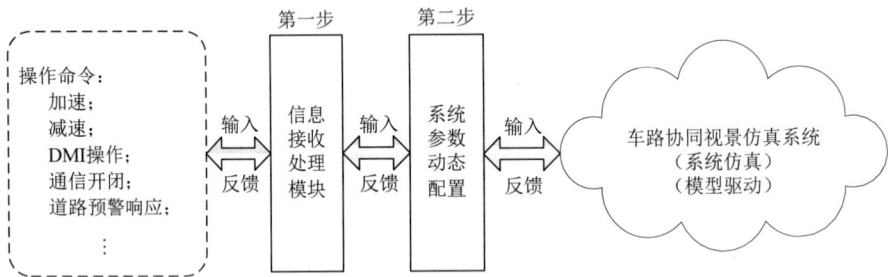

图 6.19　仿真系统响应

　　典型应用场景仿真存在着大量的车路协同车辆与非车路协同车辆，在对场景进行仿真时，车路协同车辆由关键的车路协同下系统进行控制和管理，对其中的仿真中心车辆配置以辅助驾驶功能。在系统仿真运行的过程中，通过对中心车辆的辅助驾驶测试仿真效果。

　　核心车载 DMI 模型对象：辅助驾驶控制主要体现在对车载 DMI 的辅助设计方面，车载 DMI 的辅助控制通过外部虚拟设备进行间接控制。

　　车载 DMI 的功能包括控制功能和显示功能。①车载 DMI 的控制功能：控制虚拟车辆与交通系统通信的开启与关闭；控制车载模拟检测装置的关闭；具备热启动功能。②车载 DMI 的显示功能：提供本车车辆速度、本车车辆 ID 号、预警车辆速度、预警车辆 ID 号、本车位置路段、预警车辆路段、路段限速、本车道路预警信息等。

　　车载 DMI 对象参数配置如表 6.1 所示。

表 6.1　车载 DMI 对象参数配置

对象	名称	数据类型	注释
车载 DMI 信息	CurrentCar_ID	char*	本车牌号（0～9999）
	CurrentCar_Vel	float	本车当前速度（km·h⁻¹）
	CurrentCar_VelAdvise	float	建议行驶速度（km·h⁻¹）
	CurrentCar_VelRestrict	float	路段限速（km·h⁻¹）
	CurrentCar_Road	char*	当前车辆位置
	CurrentCar_DangerType	char	车辆预警类型（0～5）
	TargetCar_ID	char*	预警车辆牌号（0～9999）
	TargetCar_Vel	float	预警车辆速度（km·h⁻¹）
	TargetCar_Road	char*	预警车辆位置
	Switch_Status	bool	开关状态（开/闭）
	RST	bool	重启动（是/否）

在表 6.1 中对本车发出的预警信息称为车辆预警，类型有 5 种：0，空，无预警；1，路面湿滑；2，施工区预警；3，车辆接近预警；4，行人靠近预警；5，禁止超车预警。

本车能够提供的道路提示信息根据交通仿真场景的区域而定，以河北廊坊清华发展研究院所在的区域为例，不同名字的路段有 7 个，分别为：空；1，云鹏道；2，四海路；3，梨园路；4，金源道；5，花园道；6，和平路；7，展览路。

DMI 系统的辅助显示面板仿真如图 6.20 所示。

图 6.20　DMI 系统的辅助显示面板仿真

6.2.5　LOD 模型简化技术

多细节层次模型的构建能够提高系统渲染效率，并降低仿真系统仿真复杂度。模型的精细级别在一定程度上反映了模型的真实程度，模型的精细程度越高，模型子面数越多，所占用内存也会越大，将大幅度增加系统的资源消耗。多细节层次模型优化技术，即为同一个模型数据库内包含多个精细程度不同的模型，且在不同条件下显示精细程度不同模型的技术。

LOD（levels of details，多细节层次）技术在 1976 年由 Clark 提出，用于解决大规模三维场景实时显示的问题，其基本思想是对场景中的不同模型或者模型的不同部分采用不同的细节进行描述。在同一个三维仿真场景中，依据视觉的特性，对于近处的物体采用精度较高的模型，在远处观察物体时则采用精度较低的模型，通过对统一实物不同细节的描述得到一组模型,供场景渲染时使用,从而提高场景渲染效率,增强显示的实时性。采用 LOD 技术对平台进行渲染优化,着眼于场景渲染,通过减小三维场景实时渲染的模型数据量,以满足提高渲染效率、增强场景实时性及系统运行流畅度的需求。

在车路协同系统中,涉及的局部交通网络内部均存在大量的交通元素,由于同一时刻的观察对象或目标有限,采用 LOD 简化技术对模型进行精细程度的调整是一个有效提高仿真系统效率的方法。对于能够靠近观察的仿真模型都需要进行多细节层次模型的简化,以增强仿真的真实感。远离观察视点的模型采用精细程度较低的模型进行显示。LOD 模型简化技术主要是对此类模型进行简化制作,在不同的层次显示不同的细节特性,以提高仿真系统的仿真效率。本书采取的不同层级的 LOD 模型生成方法为:基于 SOFM 区域分割算法对模型进行前期划分,同时兼顾模型的特征细节,采取基于特征的模型简化算法对模型进行有效可控的简化,具体方法如下。

步骤 1:以 SOFM 区域分割法为基础,对模型进行区域划分,根据需要确定总体的合并规模 D。

步骤 2:依次选择其中的划分区域 i,根据区域内的顶点数 N_i 所占总体模型顶点数 M 的比例 N_i/M,作为该区域内的合并权值,计算本区域内的合并规模 $D*N_i/M$。

步骤 3:在所在划分区域 i 内计算每个顶点与周围相邻顶点的直线平均距离 d_i,排序找出其中的较大者,进行删除重组。

步骤 4:判断区域 i 内的合并点数是否达到本区域的合并规模 $D*N_i/M$,是则继续下一步;否则转向步骤 3。

步骤 5:所有区域合并完毕,结束;否则,转向步骤 2。

通过上述 5 个步骤对行人模型进行模型简化,控制模型的总体合并规模即可得到精细程度不同的多个模型(表 6.2)。对于车路协同而言,由于仿真数据量比较多,且处理信息过程较为复杂,以进一步简化模型在程序中的处理为原则采用静态 LOD 简化技术,通过建立多个不同细节的层次模型实现 LOD 的平稳过渡,提高仿真效率。LOD 模型主要针对原模型建立多个不同细节的模型,并根据相应的控制条件进行多个细节的切换显示。以行人模型为例,采用 LOD 层级模型生成方法构造模型如图 6.21 所示。

表 6.2　精细程度不同的行人模型

等级	简化百分比/%	点数	面数	内存占用/KB
LOD0 模型	100	1978	3888	473
LOD1 模型	80.1	1584	3100	460
LOD2 模型	60.3	1192	2316	403
LOD3 模型	20.5	405	742	203
LOD4 模型	6.0	118	176	65

根据模型距视点的远近显示不同等级的模型,近距离显示精细程度较高的模型,远距离显示精细程度较低的模型,既能够照顾近距离观察的需要,又兼顾远距离人们观察物体的习惯,从而提高仿真的真实性。

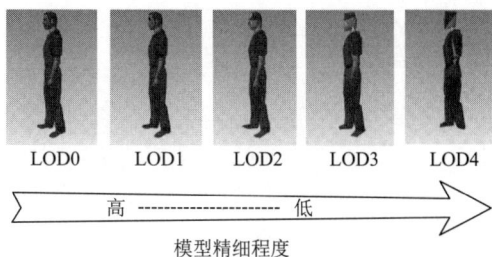

图 6.21　采用 LOD 层级模型生成方法构造模型

6.3　车路协同系统可视化视景仿真平台的设计与实现

6.3.1　仿真平台的数据支撑

车路协同技术实现了交通数据的实时、双向传递，它不仅实现了交通信息广播、交通数据处理，还能够利用智能化的车辆设备实现交通数据的采集与计算，从而最小化成本、最大化覆盖范围。

车路协同系统对应于不同应用场景，需要多种通信技术的支撑。车路协同系统将车辆视为通信点单元，通信网络则包括 WLAN（无线通信）、Broadcast（地面广播）、Satellite（卫星通信）、Mobile（移动网络）、MAN（城域网），可提供 Navigation（导航）、Fleet Management（车队管理）、Adaptive Cruise Control（自适应巡航）、Travel Assistance（交通辅助）等功能。

车路协同系统可分为车载系统、路侧系统和通信系统三大部分。其中，路侧系统属于服务提供者，车载系统属于服务接受者，系统与系统之间均通过上述通信模块双向连接。车路协同系统的一项服务是车载设备的信息交互服务，主要为车辆提供前车的速度等信息，以完成车队管理、车辆自适应巡航等功能。车路协同系统的另一项服务是路侧系统的交通信息广播服务，其中包括交通安全、交通效率以及增值服务三方面内容：①交通安全提供道路状态、危险提示、车道偏离等类似服务；②交通效率提供交通流量管理、信号灯计时、特殊车辆优先等服务；③增值服务提供娱乐、位置等其他服务。

为了仿真车路系统环境下的交通情况，根据以上分析，依据车路协同系统功能，基本可以从车路协同系统中获取以下数据，包括本车速度、前车速度、本车与前车距离、信号灯状态、车辆运行道路信息、交通拥堵、危险提示等信息。其中，本车速度、前车速度、本车与前车距离可通过车载设备的信息交互获得，信号灯状态、车辆运行道路信息、交通拥堵、危险提示等信息可通过路侧系统的交通信息广播服务获得。仿真平台建立在车路协同的环境上，因此假设上面所述交通信息都能够准确、及时地获取，为仿真平台的建立提供数据支撑。

6.3.2 视景仿真平台模型组织方法

车路协同系统视景仿真平台的构建是验证可视化仿真技术的关键。在对仿真场景进行平台构建时，采取分块实现方式。以构建的典型场景仿真模型库为基础，通过动态地载入相关模型，简化仿真的复杂度，提高画面渲染和内存分配效率。视景仿真平台定义为一个单独的联邦模块加入车路协同仿真的大系统中，通过与系统内其他联邦成员之间进行信息交换获取实时的仿真状态信息，并予以实时的可视化仿真显示。

视景仿真平台通过 RTI 仿真支撑环境接收其余联邦发送的车路系统仿真信息，通过内部的数据处理与转换、执行，并将结果反馈至 RTI 供其余联邦参考。

根据 OpenFlight 模型的结构特点，利用 Creator 建模软件提供的功能节点对模型进行构建及优化，其功能类节点主要有光照节点、DOF 节点、LOD 节点、Switch 节点、实例化节点及外部引用节点等，用于改善模型的属性和层次结构。在仿真过程中合理设置，如 DOF 节点，模拟车辆内部的仪表盘及方向盘，可使其在限定的范围内运动。

车路协同系统中的视景仿真模型按分辨率的不同进行层次建模，形成车路协同系统仿真模型库（图 6.22），在后期的仿真过程中，通过实时的动态调入，加载相应的视景仿真模型，并将仿真模型载入仿真场景。利用 Vega 虚拟仿真管理软件，从后台对仿真场景中的模型进行管理和控制，实现车路协同的视景仿真效果。

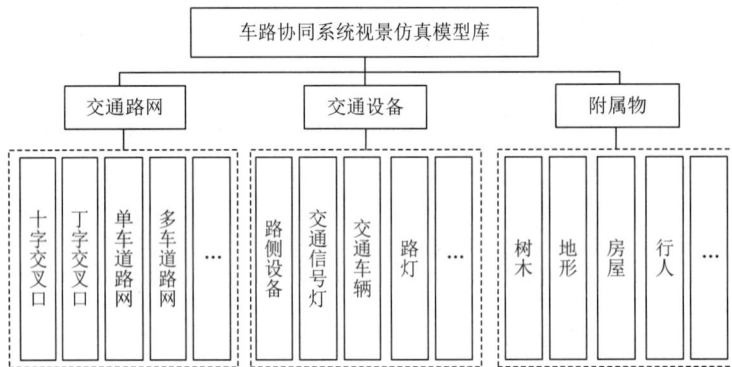

图 6.22　车路协同系统视景仿真模型库

视景仿真平台采用 Vega 后台管理软件对仿真模型进行管理，通过 Visual C++语言对仿真平台进行间接的控制和管理。具体视景仿真平台的内部信息流如图 6.23 所示。

仿真系统还应包括外部 HLA/RTI 信息交互及控制模块、车路协同数据处理模块、模型间信息交互模块、模型引导控制模块、视角的动态切换模块、模型状态参数的动态显示模块。

6.3.3 仿真平台交通流模型的构建

为了模拟车路协同环境下的交通流，这里基于学术界研究较多的车辆跟驰模型构建相应的模型。通过阅读文献了解到，车辆跟驰模型主要包括刺激反应跟驰模型、安全距

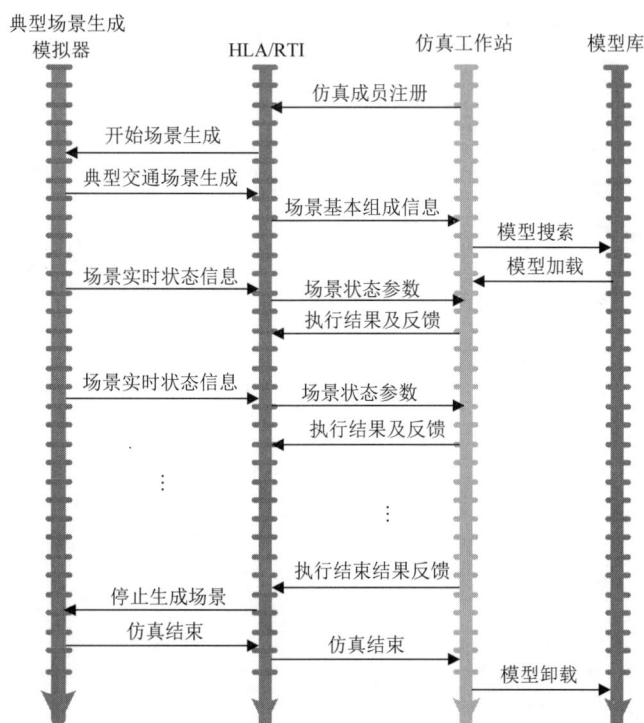

图 6.23　视景仿真平台内部信息流向图

离跟驰模型、生理心理跟驰模型、PARAMICS 跟驰模型、元胞自动机跟驰模型等。然而上面几种车辆跟驰模型仅适用于车辆近距离跟驰阶段。当机动车的空间车头距较大时，车辆并不跟随其前车，而是尝试着以驾驶者的期望速度进行行驶。广义跟驰模型则将车辆行为分为自由加速阶段和车辆跟驰阶段，当车辆与前车的距离大于最小安全距离时，车辆以最大车速行驶，处于自由加速阶段；当车辆与前车小于一定距离时车辆进入跟驰行驶阶段。

　　建立考虑驾驶员因素的刺激-反应交通流模型模拟交通流中车辆的驾驶行为。试验中发现，该模型能够很好地模拟车辆跟驰情况，但是没有考虑到交叉口的车辆行为。

　　为了能够很好地模拟车辆在交通灯前停车与启动的行为，本书研究了车辆启动和停车的模型，结合刺激-反应交通流模型，构建一个逼真的仿真平台交通环境。

1. 汽车交叉口启动模型

　　在交叉口处交通灯由红灯变为绿灯时，车辆需要一个启动过程。汽车起步的条件是：车轮上的驱动力不小于路面的附着力，有以下等式，即

$$F = ma = u_f kmg \tag{6.6}$$

式中：a 为汽车加速度；u_f 为阻力系数；k 为驱动轴占总轴数比。
故

$$a = u_f \cdot k \cdot g \tag{6.7}$$

　　实际中，比较难确定的是 u_f 的具体值，因此，根据其他学者的试验结果，可以把起

步后的加速度特性加以简化，用以下公式计算，即

$$\begin{cases} a = 1.63t & t \in [0,1.2] \\ a = 1.96t & t \geqslant 1.2 \end{cases} \tag{6.8}$$

2. 汽车交叉口停车模型

在车辆到达交叉口而此时交通灯为红灯时，或者虽然交通灯为绿灯，但车路协同预警提示系统提示绿灯即将结束时，车辆将进入准备停车阶段。汽车制动过程曲线如图 6.24 所示。

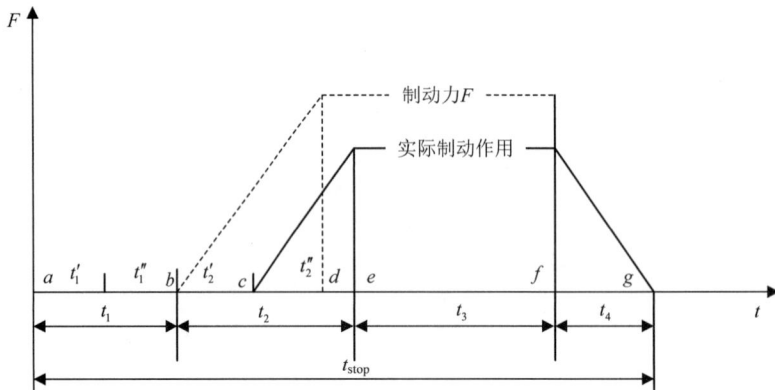

图 6.24　汽车制动过程曲线

其中，驾驶员发现危险的反应时间为 t_1'，t_1'' 为驾驶员将脚移动至刹车踏板所需时间，t_1' 和 t_1'' 的时间和为 t_1，即驾驶员反应时间，通常为 0.7～1.0s。在 b 点驾驶员踩下刹车踏板，至 d 点达到制动力最大值，但由于机械原因，要经过 t_2' 时间（c 点），制动力开始起作用。由 c 点至 e 点制动器制动力逐渐增加，时间为 t_2''，$t_2 = t_2' + t_2''$，称为制动器滞后时间，通常为 0.2～0.7s。e 点到 f 点为持续制动时间 t_3，f 点时驾驶员松开刹车踏板，制动器制动力在 t_4 时间后消失，称为制动释放时间，通常在 0.2～1.0s 之间。

因此，车辆停车一般包含 t_1、t_2、t_3、t_4 这 4 个阶段。制动距离则为制动器起作用和持续制动两阶段中汽车行驶的距离之和。由于 t_2' 及 t_2'' 不稳定且不易测量，在实际应用中一般可以用以下经验公式，即

$$\begin{cases} s = 0.06v + 0.006v^2 & v \leqslant 100\text{km/h} \\ s = 0.19v + 0.000\,051v^2 & \text{其他} \end{cases} \tag{6.9}$$

停车距离要在制动距离的基础上加上反应时间的行驶距离，即

$$s_{\text{stop}} = s + vt_1 \tag{6.10}$$

得到

$$\begin{cases} s = (0.06 + t_1)v + 0.006v^2 & v \leqslant 100\text{km/h} \\ s = (0.19 + t_1)v + 0.000\,051v^2 & \text{其他} \end{cases} \tag{6.11}$$

整个交通流模型的内部运行流程如图 6.25 所示。首先车辆进行加速，加速完成则进

入跟驰阶段。若该车前方没有车辆，记为头车，则头车按照 $a=1.96t$ 自由驾驶直到最大限速，并保持在最大限速。其他车辆则根据跟驰规则行驶。当头车前方交通灯为红灯时，计算停车距离，一旦停车距离大于车辆距前方交叉口距离，则减速，紧急制动时，汽车的最大减速度一般为 7.5～8m/s²；普通制动时，汽车的平均减速度应为 3～4m/s²。但在实际使用制动时，除紧急情况外，通常不应使制动减速度大于 1.5～2.5m/s²；否则不仅会使乘客感到不舒服或发生危险或造成货物不安全，而且还会增加燃料的消耗和轮胎的磨损，因此本书取减速度为 2m/s²。重复上述计算，直到交叉口处停车。若交通灯变为绿灯，则又进入启动阶段，周而复始。

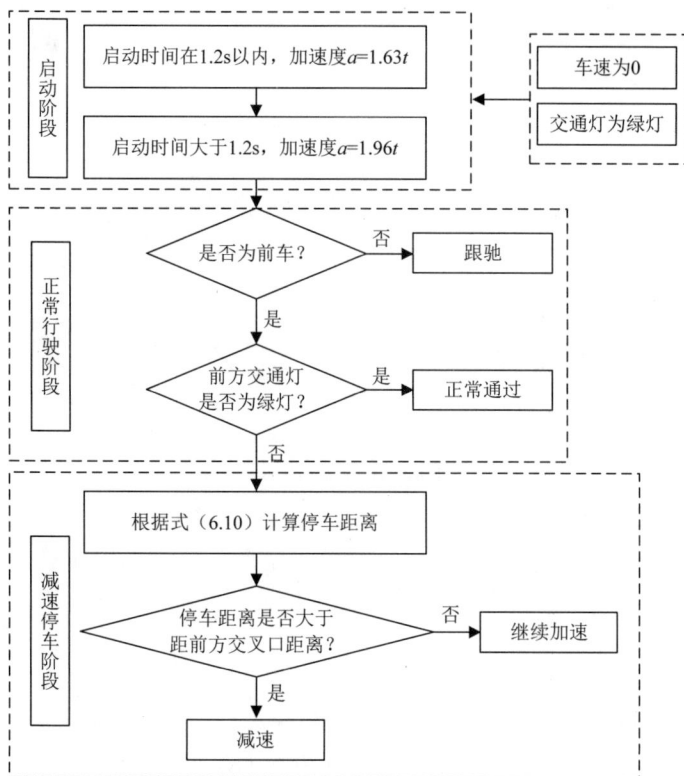

图 6.25　交通流模型内部运行流程

结合车辆启动模型、车辆运行时刺激-反应交通流模型和车辆停车模型，本书构建了一个考虑驾驶员特性的微观交通流模型，交通流具体仿真结果如图 6.26 所示。图 6.26（a）所示为交叉口红灯时车辆排队停车的过程，图 6.26（b）所示为交叉口信号灯由红变绿，车辆逐一启动的过程。

图 6.27 展示了交通流中车辆在经过交叉口时的行驶行为，假设图中从左到右分别为 Car1、Car2、Car3、Car4、Car5。从图 6.27 中可以看出，Car5 首先到达交叉口并等待红灯；紧接着 Car4、Car3 分别到达并停车等待；Car2 到达交叉口时前方车辆已经启动，故立即加速；Car1 则在交通灯为绿灯时直接通过交叉口，验证了车辆在交叉口处行为的准确性。

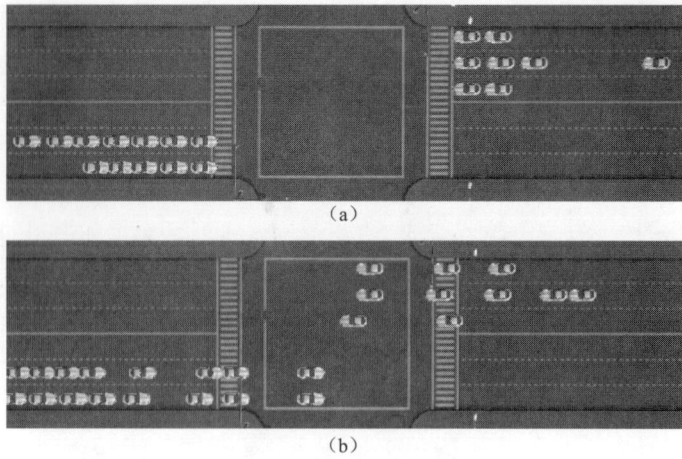

(a)

(b)

图 6.26　交通流模型

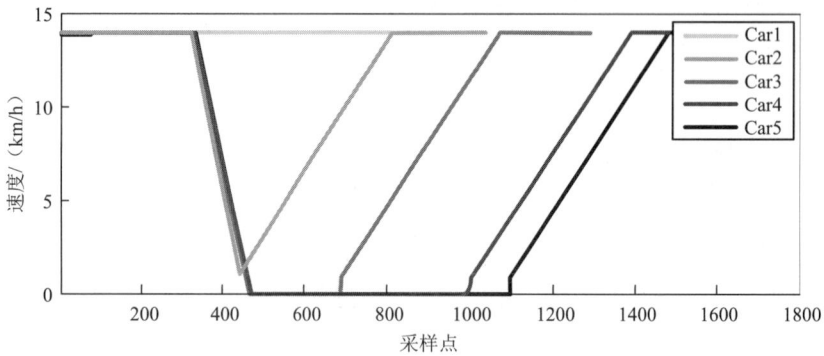

图 6.27　车辆经过交叉口速度变化曲线

6.3.4　交互式视景仿真平台的实现机制

平台的实现中心机制主要分为三部分，即模型加载机制、车辆驱动机制和车辆姿态调整机制，如图 6.28 所示。车路协同系统视景仿真平台需要模拟大量的车流运动，每辆车都可以单独作为一个聚焦点切换到系统仿真过程中。在对车辆进行控制仿真的过程中，每辆车都作为一个单独的控制对象，在视景仿真中的车辆采用路径引导控制法，即有交通仿真模块生成路径引导数据，导入到视景仿真工作站，由视景工作站组织和编排车辆实际的路径引导控制曲线。

1. 基于场景的模型管理策略

车路协同仿真系统的技术指标是系统能够对大量的实时在线车辆进行仿真和管理，路网实现实时在线车辆数以百计，仿真运行过程中，路网中出现的车辆总数必须大于 500 辆，在 Vega 驱动模型进行仿真之前，需要载入初始模型，以营造车辆模拟仿真环境，并对车辆赋予相应的参数，使得车辆能够实现自由移动，实现对交通流的仿真。

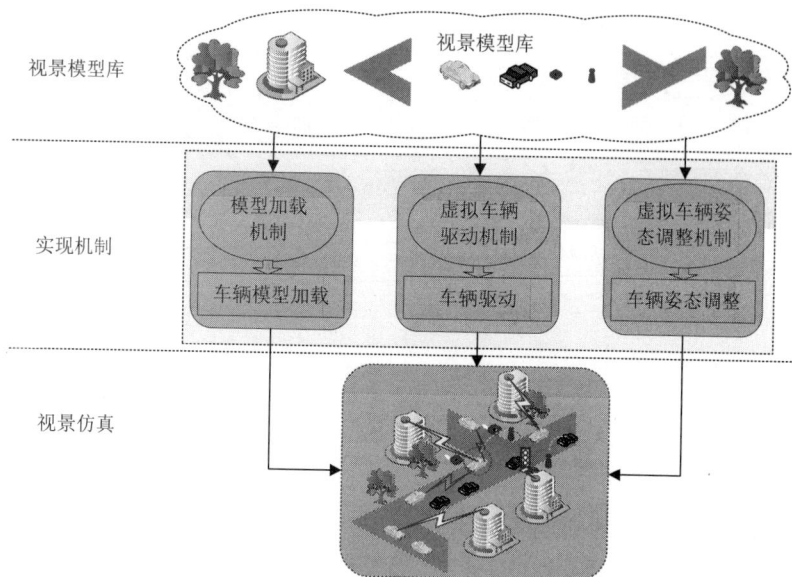

图 6.28　平台实现中心机制

车路协同仿真系统在一个仿真周期内，路网环境模型绝大部分无须重复添加与更改，路网环境模型的管理相对简单。随着车路协同系统仿真的推进，路网中的车辆会逐渐增多，路网中的每辆车都需要相应的虚拟车辆模型与之相对应，在小区之间的路网中活动的车辆模型数也随之增加。模拟车辆的运行轨迹通常是车辆由发车小区出发，途经若干道路与交叉口，到达目的小区，完成仿真任务；车辆在途经道路与交叉口的过程中可对若干交通元素进行管理与控制，实现真正意义上的车路协同。Vega 仿真系统难以将载入系统内核的模型予以实时卸载以降低系统的资源占用，因此大量的虚拟仿真模型加载势必会导致系统的不堪重负。

系统在加载模型时存在两种加载机制，即车辆模型对应加载机制和基于场景的车辆模型复用机制，如图 6.29 所示。

车辆模型对应加载机制为一车一模型机制，即每辆车对应分配一个车辆模型，随着仿真的进行，系统内仿真车辆数的增加，逐步增加系统内车辆模型的数量，采用一车一模型机制，各个车辆模型之间互不干扰，通过不断地从本地资源库中加载模型以满足仿真的需要。

基于场景的车辆模型复用机制，即根据场景仿真的需要，对应每辆车分别分配一个单独的车辆模型，随着系统仿真的推进与场景的仿真需要，逐步增加系统内车辆模型的数目。在模拟车辆进入目的地后，此时，该车辆对应的虚拟模型已完成仿真任务，将该模型存入车辆模型备用资源库，系统在加载模型时，优先调用车辆模型备用资源库中的模型，若模型资源库中无空闲模型，再加载本地模型资源文件到系统当中。

在两种模型加载机制下，通过对交通网络中的车辆进行加载与模拟，在仿真 900 辆车时，两种模型加载机制下的系统内存占用对比如图 6.30 所示，两种机制下单个模型的调用时间对比如图 6.31 所示。

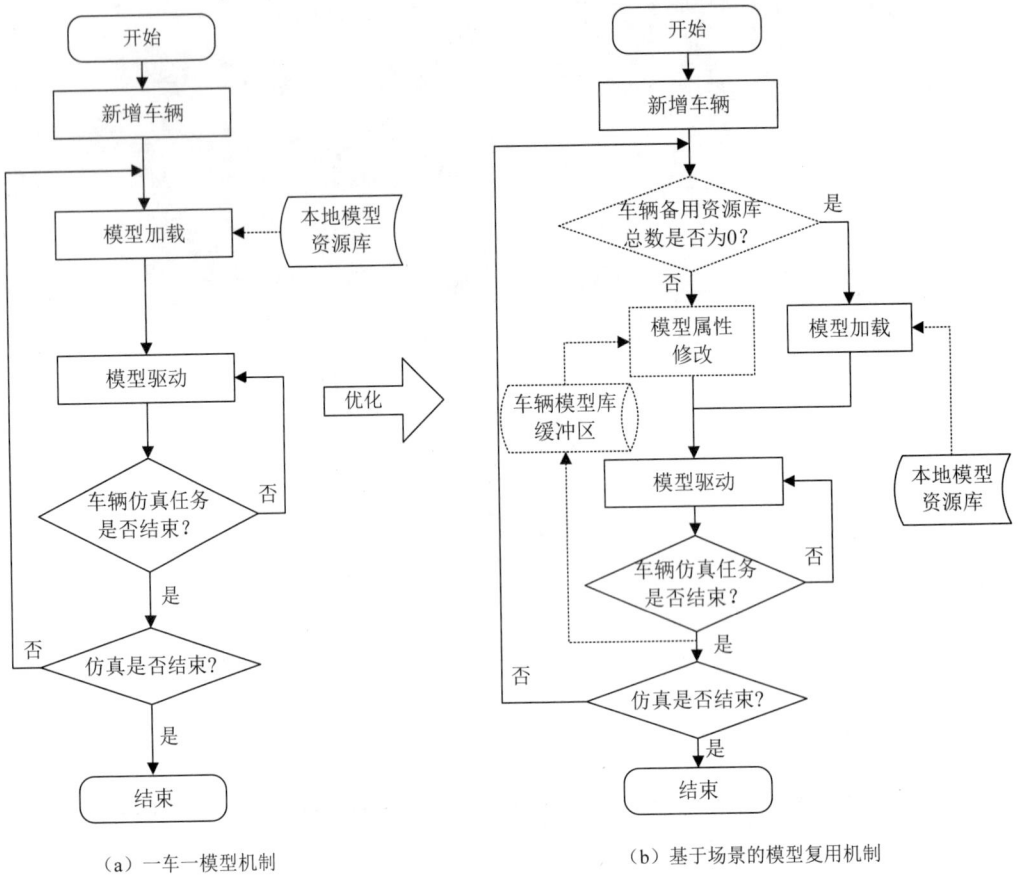

（a）一车一模型机制 （b）基于场景的模型复用机制

图 6.29 两种模型加载机制

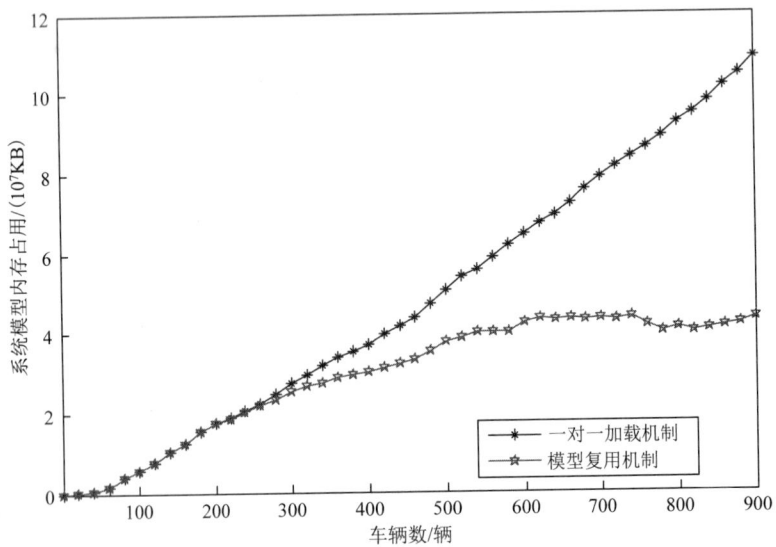

图 6.30 两种模型加载机制下的内存占用对比

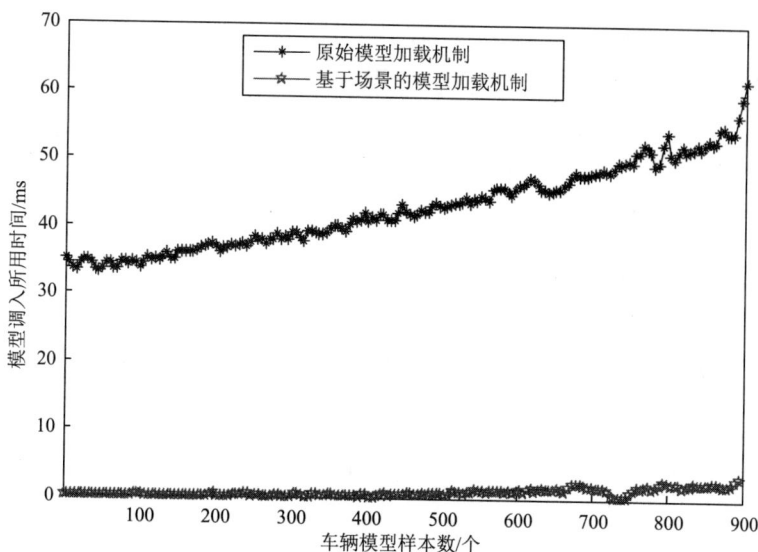

图 6.31 两种机制下的单个模型的调用时间对比

由图 6.30 可知，模型复用机制下的系统内存占用相对较小，优于一车一模型加载机制下的模型加载模式。

系统在仿真 300 辆车以内时，两种机制下的模型在系统中的内存占用差别不大，在仿真 300 辆车以上时，随着车辆数的增加，路网中的实际车辆数在动态变化，车辆模型复用机制的系统模型内存占用相对于一对一加载机制下的内存占用明显大幅降低。

在模型调入时间方面，基于场景的模型动态加载机制，通过优先调用系统内部动态模型库保证了调入模型的快速与高效，在减少内存占用的同时，大幅减少了场景模型的调入时间，实现了车路协同视景仿真的实时性。

2. 车辆引导驱动机制

Vega 系统中提供了不同的车辆运动引导方式，适用于车辆控制的有 Drive 模式和关键点路径引导方式（即 Path 和 Navigator 相结合的方式）。关键点路径引导方式，需定义控制点和路径曲线，对于大规模的车辆仿真来说，难以满足仿真的需要。故在仿真过程中采取 Drive 模式，通过不断更新车辆的前进控制点，获取车辆的前进方向，确定车辆的运动路径。

在繁忙的交通区域网络内，会有大量的虚拟车辆在路网中运动。每个车辆虚拟模型相当于仿真中的一个车辆元素，均需要一个适合该车辆的运动轨迹，以满足大量车流仿真的需要，因此在对单个车辆轨迹进行控制时，以简便控制为原则，采用 Drive 模式作为车辆驱动控制的基本模式。在车辆坐标更新时，为防止车辆间距过大，出现画面中车辆跳动现象的发生，采用曲线插值方法，构造引导坐标点，实现车辆驱动的平滑过渡。

要生成平滑连贯的动画效果，帧速率一般不小于 8f/s，电影的帧速率一般为 24f/s。在车路协同视景仿真平台系统中，既要考虑车辆仿真输出效果，同时也要兼顾系统运行的负荷，在满足仿真要求的条件下，尽可能地减小帧速率以降低系统负荷。以 Drive 模式引导控制模式下的坐标点更新控制为例，设虚拟车辆模型的前一次坐标更新时刻为 t_1，

坐标为 $A(x_A, y_A)$；相邻的下一次坐标更新时刻为 t_2，坐标为 $B(x_B, y_B)$；相邻两次坐标更新的时间差为 $\Delta t = t_2 - t_1$，系统内部满足要求的虚拟车辆的坐标更新帧速率为 S_{frame}，时间均以 s 为计量单位。需要的插值点数为 N，有

$$N = (t_2 - t_1) \cdot S_{Frame} = \Delta t \cdot S_{Frame} \quad t_2 - t_1 > 0 \tag{6.12}$$

第 i 个插值点的坐标为 $P_i(x_i, y_i)$，即

$$x_i = x_A + \frac{i}{N}(x_B - x_A) \tag{6.13}$$

$$y_i = y_A + \frac{i}{N}(y_B - y_A) \tag{6.14}$$

经仿真测试，在 Vega 平台下的仿真系统中，车辆运行在 Drive 模式下的坐标点更新控制速度，控制在 50ms 内更新一次，系统能够达到最佳控制效果，即 20f/s。

曲线弯道，车辆插值点采用最小二乘法，由采集点的信息进行曲线拟合，生成车辆运动拟合曲线。根据生成的曲线进行插值点的控制，如图 6.32 所示。为平衡系统运算效率，减少系统的运算量，生成曲线的参考点选定为 5 个以内，并根据仿真需要实时更新参考点坐标。

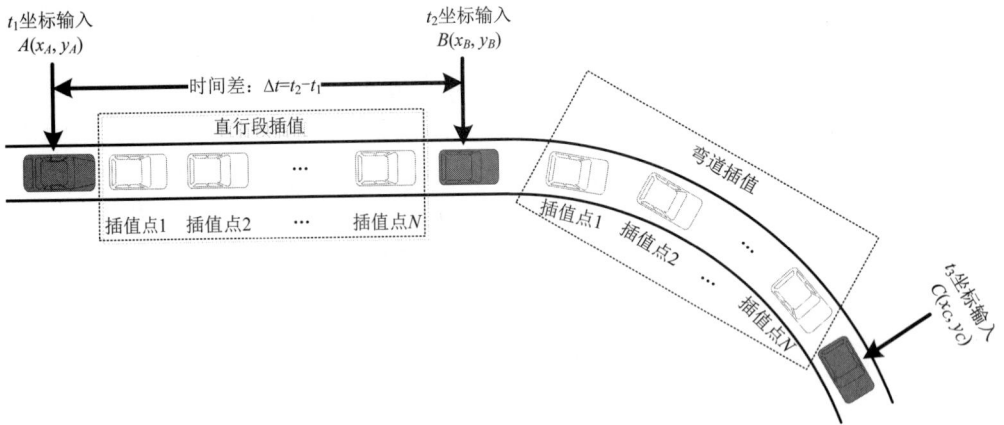

图 6.32　车辆坐标的插值示意图

设车辆弯道运动曲线函数为 $s(x)$，对应的坐标参数为 $(x_i, f(x_i))\,(i = 1, 2, \cdots, m)$：

$$s(x) = a_0^* + a_1^* x + \cdots + a_n^* x^n, \quad \phi = \mathrm{span}\{1, x, \cdots, x^n\} \tag{6.15}$$

最小二乘法方程为

$$\begin{bmatrix} \sum\limits_{i=1}^{m} 1 & \sum\limits_{i=1}^{m} x_i & \cdots & \sum\limits_{i=1}^{m} x_i^n \\ \sum\limits_{i=1}^{m} x_i & \ddots & & \vdots \\ \vdots & & \ddots & \vdots \\ \sum\limits_{i=1}^{m} x_i^n & \cdots & \cdots & \sum\limits_{i=1}^{m} x_i^{2n} \end{bmatrix} \begin{bmatrix} a_0^* \\ a_1^* \\ \vdots \\ a_n^* \end{bmatrix} = \begin{bmatrix} \sum\limits_{i=1}^{m} y_i^n \\ \sum\limits_{i=1}^{m} x_i y_i^n \\ \vdots \\ \sum\limits_{i=1}^{m} x_i^n y_i^n \end{bmatrix} \tag{6.16}$$

最小二乘误差为

$$\text{Err} = \sum_{i=1}^{m} \left[s(x_i) - f(x_i) \right]^2 \tag{6.17}$$

随机提取仿真过程的 5 个车辆相邻参考坐标点，进行车辆运动曲线拟合，如图 6.33 所示。

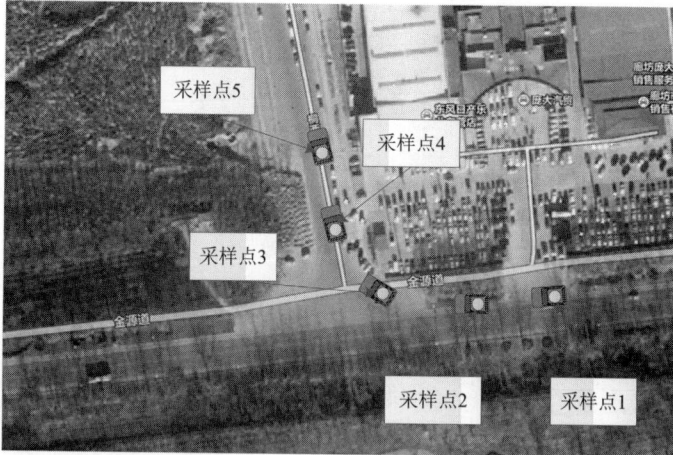

图 6.33　路径采样点位置分布

具体车辆引导实施控制方法如图 6.34 所示。

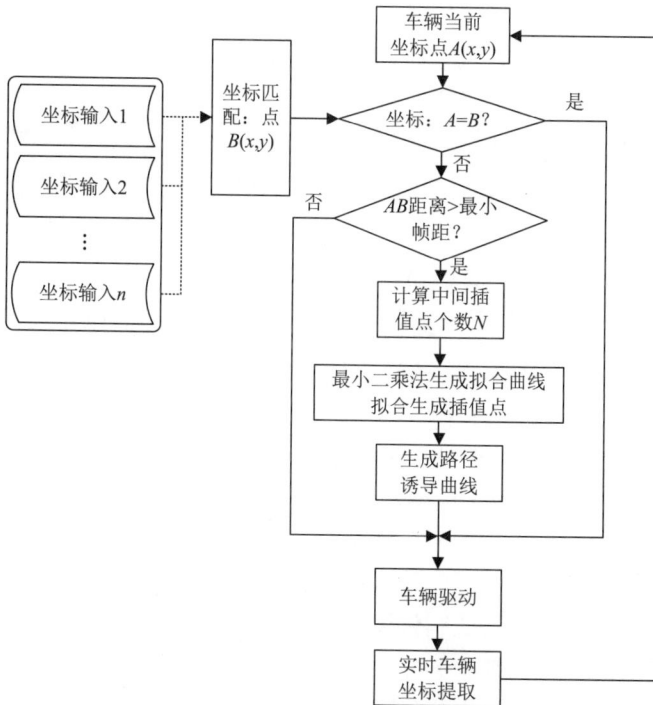

图 6.34　虚拟车辆模型引导控制方法

根据诱导路径生成效果对比图（图 6.35）可知，分段线性插值法、最小二乘法一次插值生成的车辆运动轨迹存在较为严重的非平滑现象，影响视景仿真的真实性。最小二乘法二次插值解决了诱导曲线的平滑过渡问题，但误差较大。

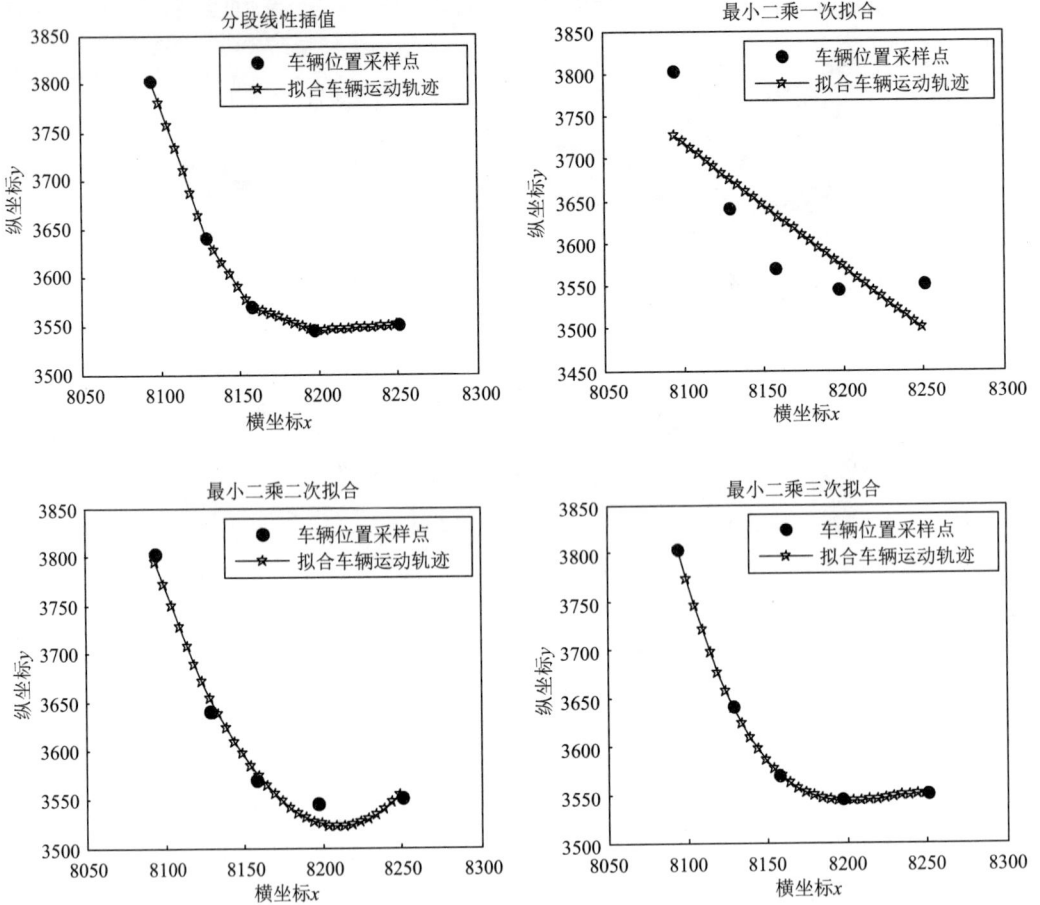

图 6.35　诱导路径生成效果对比

结合采样点的次数，使用最小二乘法拟合车辆运动轨迹的过程中，采用三次拟合可以生成较为平滑的车辆运动轨迹，实现视景仿真车辆运动的平滑与连续。

视景平台在车辆驱动实现的过程中采用的最小二乘法三次曲线拟合在缩短采样点数量的同时圆满地满足车辆驱动视景仿真的需要。上述平台的工作机制解决了数据处理与模型大规模驱动的问题，实现了模型驱动的防抖动效果。

3. 车辆驱动姿态调整机制

模型在仿真过程中能够通过控制位姿的方向调整模型的显示状态，在虚拟现实的环境中，模型在空间的位置参数分为空间位置参数和空间姿态参数。空间位置参数是物体在虚拟空间中的具体位置，用以确定虚拟模型在空间中有别于环境的位置信息。空间位姿参数是物体在某一空间位置中所表现出来的姿态信息，如物体的朝向、模型的翻转等。在车路协同系统中，仿真系统的侧重点是车车信息交互、车路信息交互，车辆的运动轨迹绝大部分都是在同一平面内运动，一般不涉及翻滚运行的状态。因此，车辆的位姿参数主要涉及模型相对于大地坐标系的偏航角，由模型偏航角即可锁定车辆的前进方向。

车辆的偏航角确认机制如图 6.36 所示，A、B、C 三点为关键车辆路径上的 3 个相邻坐标点，位置关系如图 6.36 所示，θ 为车辆前进方向中所确定的方向角（即偏航角）。

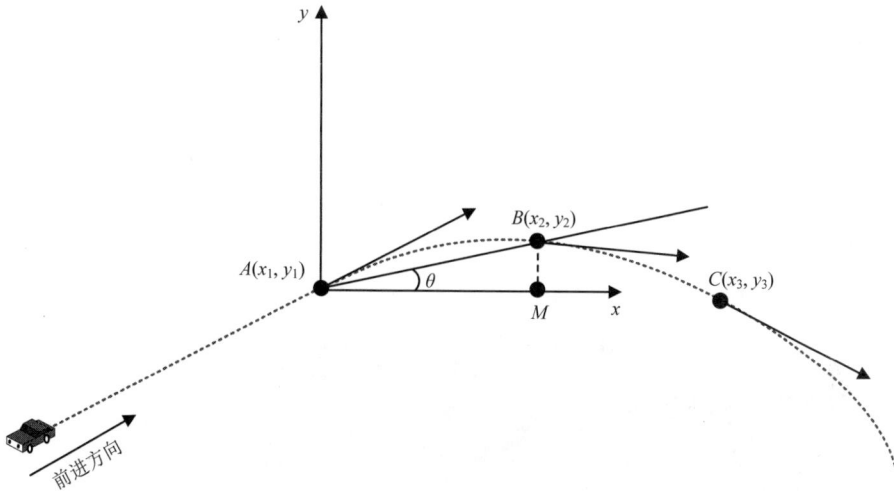

图 6.36　虚拟车辆模型前进方向确认机制

车辆的偏航角确认依据为车辆的前进矢量。

$$AB = (MB - MA) \tag{6.18}$$

$$\tan\theta = \frac{y_2 - y_1}{x_2 - x_1} \tag{6.19}$$

$$\theta = \arctan\left(\frac{y_2 - y_1}{x_2 - x_1}\right) \tag{6.20}$$

以 θ 值作为调整车辆偏航角的重要参数，通过不断检测车辆模型的引导控制点生成引导控制车辆的前进矢量，而后，通过车辆前进矢量形成的坐标轴夹角 θ 确定车辆模型的前进方向，合理地控制仿真运动模型的正常合理显示。

6.3.5　交互式视景仿真平台测试

交互式视景仿真系统平台在原有车路协同仿真系统的基础上进行设计与实现。视景仿真系统作为一个单独的联邦加入车路协同仿真系统，并在车路协同联邦中订购与发布仿真信息。

1. 仿真平台界面及功能

车路协同环境下的交互式视景仿真平台的特点如下。

（1）驾驶员可以通过虚拟现实硬件设备加入到仿真平台中，并可以与虚拟环境进行适当的交互，驾驶员可以按照自己的需求在仿真平台中自由驾驶。

（2）采用动态三维可视化场景建模思想。根据接收场景的信息数据，动态地构造场景元素，加载与删除相应场景模型，构建多种风格不同的交通场景。

（3）平台可扩展性良好。平台采用模块化思想，对不同典型应用场景进行分别管理，由系统动态地调用相应功能模块完成对典型应用场景的仿真。用户需要新的场景时只需要在现有环境中进行相应设计即可。另外，罗技 G27 方向盘踏板套装为用户预留了 18 个预留按钮，供用户开发新的功能时使用。

软件平台包括开始界面和内部界面两部分。软件平台开始界面如图 6.37 所示。开始界面包括两部分共 4 个按钮，其中左边部分为选择虚拟驾驶场景的按钮，单击该按钮后驾驶员可以驾驶车辆进入仿真平台进行虚拟驾驶，并可以与虚拟环境进行适当交互；右面部分则为选择其他 3 个设计场景的按钮，单击相应的按钮后即可进入相应场景进行演示。平台内部界面如图 6.38 所示。平台运行于内部界面时，用户可以选择以驾驶员车内视角或者车外视角参与场景的仿真。

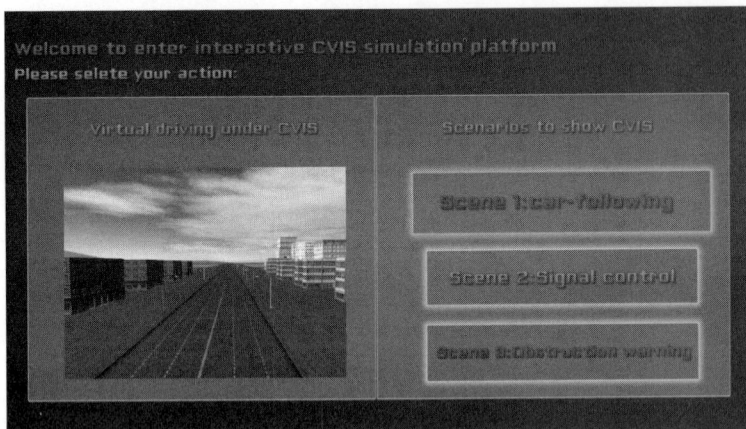

图 6.37　平台仿真开始界面

图 6.38　平台内部界面

2. 仿真平台测试分析

1）功能测试

（1）仿真平台模拟交通环境。平台能够很好地加载预先设计的道路、信号灯、建筑物等三维模型，并且按照事先的组织展现完整的虚拟交通环境，交通信号灯能够按照预先设计的信号配时实时变换。

（2）使用罗技 G27 方向盘踏板套装控制虚拟环境中的虚拟车辆。转动方向盘、脚踩驾驶踏板或者减速踏板，虚拟环境中的车辆都会按照车辆物理模型进行转弯、加速、减速、停车等动作。

（3）使用数据手套和惯性传感器实现现实环境和虚拟环境的动态映射。佩戴数据手套和惯性传感器后，在仿真车辆中的 DMI 给出预警信息时，驾驶员移动手臂，虚拟车辆中的驾驶员能够及时移动手臂并跟随现实驾驶员做出相同的手势。

（4）交通流模型的构建。仿真平台设置上、下、左、右 4 条街道，共 4 个交叉口，每条街道长 3750m，车道均设置为双向三车道，其中每个方向的车道设置车辆总数为 100，故仿真平台中共运行 800 辆车，所有车辆均能够按照设置的交通流模型运行。

2）绘制车辆运行轨迹的功能测试

通过设计的仿真平台，驾驶员可以了解、熟悉并运用车路协同系统。不仅如此，由于设置了接近真实的驾驶环境，本场景还可以为驾驶员驾驶训练提供相应的功能，如训练驾驶员的驾驶技能、训练驾驶员对突发事件的良好应对、训练驾驶员在车路协同系统下如何更好地驾驶等。在训练驾驶员的同时，还需要对驾驶员的驾驶数据做相应的分析以获得驾驶员的驾驶情况，方便对驾驶员做针对性训练。

为了满足上述需求，平台可以实时输出驾驶车辆的位置信息、速度信息等，为平台使用者分析驾驶员驾驶状况提供数据依据。为了展示此项功能，本书以训练驾驶员驾驶技能为例，记录驾驶员驾驶位置并分析驾驶员驾驶技能，提出有针对性的驾驶员训练策略。

为了训练驾驶员的驾驶技能，可在驾驶员驾驶虚拟车辆之前为驾驶员设置驾驶目标曲线，要求驾驶员按照预定方向与车道驾驶虚拟车辆。图 6.39 所示为采集的驾驶员驾驶数据的曲线示意图，本书中设定为先在一个方向直行，在交叉口处换到另一方向的车道继续直行。从图（a）中可以看出，驾驶员驾驶曲线与设定驾驶曲线基本重合，说明驾驶员按照预定的驾驶路线基本完成了驾驶训练。为了能够看清实际驾驶曲线与设定驾驶曲线之间的差异，图（b）、（c）为图（a）部分曲线的放大曲线，从放大曲线中可以看出，驾驶员在驾驶的过程中虽然基本完成了驾驶路线需求，但是在驾驶的过程中经常偏离车道驾驶，不能完全按照要求驾驶。

图 6.40 所示为车辆运行位置与车速的对照图。从图中可以看出，车辆在仿真前 60s，纵坐标基本不变，横坐标在线性增加，表明车辆在沿一个方向直行；在仿真开始 60s 以后，车辆横坐标逐渐平缓，纵坐标开始线性变化，表明车辆在原来方向的垂直方向直行。观察车辆速度变化曲线可以看出，在仿真开始时车速迅速增加，最后增加至约 50km/h，并围绕此速度驾驶。在仿真开始时间 60s 左右，车速急速下降，之后维持较低速度，说明此时驾驶员驾驶十分小心。对照横、纵坐标变化曲线可以看出，车辆此时正处于交

叉口位置。待车辆经过交叉口后，车速又开始增加，并维持在 50km/h 左右。对速度-时间曲线做整体分析可以发现，驾驶员驾驶速度曲线波动较多，说明驾驶员驾驶车辆时不能保持车辆在恒定速度内驾驶，影响了驾驶的舒适性。

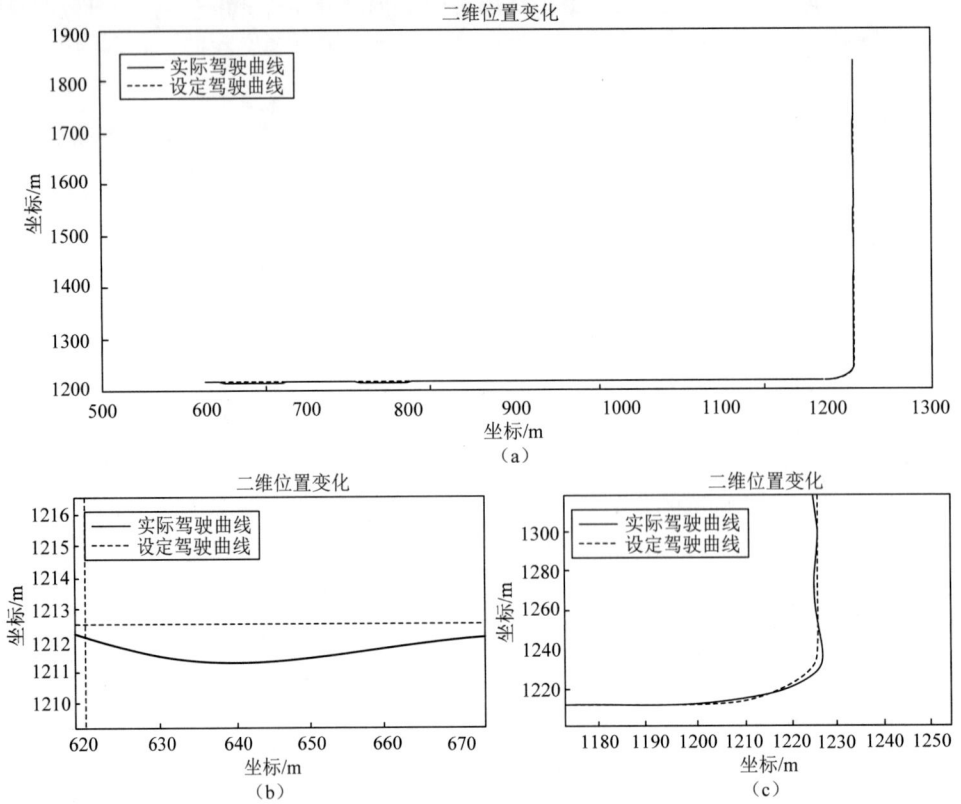

图 6.39　车辆驾驶轨迹

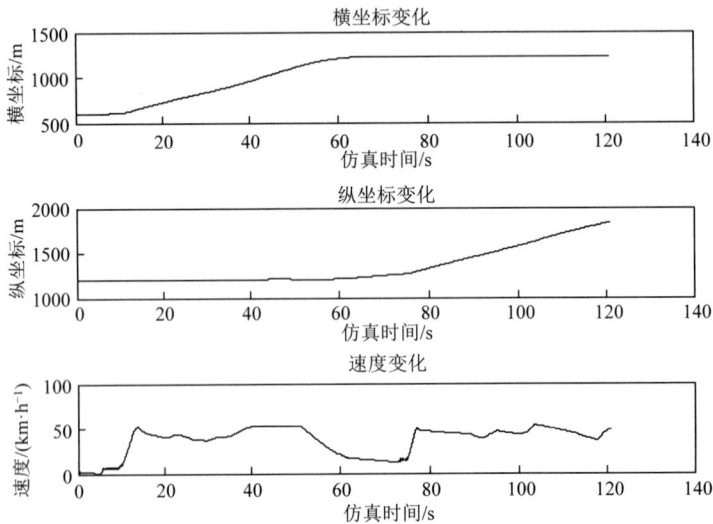

图 6.40　车辆位置与速度对照图

　　综合以上分析可以发现，该驾驶员不管从预定轨迹来分析还是从速度来分析，都不能很好地完成驾驶任务，因此该驾驶员需要更多的驾驶训练，才能安全上路驾驶汽车。用户在实际应用的过程中，可以根据平台输出的驾驶员驾驶位置和速度等信息做其他相应的功能分析。

　　3. 实时性能测试

　　驾驶员使用方向盘等硬件驾驶虚拟环境中的车辆时，仿真平台需要对驾驶员的输入做出及时的反应，以增强仿真的真实感。在仿真过程中，为了增加仿真的沉浸性，仿真车辆设置为仿真车辆的方向盘随着用户输入的方向盘角度而实时变化。为了测试平台对用户输入响应的实时性，本书分别采集了平台对方向盘数据的接收与响应时间，并以该数据为例，分析仿真平台对用户输入响应的实时性。

　　图 6.41 所示为平台对方向盘数据的接收与响应时间对比曲线。从图中可以看出，实际输入的方向盘数据与平台输出的方向盘数据两条曲线基本重合，说明虚拟场景中的方向盘运动和真实方向盘硬件的运动基本吻合。

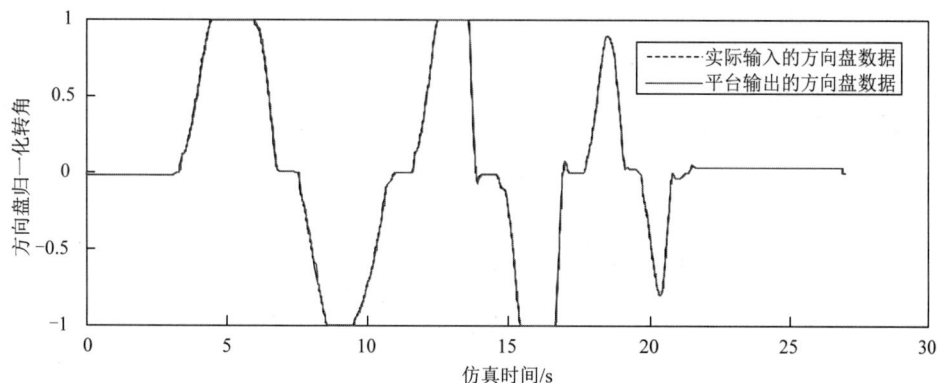

图 6.41　平台对方向盘数据的接收与响应时间对比曲线

第7章　车辆行为控制方法研究

本章主要针对车辆行为控制方法进行研究，首先分析误差模型和车辆危险场景生成及预警方法，然后基于平台进行关键指标的测试，最终实现控制车辆在车路协同系统中的行驶。

车辆的行为控制方法是车路协同系统中的重要组成部分，采集系统中外在环境信息（包括外部车辆干扰及道路信息等），以及车辆自身位置速度等信息，实时控制车辆在仿真系统中的行驶，不仅可以模拟车辆正常运行，还可以模拟事故的发生，节约资源，提高仿真真实感。

车辆行为控制方法，能够通过判断车辆的加减速、换道、转向等行为状态，加载不同跟驰模型、换道模型等对车辆的下一步运行状态进行预演，结合仿真路网所有车辆信息，判断车辆安全情况，在可能发生危险时提前给出预警信息，并以数据的方式发送给交通仿真模块以及仿真管理和参数评估模块，避免危险情况发生。具体功能包括提取车辆状态、判断车辆危险、产生预警信息、接收场景、通信下行延时机制仿真、通信下行数据丢包机制仿真，如图 7.1 所示。

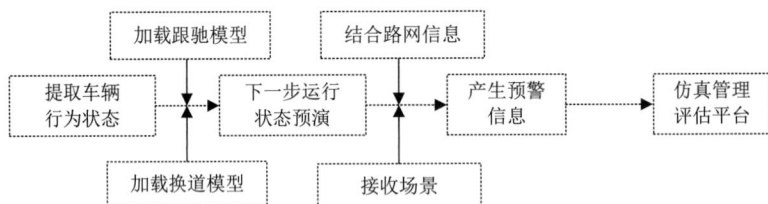

图 7.1　车辆行为控制方法

7.1　车辆行为误差研究

7.1.1　车辆位置误差模型

1. 车辆位置误差模型分析

交通仿真能够产生精确的车辆位置信息，精确的车辆信息对应的是实际车辆运行中的车辆位置；叠加了定位误差参数之后的车辆位置信息可比作实际车路协同系统中车辆根据定位系统得到的位置信息。在危险场景中，车辆行为控制模块根据后者信息进行预警处理，由于存在定位误差，预警结果与实际车辆行为会因为误差的大小存在区别，经过误差模型优化、预警模型优化及大量测试能够得到特定危险场景中定位误差与车辆安全的关系。

2. 基于定位误差的车辆危险跟驰

定位误差参数在交通仿真中体现。在行驶过程中，车辆的横向误差会直接影响车载对车辆所在车道判断的正确性，但是目前通过图像处理技术能够很好地解决这一问题。因此，平台主要分析车辆纵向误差对车辆安全的影响。

车辆的纵向误差对车辆的安全影响如图 7.2 所示，以车辆行进方向为正方向，车辆实际位置为原点，当某一联网车辆的定位误差为正时，其与前车的实际距离要大于路侧计算出来的距离，可能会发生错误预警的情况；其与后车的实际距离要大于路侧计算出来的距离，可能会发生预警不及时而导致追尾的现象。

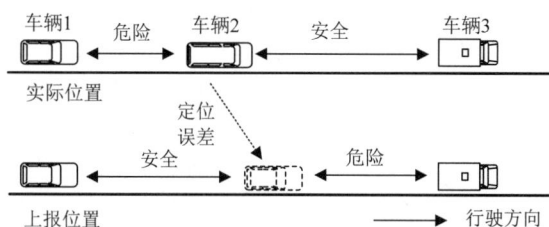

图 7.2　车辆纵向误差对车辆的安全影响

另外，定位误差还可以分为固定误差和随机误差两种。

（1）固定误差。固定误差分为两种，即正误差和负误差。正误差指的是定位位置在目标车辆实际位置前方，负误差指的是定位位置在目标车辆实际位置后方。负误差具有撞车的危险。

（2）随机误差。随机误差和固定误差的不同在于误差值的产生机制不同，固定误差的误差值为人工设定，随机误差的误差值为随机产生。

这里加入了车辆行进方向的定位误差，不同定位误差导致与实际不相符的预警距离，从而产生不同的预警效果，如图 7.3 所示。

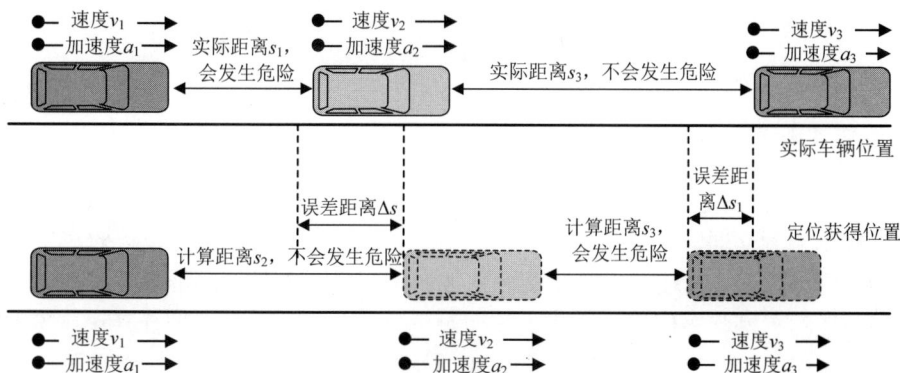

图 7.3　定位误差仿真方法

7.1.2　通信性能误差模型

通信误差中丢包率在通信控制模块中体现，通信控制模块能够加载不同通信协议，设置通信节点，模拟车车、车地的通信延误，并且能够根据数据量大小、信息交互频率仿真数据丢包率。在危险场景中，由于通信延误和丢包率的存在，危险车辆可能不能及时收到车辆的预警信息，导致危险事故的发生。通过分析通信延误和丢包率大小的变化给车辆安全带来的影响，给出特定场景下通信延误、丢包率和车辆安全的关系。

1. 通信模块概述

通信模块从评估模块获得场景信息及测试参数的相关信息，以及从交通仿真模块获得车辆信息和关键车辆信息，主要实现车路协同仿真平台的通信仿真模拟过程，然后将通信后的车辆信息发送给行为控制模块，包括仿真平台中车辆数据的显示、场景名称的显示以及通信过程的模拟。

具体功能：场景中车辆数据的显示、场景名称的显示、车辆间通信过程的模拟、分发车辆数据。

通信控制模块，通过交通仿真模块提取的车辆信息，将每辆车作为一个通信节点，模拟车路协同中车车、车地通信流程，并且实现通信延误、丢包率参数等的仿真注入，如图 7.4 所示。

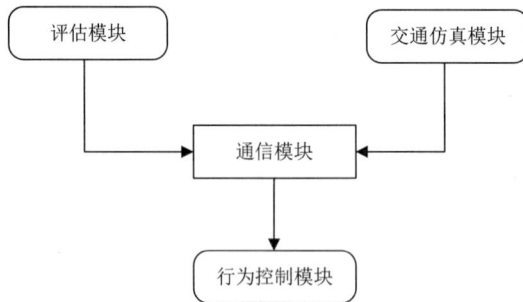

图 7.4　通信模块仿真方法

2. 通信延误误差模型

车车、车地交互作为车联网系统中车流诱导信息和车辆安全控制信息发布的通道，其性能直接影响到交通流诱导效率和安全控制效果。本书分析了通信延误对车辆安全控制的影响，上行延误（车辆发送至路侧）主要影响车辆状态数据的准确性，上行延误越大，路侧获取的车辆状态信息越滞后，路侧对危险的辨识越滞后；下行延误（路侧发送至车辆）主要影响预警信息产生后到达车辆的及时性，下行延误越大，车辆收到预警信息的时间越滞后。无论是上行通信延误还是下行通信延误，均会对车辆冲突消解的成功率产生严重影响。

1）基于上行通信延误的车辆危险跟驰

（1）固定延误：测试车辆向行为控制模块发送信息有延误值，延误值是人为设定的固定值。

（2）随机延误：测试车辆向行为控制模块发送信息的延误值是随机产生的。上行延误使得预警距离变短。

2）基于下行通信延误的车辆危险跟驰

（1）固定延误：行为控制模块向测试车辆发送信息有延误值，延误值是人为设定的固定值。

（2）随机延误：行为控制模块向测试车辆发送信息的延误值是随机产生的。下行延误使得预警距离变短。

如图 7.5 所示，由于存在通信上行误差，左边车辆发送到路侧中心的位置信息滞后，未能将车辆的实时位置信息发送给路侧中心，不能及时给出预警信息，容易导致危险发生；由于存在通信下行误差，右边车辆未能及时接收前面车辆的位置信息，使得接收到的距离信息大于实际距离信息，容易导致危险发生。

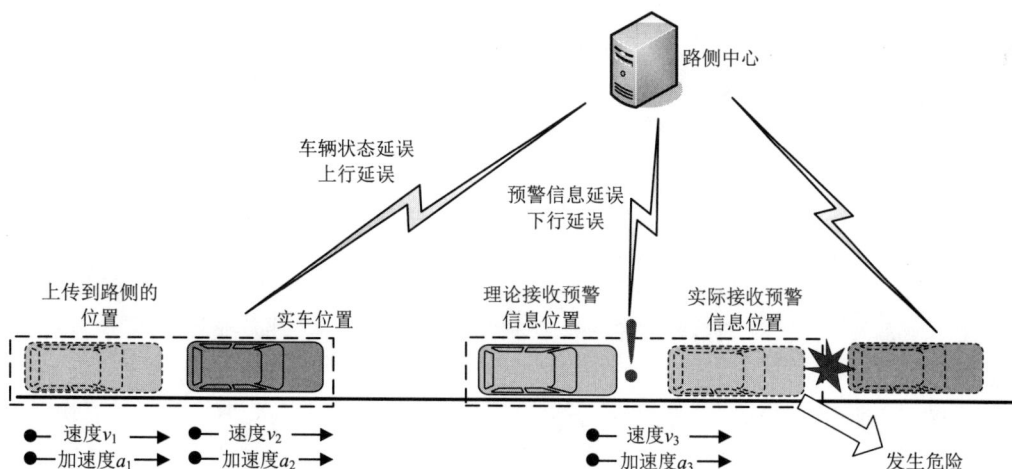

图 7.5　通信延误仿真方法

3. 通信丢包误差模型

通信丢包包括车辆状态信息包丢失和预警信息包丢失。丢包率会影响信息包的到达情况，导致危险场景下不同的预警效果。

如图 7.6 所示，A 车将定位信息传送给路侧中心，路侧中心通过计算 A、B 两车间的距离 s_1，判断会发生危险，给 B 车传递预警信息。由于存在通信丢包的误差，预警信息数据丢失，未能传递给 B 车并减速，导致 B 车与 A 车相撞，发生危险。另外，由于 C 车的状态数据丢失，未能传递给路侧中心，路侧中心未能及时更新 C 车的位置信息，导致计算出 B、C 车的距离 s_2 大于实际距离，判断不会发生危险，导致 C 车未减速继续向前，容易发生危险。

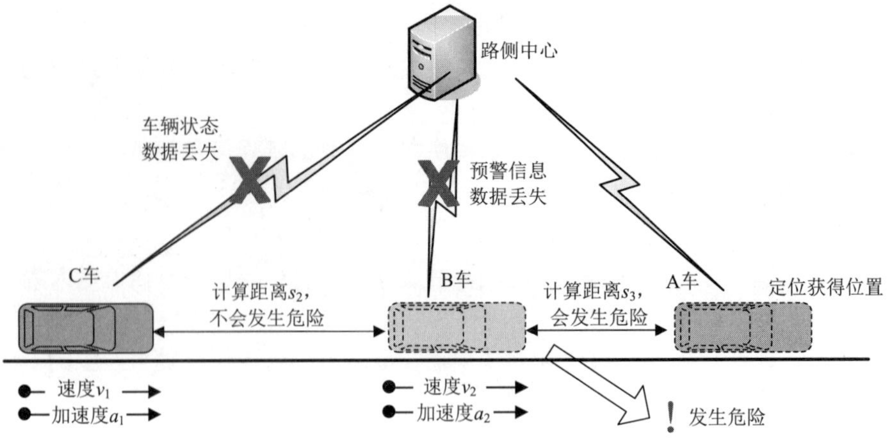

图 7.6 丢包率仿真方法

7.1.3 车载传感器误差运行机制

传感器参数在交通仿真模块中体现，传感器车辆能够识别周围车辆的运行状态，通过传感器车辆的感知范围不同及传感器车辆在路网中的渗透率大小，分析给定传感器参数与车辆安全的关系。车载传感器误差运行机制，包括基于传感器的车辆危险跟驰和基于渗透率的车辆危险跟驰。

1. 基于传感器的车辆危险跟驰

车载传感器是不具备通信功能的，其检测范围是人为设定的，当检测范围过小时，传感器检测不到其他车辆；只有当传感器的检测范围足够大时才能正常检测到周围车辆，使得预警及时。带有传感器的车辆能够感知其他车辆状态，提高危险情况检测概率，减少事故发生。

如图 7.7 所示，在保证传感器的检测范围足够大的情况下，A、B、C 车属于联网车

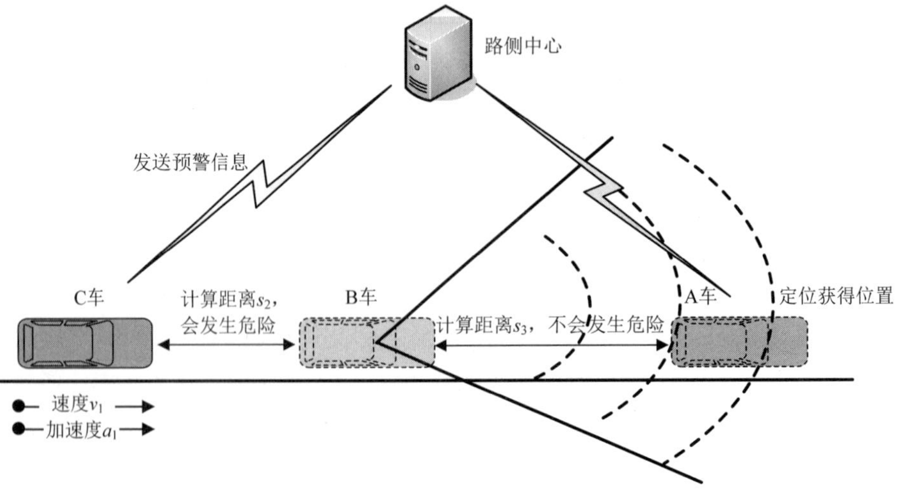

图 7.7 传感器仿真方法

辆，获得 A 车的定位信息，并发送到路侧中心，B 车根据路侧中心传递的 A 车的位置信息，计算距离 s_3，判断安全，不会发生危险，B 车继续运行；同样，路侧中心收集 A、B、C 车的位置信息，计算 B、C 车的距离，根据传感器检测到的路网信息，并进一步预演，判断 C 车会发生危险，发出预警信息，提示 C 车慢行，保持与 B 车的安全距离。

2. 基于渗透率的车辆危险跟驰

渗透率是路网中联网车辆与全部车辆的比值。在传感器理想范围，同时无通信延误、通信丢包等通信方面的误差，以及没有出现定位误差等，整个系统处于一种非常理想的状态下，渗透率过低会使目标车辆不预警，演示的过程中会撞车；当渗透率为 100%时一定不会撞车。

在车联网系统中，道路上行驶的车辆并非全是联网车辆，一般情况为联网车辆和社会车辆混合行驶的模式。因此，本书引入了渗透率的概念。假设联网车辆在路网中随机分布，联网车辆能够通过自身的传感器，包括雷达、微波等对周围的车辆状态进行检测，并将检测到的车辆信息同步上报到路侧中心。通过此机制，路侧中心能够获取更多的车辆信息，提高危险辨识率。

在可能发生危险时，路网中联网车渗透率的不同对成功化解危险的影响也不同。当联网中车辆的传感器检测范围均较差时，若遇到一些车速较快的紧急情况，传感器来不及检测到该信息，撞车情况可能已经发生。如图 7.8 所示，传感器的检测范围虽然可以人为控制，但是其范围毕竟是有限的。图 7.8 中，由于联网车辆渗透率较低，前方车辆中存在未联网车辆，而路侧中心只能接收联网车辆传递的位置信息，并将其发送给后方联网车辆，后方车辆由于距离前方车辆较远，无法识别前方危险，容易发生危险。

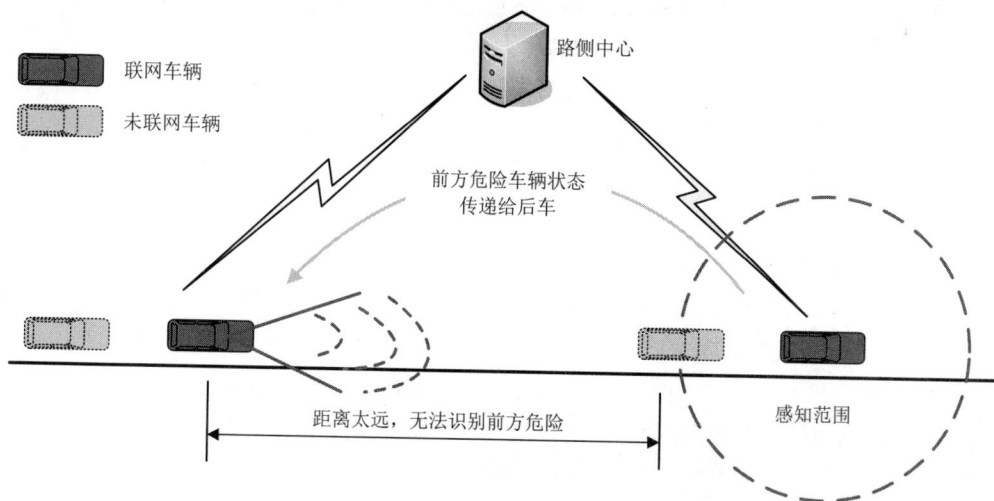

图 7.8　渗透率仿真方法

此时前方联网车辆可以感应到其感应范围内的车辆信息，通过向路侧中心发送相关信息，可以将其周围情况告知后面的联网车辆，从而避免危险发生。

7.2　车辆危险场景生成及预警方法

7.2.1　危险场景生成方法

1. 危险跟驰生成方法

车辆跟驰模型是最基本的微观驾驶行为，是交通仿真中必不可少的理论基础，描述了在限制超车的单行道上行驶车队中相邻两车之间的相互作用，同时还是通行能力服务研究以及交通流波动理论研究的基础。跟驰模型运用动力学的方法研究前导车（leading vehicle，LV）运动状态变化所引起的跟驰车（following vehicle，FV）的相应行为，通过分析各车辆逐一跟驰的方式来理解单车道交通流特性，从而在驾驶人微观行为与交通宏观现象之间架起一座桥梁。在车路协同系统中，跟驰模型通过车车通信，实现车辆队列行驶的协同控制，是车路协同系统体现车车信息交互功能的典型场景之一。从交通工程角度对跟驰行为进行建模，侧重于微观驾驶行为的表达与微观数据的标定。由于这类模型的主要应用方向为交通仿真与交通安全，因而实测数据分析和模型参数标定就显得尤为重要。

跟驰状态临界值的判定是车辆跟驰研究中的一个关键，在跟驰理论中，常用的判定跟驰状态的方法主要有以下三种。

（1）基于期望速度的判定方法。它通过判断前车速度是否小于后随车的期望速度来判定车辆是否处于跟驰状态。

（2）基于相对速度绝对值的判定方法。利用前后车速度差的绝对值随车头时距变化的规律定量地判定车辆行驶的状态。

（3）基于相对速度相关系数的判定方法。利用前后车速度的相关系数随车头时距变化的规律来确定车辆的跟驰状态临界值。这一方法考虑的信息更为全面，与现实结合更为紧密，能有效解决现有方法的不足。

车辆跟驰场景中，跟驰车所需的前导车的车辆速度与位置信息完全可以由车路协同系统车车通信方式获得，为场景的仿真提供了数据依据。

仿真开始之后，交通仿真模块驱动仿真平台进行。当交通控制模块加载了危险跟驰场景之后，交通控制模块通过分析路网车辆数据，判断路网车辆之间的跟驰关系，随机选择路网中两辆发生跟驰现象的车辆，通过提高跟驰车辆的加速度来提高车辆的速度，加速度值越大，跟驰车辆的速度增加越快。实际情况表明，车辆在道路行驶中一般最大加速度为 $5m/s^2$，因此交通控制模块生成对应跟驰车 ID 的加速度控制信息，并且将控制信息通过内存共享的形式发送到接口模块。接口模块在接收到车辆控制信息之后，会对控制信息的格式进行解析，将其转换为交通仿真模块能够识别的 API 函数定义的语言。仿真平台将 Q-Paramics 仿真软件作为交通仿真模块，在 Q-Paramics 的 API 接口定义中，没有直接对车辆加速度赋值的函数，因此采用

$$v(n+t)=v(n)+at \tag{7.1}$$

式中：t 为粒度。

　　通过速度控制的方式体现出加速度的控制（速度不会高于当前道路限速）。交通仿真控制模块加载了危险跟驰场景后，选择路网中两辆跟驰车辆，调用 API，提高后车加速度使其加速，跟驰车辆之间的距离缩短，如图 7.9 所示。

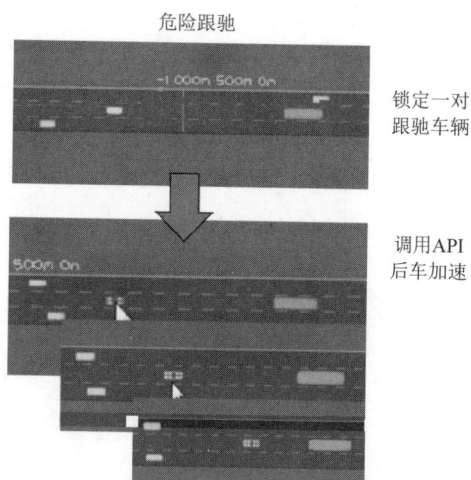

图 7.9　危险跟驰生成方法

　　场景仿真效果如图 7.10 所示。图中上部分是仿真场景开始画面，可以通过驾驶员视角看到驾驶员驾驶车辆前方有一辆车正在同车道行驶，本车 DMI 中同时显示了本车和前车的速度以及前方有车的预警信息。图下面部分显示的是驾驶过程中 DMI 显示的变化。前导车位置被输入到车辆协同大系统中，结合前导车车速，一旦经过计算发现跟驰车有危险，则车载 DMI 向驾驶员提供必要的预警信息。

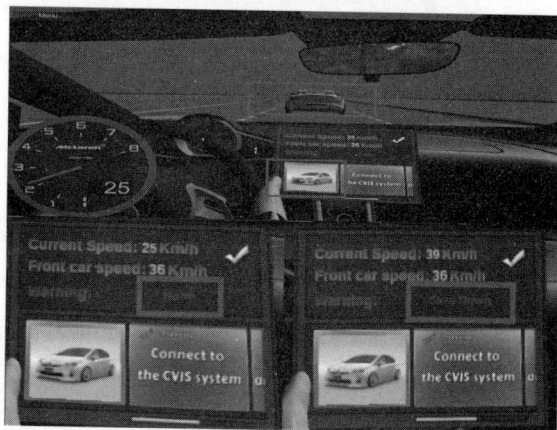

图 7.10　车辆跟驰场景仿真效果

2. 危险换道生成方法

行驶在当前车道上的车辆在外界环境的影响下进入另一条车道行驶，这个动作称为车辆换道或换道机动。车辆换道是车辆行驶中经常发生的行为,其过程既涉及横向控制又涉及纵向控制,既有加速过程,又有减速过程,与跟驰模型相比,换道模型更为复杂。换道是根据本车和周围车道及各车行驶特点,包括原车道及目标车道各车的车速、车间距,综合其他因素完成驾驶目标的一项复杂过程。车辆换道模型决定了在车道变换过程中车辆能否通畅、快速、安全地运行。因此,对车辆换道模型的深入研究,对提高道路通行能力、减少车辆延误、改善道路拥挤以及交通安全有重要的研究意义。

根据驾驶目标的区别,将换道行为分为强制性换道和任意性换道。

(1)强制性换道。通常情况下具有明确的目标车道,且在特定时间或空间范围必须实现换道的驾驶行为,包括匝道的分流、合流以及绕过前方障碍物等。

(2)任意性换道则取决于驾驶目标的任意性,主要以主观意愿为主。

根据方向盘转角的变化将车道变换划分为三个阶段:从驾驶员转动方向盘开始到达最大角度为第1阶段,从转动最大角度到转角为零为第2阶段,从转角为零到转角负向最大为第3阶段。

仿真开始之后,在道路中随机锁定一辆行进中的车辆A,并且设定A速度减速小于道路平均速度的某一固定值,分析路网所有车辆数据,计算出A车辆周围100m内与其不在同一条车道上的其他所有车辆ID,通过计算这些车辆到前方交叉口的距离,确定其在A车的前方或者后方,然后锁定A车后方距离A车最近的一辆车B。此时,通过车辆制动模型对B车的行驶轨迹进行预演,同时视A车匀速行驶,如果B车采用最大制动加速度时仍然可能会和变道之后的A车发生追尾危险,此时发送控制指令,令A车变换车道。接口模块在接收到换道指令之后将其转换为Q-Paramics的API函数行驶,以此控制路网车辆行为变化,生成危险换道场景,如图7.11所示。

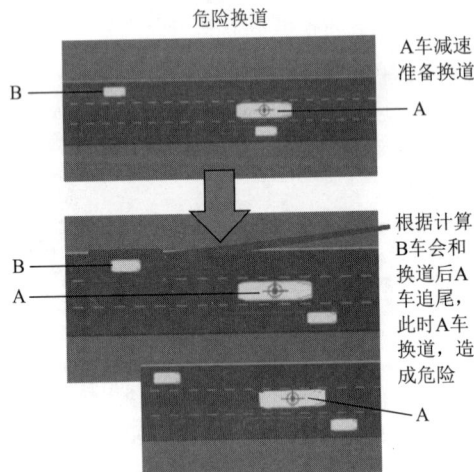

图7.11　危险换道生成方法

3. 多场景生成方法

多场景生成方法是集成危险跟驰和危险换道的一种复杂方法。此方法能够同时在路网中产生多个危险跟驰和危险换道场景。由于危险跟驰和危险换道场景均需要最少两辆车参与，并且为了不同场景执行过程中不会相互影响，仿真过程中设置的危险场景个数最大不能超过总车辆数的 1/3。

设仿真总车辆数为 3（$n+m$），设置的危险场景发生数为 $n+m$，其中危险跟驰场景个数为 n，危险换道场景个数为 m。交通控制模块遍历路网数据，从危险跟驰场景开始执行，并且规定执行过任意危险场景的车辆不会再去执行其他危险场景，逐次执行完 n 个危险跟驰场景和 m 个危险换道场景，如图 7.12 所示。

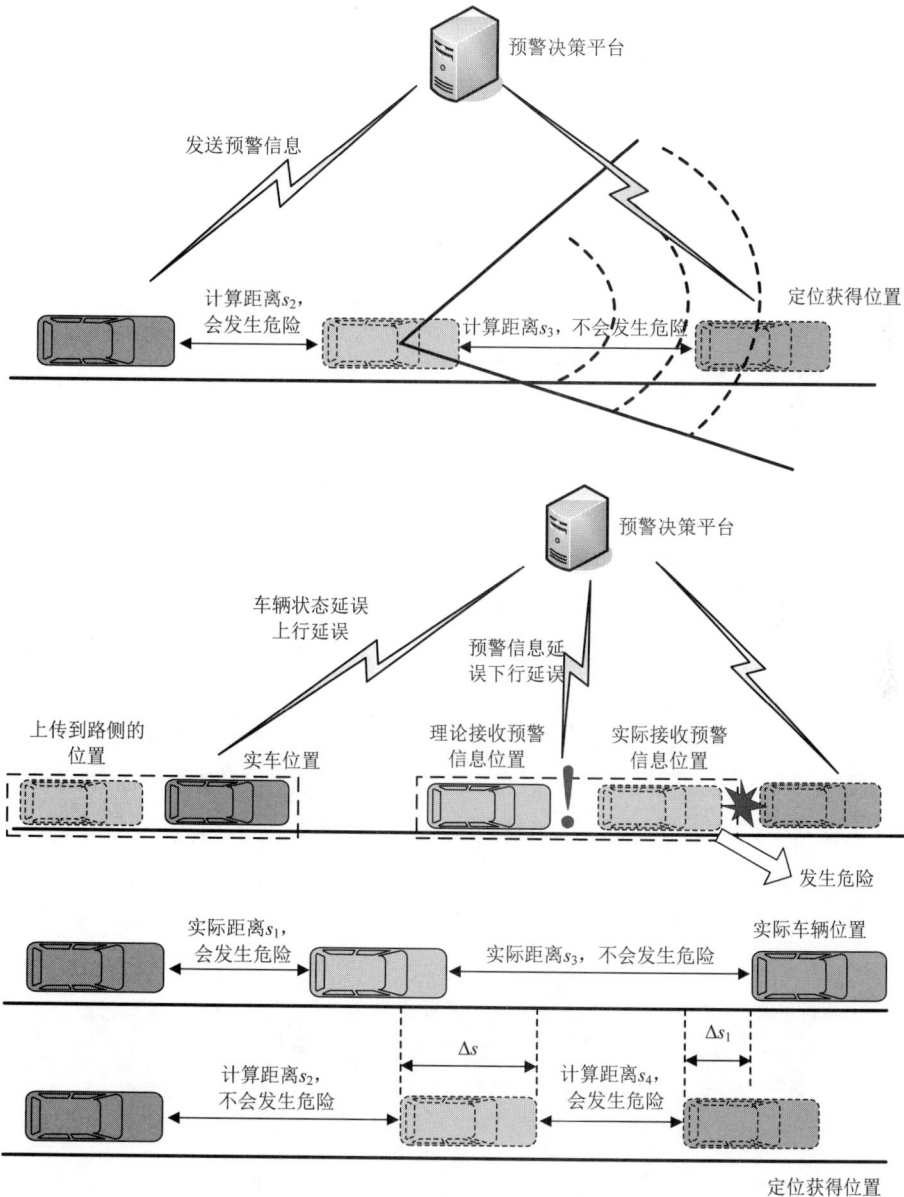

图 7.12　多场景生成方法

7.2.2　危险车辆预警方法

危险辨识模块通过识别车辆的跟驰关系，通过最小跟驰模型来预演跟驰车的行为轨迹，结合匀速预演的被跟驰车辆的行为轨迹，判断前后车是否会发生危险情况。

预警模块在危险辨识模块辨识出车辆危险情况之后执行，通过改变车辆速度、车辆加速度、车辆换道决策等方法生成控制信息，并将信息发送给交通控制模块。

图 7.13 所示为整个仿真平台的流程。

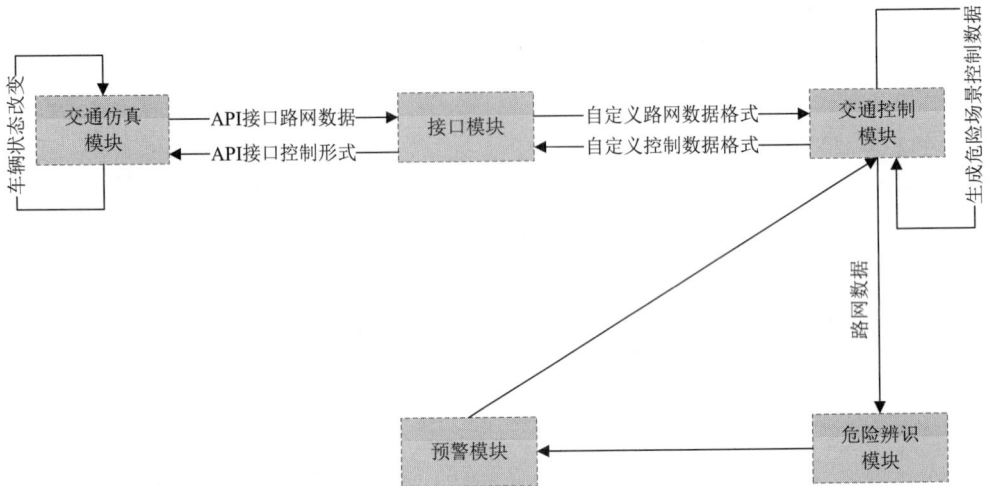

图 7.13　仿真平台流程

1. 危险跟驰预警

交通控制模块会把路网全部数据发送到危险辨识模块。危险辨识模块分析路网的车辆跟驰关系以及车辆的速度、加速度等参数。通过最小安全距离跟驰模型来判断跟驰车和前车是否会发生追尾危险，即后车减速到前车速度-时间内行驶的距离大于当前车距、前车在这段时间内匀速行驶的距离、最小安全距离三者之和，即视为会发生危险。

在发生危险跟驰场景时，后车速度要大于前车速度，图 7.14 所示的车辆时空图给出了两对跟驰场景的消解情况。当有预警时车辆 1 和车辆 2 的时空曲线无重叠；当无预警时车辆 3 和车辆 4 的时空曲线会相交，即会发生追尾事故。

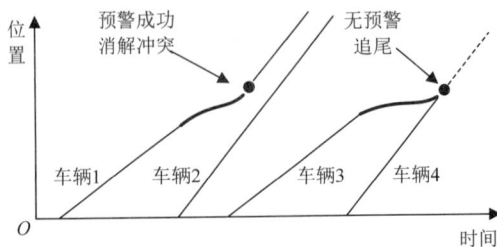

图 7.14　跟驰冲突消解

采用最小安全距离跟驰模型实现对危险跟驰场景的预警。预警模型为

$$\frac{v_f^2 - v_1^2}{2a_m} - s - \frac{v_1(v_f - v_1)}{a_m} - s_s > 0 \qquad (7.2)$$

式中：v_f 为后车的车速；v_1 为前车的车速，a_m 为最大制动减速度阈值，考虑到车辆的最大减速度一般不超过 6m/s²，书中取 $a_m = 4$m/s²；s 为两车在执行预警算法时刻的距离；s_s 为两车的最小安全距离，这里取 $s_s = 5$m，为一个车长。

当上述判断成立时，预警模块即开始预警，生成预警控制信息，即跟驰车辆以最大减速度行驶。预警控制信息发送给交通控制模块，交通控制模块通过接口模块来控制交通仿真模块改变跟驰车辆的状态，从而避免危险发生。

如图 7.15 所示，A、B、C 车为跟驰关系，交通控制模块将联网车辆 A、B、C 车辆状态信息发送给危险辨识模块，危险辨识模块综合分析，根据式（7.2）判断是否满足最小安全距离，得知 A、B 两车不满足，会发生危险，预警模块开始预警，并生成预警控制信息发送给交通控制模块。交通控制模块通过接口模块来改变跟驰车辆的状态，从而避免危险的发生。

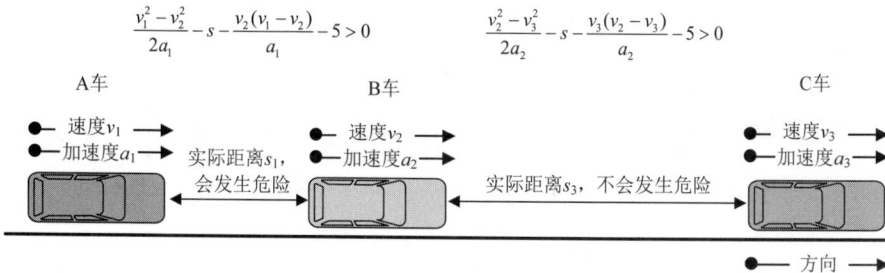

图 7.15　跟驰预警方法

2. 危险换道预警

车辆换道在车辆状态参数中会出现所在车道值的变化。因此，危险辨识模块会保留上一步仿真中的车辆参数，并与这一帧的车辆状态数据作对比，找出其中变换车道的车辆，同时采用危险跟驰预警辨识方法，判断变换车道之后，新车道上的后车会不会发生追尾危险。如果会发生危险，预警模块生成控制信息，通过交通控制模块→接口模块控制交通仿真中的关键车辆保持原有车道，从而避免危险发生，如图 7.16 所示。

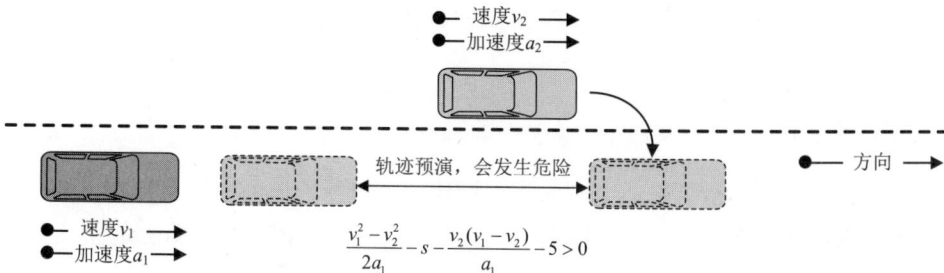

图 7.16　换道预警方法

采用车辆分段非线性制动模型对车辆换道危险进行辨识。车辆的制动过程可以分为3个阶段，即反应阶段、减速度上升阶段、最大减速度阶段，如图 7.17 所示。

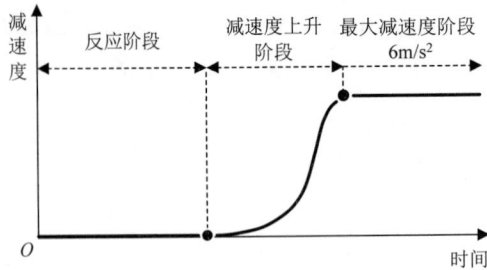

图 7.17　车辆制动过程

反应阶段车辆保持匀速行驶，本书设置反应时间 t_r=0.5s ，则在初速度为 v_0 条件下在反应时间内行驶的距离 s_r 为

$$s_r = t_r \cdot v_0 \tag{7.3}$$

减速度上升阶段，减速度 a_u 随时间 t 的变化规律符合双曲线的变化规律，即

$$a_u = w(t) = \frac{p}{q \cdot (t-r)^2 - 1} \tag{7.4}$$

式中：p、q、r 为双曲线的参数，p=6，q=1833，r=0.16，与跟驰预警相同，这里取最大制动减速度阈值为 4m/s² ，则减速度上升时间内车辆行驶距离 s_u 为

$$s_u = \int_0^{w^{-1}(4)} \left(v_0 - \int_0^t \frac{6}{1833 \times (\theta - 0.16)^2 - 1} d\theta \right) dt \tag{7.5}$$

最大减速度阶段，按照 4m/s² 制动减速度阈值制动，则此阶段车辆的行驶距离 s_m 为

$$s_m = \left(v_0 - \int_0^{w^{-1}(4)} \frac{6}{1833 \times (\theta - 0.16)^2 - 1} d\theta \right) \cdot t - \frac{1}{2} \cdot 4 \cdot t^2 \tag{7.6}$$

假设换道车辆一直保持速度 v_c 行驶，若存在 $t > 0$ 使下式成立，则进行预警，即

$$s_r + s_u + s_m > v_c \cdot t \tag{7.7}$$

7.3　基于平台的关键指标参数测试

7.3.1　测试平台框架

测试平台包括交通仿真模块、通信控制模块、车辆行为控制模块、仿真管理与参数评估模块、三维视景模块，平台还提供了场景数据、车辆状态、预警数据的接口供二次开发使用，如图 7.18 所示。

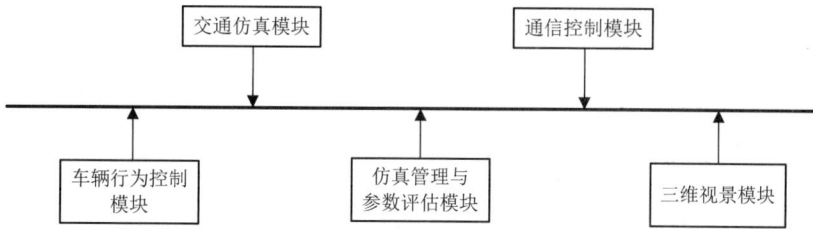

图 7.18　平台模块划分

交通仿真模块主要用于绘制路网、初始化车流，能够通过跟驰、换道模型参数的复写来改变车辆行为特征，提取车辆状态信息并且控制车辆行为；通信控制模块通过交通仿真模块提取的车辆信息，将每辆车作为一个通信节点，实现通信延误、丢包率的模拟；车辆行为控制模块对车辆的下一步运行状态进行预演，判断车辆安全情况，给出预警信息；仿真管理与参数评估模块能够管理仿真平台各个模块的运行和暂停，评估系统参数；三维视景模块主要以视景仿真的形式呈现效果，如图 7.19 所示。

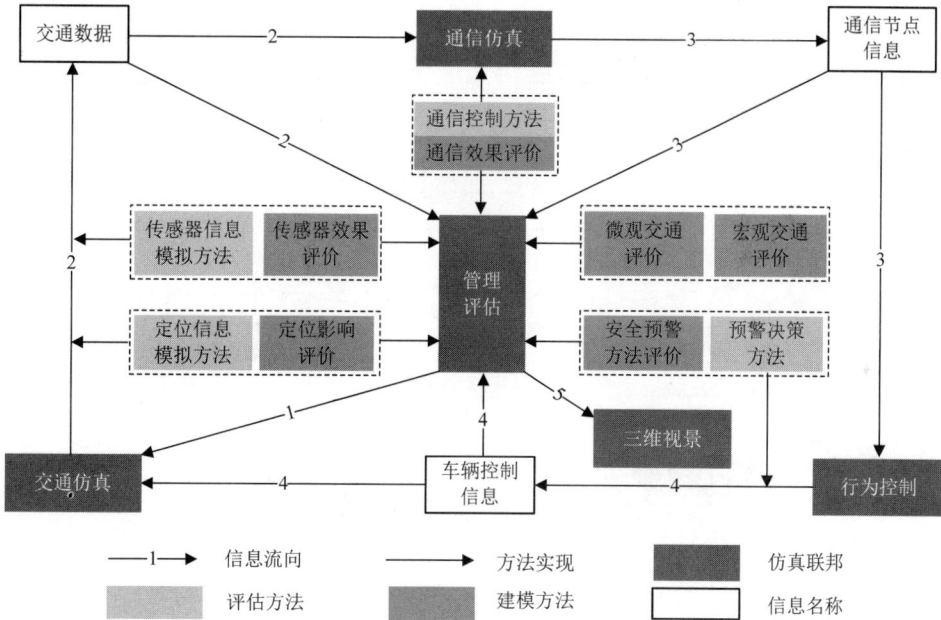

图 7.19　仿真平台模块分析

交通仿真模块能够通过绘制交通路网、设定路口交通信号控制方法、输入车流参数来进行交通仿真，并且能够通过底层跟驰、换道模型参数的复写来改变车辆行为特征，能够提取车辆状态信息并且控制车辆的行为，生成危险仿真场景，如图 7.20 所示。

通信控制模块通过交通仿真模块提取的车辆信息，将每辆车作为一个通信节点，模拟车路协同中车车、车地通信流程，并且实现通信延误、丢包率参数等的仿真注入。

车辆行为控制模块能够通过加载不同跟驰模型、换道模型等对车辆的下一步运行状态进行预演，结合仿真路网所有车辆信息，判断车辆安全情况，在可能发生危险时提前给出预警信息以避免危险情况发生，如图 7.21 所示。

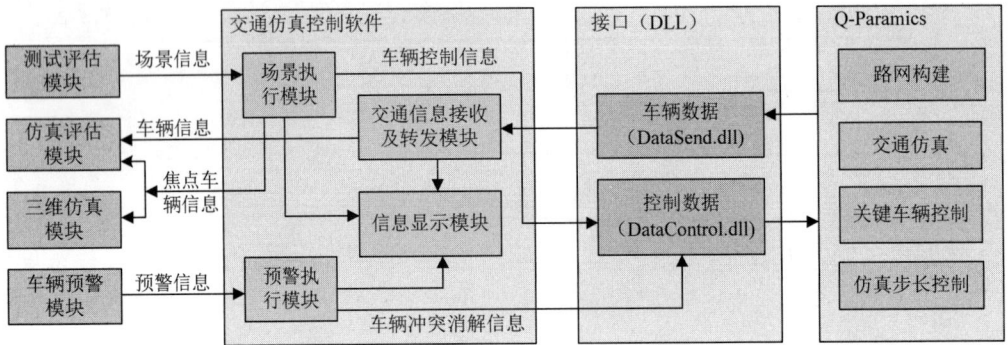

图 7.20　交通仿真模块功能结构框图

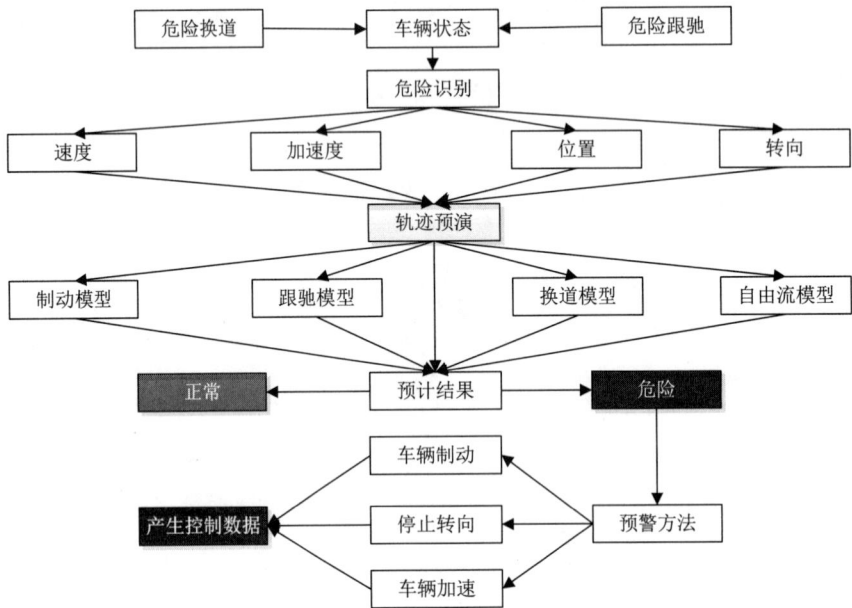

图 7.21　行为控制模块功能结构框图

　　仿真管理和参数评估模块能够管理仿真平台各个模块的运行和暂停，并且能够将危险场景以数据化的形式发送给交通仿真模块，通过交通仿真模块中危险场景的生成、通信控制模块中节点通信情况和车辆行为控制模块的预警信息，仿真管理和参数评估模块能够给出特定参数（如定位、通信、传感器）与车辆安全的关系，达到评估系统参数和预警方法的目的，如图 7.22 所示。

　　三维视景模块提供路网中关键元素的可视化呈现，能够随着仿真的进行动态展示车辆的行为状态，并且车内视角能够提供预警信息的可视化呈现；具备道路、路侧设备、行人、建筑等的三维纹理贴图功能，如图 7.23 所示。

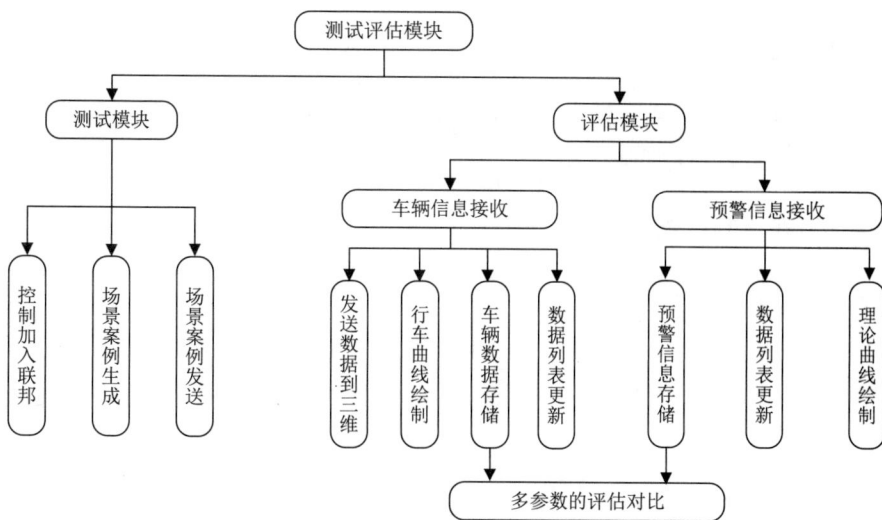

图 7.22　管理评估模块功能结构框图

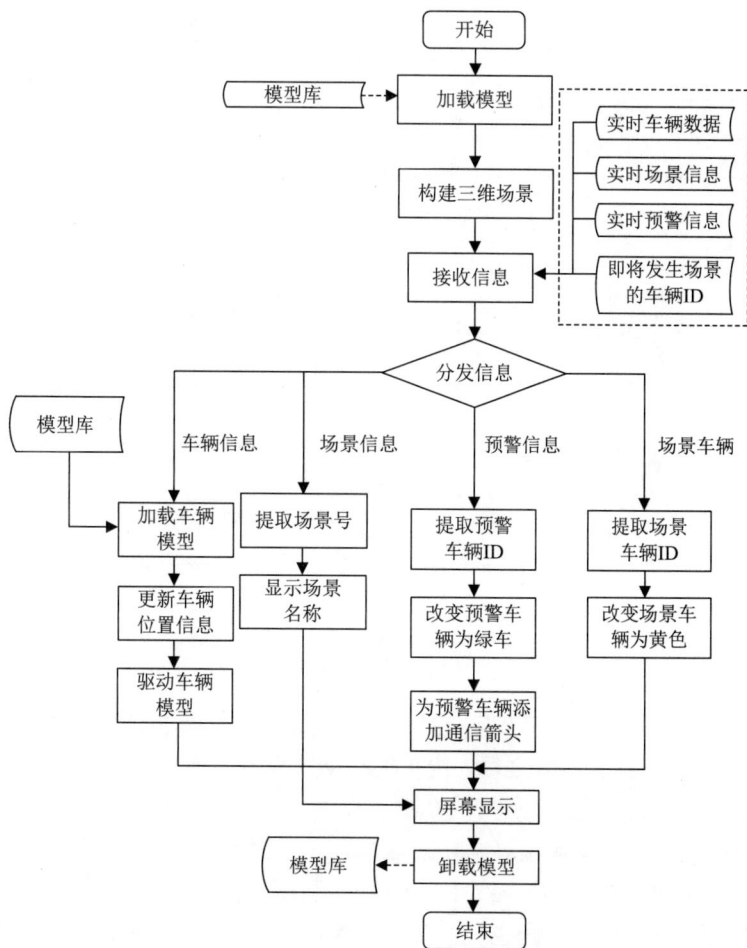

图 7.23　三维视景模块功能结构框图

7.3.2　关键指标测试方法及结果分析

通过基于 HLA 的车联网仿真测试平台实现对车辆关键指标参量的仿真测试，本小节针对定位误差、车辆上行延误和渗透率 3 个参数进行了仿真测试。

1. 定位误差仿真测试

在定位误差的仿真测试中，场景参数设置如表 7.1 所示。

表 7.1　定位误差测试条件

参数	取值
场景类型	跟驰场景
后车速度/（m·s⁻¹）	30
前车速度/（m·s⁻¹）	20
次数/次	50
定位误差（变化）/m	0、+6、−6
渗透率	0
上行通信延误	0
预警方法	危险跟驰预警
OD 值	1500

图 7.24 所示为仿真过程中某一次危险跟驰场景中前车和后车的速度变化情况。

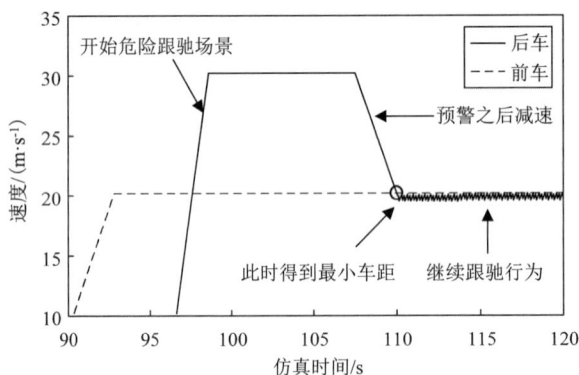

图 7.24　跟驰单车曲线

通过图 7.24 能够看出，后车在接收到预警信息之后，根据本书提出的危险跟驰预警方法进行减速，并在车辆接触预警之后，由车辆制动转换为与前车保持跟驰行为。分别在定位误差为−6m、0、+6m 的条件下进行 50 次仿真试验，得到两车最小车距如图 7.25 所示。

在不同定位误差时，车辆预警制动之后与前车的最小车距呈现小幅度变化，但是大致在同一水平，这种现象主要是因为仿真过程中数据的离散特性导致的，并且 Paramics 底层跟驰模型对车辆数据的改变也会产生一定影响。定位误差分别为−6m、0 和+6m 时，前后车的最小平均距离分别为 8.13m、13.96m 和 20.05m，在一定程度上呈现出与定位误差相同的等差变化，均为 6m 左右，仿真测试能够反映定位误差对车辆安全的影响。

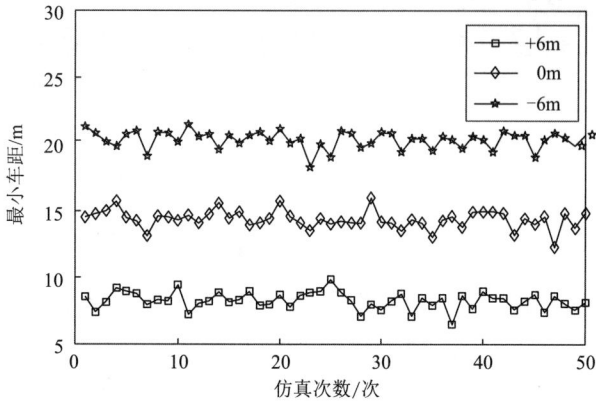

图 7.25　固定误差统计结果

2. 上行通信延误仿真测试

在通信延误的仿真测试中，场景参数设置如表 7.2 所示。

表 7.2　上行通信延误测试条件

参数	取值
场景类型	换道场景
后车速度/（m·s^{-1}）	30
前车速度/（m·s^{-1}）	20
次数/次	50
定位误差	0
渗透率	0
上行通信延误（变化）	100ms、500ms、1s
预警方法	危险换道预警
OD 值	1500

图 7.26 所示为仿真过程中某一次危险换道场景中换道车辆和后车的轨迹图。

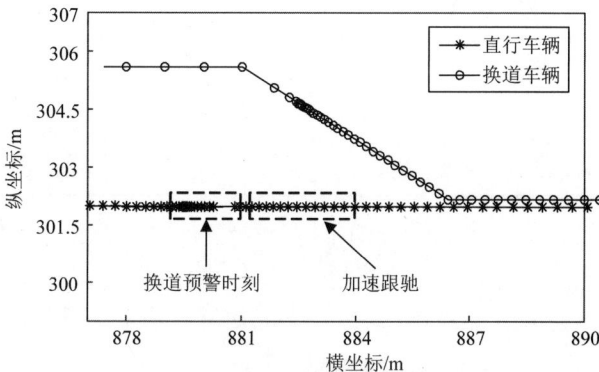

图 7.26　车辆换道轨迹

从图 7.26 中能够看出,车辆在进行换道时,目标车道上的后车轨迹由稀疏变得密集,在仿真步长一定的条件下,说明后车进行了制动操作;随后解除预警,后车的轨迹又开始逐渐变得稀疏,说明后车进行了加速并与换道的车辆保持跟驰行为。本书在上行通信延误分别为 100ms、500ms、1s 的条件下进行了 50 次仿真,仿真结果如图 7.27 所示。

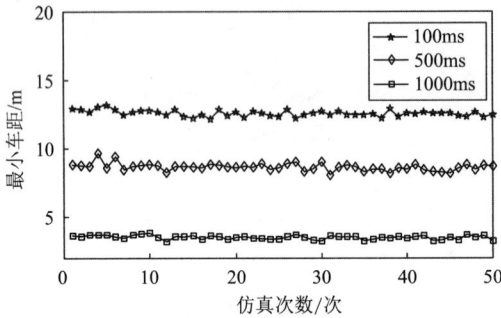

图 7.27　上行延误统计结果

虽然危险场景不同,但是在上行通信延误条件下最小车距的分布与定位误差仿真测试结果类似,最小车距在小范围内波动。上行通信延误分别为 100ms、500ms 和 1s 时,两车的最小车距分别为 12.81m、8.38m 和 3.22m,与上行通信延误呈现相同的等比关系。并且在上行通信延误为 100ms 时,两车的最小车距与定位误差为 0 时的最小车距差别并不大,说明仿真平台在底层模型建立和仿真场景的生成过程中系统误差较小。

3. 渗透率仿真测试

渗透率的仿真条件如表 7.3 所示。

表 7.3　渗透率的仿真条件

参数	取值
场景类型	跟驰场景
后车速度/（m·s⁻¹）	30
前车速度/（m·s⁻¹）	20
次数/次	50
定位误差	0
渗透率（变化）	0.2~0.9
上行通信延误	0
预警方法	危险跟驰预警
OD 值（变化）	1000~4500

图 7.28 所示为 OD 值为 1500 时,不同渗透率条件下预警成功次数统计。

通过图 7.28 能够看出,当 OD 值相同时,路网中联网车辆越多,危险跟驰场景被正确辨识的概率越大。当渗透率为 0.4 时,识别的均值要小于渗透率为 0.3 时的均值,这是由 Paramics 的随机性造成的。在 Paramics 中,车辆从小区中释放遵循一定的随机规则,这种车辆释放的随机性导致了图中现象的发生。

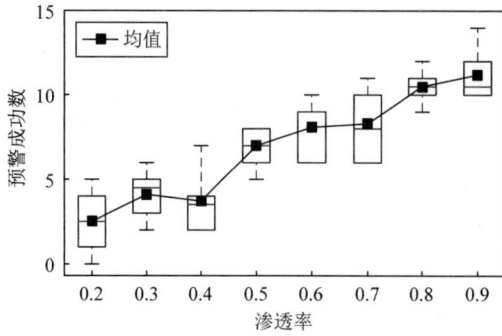

图 7.28　渗透率统计结果

图 7.29 所示为 OD 矩阵变化条件下，渗透率分别为 0.2、0.4、0.6、0.8 时，进行 50 次跟驰仿真测试的结果。

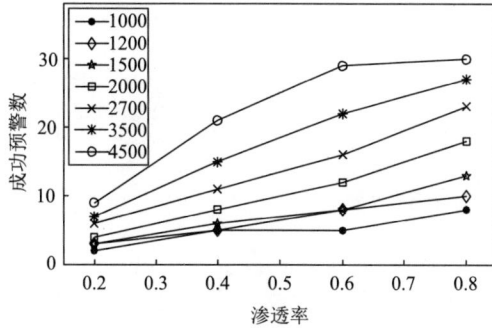

图 7.29　不同 OD 值的预警成功率

由图 7.29 能够看出，成功预警的次数与 OD 取值和渗透率均呈正相关关系，并在渗透率为 0.6、OD 取值为 4500 时达到 100%预警成功率。

本章主要针对车辆行为控制方法进行研究，分析误差模型和车辆危险场景生成及预警方法，基于平台进行关键指标的测试，实现了控制车辆在车路协同系统中的行驶。

第8章 车路协同系统测试方法

目前针对车路协同系统的仿真测试，国外的研究主要依托 VII 等典型示范项目的建设而开展，国内专门从事车路协同系统仿真的研究尚少，鉴于构建仿真测试系统对于车路协同系统技术领域研究实施的重要性，面向车路协同系统的仿真测试是当前在车路协同领域必然的发展趋势和重要的前沿方向，它的开展是我国技术积累乃至占领该领域研究制高点的重要保障。

本章旨在介绍车路协同系统仿真测试方法，设计了车路协同典型的应用场景，阐明了测试案例的设计思路、设计方法和需求分析，同时实现了系统测试序列的自动生成和优化，并对整个仿真系统进行了测试。

8.1 系统测试需求分析

8.1.1 提取 I-VICS 功能特征的必要性

目前，国内对车路协同系统功能测试并没有相关的明确规定，也就是对验证仿真系统是否满足车路协同系统需求并没有明确的规范可以遵循。因此，I-VICS 系统需求作为测试案例的立足点也就存在以下两个问题：①对于实际的车路协同系统的许多需求中，在既有接口上对其进行直接测试是不可能的；②如果对每个需求都生成测试案例，会导致案例数量异常庞大。为了使这两个问题得以解决，就要求测试人员提炼出一些必要的被称为功能特征的功能体。要保证每个功能特征都来自 I-VICS 中的需求，并且这些功能特征能够包括 I-VICS 的所有需求。

在能够方便管理和执行测试案例的前提下，I-VICS 功能特征应具有以下两个属性。①可测性。为了能在既有的接口上对被测对象进行测试，功能特征要能通过直接激励对被测对象产生响应，也就是说，每个功能特征都能分解成一个简单的因果关系。②独立性。在不考虑其他功能特征执行情况的前提下，某些功能特征能够单独执行。

综上可以得到功能特征的确切定义：作为 I-VICS 必要的功能实体，这些功能实体要满足外部可见的要求，还要求其能分解成基本的因果关系。功能特征包含一个至多个系统需求，这些系统需求以一种易于管理、外部可见的方式得以概括。

因此，可设计若干测试案例针对每个功能特征进行测试，实现对 I-VICS 系统需求的功能测试，进而进行验证。

I-VICS 系统需求、功能特征、测试案例之间的关系如图 8.1 所示。

这种由 I-VICS 系统需求—功能特征—测试案例设计的案例设计过程可以确保以下几点。

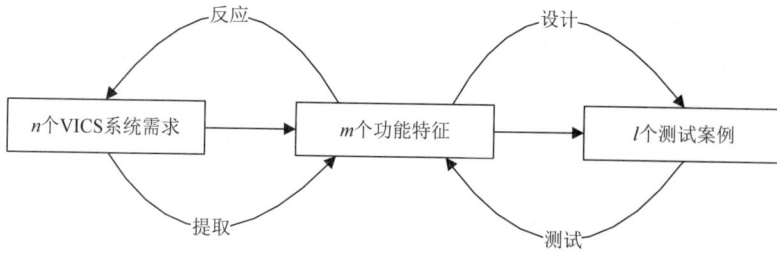

图 8.1　系统需求、功能特征、测试案例之间的关系

（1）在既有接口上根据 I-VICS 系统中的需求进行测试。

（2）从 I-VICS 系统全局角度集中规划案例，减少测试案例的数量。

（3）通过测试案例的独立性、原子性（不可分割性）减少测试案例的复杂程度。

（4）通过完整的测试案例衡量系统的技术互操作性。

（5）提供了对系统能力的整体评估能力。

8.1.2　I-VICS 功能特征的划分与定义原则

I-VICS 系统功能特征集要覆盖所有系统需求，而基于 HLA 的 I-VICS 仿真平台所描述的仿真场景都要包括以下 3 个功能需求：①车路协同系统车载系统的自主状态获取及控制；②车路协同系统路侧系统的特征提取及信息融合；③车路协同系统信息交互系统的实时、安全信息传输。也就是说，所有的功能特征必须能够完整描述并体现 I-VICS 仿真平台所体现的 3 个需求，同时也必须考虑可执行性。由于是在既有的外部可见接口上对被测对象进行测试，因此在定义功能特征时，也必须参考各模块之间的相关接口文件。系统的需求主要由测试场景体现，基于 I-VICS 仿真平台要实现的 3 个典型场景为车辆速度自适应控制、车辆运行冲突消解、多交叉口交通信号控制协调。

1）功能特征划分

由于目前 I-VICS 系统需求无论是在国际还是在国内都没有明确的规范，因此要全面、翔实地描述系统需求的功能特征是非常烦琐、复杂的，工作量巨大，此处仅以"车辆运行冲突消解"场景需求为例，来说明根据系统实际运行条件来提取功能特征的过程，如图 8.2 所示。

可以根据 I-VICS 系统结构中参与到整个系统仿真过程的一些必要功能实体进行逐步细分，这些功能实体则根据系统运行时的各个模块得到初步的划分，功能实体可分为与冲突消解相关的功能特征和与模式相关的功能特征两大类，这两类功能实体也就是最高层的功能特征。对这两类功能实体可以做进一步的划分。

（1）与车辆冲突消解相关的功能特征划分。

① 车载单元功能：包括监控数据完整性和正确性监控功能，车车通信功能、车路通信功能、自身状态更新功能、车人通信功能、车交（交控中心）通信功能等。

② 路侧单元功能：包括监控功能、路车通信功能、路交通信功能等。

③ 个人终端单元功能：人车通信功能等。

④ 交控中心功能：包括交通流实时更新功能、路况信息实时更新功能、交车通信

功能、交路通信功能等。

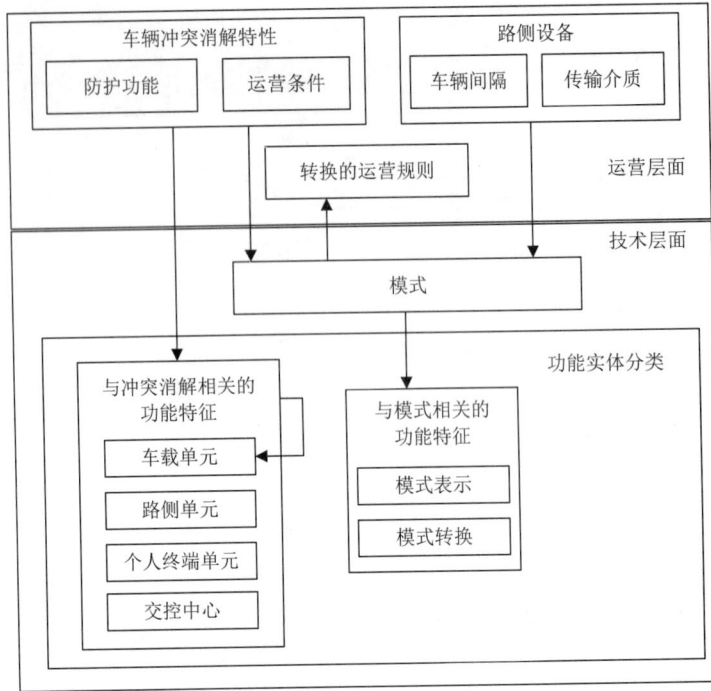

图 8.2　车辆运行冲突消解场景需求功能特征划分

（2）与模式相关的功能特征划分。

① 模式表示：呈现当前该特征所处的模式。

② 模式转换：当满足模式转换条件时各模式之间能够进行转换。

还可以继续划分得到二级功能特征，直到划分成为原子单位，即具有原子性和不可分割性，最终得到最底层功能用于设计测试案例。

2）在定义功能特征时依据的原则

（1）独立性。功能特征集中的每个功能特征都要与其他功能特征相互独立，为了便于工作和增强可读性，才呈现出层次关系，因此上层的功能特征是不可用的，最终只有最底层的功能特征可用。

（2）可理解性。每个功能特征应该易于用户理解。

（3）等级适用性。每个功能特征都有自己的等级属性，不一定适合所有的等级。因此，每个功能特征必须标明适用于哪一个等级。

（4）可标识性。每个用到的功能特征必须具有唯一的标识号以便识别。

3）实现功能特征时应考虑的问题

根据功能特征定义，在实现时应考虑以下几方面问题。

（1）可理解性。以纯文本的形式表示；功能特征是否易理解。可理解主要从开发者、被测对象、操作者和用户等角度来看。

（2）可标识性。功能特征标识号是否清楚、唯一；功能特征名称是否清楚；功能特征解释是否清楚。

（3）跟踪性。在将 I-VICS 系统需求集合成功能特征时，是否增加了新的需求或对系统需求进行改动；是否能找到所有需求参考；是否能精确参考形成功能特征的需求，并且能够对其进行完整定位，如果没有，重要部分一定要使用语句及段落标出（不同功能特征不可能测试相同的系统需求，然而可以对系统需求进行分割，分派给多个功能特征；否则就有必要对系统需求进行修改）。

（4）可测性。能否充分实施功能特征；测试评估的所有信息是否能够外部可见。

（5）原子性。功能特征的因果关系是否单一。

（6）一致性。是否正确使用需求和某些术语，不能存在误解。

（7）完整性。生成功能特征是否是所有需求的组合；系统需求是否必要/充分地被概括为功能特征，并能够清晰标明为所处功能特征；在需求中是否完整地描述了功能特征的所有限制。

8.1.3　I-VICS 功能特征的描述格式

根据以上功能特征的定义原则，就可以得到规范化的功能特征描述格式，功能特征描述所包含的具体字段有以下几种。

（1）功能特征标识号。每个处于最底层的功能特征都要求必须有且只有唯一的功能特征标识号：某功能特征中包含的某条需求必须包含同一个功能特征标识号，这样可以使系统需求与功能特征之间的核对更加方便。只有对最底层功能特征才能进行唯一标识号的排列，非最底层特征只需标明该功能特征所属级别即可。

（2）类型。类型就是规定功能特征属于上层功能特征还是最底层功能特征以及所属需求。分别有以下可选项：高级，除底层外的其他功能特征为高级，如 8.1.2 节所述的车载单元功能、路侧单元功能等；功能特征，所有最底层的功能特征标为功能特征，具体可见下页功能特征列表举例；所属需求，功能特征中的需求标为所属需求，也就是说该功能是具体负责测试实现哪条需求的。

（3）目录。目录用来描述功能特征从属需求或者标识号。类型为高级的行，标出它的名称和所处功能特征从属号；类型为功能特征的行，标出它的名称；类型为所属需求的行，标出所属需求具体内容。所有的功能特征必须至少有一个从属号，每个处于最底层的功能特征至少要对应生成一条测试案例，每个测试案例至少要对应一个系统需求。

（4）备注。对于个别有需要的特殊功能特征进行标注解释。

（5）等级。每条最底层功能特征应标明其所属适用等级。

（6）模式。每条最底层功能特征应标明其所属适用模式。

根据系统场景需求所提取的功能特征远不止以上几条，此处只列出少部分功能特征，为之后设计测试案例做铺垫。

8.2　典型应用场景仿真方法及设计

通过对车车、车路通信的行为车辆的控制，使其根据仿真场景进行自动行驶。车路协同系统作为一个完整的大交通系统，广义上应包括车、路、人以及联系各元素的信息交互网络等组成，各元素是以具备特定功能特征的单元、部件在仿真或真实系统中实例化实现。

8.2.1 路段典型试验场景

1. 基于车载传感的路段行人识别/人车冲突危险辨识

如图 8.3 所示，本场景涉及一辆试验车、两名行人，发生在直行路段。

试验车以至少 20km/h 的速度行驶于直行路段，试验车行驶过程中，两名行人出现在距其 50m 内的前方路段上。其中，有一名行人站在路边或试验车左右相邻车道上，不会与试验车冲突，另外一名行人位于试验车所在车道的正前方。要求试验车能够通过车载传感器识别其所在车道正前方的这名行人，并获得它与这名行人可能发生的冲突危险。

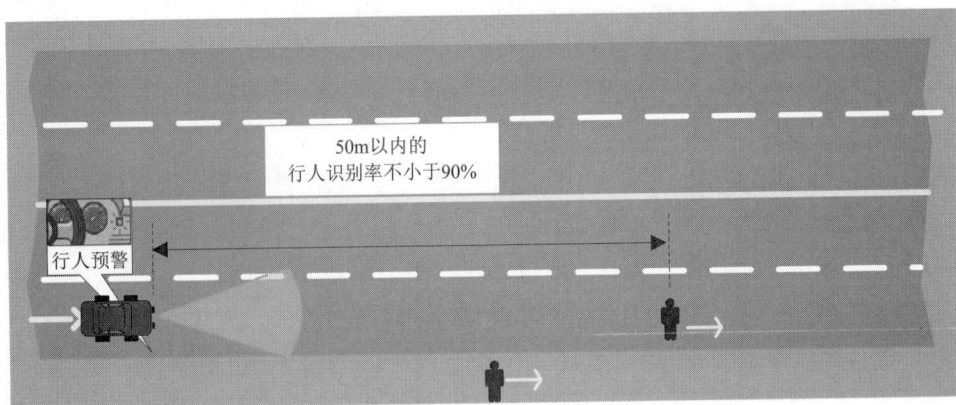

图 8.3　基于车载传感的路段行人识别/人车冲突危险辨识

2. 基于车载传感的路段车辆识别/车车冲突危险辨识

如图 8.4 所示，本场景涉及试验车 A，普通车 B、C，其中 B 为目标车，C 为干扰车，发生在普通路段。

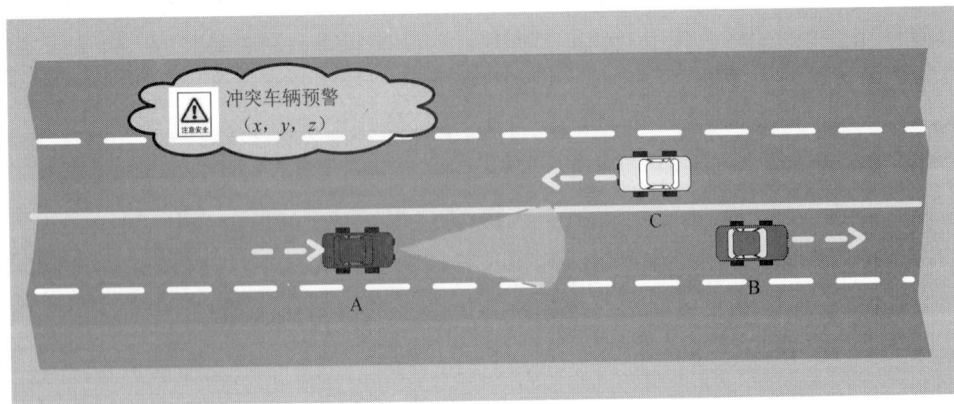

图 8.4　基于车载传感的路段车辆识别/车车冲突危险辨识

　　试验车 A 以至少 20km/h 的速度行驶于普通路段（直道、弯道），试验车 A 行驶过程中，在其前方 40m 处有一辆目标车 B（为普通车辆）正在减速，同时在其左右相邻车道的前方 20m 处分别有一辆干扰车 C。要求试验车 A 能够从前方这两辆车中去除干扰车 C 的干扰，准确识别它与目标车 B 的碰撞危险，利用其车载传感器得到它与目标车 B 的冲突位置与时刻。

3. 基于路面状态的自适应车速控制

　　如图 8.5 所示，本场景涉及一辆试验车，发生在湿滑路面（模拟雨天环境）。

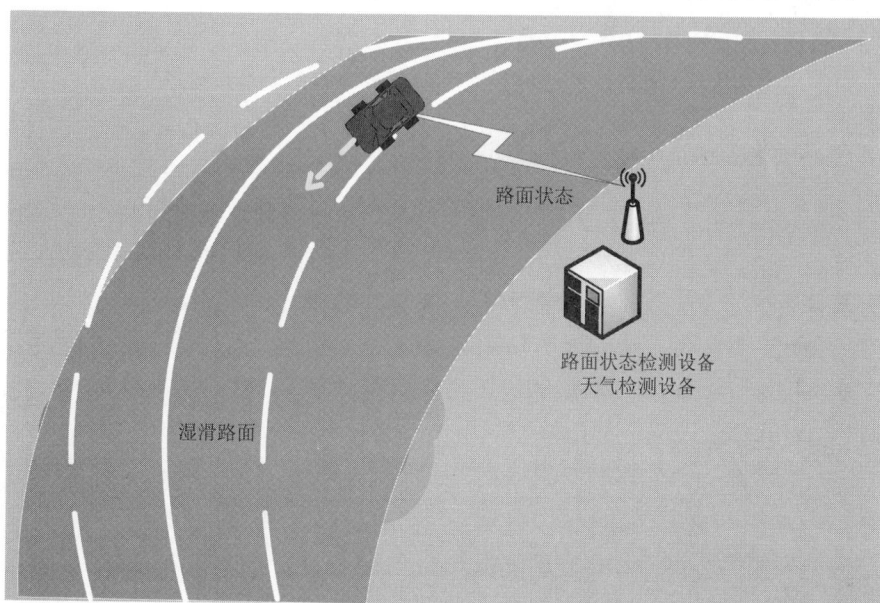

图 8.5　基于路面状态的自适应车速控制

　　被测车以 40km/h 的速度行驶于直道上，在进入弯道前，它通过车路交互的方式，获取从路侧单元传输过来的前方弯道信息，如弯道曲率、路面湿滑程度、被测车离弯道入口的距离等，自适应调整车速。

4. 基于车车交互的车辆换道危险辨识/预警/辅助决策

　　如图 8.6 所示，本场景涉及试验车 A、B，发生在直行路段。

　　两辆试验车 A、B 均以至少 20km/h 的相同速度行驶，试验车 A 行驶于行车道，试验车 B 行驶于超车道，B 在 A 的左后方。任意时刻，试验车 A 换至超车道，而试验车 B 却正在加速。要求试验车 A 通过车车交互的方式，获取试验车 B 的速度、加速度、方位等信息，辨识出此时换道存在的危险并给出预警。同时，要求试验车 A 能够辅助驾驶员进行换道决策，即给出合理的换道时刻、换道车速等。

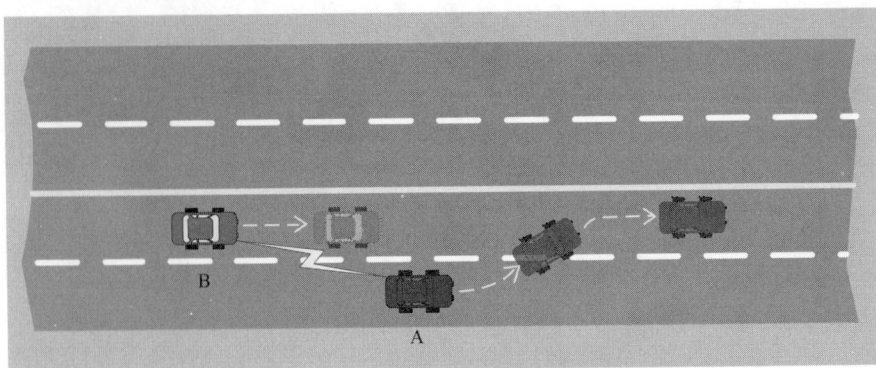

图 8.6　基于车车交互的车辆换道危险辨识/预警/辅助决策

5. 基于车车交互的车辆跟驰危险辨识/预警/辅助控制

如图 8.7 所示，本场景涉及试验车 A、B，普通车 C，发生在直行路段。

两辆试验车 A、B 均以至少 20km/h 的速度行驶于直行路段的同一车道上，两车之间间隔一辆普通车 C。一旦前面的 B 车人工减速，要求在 C 车后面的试验车 A 能通过车车交互的方式，在获取试验车 B 的车辆运动信息后给出车车冲突警示。在驾驶员不做任何动作的情况下，试验车 A 车能够通过主动控制的方式进行自动减速。

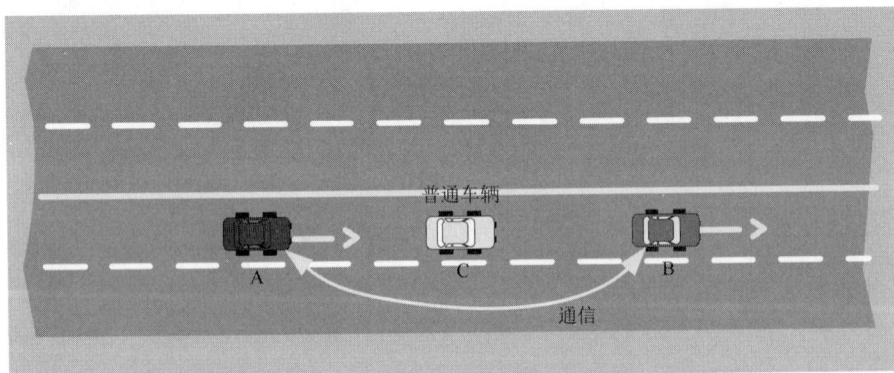

图 8.7　基于车车交互的车辆跟驰危险辨识/预警/辅助控制

8.2.2　交叉口典型试验场景

1. 基于交叉口交通信号的车辆安全通行

如图 8.8 所示，本场景涉及一辆试验车和交通信号，发生在信号交叉口。

在一个信号交叉口附近，试验车以至少 20km/h 的速度穿过此交叉口之前，路侧系统已将交通信号（信号灯、交通标示、通行规则等）通过车路交互方式发送给试验车，同时要求试验车在获取这些交通信号后，结合自车行驶状态信息，计算不停车通过路口所需的车速并将其推荐给驾驶员。在驾驶员未做任何动作且试验车存在闯红灯危险时，车载控制单元主动控制车辆减速或停车。

图 8.8　基于交叉口交通信号的车辆安全通行

2. 基于车路协同的交叉口车辆主动避撞

如图 8.9 所示，本场景涉及一辆试验车 A 和一辆目标车 B（普通车辆），发生在有遮挡的无信号交叉口。

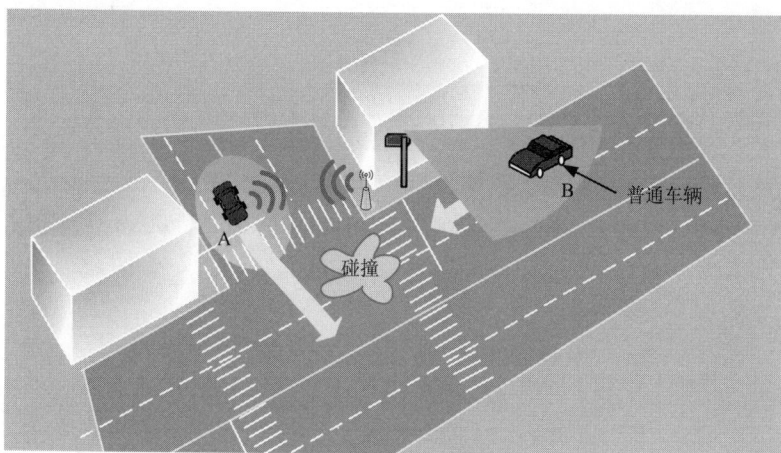

图 8.9　基于车路协同的交叉口车辆主动避撞

在一个有遮挡的无信号交叉口，一辆试验车 A 以至少 20km/h 的速度从非主干道左转穿过此交叉口到达主干道，而一辆被路边障碍遮挡的目标车 B 却正好从主干道穿过此交叉口。要求路侧系统能够感知目标车 B 的行车状态，并通过车路交互方式将目标车 B 的行车状态发送给试验车 A。同时，试验车 A 判断两车发生冲突的危险，并用冲突危险辨识的结果警示试验车 A 的驾驶员，必要时由车载控制单元主动控制试验车 A 减速或停车。

3. 基于车车交互的交叉口车辆安全通行

如图 8.10 所示，本场景涉及两辆测试车 A、B，发生在有遮挡的无信号交叉口。

在一个有遮挡的无信号交叉口附近，两辆测试车 A、B 以至少 20km/h 的速度分别从不同方向正欲穿过此交叉口。要求测试车 A、B 以车车交互的方式将自己的速度、位置信息发送给对方。同时，要求两车在收到对方信息后进行危险判断，如果存在冲突，判断车辆对交叉口区域的优先使用权，优先权高的车辆按照当前的状态通过路口，优先权低的车辆向驾驶员发出让行提示，必要时由车载控制单元主动进行干预控制。

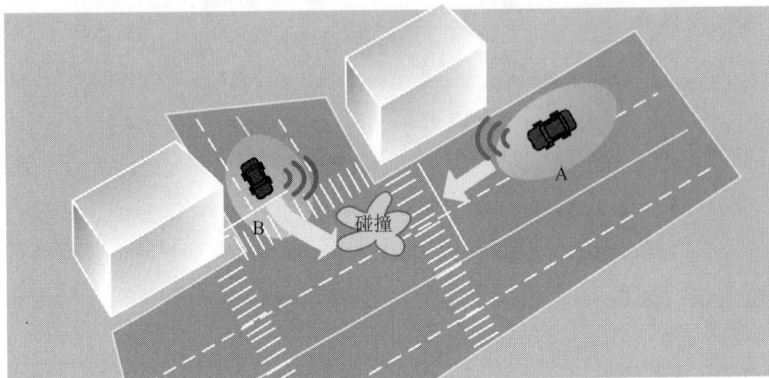

图 8.10　基于车车交互的交叉口车辆安全通行

4. 基于路侧传感的交叉口行人识别/人车冲突危险辨识

如图 8.11 所示，本场景涉及一辆试验车和一位行人，发生在有遮挡的无信号交叉口。

图 8.11　基于路侧传感的交叉口行人识别/人车冲突危险辨识

试验车以至少 20km/h 的速度正准备左转穿过此交叉口，而一位被路边障碍遮挡的行人却正好处于试验车即将通过的交叉口人行道上。要求路侧系统通过路侧传感器识别出行人，并通过车路交互方式将该行人的运动信息发给试验车。同时，由试验车判断它与行人是否存在冲突危险，并用冲突危险辨识的结果警示试验车 A 的驾驶员，必要时由车载控制单元主动控制试验车 A。

5. 交叉口突发事件辨识及警示

如图 8.12 所示，本场景涉及试验车 A、B、C，发生在信号交叉口。

试验车 A、B 以至少 20km/h 的速度正准备穿过此交叉口，此时试验车 C 正好在交叉口发生异常停车。要求路侧系统能够识别异常车辆 C，并将这一事故信息以广播方式发送给即将到达此交叉口的过往试验车 A、B。同时，试验车 A、B 能够通过人机界面显示道路异常信息，以警示驾驶员。

图 8.12　交叉口突发事件辨识及警示

6. 基于车路协同的车速引导控制

如图 8.13 所示，本场景涉及试验车 A、B，发生在信号交叉口。

图 8.13　基于车路协同的车速引导控制

试验车 A、B 一同从距离交叉口 500m 以外的位置驶向交叉口。路侧系统通过车路通信的方式获得车辆的位置及速度信息，结合信号当前周期以及最近周期的配时信息，以及在允许速度范围内通过车路交互的方式对两辆车进行车速引导，使得两辆车都可以不停车通过交叉口。

7. 面向车队控制的车路协同信号配时

如图 8.14 所示，本场景涉及 10 辆试验车，发生在信号交叉口。

10 辆试验车分别从交叉口的两个方向按照设定的时间间隔（如 2s）均匀到达交叉口，路口信号控制系统根据两个方向车辆位置及其速度信息，重新计算信号配时与相位，并发布车速引导信息，使得两个方向车辆各聚集成紧密车队，车队 1 所在相位由红灯变为绿灯进而使先到达的车队 1 通过交叉口；待车队 1 通过交叉口后，进行信号灯切换，使得车队 2 刚好可以不停车通过交叉口。

图 8.14　面向车队控制的车路协同信号配时

8.2.3　其他典型场景

在车路协同仿真平台上，还有基于车路交互的施工区警示、基于车车交互的盲区警示、基于车路协同的紧急车辆接近警示与交通信号优先等典型应用场景可进行仿真演示。

1. 基于车路交互的施工区警示

如图 8.15 所示，本场景涉及一辆试验车，发生在附近有施工区的交叉口。

路侧系统通过人工获取施工区的位置信息后，可向过往车辆发布施工区警示，提醒驾驶员改变行驶路径，或提前低挡慢行通过施工区。

2. 基于车车交互的盲区警示

如图 8.16 所示，本场景涉及试验车 A、B，发生在直行路段。

试验车 A、B 分别行驶在直行路段的慢车道和快车道，且试验车 B 刚好位于试验车 A 的驾驶员视觉盲区。此时，试验车 A 须通过车车交互的方式，获取试验车 B 的位置、速度等信息，并在试验车 A 的人机界面上进行盲区车辆警示。

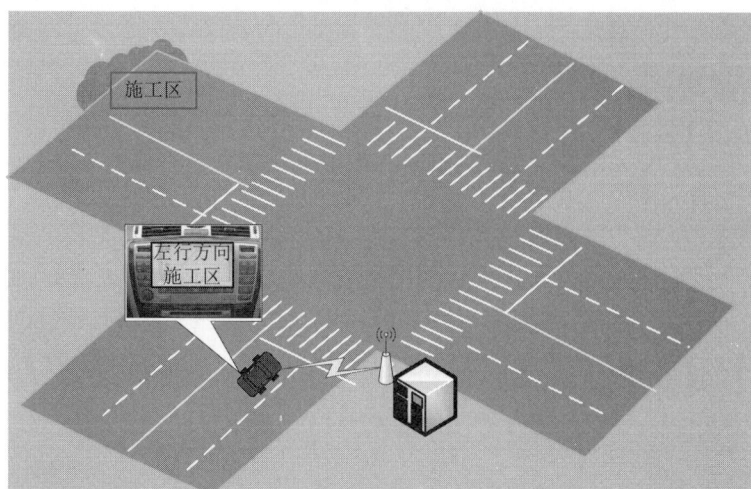

图 8.15　基于车路交互的施工区警示

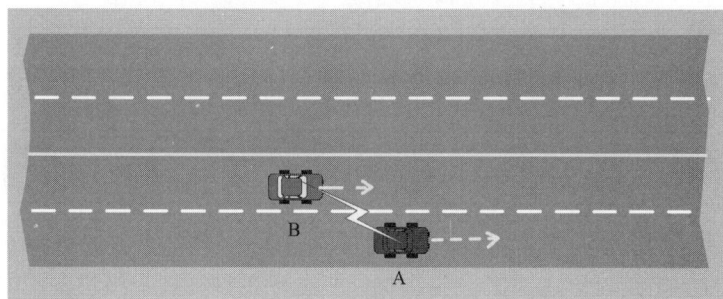

图 8.16　基于车车交互的盲区警示

3. 基于车路协同的紧急车辆接近警示与交通信号优先

如图 8.17 所示，本场景涉及试验车 A、B，发生在信号交叉口附近。

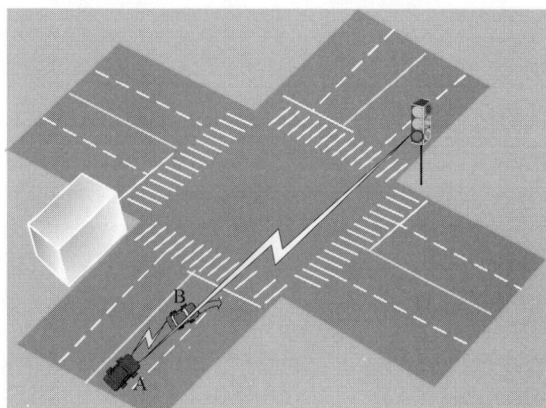

图 8.17　基于车路协同的紧急车辆接近警示与交通信号优先

试验车 A 为紧急车辆，当其即将通过交叉口时，前方的试验车 B 在通过车车交互方式获取其紧急事件信息后为其让行。同时，交叉口信号灯也在通过车路交互方式获取其紧急事件信息后，为其进行绿灯放行。

8.2.4　系统测试内容设计

车路协同仿真系统是由微观交通仿真、信息交互仿真、应用场景仿真、交通控制仿真、仿真管理器、交通三维视景仿真等模块组成的复杂仿真系统。系统测试是为了验证和确认系统是否达到其原始目标，在真实或模拟系统运行环境下，检查完整的程序系统是否能和系统外部正确配置、连接，并满足用户需求。对于交通仿真系统的测试，需要考虑各个系统间的交互有效性、运行有效性及仿真有效性，具体如表 8.1 所示。

表 8.1　系统需求测试内容设计

序号	测试内容	场景操作	期望结果
A1	运行有效性	系统向微观交通仿真模块、信息交互仿真模块、仿真管理器模块、三维视景仿真模块发出测试指令	各模块回馈执行信息
A2	交互有效性	系统向微观交通仿真模块发出测试指令	微观交通仿真模块回馈执行信息，其余模块根据微观交通仿真模块的执行信息同时反馈自身的执行信息
A3	仿真有效性	系统指令微观交通仿真模块模拟车辆从 A 点到 B 点	仿真车辆从 A 点到 B 点的运行过程符合一般车辆行为

运行有效性，指针对各个模块的测试语句发出执行命令时，各模块可做出相应的反应。

交互有效性，指测试语句对某一模块执行测试场景时，其余模块也应同时做出相应的反应。

仿真有效性，指所有的系统运行过程能有效地反映现实世界交通系统中车路协同的控制过程。

8.2.5　系统功能特征设计

参考功能特征的定义，根据车路协同仿真系统的基本功能实体的源头构造系统的功能特征列表。

车路协同仿真系统的功能实体可以分为三大类，即车载控制设备的功能特征、通信设备的功能特征以及路旁操控设备的功能特征，如图 8.18 所示。

图 8.18 所示的三类功能实体是最顶层的功能特征，可根据车路协同总体技术方案和仿真系统需求规范对这三类功能实体进一步细分。

1. 车载控制设备的功能特征

（1）车载传感器的监测功能，包括速度监测、位置监测、路径监测、行人监测、人车冲突监测、车车冲突监测等。

（2）车辆自主安全防护功能，包括基于车车交互的车速自适应功能、基于车载传感器的车车冲突换道功能等。

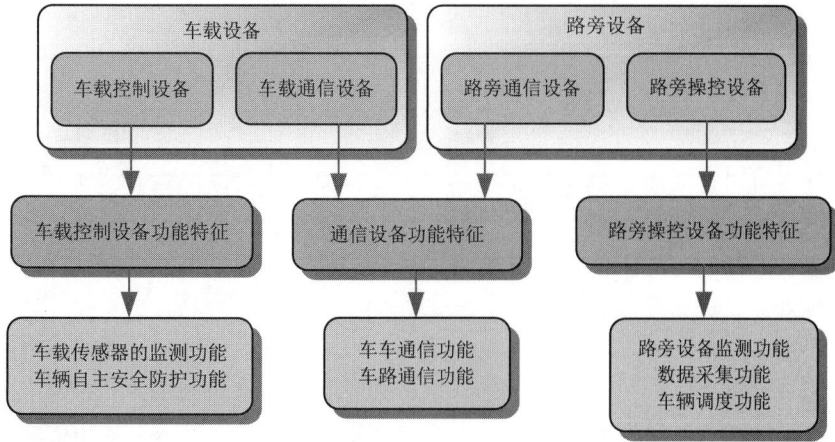

图 8.18　运行环境与功能实体对应框图

2. 通信设备的功能特征

（1）车车通信功能，包括车车交互数据完整性功能、车车交互数据正确性功能、车车交互数据实时性功能。

（2）车路通信功能，包括车路交互数据完整性功能、车路交互数据正确性功能、车路交互数据实时性功能。

3. 路旁操控设备的功能特征

（1）路旁设备监测功能，包括事故监测、行人监测、路面监测、人车冲突监测、车车冲突监测等。

（2）数据采集功能，包括交通流量采集功能、排队长度采集功能、信号配时数据采集功能、交叉口车辆路径采集功能等。

（3）车辆调度功能，包括救援车辆调度、车辆路径规划等。

二级功能特征还可以继续进行划分，直到功能特征成为不可分割的原子单位，最终得到用于设计测试案例最底层的功能特征集。

8.3　系统测试案例的设计

对于车路协同系统仿真平台的测试而言，要保证系统各个模块的质量就必须设计出完善的测试案例，规范完整的测试案例集还可以为车路协同系统仿真测试平台完成第三方测试打下良好的基础。目前，由北京交通大学轨道交通控制实验室研发的车路协同系统仿真平台已经通过了最初的调试，可以进行仿真测试，以后会有越来越多的车路协同系统仿真平台，开发一套完整的、规范化的测试案例集迫在眉睫，因此开展对测试案例设计方法的研究是十分必要的。

8.3.1　测试案例的设计思路

设计系统仿真平台测试案例是为了考察验证仿真平台是否符合仿真需求,它可以定义为某特定的测试数据或与其相关的测试规程集合,能有效地发现软件缺陷。一组优秀的测试案例集可以在最小化测试工作的前提下使发现的系统缺陷数量最大化,优化测试案例在测试过程中则起着重要的作用。测试案例本着以最少测试工作发现最多系统缺陷为目的,以有效性、可复用性、可评估性、可管理性为准则。

(1)有效性。测试案例要能够检测出仿真平台无法实现的功能。

(2)可复用性。车路协同系统仿真平台在不同场景下所要测试完成的仿真功能有很多重复功能,设计良好的可重复使用的测试案例将节约非常可观的测试成本。

(3)可评估性。开发者或者使用者能够通过测试案例的通过率、缺陷的数目和需求是否得到满足来判断仿真平台的功能是否完好地实现。

(4)可管理性。测试案例可以作为指导测试跟踪、管理测试人员工作效率以及检验测试人员进度和工作量的因素,并对人员制定出合理的计划和测试安排做出指导。

目前,国内外对车路协同系统仿真平台测试案例的研究很少,图 8.19 给出了 I-VICS测试案例集设计方法的具体步骤。

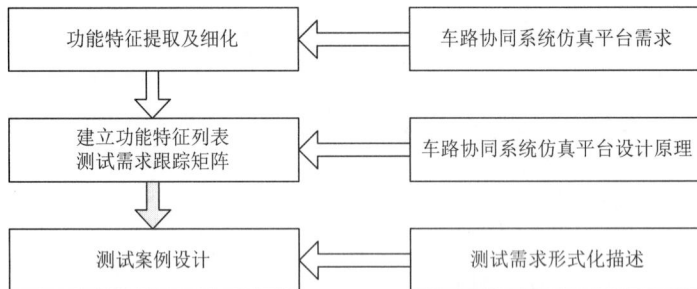

图 8.19　I-VICS 测试案例集设计方法的具体步骤

8.3.2　测试案例的设计方法

对于车路协同系统仿真平台功能测试而言,需要对仿真系统中的每一项功能进行测试,验证其功能是否满足实际情况,对于要验证各个模块功能是否满足实际情况的测试而言,功能测试主要使用的测试方法是等价类划分法,但等价类划分法着重考虑了输入条件,未考虑各功能输入条件之间的联系,即相互组合的情况。例如,研究对象为车路协同系统仿真平台时,其功能接口众多,输入/输出关系复杂,要检查这些输入条件的组合是一件非常困难的事。因此必须考虑采用一种能够描述多种场景条件的组合,并且能够产生多个动作输出的形式设计测试案例。经验表明,因果模型是非常适用的。

因果图法可以全面照顾到各模块的具体功能的各种组合及输入条件间的制约关系,在基于场景状态的基础上,将车路协同系统的各个模块功能定义为不同的输入,输入情况之间的相互组合导致了车路协同系统不同功能之间的组合以及相应的输出动作。对车路协同系统动作进行因果图描述,将自然语言规格说明转换成图形化的形式语言规格说明，一方面可以指出自然语言规格说明中不完整、有歧义的地方，另一方面可以帮助人们系统地设计一组高效率的测试案例。

8.4 系统测试序列自动生成及优化方法

测试序列最终生成方式是根据车路协同仿真系统的工作模式转换和运营场景，将测试子序列串接形成一条测试序列。对车路协同仿真系统进行的功能测试，总是从启动模块的链接开始至断开模块链接结束。为了达到在一次测试中尽可能多地测试系统功能特征的目的，将多个典型场景串接起来测试是一个必然的方向。

8.4.1 基于时间自动机的测试序列获取方法

时间自动机（timed automata，TA）是扩充的有限状态自动机，引入了时钟的概念。时钟是一类连续非负变量。时间自动机上的所有时钟在系统开始时从 0 计时，并以同样的速度增加，既可以随时检测每个时钟值的大小，也可以独立地使某些时钟复位置 0。

根据时间自动机原理，可得到基于车路交互的车车冲突消解及人车冲突消解的建模过程如下：将整个过程分为 6 个状态：S_0 表示车辆无障碍正常运行状态；S_1 表示车辆接收到交叉口路侧信号，发起会话，等待连接的状态；S_2 表示车辆与路旁设备建立连接的状态；S_3 表示车辆等待接收路侧预警信号的状态；S_4 表示车辆响应车车冲突的状态；S_5 表示车辆响应人车冲突的状态。车辆最初无障碍运行，当接近交叉口，发出请求连接的回话消息 Bal 后，转到 S_1 状态；在 S_1 状态下，接收到确认连接指令 CFM，转入 S_2 状态；车辆在 S_2 状态下发送响应的位置、速度、路径报告 M136 给路侧设备，并进入 S_3 状态；在 S_3 状态下，若车辆接收到车车冲突消息 M142，则转入状态 S_4；在 S_3 状态下，若车辆接收到人车冲突消息 M143，则转入状态 S_5；状态 S_4 和 S_5 接收到路侧设备发出的安全信号之后，返回到状态 S_0。本模型中未考虑收不到信息等故障情景。

对基于车路交互的冲突消解功能进行建模，得到如图 8.20 所示的 TIOA 模型。

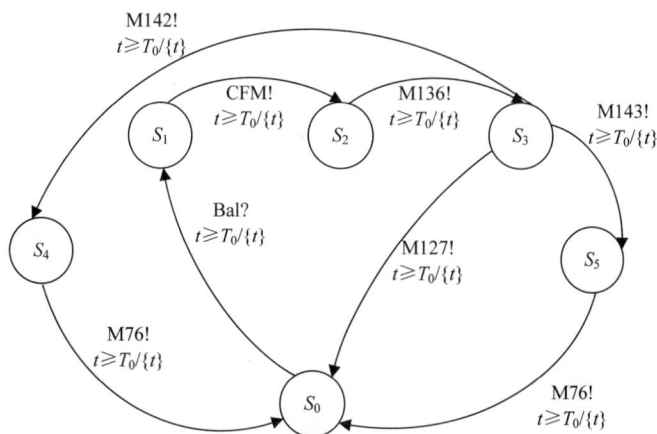

图 8.20　基于车路交互的冲突消解功能 TIOA 模型

将图 8.20 中的 TIOA 模型用 UPPAAL 实现，可得到如图 8.21 所示模型。

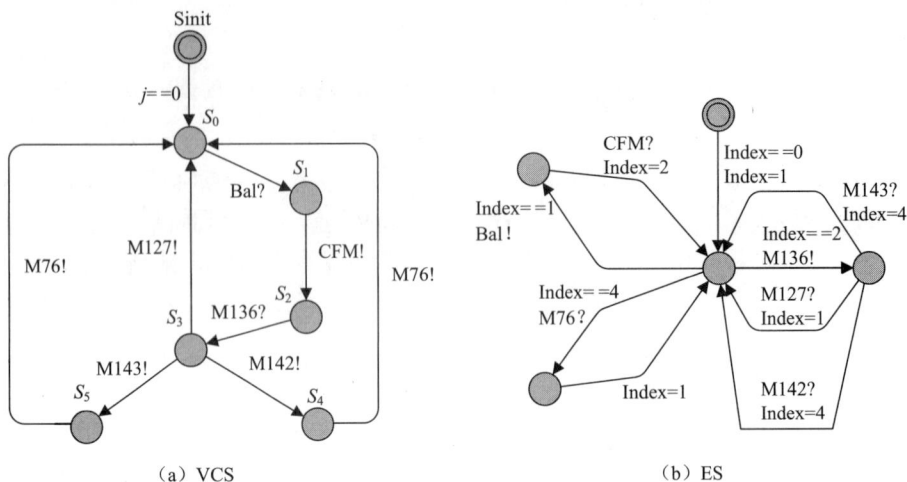

（a）VCS   （b）ES

图 8.21 车路交互的冲突消解功能 TIOA 模型的 UPPAAL 实现

在图 8.21 中，VCS 代表系统功能行为模型，ES 代表外部环境模型，用 UPPAAL 对模型的功能要求和部分性能要求进行验证，结果如表 8.2 所示。

表 8.2 UPPAAL 对模型功能要求和部分性能要求的验证

验证	描述
A[]not deadlock	系统没有死锁
E⬦((VCS.S2 imply VCS.S3)&&(VCS.S3 imply VCS.S4))	车辆能发出基本信息报告，并接收响应车车冲突预警
E⬦((VCS.S2 imply VCS.S3)&&(VCS.S3 imply VCS.S5))	车辆能发出基本信息报告，并接收响应人车冲突预警
E⬦((VCS.S0 imply VCS.S1)&&(VCS.S1 imply VCS.S2))	车辆能够与路侧设备建立会话
E⬦((VCS.S4 imply VCS.S0)&&(VCS.S5 imply VCS.S0))	车辆能够有效地处理冲突信息，实现安全运行

针对测试序列的覆盖度，提炼出项目组所关心的两个覆盖度标准定义，分别为边覆盖和位置覆盖，具体定义描述如下。

（1）所有边覆盖。一个测试套满足边覆盖是指这个测试套中的测试序列在自动机模型上执行时，遍历所有的边（迁移路径）。

（2）所有位置覆盖。一个测试套满足位置覆盖是指这个测试套中的测试序列在自动机模型上执行时，遍历所有的位置状态。

在保证功能及性能验证成功的基础上，对于上例中的 TIOA 模型，利用 UPPAAL 建模之后并使用 COVER 工作根据两种不同的覆盖度标准进行测试生成，得到结果如表 8.3 所示。

表 8.3 根据两种覆盖度标准生成的测试序列结果

满足的覆盖度标准	生成测试序列的数目	覆盖项数目|C|
所有边覆盖	2	7
所有位置覆盖	2	6

8.4.2　基于遗传优化的测试序列获取方法

遗传算法（genetic algorithm，GA）是模拟达尔文生物进化论的自然选择和遗传学机理的生物进化过程的计算模型，是一种通过模拟自然进化过程搜索最优解的方法。遗传算法是从代表问题可能潜在的解集的一个种群开始的，而一个种群则由经过基因编码的一定数目的个体组成。

对于测试序列的遗传算法优化，具体操作方法如下。

（1）产生初始种群。为使得初始测试序列合理，加快收敛速度，本书从 $CASE_{rdc}$ 中的每个集合中随机选取一条案例组成初始测试序列，产生 m 条测试序列作为初始种群。

（2）采用轮盘赌选择法计算个体适应度。适应度最大的个体不经交叉直接复制到下一代，删除 3 个适应度最小的个体，从适应度最大的个体中按照产生原始种群的方法产生 3 个新个体加入种群。

（3）余下的 m-4 个个体随机配对，配对的个体按概率 P_c=60%交叉，同时交叉配对的每个个体的基因按 40%的概率进行等位基因交换。

（4）适应度最佳的个体以及新加入种群的 3 个个体保持不变，其余个体均按 P_m=15% 进行变异，变异个体的每位基因按 10%的概率变异。变异个体从这个测试案例对应的 $CASE_{rdcmn}$ 中随机选择一个测试案例换掉之前的测试案例。

遵循"无用支持度最低"的原则进行测试序列的生成，即无用支持度最低作为适应度函数。设某条测试序列 $case_{p1}$-$case_{p2}$-$case_{p3}$-$\cdots case_{pq}$ 对于 $feat_{m1}$-$feat_{m2}$-$feat_{m3}$-$\cdots feat_{mn}$ 的总支持度为

$$total_{all} = \sum_{i=p_1}^{p_q} \left(\sum_{j=1}^{13} ctof_{ij} \right) \tag{8.1}$$

式中，$ctof_{ij}$ 能够反映测试特征的支持度，即有用支持度为

$$total_{use} = \sum_{i=p_1}^{p_q} \left(\sum_{j=m_1}^{m_n} ctof_{ij} \right) \tag{8.2}$$

无用支持度为

$$total_{non\text{-}use} = \sum_{i=p_1}^{p_q} \left(\sum_{j=1}^{13} ctof_{ij} \right) - \sum_{i=p_1}^{p_q} \left(\sum_{j=m_1}^{m_n} ctof_{ij} \right) \tag{8.3}$$

因此，当测试序列无用支持度 $total_{non\text{-}use}$ 最小时，即为最佳测试序列。图 8.22 所示为车路协同系统干线信号基于 GA 的模糊优化的整体流程。

8.4.3　基于蚁群优化的测试序列获取方法

蚁群优化算法（ant colony optimization，ACO），又称蚂蚁算法，最初由 Dorigo 等提出，是一种用来在图中寻找优化路径的概率型算法。蚁群优化算法通过模拟蚂蚁觅食的过程，是一种天然的解决离散组合优化问题的方法，具有全局最优化搜索的特点，在解决典型组合优化问题，如旅行商问题、车辆路径问题、车间作业调度问题时具有明显

的优越性。

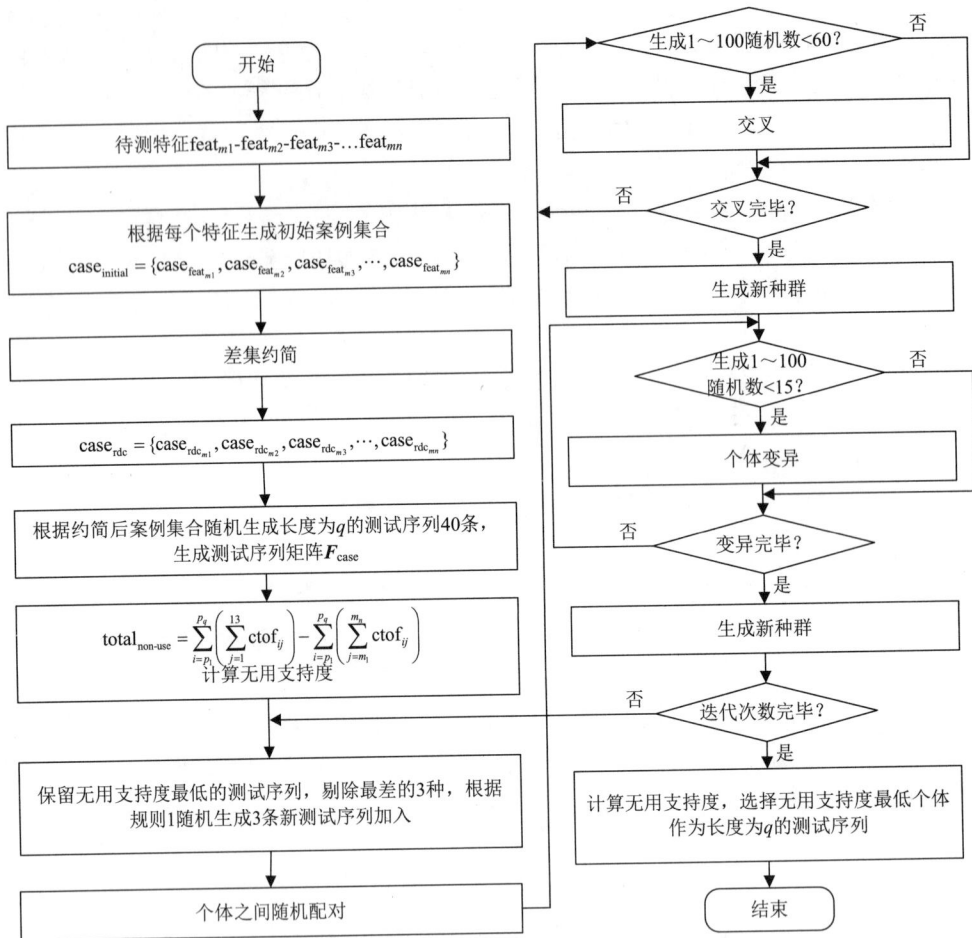

图 8.22　基于 GA 的模糊优化的整体流程

　　如图 8.23 所示，蚂蚁从一个状态转移到另一个状态，通过路径中的信息素浓度及当前状态中的启发式信息参数来选择状态的转移方向，状态转移之后，对信息素进行更新，蚂蚁构建的路径越短，释放的信息素越多；一条边被蚂蚁爬过的次数越多，它所获得的信息素也就越多。因此，多次迭代之后，由全局的信息素信息即可得到最优路径。

　　蚁群优化算法在测试序列优化中的应用也十分广泛。例如，当定义系统故障状态全集 $s = [1,1,\cdots,1]^{\mathrm{T}}$ 为初始蚁群时，会将每种故障状态看作一只相应位置上的蚂蚁，每只蚂蚁的目标就是找到相应的故障状态。搜索过程中，当每只蚂蚁都找到相应的故障状态时，此代搜索结束。蚁群搜索的目标是在将故障状态全集中的所有故障全部隔离的情况下，所有蚂蚁经过的测试代价之和最小，即测试代价 J 最小。

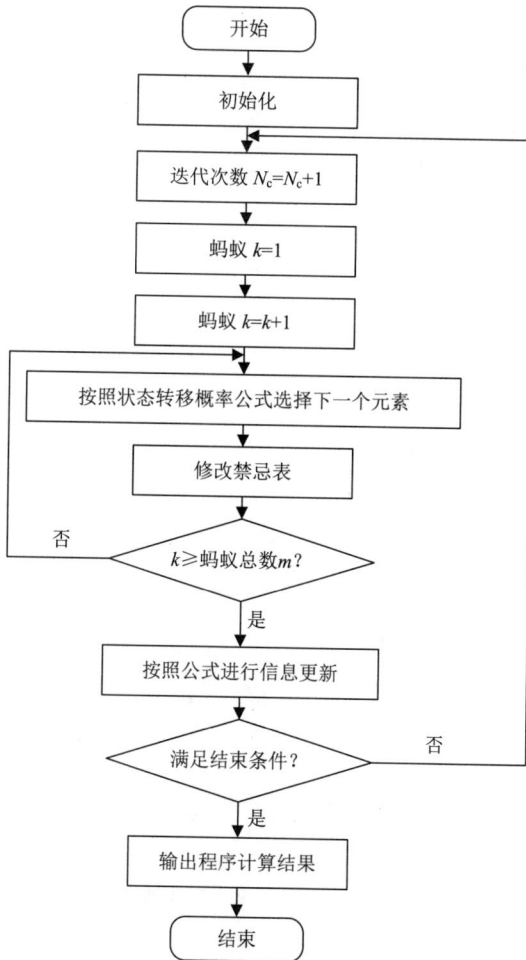

图 8.23　典型蚁群优化算法流程

8.4.4　基于萤火虫算法的测试序列获取方法

萤火虫算法（firefly algorithm，FA）是一种启发式算法，灵感来自萤火虫闪烁的行为。萤火虫闪烁，其主要目的是作为一个信号系统，以吸引其他的萤火虫。剑桥大学的杨新社教授提出了萤火虫算法，其假设如下。

（1）萤火虫不分性别，它将会被吸引到所有其他比它更亮的萤火虫那里去。

（2）萤火虫的吸引力和亮度成正比，对于任意两只萤火虫，其中一只会向着比它更亮的另一只移动，然而亮度是随着距离的增加而减少的。

（3）如果没有找到一个比给定萤火虫更亮的萤火虫，它会随机移动。

初始化时，首先定义目标函数，对算法参数进行设置，同时对萤火虫的位置及基于由萤火虫位置定义的目标函数的萤火虫亮度进行初始化。于是，在进行萤火虫的位置更新时，根据萤火虫之间的亮度不同，依据亮度吸引规则完成萤火虫的位置更新，完成位置更新之后，进入萤火虫的亮度更新阶段，将萤火虫的位置更新代入到目标函数中，得到萤火虫的亮度更新。不断进行新的萤火虫的位置更新直到达到终止条件（即达到特定迭代次数或目标值的优化结果满足需求等）。典型萤火虫算法流程如图 8.24 所示。

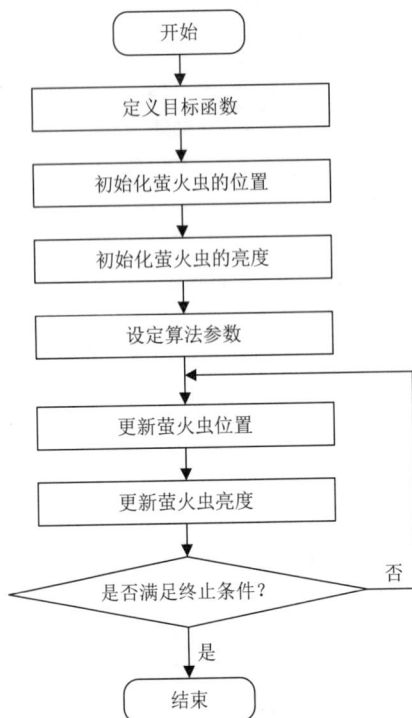

```
        ┌──────────┐
        │   开始   │
        └──────────┘
             │
      ┌────────────────┐
      │  定义目标函数   │
      └────────────────┘
             │
      ┌────────────────┐
      │ 初始化萤火虫的位置│
      └────────────────┘
             │
      ┌────────────────┐
      │ 初始化萤火虫的亮度│
      └────────────────┘
             │
      ┌────────────────┐
      │  设定算法参数   │
      └────────────────┘
             │
      ┌────────────────┐
      │  更新萤火虫位置  │◄──┐
      └────────────────┘   │
             │             │
      ┌────────────────┐   │
      │  更新萤火虫亮度  │   │
      └────────────────┘   │
             │             │ 否
        ◇───────────────◇  │
        │ 是否满足终止条件? │──┘
        ◇───────────────◇
             │ 是
        ┌──────────┐
        │   结束   │
        └──────────┘
```

图 8.24　典型萤火虫算法流程

8.4.5　基于萤火虫-免疫算法的测试序列获取及优化方法

萤火虫-免疫算法包括免疫算法（IA）和萤火虫算法（FA），其功能是以测试状态图中的节点为一个萤火虫群，利用萤火虫的光亮吸引原理进行状态转移，构成一个完整状态转移序列。记录所有的序列，并对序列中的节点目标函数进行计算，多次迭代后得到最短序列。而后找到相应的序列分别对应抗体抗原，计算二者的亲和度和浓度并进行分析，得到最优测试序列。序列优化主要分为三个阶段：①针对测试需求建立故障树，分析得到功能特征，并将其分类；②运用 UPPAAL 建模，得到时间输入/输出自动机模型，进而分析得到初始测试序列；③运用 IFA 优化算法对序列进行优化，得到 XML 测试文件。

1. 功能特征分析

对车路协同系统的测试需求而言，不可能在标准的接口上直接对它们进行测试。将每个需求都转变成测试用例将导致测试用例的数量非常庞大。为了解决这两个问题，引入一个数量缩减的功能实体的概念，这些功能实体称为功能特征，为了通过功能需求得到功能特征，利用自顶向下的分析方法，以现实交通环境下可能发生的基于车路协同的危险场景为顶点进行分析，将更有利于发现保证系统无故障运行的功能特征，这里选择使用故障树分析的方法对系统的功能特征进行分析。

　　以人车冲突为顶事件进行分析，得到如图 8.25 所示的故障树。分析这五个故障树的底事件，得到其对应的功能特征，即路侧设备检测功能、路侧设备信息发送功能、车辆信息接收功能、车辆速度控制功能及车辆危险信息处理功能。

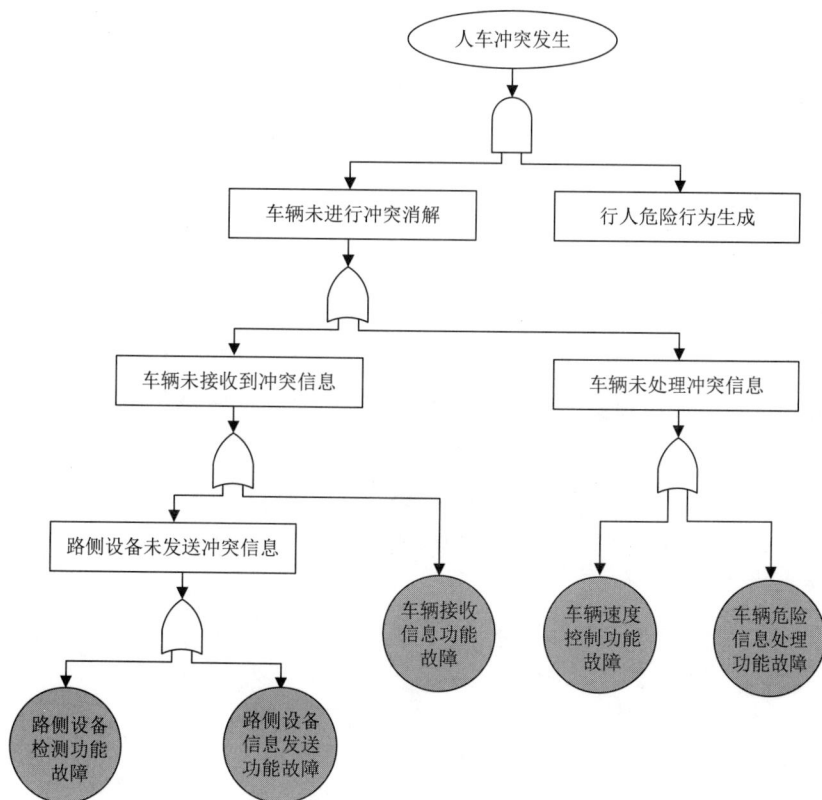

图 8.25　基于路侧设备的人车冲突消解的故障树分析

　　同理，可以对其他各类需求场景进行故障树分析。

　　车路协同系统的功能需求可以分为车载控制设备功能、通信设备功能、路侧操控设备功能三类。将这三类功能实体进一步细分，得到车路协同系统功能特征图，如图 8.26 所示。

2. 特征建模及序列生成

　　由于车路协同系统仿真在运行过程中，针对功能特征的测试用例会有确定的测试先决条件及最后的结束条件，并返回测试结果；同时，测试将涉及多个交通系统中的相同个体，如多辆车、多个路侧设备等。因此，在基础时间自动机的模型基础上，使用带端口标记的时间输入/输出自动机进行车路协同系统的测试用例建模。

　　根据车路协同测试用例分析，得到每个功能特征的详细描述。根据流程描述，结合

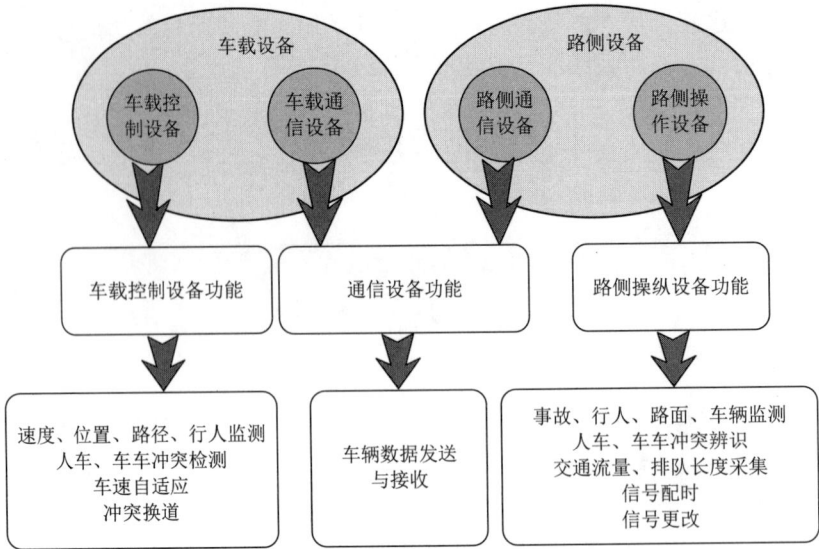

图 8.26　设备层面的功能分类

时间自动机理论，可以得到相应功能设备的带端口标记的时间输入/输出自动机模型。已知车载设备的功能包括速度监测、位置监测、路径监测、行人监测、人车冲突监测、车车冲突监测、基于车车交互的车速自适应功能、基于车载传感器的车车冲突换道功能等，得到车载设备模型。有车载设备的带端口标记的时间输入/输出自动机模型的 UPPAAL 建模如图 8.27 所示。

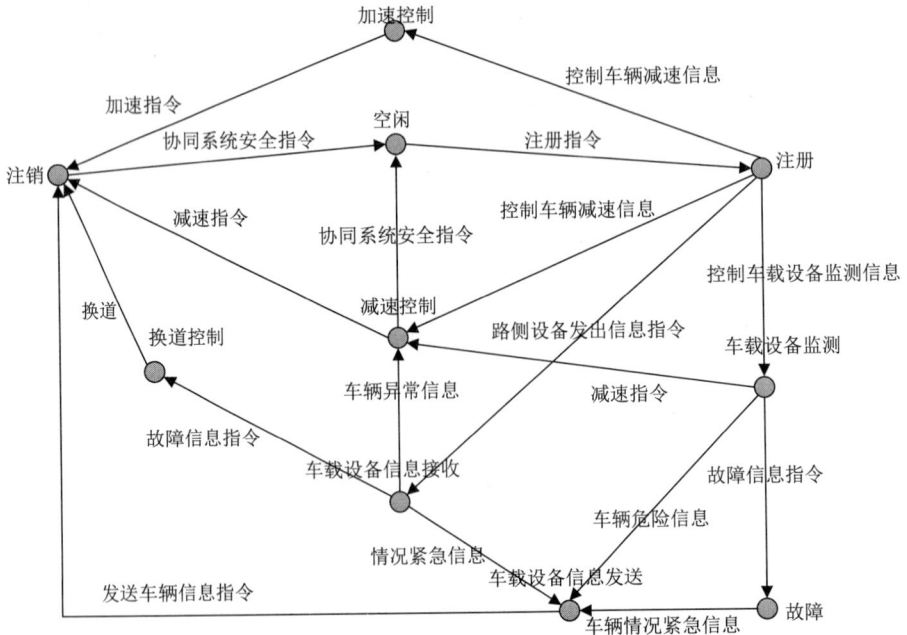

图 8.27　车载设备带端口标记的时间输入/输出自动机模型的 UPPAAL 建模

同理，可得到路侧设备的带端口标记的时间输入/输出自动机模型、控制测试模块的带端口标记的时间输入/输出自动机模型、时间驱动模块的带端口标记的时间输入/输出自动机模型。于是，以基于车路通信的车车冲突消解、基于车路通信的人车冲突消解和基于车车通信的车速自适应控制这三个基本功能场景为例，其利用 UPPAAL 建模软件可生成测试序列如图 8.28 所示。

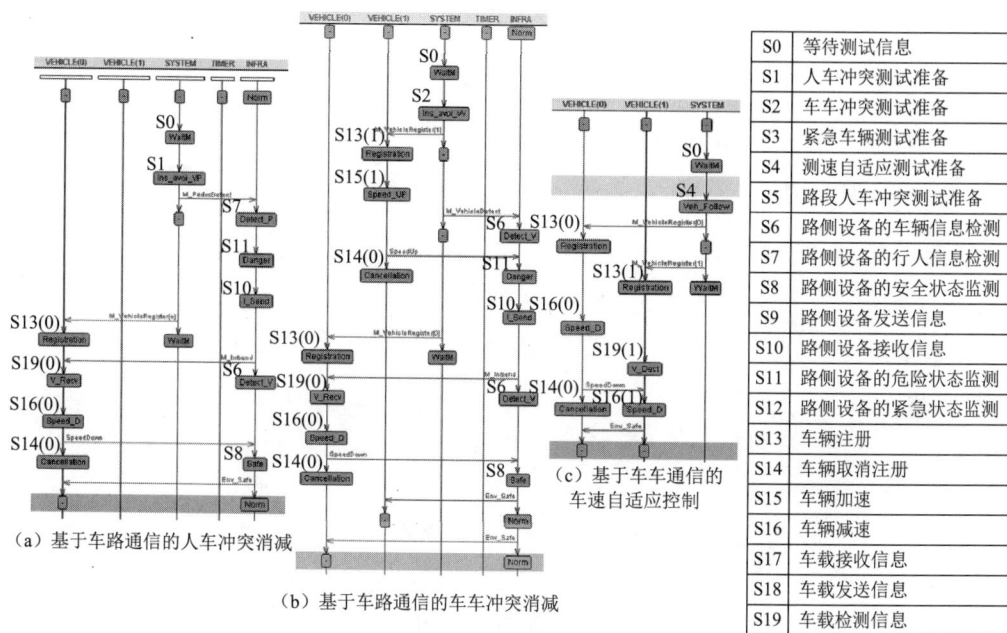

S0	等待测试信息
S1	人车冲突测试准备
S2	车车冲突测试准备
S3	紧急车辆测试准备
S4	测速自适应测试准备
S5	路段人车冲突测试准备
S6	路侧设备的车辆信息检测
S7	路侧设备的行人信息检测
S8	路侧设备的安全状态监测
S9	路侧设备发送信息
S10	路侧设备接收信息
S11	路侧设备的危险状态监测
S12	路侧设备的紧急状态监测
S13	车辆注册
S14	车辆取消注册
S15	车辆加速
S16	车辆减速
S17	车载接收信息
S18	车载发送信息
S19	车载检测信息

（a）基于车路通信的人车冲突消减

（b）基于车路通信的车车冲突消减

（c）基于车车通信的车速自适应控制

图 8.28　车路协同系统测试序列生成图

3. 序列准确性验证

在测试序列生成之后，继续利用 UPPAAL 建模工具针对测试的基本性能进行验证，应用 BNF 语言的验证内容如表 8.4 所示。

表 8.4　车路协同系统时间自动机建模验证内容

验证	描述
A[]not deadlock	系统没有死锁
E◇((VEHICLE.Registrated imply VEHICLE.V_Recv) && (VEHICLE.V_Recv implyVEHICLE. Speed_D))	车路协同系统中的车辆可以通过接收到的信息对车辆进行减速控制
E◇((VEHICLE.Registrated imply VEHICLE.V_Dect) && (VEHICLE.V_Dect imply VEHICLE. V_Send))	车路协同系统中的车辆可以将检测到的信息进行发送
E◇((INFRA.Norm imply INFRA. Detect_V)&& (INFRA. Detect_V imply INFRA. I_Send))	车路协同系统中的路侧设备可以将检测到的车辆信息进行发送

经验证，生成序列满足测试的基本性能，即准确性得到了满足。

4. 优化算法的实现

首先将基于时间自动机测试序列进行状态图转换，即将图 8.28 中的序列进行状态图转换，得到序列转换如图 8.29（a）所示。

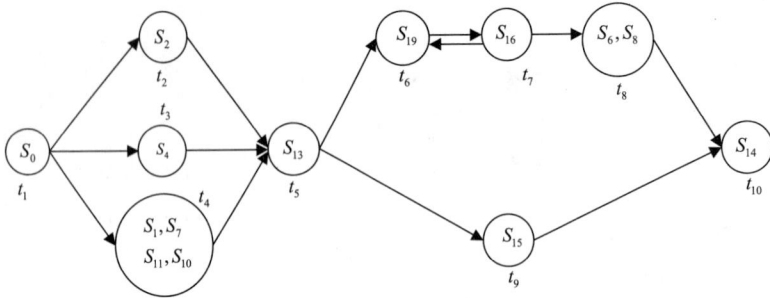

（a）基于时间自动机生成序列的子序列的状态转换图

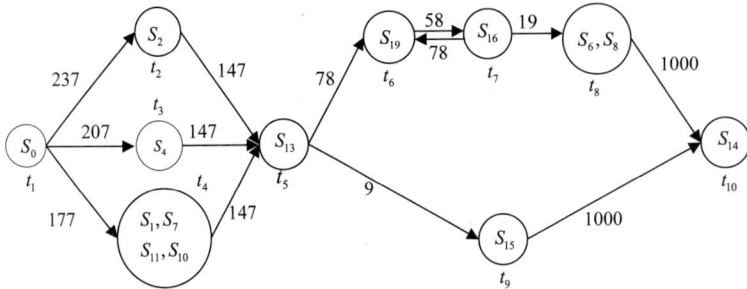

（b）加入引导因子的状态转换图

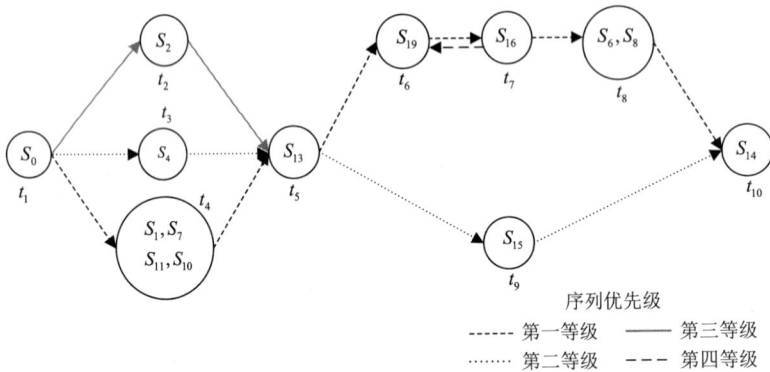

（c）最终的状态转换图

图 8.29　测试序列状态转换图

将测试序列用萤火虫算法优化，如图 8.29（a）所示，该图中有 10 个结构状态、13 条边。然后通过计算得到每个结构状态点的引导因子，而要得到引导因子需要先进行结构状态点的圈复杂度的计算。

得到 $C_1 = 13 - 10 + 2 = 5$，同理，有 $C_2 = 3$，$C_3 = 3$，$C_4 = 3$，$C_5 = 3$，$C_6 = 2$，$C_7 = 2$，$C_8 = 1$，$C_9 = 1$，C_{10} 为结束节点，因此 $C_{10} = 100$。

得到结构节点的圈复杂度以后，可得到 $G_1 = 10 \times 5 \times [(10-1) - 0.1]$。

同理，可得到 $G_2 = 237$，$G_3 = 207$，$G_4 = 177$，$G_5 = 147$，$G_6 = 78$，$G_7 = 58$，$G_8 = 19$，$G_9 = 9$，而结束点定义 $G_{10} = 1000$，因此可以得到引导矩阵的有向图如图 8.29（b）所示。

于是，根据萤火虫的移动更新原则，得到序列为

$$t_1 \to t_4 \to t_5 \to t_6 \to t_7 \to t_8 \to t_{10}，$$
$$t_1 \to t_3 \to t_5 \to t_9 \to t_{10}，$$
$$t_1 \to t_2 \to t_5 \ \text{及} \ t_7 \to t_6。$$

根据免疫算法原理，可得到抗体如图 8.30 所示。

根据抗体抗原的亲和度公式，得 $ab_1 = 0.7$，$ab_2 = 0.5$，$ab_3 = 0.3$，$ab_4 = 0.2$。按亲和度大小决定序列的优先级，如图 8.29（c）所示。

最终得到的测试序列如图 8.31 所示。

	t_1	t_2	t_3	t_4	t_5	t_6	t_7	t_8	t_9	t_{10}
ab_1	1	0	0	1	1	1	1	1	0	1
ab_2	1	0	1	0	1	0	0	0	1	1
ab_3	1	1	0	0	1	0	0	0	0	0
ab_4	0	0	0	0	0	1	1	0	0	0

图 8.30 测试序列的抗体表示

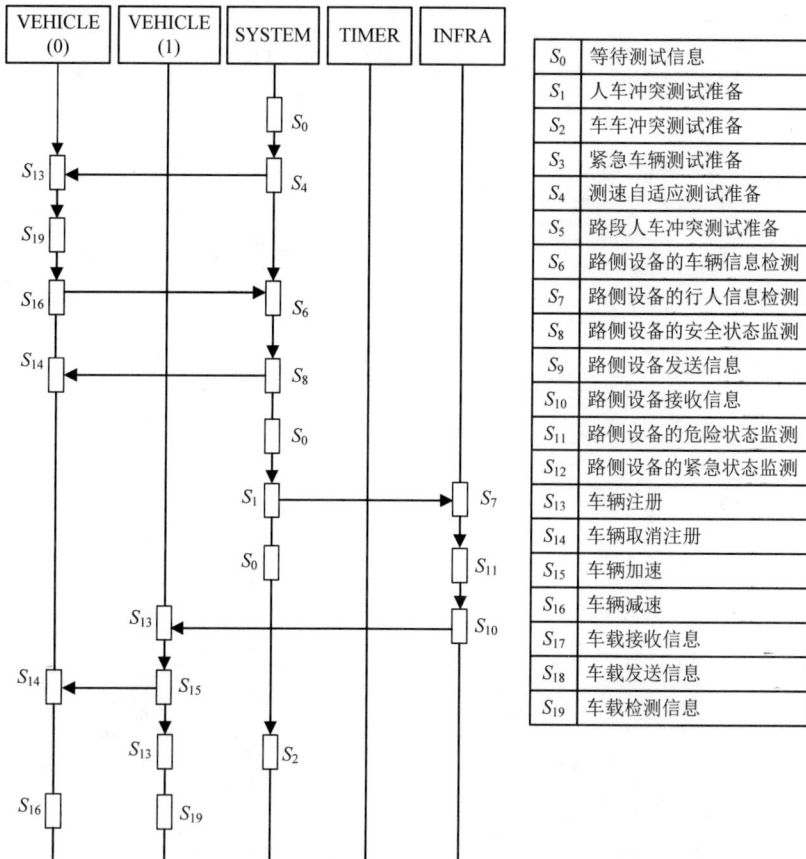

S_0	等待测试信息
S_1	人车冲突测试准备
S_2	车车冲突测试准备
S_3	紧急车辆测试准备
S_4	测速自适应测试准备
S_5	路段人车冲突测试准备
S_6	路侧设备的车辆信息检测
S_7	路侧设备的行人信息检测
S_8	路侧设备的安全状态监测
S_9	路侧设备发送信息
S_{10}	路侧设备接收信息
S_{11}	路侧设备的危险状态监测
S_{12}	路侧设备的紧急状态监测
S_{13}	车辆注册
S_{14}	车辆取消注册
S_{15}	车辆加速
S_{16}	车辆减速
S_{17}	车载接收信息
S_{18}	车载发送信息
S_{19}	车载检测信息

图 8.31 优化后测试序列

8.5　车路协同系统测试序列生成及优化实例

为了更直观地展现测试序列生成及优化在车路协同系统仿真中的应用，本书以两个典型的车路协同应用场景——基于车路通信的车车冲突消解和基于车车通信的车速自适应控制为例，对软件的测试序列生成及优化过程进行展示。

8.5.1　车路协同系统测试软件的序列生成

对测试序列的直观呈现，首先将已经生成的车路协同系统仿真的典型测试场景 XML 文件加入到测试软件中，如图 8.32 所示。

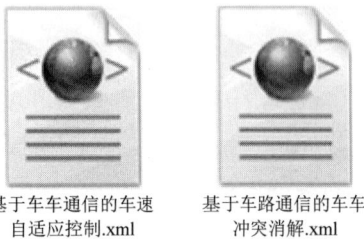

基于车车通信的车速自适应控制.xml　　基于车路通信的车车冲突消解.xml

图 8.32　车路协同系统仿真的典型测试场景 XML 文件

基于车车通信的车速自适应控制与基于车路通信的车车冲突消解两个典型的车路协同测试场景的测试状态序列生成 xml 格式存储于 XML 文件中。将其注入到车路协同系统测试模块中之后，可以得到利用带端口标记的时间自动机模型生成的测试序列及其测试回执跟踪结果。将结果分析导出成为列表，如图 8.33、图 8.34 和表 8.5 所示。

图 8.33　XML 文件内容的存储形式

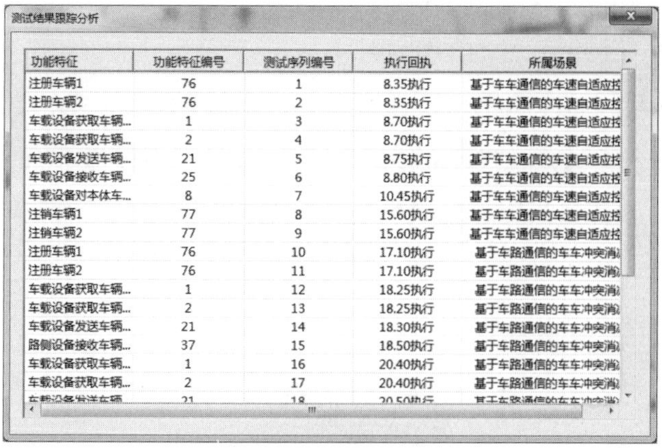

图 8.34　测试结果跟踪分析

表 8.5　测试结果跟踪分析表

功能特征	特征编号	序列编号	执行回执	所属场景
注册车辆 1	76	1	8.35 执行	基于车车通信的车速自适应控制
注册车辆 2	76	2	8.35 执行	基于车车通信的车速自适应控制
车载设备获取车辆速度	1	3	8.70 执行	基于车车通信的车速自适应控制
车载设备获取车辆位置	2	4	8.70 执行	基于车车通信的车速自适应控制
车载设备发送车辆状态信息	21	5	8.75 执行	基于车车通信的车速自适应控制
车载设备接收车辆信息	25	6	8.80 执行	基于车车通信的车速自适应控制
车载设备对本体车辆进行车速自适应控制	8	7	10.45 执行	基于车车通信的车速自适应控制
注销车辆 1	77	8	15.60 执行	基于车车通信的车速自适应控制
注销车辆 2	77	9	15.60 执行	基于车车通信的车速自适应控制
注册车辆 1	76	10	17.10 执行	基于车路通信的车车冲突消解
注册车辆 2	76	11	17.10 执行	基于车路通信的车车冲突消解
车载设备获取车辆速度	1	12	18.25 执行	基于车路通信的车车冲突消解
车载设备获取车辆位置	2	13	18.25 执行	基于车路通信的车车冲突消解
车载设备发送车辆状态信息	21	14	18.30 执行	基于车路通信的车车冲突消解
路侧设备接收车辆信息	37	15	18.50 执行	基于车路通信的车车冲突消解
车载设备获取车辆速度	1	16	20.40 执行	基于车路通信的车车冲突消解
车载设备获取车辆位置	2	17	20.40 执行	基于车路通信的车车冲突消解
车载设备发送车辆状态信息	21	18	20.50 执行	基于车路通信的车车冲突消解
路侧设备接收车辆信息	37	19	22.15 执行	基于车路通信的车车冲突消解
路侧设备进行车车冲突辨识	39	20	23.00 执行	基于车路通信的车车冲突消解
路侧设备发送车车冲突信息	38	21	23.10 执行	基于车路通信的车车冲突消解
车载设备接收路侧设备冲突信息	26	22	24.25 执行	基于车路通信的车车冲突消解
车载设备生成冲突消解策略	28	23	24.90 执行	基于车路通信的车车冲突消解
车载设备对本体车辆进行车速自适应控制	9	24	26.80 执行	基于车路通信的车车冲突消解
注销车辆 1	77	25	31.65 执行	基于车路通信的车车冲突消解
注销车辆 2	77	26	31.65 执行	基于车路通信的车车冲突消解

8.5.2　车路协同系统测试软件的序列优化

对已经生成的基于带端口标记的时间输入/输出自动机的测试序列,以状态的邻接矩阵的形式输入到萤火虫算法,再以邻接矩阵的形式进行输出,如图 8.35 所示,即得到优化后的测试序列。将优化后的测试序列输入到车路系统仿真系统,可以得到如图 8.36 所示的测试跟踪结果。于是,可以得到优化后的测试序列及其测试回执跟踪结果详细列表,如表 8.6 所示。

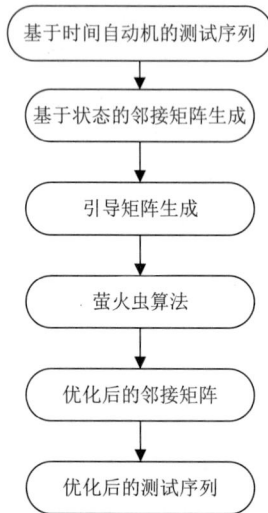

图 8.35　测试系统中萤火虫算法模块的嵌入

图 8.36　萤火虫算法优化生成的测试序列及其测试回执跟踪结果

表 8.6　测试结果跟踪分析表

功能特征	特征编号	序列编号	执行回执	所属场景
注册车辆 1	76	1	8.35 执行	基于车车通信的车速自适应控制
注册车辆 2	76	2	8.35 执行	基于车车通信的车速自适应控制
车载设备获取车辆速度	1	3	8.70 执行	基于车车通信的车速自适应控制

续表

功能特征	特征编号	序列编号	执行回执	所属场景
车载设备获取车辆位置	2	4	8.70 执行	基于车车通信的车速自适应控制
车载设备发送车辆状态信息	21	5	8.75 执行	基于车车通信的车速自适应控制
车载设备接收车辆信息	25	6	8.80 执行	基于车车通信的车速自适应控制
车载设备对本体车辆进行车速自适应控制	8	10	10.45 执行	基于车车通信的车速自适应控制
注销车辆 1	77			基于车车通信的车速自适应控制
注销车辆 2	77			基于车车通信的车速自适应控制
注册车辆 1	76			基于车路通信的车车冲突消解
注册车辆 2	76			基于车路通信的车车冲突消解
车载设备获取车辆速度	1			基于车路通信的车车冲突消解
车载设备获取车辆位置	2			基于车路通信的车车冲突消解
车载设备发送车辆状态信息	21			基于车路通信的车车冲突消解
路侧设备接收车辆信息	37			基于车路通信的车车冲突消解
车载设备获取车辆速度	1	11	10.75 执行	基于车路通信的车车冲突消解
车载设备获取车辆位置	2	7	8.70 执行	基于车路通信的车车冲突消解
车载设备发送车辆状态信息	21	8	8.70 执行	基于车路通信的车车冲突消解
路侧设备接收车辆信息	37	9	8.75 执行	基于车路通信的车车冲突消解
路侧设备进行车车冲突辨识	39			基于车路通信的车车冲突消解
路侧设备发送车车冲突信息	38	12	12.00 执行	基于车路通信的车车冲突消解
车载设备接收路侧设备冲突信息	26	13	13.10 执行	基于车路通信的车车冲突消解
车载设备生成冲突消解策略	28	14	15.25 执行	基于车路通信的车车冲突消解
车载设备对本体车辆进行车速自适应控制	9	15	15.95 执行	基于车路通信的车车冲突消解
注销车辆 1	77	16	17.40 执行	基于车路通信的车车冲突消解
注销车辆 2	77	17	23.55 执行	基于车路通信的车车冲突消解

　　通过对优化后的测试执行回执进行分析，对比表 8.5 和表 8.6，可以得到优化前的测试执行的开始时间为 8.35s，整个测试完成（注销车辆）的时间为 31.65s，计算可得测试过程的耗时为 23.30s；优化后的测试执行的开始时间为 8.35s，整个测试完成（注销车辆）的时间为 23.55s，计算可得测试过程的耗时为 15.20s。由测试耗时可知，萤火虫算法在测试序列优化中可以通过对测试冗余的降低而达到提高测试效率的目的。

第9章 车路协同系统验证评估方法

对车路协同系统进行测试之后要对其进行验证评估来确认系统的可靠性，可以等效成多指标综合评价问题，即通过一定的数学函数将多个评价指标值融合为一个整体性的综合评价值。需要根据验证评估的需要和车路协同系统的特点来选择较为合适的评价方法。国内外先后研究了层次分析法、数据包络法、模糊综合评价法、神经网络法和灰色评价法等。一般来说，灰色系统着重外延明确而内涵不明确的问题，在预测和评价方面得到了非常多的应用。

本章针对车路协同系统验证评估问题，重点介绍了综合评价分析过程，尤其对评价指标体系及其标准化方法、综合评价指标权重确定以及评价方法建立这 3 个方面进行了详尽的介绍。

9.1 评价指标体系及其标准化方法

9.1.1 评价指标体系的建立

评价指标体系是由一系列相互联系、相互作用的评价指标，按照一定层次结构组成的有机整体。它能够根据研究的对象和目的，综合反映出对象各个方面的情况。评价指标体系的选取与建立是综合评价的重要基础，是有效评价系统的保证。在指标体系中，每个指标对系统的某种特征进行度量，共同形成对系统的完整刻画。

一般将指标体系记为

$$X=\bigcup_{i=1}^{4} X_i 且 X_i \cap X_j \neq \varnothing (i \neq j) \quad i、j=1,2,3,4 \tag{9.1}$$

式中：$X_i = (i = 1,2,3,4)$ 分别为极大型指标集、极小型指标集、居中型指标集和区间型指标集；$\varnothing$ 为空集。

为了对多层次、多因素的问题进行评价，必须合理地构建评价指标体系，使大量相互关联、相互制约的因素条理化、层次化。评价指标体系的建立过程如下。

（1）针对具体问题收集相关资料，提出评价系统目标及其影响因素。

（2）分析和比较各因素之间的关系，对指标进行筛选。

（3）经过优化后确定指标的层次和结构，即得到评价指标体系。

在实际的综合评价活动中，并不是评价指标越多越好，但也不是越少越好。评价指标过多，存在重复性，会干扰最终结果；评价指标过少，可能所选的指标缺乏足够的代表性，会产生片面性。因此，在建立评价指标体系时应该遵循以下原则。

（1）系统性原则。该指标体系应能全面反映评价对象的本质特征和整体性能，指标体系的整体评价功能大于各分项指标的简单总和。应注意使指标体系层次清楚、结构合理、相互关联、协调一致。要抓住主要因素，以保证评价的全面性和可信度。

（2）一致性原则。该评价指标体系应与评价目标一致，从而充分体现评价活动的意图。所选的指标要既能反映直接效果，又能反映间接效果，不能将与评价对象、评价内容无关的指标选进来。

（3）独立性原则。同层次上的指标不应具有包含关系，保证指标能从不同方面反映系统的实际情况。

（4）可测性原则。该指标能够被测定或度量，采用量化的标准进行评价。评价指标含义要明确，数据要规范，口径要一致，资料收集要简便。指标设计必须符合国家和地方的方针、政策、法规。

（5）科学性原则。以科学理论为指导，以客观系统内部要素以及其本质联系为依据，定性与定量分析相结合，正确反映系统整体和内部相互关系的数量特征。定量指标注意绝对量与相对量结合使用。

（6）可比性原则。系统评价的指标体系可比性越强，评价结果的可信度就越大。评价指标和评价标准的制定要客观实际，便于比较。指标标准化处理中要保持同趋势化，以保证指标之间的可比性。

只有坚持以上原则，才能有效地建立合适的评价指标体系，使评价结果更能反映事物的本来面貌。

9.1.2　评价指标筛选方法

在对评价因素进行筛选时，不仅要针对具体的评价对象、评价内容进行分析，还必须采用一些筛选方法对指标中体现的信息进行分析，剔除不需要的指标，简化指标体系。这里使用最小均方差法进行评价指标筛选。

对于 m 个被评价对象（或系统）$A_1, A_2, \cdots, A_m$，每个被评价对象有 n 个指标，观测值为 $x_{ij}(i=1,2,\cdots,m; j=1,2,\cdots,n)$。如果 m 个被评价对象关于某项指标的取值都差不多，那么尽管这个评价指标是非常重要的，但是对于这 m 个被评价对象的评价结果来说是起不到任何作用的。因此，为了减少计算量就可以删除这个指标。

设 s_j 为评价指标 X_j 的按 m 个被评价对象取值构成的样本均方差，则

$$s_j = \left(\frac{1}{m}\sum_{i=1}^{m}(x_{ij}-\bar{x}_j)^2\right)^{1/2} \quad j=1,2,\cdots,n \tag{9.2}$$

其中

$$\bar{x}_j = \frac{1}{m}\sum_{i=1}^{m}x_{ij} \quad j=1,2,\cdots,n \tag{9.3}$$

而对于 $k_0(1 \leqslant k_0 \leqslant n)$，令

$$s_{k_0} = \min_{1 \leqslant j \leqslant n}\{s_j\} \tag{9.4}$$

若 $s_{k_0} \approx 0$，则可以删除与 s_{k_0} 相应的评价指标 X_{k_0}。

这种方法只考虑指标的差异程度，故容易将重要的指标删除，但是由于评价引用的数据是原始数据，还保有客观的特点。

9.1.3　评价指标的标准化

对评价系统的指标进行标准化处理，包括对指标的一致化处理和无量纲化处理。一致化处理就是将评价指标类型统一。无量纲化也称为指标的规范化，是通过数学变换来消除原始数据单位及其数值数量级影响的过程。

在综合评价及其决策分析过程中，评价指标的标准化有其极大的重要性：一是指标的标准化是综合评价的前提；二是指标的标准化是综合评价的重要环节；三是指标的标准化是综合评价结果有效性的保障。

对评价指标进行标准化，就是采用相应的函数对不同类型的指标进行处理。如果指标评价值与实际值之间是线性关系，常采用线性函数法作为标准化的数学变换。线性函数法常用的形式有以下两种。

1. 阈值法

阈值法也称临界法，阈值是衡量事物发展变化的一些特殊指标值，如极大值、极小值、满意值和不允许值等，阈值法是用指标实际值与阈值相比以得到指标评价值的量纲化方法，主要公式及其特点等如表 9.1 所示，其中 m 为指标的观测值个数，一般为评价方案的个数。

表 9.1　主要公式及其特点

序号	公式	影响评价值的因素	评价值范围	特点
1	$y_i = \dfrac{x_i}{\max\limits_{1 \leqslant i \leqslant m} x_i}$	$x_i, \max\limits_{1 \leqslant i \leqslant m} x_i$	$\left[\dfrac{\min x_i}{\max x_i}, 1\right]$	评价值随指标值增大而增大，评价值不为 0，指标最大评价值为 1
2	$y_i = \dfrac{\max x_i + \min x_i - x_i}{\max x_i}$	$x_i, \max x_i, \min x_i$	$\left[\dfrac{\min x_i}{\max x_i}, 1\right]$	评价值随指标值增大而减小，用于成本性指标的无量纲化
3	$y_i = \dfrac{\max x_i - x_i}{\max x_i - \min x_i}$	$x_i, \max x_i, \min x_i$	$[0,1]$	评价值随指标值增大而减小，用于成本性指标的无量纲化
4	$y_i = \dfrac{x_i - \min x_i}{\max x_i - \min x_i}$	$x_i, \max x_i, \min x_i$	$[0,1]$	评价值随指标值增大而增大，指标最小评价值为 0，最大值为 1
5	$y_i = \dfrac{x_i - \min x_i}{\max x_i - \min x_i} k + q$	$x_i, \max x_i, \min x_i, k, q$	$[q, k+q]$	评价值随指标值增大而增大，指标最小评价值为 q，最大值为 $k+q$

2. 统计标准化方法

即按照统计学原理对实际指标进行标准化，取

$$y_i = \frac{x_i - \bar{x}}{s}$$

其中，

$$\bar{x} = \frac{1}{m}\sum_{i=1}^{m} x_i , \quad s = \sqrt{\frac{1}{m-1}\sum_{i=1}^{m}\left(x_i - \bar{x}\right)^2} \tag{9.5}$$

式中：y_i 为指标评价值；$\bar{x}$ 为指标实际值的平均值；x_i 为实际指标值；s 为指标实际值

的均方差。

对于定性指标的标准化处理问题是系统评价时经常遇到的。为了和定量指标组成一个有机的评价体系，也必须对其进行标准化处理。常用较简单的处理方法是，首先借用主观赋权法的方法原理，对指标的不同描述进行评分，然后按指标属性特点选用标准化函数建立与定量指标相适应的指标评价值，可以在主观评分基础上直接计算指标评价值。

综上所述，指标标准化的原则是：①通过指标标准化，要使指标类型尽量减少；②指标的标准化，要注意和指标权重确定方法、评价模型相适应，尽可能采用能体现评价系统之间差异的标准化方法。

9.2　综合评价指标权重确定

当用若干个指标对系统进行综合评价时，它们对评价对象的作用，从评价的目标来看，并不是同等重要的。为了体现各个评价指标在评价指标体系中的作用、地位及重要程度，在指标体系确定后，必须对各指标赋予不同的权重系数。权重是以某种数量形式对比、权衡被评价事物总体中诸因素相对重要程度的量值。合理确定权重对评价或决策有着重要意义。同一组指标数值，不同的权重系数，会导致截然不同的甚至相反的评价结论。因此，合理地确定指标权重对任何评价系统都是非常重要的。

为了能合理地确定指标体系中各个指标的权重，一般要遵循以下两个原则。

（1）客观性原则。客观性原则是指指标权重的确定应能充分反映出被评价对象的自身特点及其所处的环境。

（2）体现评价主体的意图和策略。该原则是指在确定指标的权重时，要尽可能反映出评价主体的偏好。

目前，有关权重的确定方法有很多种，层次分析法（analytic hierarchy process，AHP）是目前研究比较成熟的一种方法。该方法对各指标之间重要程度的分析更具逻辑性，再加上数学处理，可信度较大，应用范围较广。由于它具有坚实的理论基础和完善的方法体系而深受人们的欢迎。

9.2.1　层次分析法简介

层次分析法又称为多层次权重解析方法，是美国著名的运筹学家、匹兹堡大学教授Saaty 等在 20 世纪 70 年代提出的一种定量分析与定性分析相结合的多目标决策分析方法。这一方法的特点是在对复杂决策问题的本质、影响因素及内在关系等进行深入分析后，构建一个层次结构模型，利用较少的定量信息，把决策的思维过程数学化，从而为求解多目标、多准则或无结构特性的复杂决策问题，提供一种简便的决策方法。具体地说，它是指将决策问题的有关元素分解成目标、准则、方案等层次，用一定标度对人的主观判断进行客观量化，在此基础上进行定性分析和定量分析的一种决策方法。它把人的思维过程层次化、数量化，并用数学为分析、决策、预报或控制提供定量的依据，尤其适用于人的定性判断起重要作用而决策结果难以直接准确计量的场合。

9.2.2　层次分析法的基本原理

在日常生活中，人们经常要从一堆同样大小的物品中挑选出最重要的物品，如为了挑选出重量最大的物品，至少要确定各物品的相对重量。这时，会用两两比较的方法来达到目的。

假设有 n 个物体，其真实重量为 $w_1, w_2, \cdots, w_n$，如果可以精确地判断两两物品的重量比，那么就可以得到一个重量比矩阵 A，即

$$A = \left(\delta_{ij}\right)_{n \times n} = \begin{bmatrix} \delta_{11} & \delta_{12} & \cdots & \delta_{1n} \\ \delta_{21} & \delta_{22} & \cdots & \delta_{2n} \\ \vdots & \vdots & & \vdots \\ \delta_{n1} & \delta_{n2} & \cdots & \delta_{nn} \end{bmatrix} = \begin{bmatrix} \dfrac{w_1}{w_1} & \dfrac{w_1}{w_2} & \cdots & \dfrac{w_1}{w_n} \\ \dfrac{w_2}{w_1} & \dfrac{w_2}{w_2} & \cdots & \dfrac{w_2}{w_n} \\ \vdots & \vdots & & \vdots \\ \dfrac{w_n}{w_1} & \dfrac{w_n}{w_2} & \cdots & \dfrac{w_n}{w_n} \end{bmatrix} \qquad (9.6)$$

式中：$\delta_{ij} = 1/\delta_{ji}$，$\delta_{ii} = 1$，$\delta_{ij} = \delta_{ik}/\delta_{jk}$，$i$、$j$、$k = 1, 2, \cdots, n$。

用重量向量 $\boldsymbol{W} = (w_1, w_2, \cdots, w_n)^{\mathrm{T}}$ 右乘矩阵 $\boldsymbol{A}$，其结果为

$$\boldsymbol{AW} = \begin{bmatrix} \dfrac{w_1}{w_1} & \dfrac{w_1}{w_2} & \cdots & \dfrac{w_1}{w_n} \\ \dfrac{w_2}{w_1} & \dfrac{w_2}{w_2} & \cdots & \dfrac{w_2}{w_n} \\ \vdots & \vdots & & \vdots \\ \dfrac{w_n}{w_1} & \dfrac{w_n}{w_2} & \cdots & \dfrac{w_n}{w_n} \end{bmatrix} \begin{bmatrix} w_1 \\ w_2 \\ \vdots \\ w_n \end{bmatrix} = \begin{bmatrix} nw_1 \\ nw_2 \\ \vdots \\ nw_n \end{bmatrix} = n\boldsymbol{W} \qquad (9.7)$$

从式（9.7）不难看出，以 n 个物品重量为分量的向量 $\boldsymbol{W}$ 是比较判断矩阵 $\boldsymbol{A}$ 的对应于 n 的特征向量。根据矩阵理论可知，n 为上述矩阵 $\boldsymbol{A}$ 唯一非零的最大特征根，$\boldsymbol{W}$ 是矩阵 $\boldsymbol{A}$ 的特征根 n 对应的特征向量。

由此可知，若在没有称量仪器的条件下对一组物体的重量进行估计，则可以通过逐对比较这组物体相对重量的方法，得出每对物体相对重量比的判断，从而形成比较判断矩阵，再通过求解判断矩阵的最大特征根和它所对应的特征向量问题，就能计算出这组物体的相对重量。

将此方法应用到复杂的社会、经济和科学管理等领域中，就能确定各种方案、措施、政策等相对于总目标的重要性排序情况，决策者可以选择出对于评价目标最优的方案。

9.2.3　层次分析法的模型和步骤

1. 构造层次分析结构

应用层次分析法分析社会、经济、科学管理领域的问题，首先要把问题条理化、层

次化，构造出一个层次分析结构的模型。这个模型就是层次分析法的分析模型。层次结构模型是层次分析法的基础和重要环节，其完整性和准确性将影响分析过程和最终的决策结果。

层次分析结构模型是一个多级递阶结构，通常由最高层、中间层和最低层组成。最高层表示解决问题的目的，即层次分析要达到的总目标。中间层表示采取某种措施、政策、方案等来实现预定总目标所涉及的中间环节，可以分为策略层、约束层和准则层。最低层表示选用解决问题的各种措施、政策、方案等。在层次分析模型中，用作用线标明上一层次因素同下一层次因素之间的联系。根据各层次因素之间的不同联系，可以将层次分析模型分成不同的层次关系和不同的结构类型。如果某个层次中的某个因素与下一层次所有因素均有联系，则称这个因素与下一层次存在完全层次关系；如果某个因素仅与下一层中的部分因素有联系，则称为不完全层次关系。如果上一层各个因素都各自有独立的、完全不同的下级因素，则称为完全独立的结构；如果上一层各个因素不都是各自独立的、完全不同的下级因素，则称为非完全独立的结构。

综上所述，层次分析结构模型是一个多级递阶的模型。通过对问题的系统分析，分别建立研究目标集、影响因素集、衡量标准集和备选对象集，并将之作为多级递阶结构中的一个层次；研究上、下相邻两层各个因素之间的关系，并用作用线标明这些联系，从而构造出层次分析的结构模型。

2. 构造判断矩阵

建立层次分析模型后，就可以在各层元素中进行两两比较，构造出比较判断矩阵。层次分析法主要是人们对每一层次中各因素相对重要性给出的判断，这些判断通过引入合适的标度用数值表示出来，写成判断矩阵。

1）判断矩阵的形式与含义

判断矩阵表示针对上一层次因素，本层次与之有关因素之间相对重要性的比较。判断矩阵是层次分析法的基本信息，也是进行相对重要度计算的重要依据。

假定上一层次的元素 B_k 作为准则，对下一层元素 $C_1, C_2, \cdots, C_n$ 有支配关系，目的是要在准则 B_k 下按它们的相对重要性赋予 $C_1, C_2, \cdots, C_n$ 相应的权重，在这一步中解决的问题即针对准则 B_k 比较两个元素 C_i、C_j 的重要性大小。因此需要对"重要性"赋予一定的数值，而赋值的根据或来源包括：决策者直接提供；通过决策者与分析者对话确定；分析者通过某种技术咨询获得等合适的途径。一般地，判断矩阵应由熟悉问题的专家独立地给出。

对于 n 个元素来说，得到两两比较判断矩阵 $\boldsymbol{C} = (C_{ij})_{n \times n}$，其中 C_{ij} 表示因素 i 和因素 j 相对于目标重要值。一般来说，构造的判断矩阵取为

$$
\begin{array}{c|cccc}
B_k & C_1 & C_2 & \cdots & C_n \\
\hline
C_1 & \delta_{11} & \delta_{12} & \cdots & \delta_{1n} \\
C_2 & \delta_{21} & \delta_{22} & \cdots & \delta_{2n} \\
\vdots & \vdots & \vdots & & \vdots \\
C_n & \delta_{n1} & \delta_{n2} & \cdots & \delta_{nn}
\end{array}
\tag{9.8}
$$

判断矩阵也可以表示为

$$A = \left(\delta_{ij} \right)_{n \times n} = \begin{bmatrix} \delta_{11} & \delta_{12} & \cdots & \delta_{1n} \\ \delta_{21} & \delta_{22} & \cdots & \delta_{2n} \\ \vdots & \vdots & & \vdots \\ \delta_{n1} & \delta_{n2} & \cdots & \delta_{nn} \end{bmatrix} \tag{9.9}$$

式中：$\delta_{ij}(i=1,2,\cdots,n; j=1,2,\cdots,n)$ 为因素 C_i 与 C_j 相对 B_k 的重要性标度值。在判断矩阵 A 中，其元素 δ_{ij} 满足以下关系。

（1）$\delta_{ij} > 0$。

（2）$\delta_{ij} = 1/\delta_{ji}(i \neq j)$。

（3）$\delta_{ii} = 1(i,j=1,2,\cdots,n)$。

由矩阵理论可知，矩阵 A 是正互反矩阵。对正互反矩阵 C，若对于任意 i、j、$k = 1,2,3,\cdots,n$ 均有 $\delta_{ij} \times \delta_{jk} = \delta_{ik}$，则称该矩阵为一致性矩阵。

值得注意的是，在实际问题求解时，构造的判断矩阵并不一定具有一致性，常常需要进行一致性检验。

2）判断矩阵的标度及其含义

在层次分析法中，一系列成对因素的相对重要性的比较是定性的，为了使决策判断定量化，形成上述数值判断矩阵，必须引入合适的标度值对各种相对重要性关系进行度量。Saaty 引用了表 9.2 所示的 1～9 比率标度方法使定性评价转化为定量评价。

表9.2　比率标度方法

标度	含义	C_{ij} 含义
1	i、j 两元素同等重要	1
2	i 元素比 j 元素稍重要	3
3	i 元素比 j 元素明显重要	5
4	i 元素比 j 元素强烈重要	7
5	i 元素比 j 元素极端重要	9
6	i 元素比 j 元素稍不重要	1/3
7	i 元素比 j 元素明显不重要	1/5
8	i 元素比 j 元素强烈不重要	1/7
9	i 元素比 j 元素极端不重要	1/9

注：$\delta_{ij} = \{2,4,6,8,1/2,1/4,1/6,1/8\}$ 表示重要性等级介于 $\delta_{ij} = \{1,3,5,7,9,1/3,1/5,1/7,1/9\}$ 两相邻判断的中值。这些数字是根据人们进行定性分析的直觉和判断力确定的。

选择 1～9 比率标定方法是基于下述的一些事实和科学依据确定的。

（1）实际中，当被比较的事物在被考虑的属性方面具有同一个数量级或很接近时，定性的区别才有意义，也才有一定的精度。

（2）在估计事物质的区别性时，可以用 5 种判断很好地表示，包括相等、较强、强、很强、绝对强。当需要更高精度时，还可以在相邻判断之间做出比较。这样共有 9 个数值，具有连贯性和较强的应用可操作性。

（3）在同时比较中，7±2 个项目为心理学极限。如果取 7±2 个元素进行逐对比较，它们之间的差别可以用 9 个数字表示出来。

（4）社会调查也说明，在一般情况下，人们至少需要 7 个标度点来区分事物之间质的差别或重要性程度的不同。

（5）如果需要用比标度 1～9 更大的数，可以用层次分析法将因素进一步分解聚类，在比较这些因素之前，先比较这些类，这样就可使所比较的因素间质的差别落在 1～9 标度范围内。

3）判断矩阵的一致性检验

在上述过程中建立起判断矩阵，这使得决策者判断思维数学化。但是，人类的思维具有一致性的特点，即认为因素之间的关系应该具有传递性。例如，若已知因素 X_2 与因素 X_1 的相对重要关系系数 δ_{21}，因素 X_3 与因素 X_2 的相对重要关系系数 δ_{32}，则可以根据 δ_{21} 和 δ_{32} 得到因素 X_3、X_2 与因素 X_1，判断因素之间协调一致，不致出现相互矛盾的情况。出现不一致，在多阶判断的条件下极容易发生，只是不同的条件下不一致的程度有所差别。应用层次分析法，保持判断思维的一致性是非常重要的。

若判断矩阵 $A=(\delta_{ij})_{n\times n}$ 满足一致性条件 $\delta_{ij}=\delta_{ik}/\delta_{jk}$ 或 $\delta_{ij}\times\delta_{jk}=\delta_{ik}$，则称 A 为一致性矩阵。若 A 为一致性矩阵，则 A 具有下列性质。

（1）一致性正矩阵是正互反矩阵。

（2）A 的转置矩阵 A^T 也是一致性矩阵。

（3）A 的每一行均为任意指定一行的正整数倍，并且 A 的秩为 1。

（4）A 的最大特征值 $\lambda_{\max}=n$，其余特征值均为 0。

（5）若 A 属于 $\lambda_{\max}$ 的特征向量为 $W=(w_1,w_2,\cdots,w_n)^T$，则

$$\delta_{ij}=\frac{w_i}{w_j}\quad i,j=1,2,\cdots,n \tag{9.10}$$

由一致性正矩阵的性质可知，一致性正矩阵是正互反矩阵；反之，正互反矩阵不一定是一致性矩阵。根据主观判断所构造的判断矩阵具有互反性，但由于判断矩阵的确定受到专家知识水平和个人偏好的影响，构造的判断矩阵一般很难满足一致性条件。因此，为保证可信度和准确性，必须进行一致性检验。

根据矩阵理论可以得到这样的结论，即如果 $\lambda_1,\lambda_2,\cdots,\lambda_n$ 是满足式

$$Ax=\lambda x \tag{9.11}$$

的数，也就是矩阵 A 的特征根，并且对于所有 $a_{ii}=1$，有

$$\sum_{i=1}^{n}\lambda_i=n \tag{9.12}$$

显然，当矩阵具有完全一致性时，$\lambda_1=\lambda_{\max}=n$，其余特征根均为零；而当矩阵 A 不具有完全一致性时，则有 $\lambda_1=\lambda_{\max}>n$，其余特征根 $\lambda_2,\lambda_3,\cdots,\lambda_n$ 有如下关系，即

$$\sum_{i=2}^{n}\lambda_i=n-\lambda_{\max} \tag{9.13}$$

由矩阵理论可知，特征值连续地依赖于 δ_{ij}，根据判断矩阵与其特征值的变化特点：n 阶判断矩阵 A 的最大特征值 $\lambda_{\max}$ 比 n 值越接近，矩阵 A 的一致性就越好；反之则越差。因此，可用判断矩阵的特征值的变化来检查判断矩阵的一致性程度。

因此，在层次分析法中引入判断矩阵最大特征根以外的其余特征根的负平均值，作为度量判断矩阵偏离一致性的指标，即用

$$\text{C.I.} = \frac{\lambda_{\max} - n}{n - 1} \qquad (9.14)$$

检查决策者判断思维的一致性。C.I.（consistency index）称为一致性指标，C.I.值越大，表明判断矩阵偏离完全一致性的程度越大；C.I.值越小（接近于 0），表明判断矩阵的一致性越好。

为了得到一个对不同阶数的判断矩阵均适用的一致性检验的临界值，还必须考虑一致性与矩阵阶数之间的关系。一般地，判断矩阵的阶数越大，元素之间的关系就越难达到一致性。衡量不同阶判断矩阵是否具有满意的一致性，需要根据判断矩阵的阶数对一致性指标 C.I. 进行修正。Saaty 提出可用平均随机一致性指标 R.I.（random index）修正 C.I. 的方法。对于 2～15 阶判断矩阵，R.I. 的值如表 9.3 所示。

表 9.3　平均随机一致性指标 R.I. 值

n	2	3	4	5	6	7	8
R.I.	0	0.5149	0.8931	1.1185	1.2494	1.3450	1.4200
n	9	10	11	12	13	14	15
R.I.	1.4616	1.4874	1.5156	1.5405	1.5583	1.5779	1.5894

在这里，对于 1、2 阶判断矩阵，R.I. 只是形式上的，因为 1、2 阶判断矩阵总是具有完全一致性。当阶数大于 2 时，将判断矩阵的一致性指标 C.I. 与同阶平均随机一致性指标 R.I. 的比值称为随机一致性比率，记为 C.R.（consistency ratio）。当

$$\text{C.R.} = \frac{\text{C.I.}}{\text{R.I.}} < 0.10 \qquad (9.15)$$

时，即认为判断矩阵具有满意的一致性；否则就需要调整判断矩阵，使之具有满意的一致性。

3. 层次排序

1）层次单排序

以层次结构图为基础，分别构造各层次元素相对于上层次某个因素的判断矩阵，计算出某层次因素相对于上一层次中某一因素的相对重要性，这种排序计算称为层次单排序。具体地说，层次单排序是指根据判断矩阵计算对于上一层某元素而言本层次与之有联系的元素重要性次序的权值。

从理论上讲，层次单排序计算问题可归结为计算判断矩阵的最大特征根及其特征向量的问题。但一般来说，计算判断矩阵的最大特征根及其对应的特征向量，并不需要追求较高的精确度。这是因为判断矩阵本身有相当大的误差范围。而且，应用层次分析法给出的层次中各种因素优先排序权值从本质上来说是表达某种定性的概念。因此，一般用迭代法在计算机上求得近似的最大特征值及其对应的特征向量。这里给出一种简单的计算矩阵最大特征根及其对应特征向量的方根法的计算步骤。

（1）计算判断矩阵每一行元素的乘积 M_i：

$$M_i = \prod_{j=1}^{n} a_{ij} \quad i = 1, 2, \cdots, n \tag{9.16}$$

（2）计算乘积 M_i 的 n 次方根 $\bar{W}_i$：

$$\bar{W}_i = \sqrt[n]{M_i} \tag{9.17}$$

（3）将向量 $\bar{W} = [\bar{W}_1, \bar{W}_2, \cdots, \bar{W}_n]^{\mathrm{T}}$ 正规化（归一化处理），有

$$W_i = \frac{\bar{W}_i}{\sum_{j=1}^{n} \bar{W}_j} \tag{9.18}$$

则 $W = [W_1, W_2, \cdots, W_n]^{\mathrm{T}}$ 即为所求的特征向量。

（4）计算判断矩阵的最大特征根 $\lambda_{\max}$，有

$$\lambda_{\max} = \sum_{i=1}^{n} \frac{(AW)_i}{nW_i} \tag{9.19}$$

式中，$(AW)_i$ 为向量 AW 的第 i 个元素。

也可以采用 MATLAB 仿真的方法，对矩阵特征值和特征向量进行计算，可以获取较高的精度。

2）层次总排序

层次单排序是各层次中各个因素相对于上一层次中某因素的相对重要性系数。在层次单排序的基础上，依次沿递阶层次结构由上而下逐层计算，即可计算出最低层因素相对于最高层（总目标）的相对重要性或相对优劣的排序值，即层次总排序。也就是说，层次总排序是针对最高层目标而言的，最高层次的总排序就是其层次总排序。

假定已经计算出第 $k-1$ 层上 n_{k-1} 个元素相对于总目标的重要性系数向量 $W^{(k-1)} = \left(w_1^{(k-1)}, w_2^{(k-1)}, \cdots, w_{n_{k-1}}^{(k-1)} \right)^{\mathrm{T}}$，第 k 层上 n_k 个元素对第 $k-1$ 层上第 j 个元素的相对重要性系数向量设为 $p_j^{(k)} = \left(p_{1j}^{(k)}, p_{2j}^{(k)}, \cdots, p_{n_k j}^{(k)} \right)^{\mathrm{T}}$，其中不受元素 j 支配的元素的相对重要性系数为零。令 $p^{(k)} = \left(p_1^{(k)}, p_2^{(k)}, \cdots, p_{n_{k-1}}^{(k)} \right)^{\mathrm{T}}$，这是 $n_k \times n_{k-1}$ 的矩阵，表示 k 层上元素对 $k-1$ 层上各元素的相对重要性系数，那么第 k 层上元素对总目标的合成重要性系数向量 $W^{(k)}$ 由下式给出，即

$$W^{(k)} = \left(w_1^{(k)}, w_1^{(k)}, \cdots, w_1^{(k)} \right)^{\mathrm{T}} = p^k W^{(k-1)} \tag{9.20}$$

并且，一般地有

$$W^{(k)} = p^{(k)} p^{(k-1)} \cdots W^{(2)}$$

式中：$W^{(2)}$ 为第二层上元素对总目标的相对重要性系数向量，实际上它就是单层排序的重要性系数向量。

3）总排序的一致性检验

总排序的一致性检验也是从上到下逐层进行的。若已求得以 $k-1$ 层上元素 j 为准则的一致性指标 C.I.$_j^{(k)}$、平均随机一致性指标 R.I.$_j^{(k)}$ 及一致性比率 C.R.$_j^{(k)}$（$j = 1, 2, \cdots, n_{k-1}$），

则 k 层的综合指标 C.I.$^{(k)}$、R.I.$^{(k)}$、C.R.$^{(k)}$ 应为

$$\text{C.I.}^{(k)} = \left(\text{C.I.}_1^{(k)}, \cdots, \text{C.I.}_{n_{k-1}}^{(k)} \right) W^{(k-1)} \tag{9.21}$$

$$\text{R.I.}^{(k)} = \left(\text{R.I.}_1^{(k)}, \cdots, \text{R.I.}_{n_{k-1}}^{(k)} \right) W^{(k-1)} \tag{9.22}$$

$$\text{C.R.}^{(k)} = \frac{\text{C.I.}^{(k)}}{\text{R.I.}^{(k)}} \tag{9.23}$$

当 C.R.$^{(k)} < 0.1$ 时,则认为递阶层次结构在 k 层水平以上的所有判断具有整体满意的一致性。

一般地,如果 A 层 n 个因素的排序系数(相对重要程度)为 $W = (w_1, w_2, \cdots, w_n)^{\text{T}}$,若 B 层次某些因素对于上层次 A 的某个因素 A_j 单排序的一致性指标为 C.I.$_j$,相应的平均随机一致性指标为 R.I.$_j$,则 B 层次总排序随机一致性比率为

$$\text{C.R.} = \frac{\sum\limits_{j=1}^{n} w_j \text{C.I.}_j}{\sum\limits_{j=1}^{n} w_j \text{R.I.}_j} \tag{9.24}$$

9.3　评价方法的建立

多指标综合评价就是通过一定的数学函数(或称综合评价函数)将多个评价指标值"合成"为一个整体性的综合评价值。可以用于"合成"的数学方法很多,比较常用的评价方法有层次分析法、模糊综合评判法、数据包络分析法、人工神经网络评价法、灰色综合评价法等。

但总地来看,单一评价法存在以下一些问题。

(1)不存在一种绝对完美的综合评价方法。不同的方法只是从不同的角度对被评价对象做出的某种估计,如果仅采用一种方法进行评价,其结果的可信度就值得怀疑。

(2)选择何种评价方法受评价主体的主观影响太大。面对同一个被评价对象,不同的人会选择不同的评价方法,而不同的方法所得到的评价结果一般并不完全相同,至于哪种方法所得的结果最优,有时是很难判断的。

(3)无论是选用主观赋权评价法还是选用客观赋权评价法,都有其自身无法解决的缺陷。主观赋权法虽然能充分吸收本领域专家的知识和经验,体现出各个指标的重要程度,但以人的主观判断作为赋权基础不尽完全合理。客观赋权法虽然具有赋权客观、不受人为因素影响等优点,但也有不足之处:一是客观赋权法所得各指标的权数不能体现各指标自身价值的重要性;二是各指标的权数随样本变化而变化,权数依赖于样本。

面对单一综合评价方法的不足,我们的做法是对两类方法进行综合,以实现二者的优势互补,得到更为合理、科学的评价结果。这种综合的方法就是"组合评价法"。通过各种方法的组合,可以达到取长补短的效果。因为各种方法都有其自身的优点和缺点,它们的使用场合也并不完全相同,通过将具有同种性质的综合评价方法组合在一起,就能够使各种方法的缺点得到弥补,而同时兼有各方法的优点。

这里主要对基于层次分析法的灰色关联分析法进行介绍。

9.3.1　灰色系统理论

灰色系统是指部分信息已知、部分信息未知的系统。灰色系统理论是研究解决灰色系统分析、建模、预测、决策和控制的理论，是 20 世纪 80 年代初由我国学者、华中理工大学自动控制与计算机系邓聚龙教授提出并发展的。灰色系统把一般系统论、信息论、控制论的观点和方法延伸到社会、经济、生态等抽象系统，结合运用数学方法发展的一套解决信息不完备系统。从本质上说，该理论是用数学方法解决信息缺乏不确定性的理论。灰色系统是通过处理灰元，使系统从结构、模型、关系上由灰变白，不断加深对系统的认识、获取更多的有效信息。其任务是利用数据建模，目标是建立微分方程模型，以时间序列表征行为特点，具有动态性，致力于现实规律的探讨，最大特点是对样本量没有严格的要求，不需要服从任何分布。其核心灰色模型是灰色预测、决策、控制的基础。其主要内容有 GM 模型、灰色预测、灰关联分析、灰色统计与聚类、灰色决策和灰色控制等。

社会、经济等系统具有明显的层次复杂性、结构关系的模糊性、动态变化的随机性、指标数据的不完全性。考虑到要讨论的灰色综合评价问题，所以主要讨论灰色关联度分析，也就是探讨基于灰色关联度分析的综合评价方法。这是根据因素之间发展态势的相似或相异程度来衡量因素间关联程度的方法。

9.3.2　灰色关联度分析的模型和步骤

灰色理论应用最广泛的是灰关联度分析方法。关联度分析是分析系统中各元素之间关联程度或相似程度的方法，其基本思想是依据关联度对系统排序。下面介绍基于关联度分析的综合评价模型和步骤。

1. 灰色关联度分析

在客观世界中，有许多因素之间的关系是灰色的，分不清哪些因素之间关系密切、哪些不密切，这就难以找到主要矛盾和主要特征。关联度是表征两个事物的关联程度。具体地说,关联度是因素之间关联性大小的量度,它定量地描述了因素之间相对变化的情况。

从思路上看，关联度分析是属于几何处理范畴的。它是一种相对性的排序分析，其基本思想是根据序列曲线几何形状的相似程度来判断其联系是否紧密，曲线越接近，相应序列之间的关联度就越大；反之就越少。

作为一个发展变化的系统，关联度分析事实上是动态过程发展态势的量化分析。说得确切一点，是发展态势的量化比较分析。发展态势的比较，也就是历年来有关统计数据列几何关系的比较，实质上是几种曲线间几何形状的分析比较，即认为几何形状越接近，则发展变化态势越接近，关联程度越大。

关联度分析是灰色系统分析、评价和决策的基础。灰色关联度分析是一种多因素统计分析方法，用灰色关联度来描述因素间关系的强弱、大小和次序的。

下面就介绍最常用的衡量因素间关联程度大小的量化方法。

作关联分析先要制定参考的数据列（母因素时间数列），参考数据列常记为 x_0，一般表示为

$$x_0 = \left\{ x_0(1), x_0(2), \cdots, x_0(n) \right\} \tag{9.25}$$

关联分析中被比较数列（子因素时间数列）常记为 x_i，一般表示为

$$x_i = \left\{ x_i(1), x_i(2), \cdots, x_i(n) \right\} \quad i = 1, 2, \cdots, m \tag{9.26}$$

对于一个参考数列 x_0，比较数列为 x_i，可用下述关系表示各比较曲线与参考曲线在各点的差，即

$$\xi_i(k) = \frac{\min\limits_i \min\limits_k \left| x_0(k) - x_i(k) \right| + \zeta \max\limits_i \max\limits_k \left| x_0(k) - x_i(k) \right|}{\left| x_0(k) - x_i(k) \right| + \zeta \max\limits_i \max\limits_k \left| x_0(k) - x_i(k) \right|} \tag{9.27}$$

式中：$\xi_i(k)$ 为第 k 个时刻比较曲线 x_i 与参考曲线 x_0 的相对差值，这种形式的相对差值称为 x_i 对 x_0 在 k 时刻的关联系数；ζ 为分辨率系数，$\zeta \in [0,1]$，引入它是为了减少极值对计算的影响。在实际使用中，应根据序列间的关联程度选择分辨率系数，一般取 $\zeta \leqslant 0.5$ 最为恰当。

若记

$$\Delta \min = \min\limits_i \min\limits_k \left| x_0(k) - x_i(k) \right|$$

$$\Delta \max = \max\limits_i \max\limits_k \left| x_0(k) - x_i(k) \right|$$

则 $\Delta \min$ 与 $\Delta \max$ 分别为各时刻 x_0 与 x_i 的最小绝对差值与最大绝对差值，从而有

$$\xi_i(k) = \frac{\Delta \min + \zeta \Delta \max}{\left| x_0(k) - x_i(k) \right| + \zeta \Delta \max} \tag{9.28}$$

如果计算关联程度的数据列量纲不同，要转化为无量纲。无量纲化的方法，常用的有初值化与均值化。初值化是指所有数据均用第一个数据除，然后得到一个新的数据列，这个新的数据列即各不同时刻的值相对于第一个时刻的值的百分比。均值化处理就是用序列平均值除以所有数据，即得到一个占平均值百分比的数据列。

关联系数只表示各时刻数据间的关联程度，由于关联系数很多，信息过于分散，不便于比较，为此有必要将各个时刻的关联系数集中为一个值，求平均值便是信息集中处理的一种方法。于是，绝对关联度的一般表达式为

$$r_i = \frac{1}{n} \sum_{k=1}^{n} \xi_i(k) \tag{9.29}$$

或者说 r_i 是曲线 x_i 对参考曲线 x_0 的绝对关联度。

应该看到，绝对值关联度是反映事物之间关联程度的一种指标，它能指示具有一定样本长度的给定因素之间的关联情况。但它也有明显的缺点，就是绝对值关联度受数据中极大值和极小值的影响，一旦数据序列中出现某个极值，关联度就会发生变化。因此，绝对值关联度有时不能真正反映数据列之间的关联程度。另外，计算绝对值关联度时，需要对原始数据做无量纲化处理，比较烦琐，而且分辨率系数的取值不同，也会导致关联系数的不唯一。

不过，关联度分析的目的是在影响某参考数据列 x_0 的诸因素 x_i 中找出主要因素，也

就是按对 x_0 的关联程度大小对 x_i 进行排序。

若 x_i 与 x_0、x_j 与 x_0 的关联度分别为 r_i 和 r_j，则有以下性质。

（1）$r_i > r_j$ 时，称 x_i 优于 x_j。

（2）$r_i < r_j$ 时，称 x_i 劣于 x_j。

（3）$r_i = r_j$ 时，称 x_i 等于 x_j。

（4）$r_i \geqslant r_j$ 时，称 x_i 不劣于 x_j。

（5）$r_i \leqslant r_j$ 时，称 x_i 不优于 x_j。

于是，就可以把影响字母序列 x_0 的因素 x_i 按上述定义的优劣排队，即按各自对 x_0 的影响程度大小排序，从而完成关联分析。

总地来说，灰色关联度分析是系统态势的量化比较分析，其实质就是比较若干数据列所构成的曲线列与理想（标准）数据列所构成的曲线几何形状的接近程度，几何形状越接近，其关联度越大。关联序则反映各评价对象对理想（标准）对象的接近次序，即评价对象的优劣次序，其中灰色关联度最大的评价对象为最佳。因此，利用灰色关联度可对评价对象的优劣进行分析比较。

2. 灰色评价模型

灰色系统理论中的关联度分析法是分析系统中多因素关联程度的一种新的因素分析方法。灰色多层次综合评判模型就是把关联度分析方法用于分析具有层次结构的系统而建立的数学模型。

1）灰色单层次评判模型

假设系统是由 m 个指标（因素）构成的单层次系统。若系统有 n 个方案，则第 i 个方案的 m 个指标构成数据列 $X_{ik} = [X_{i1}, X_{i2}, \cdots, X_{im}]$，$(i = 1, 2, \cdots, n; k = 1, 2, \cdots, m)$，$n$ 个方案的原始指标构成以下矩阵，即

$$X = \begin{bmatrix} X_{11} & X_{12} & \cdots & X_{1m} \\ X_{21} & X_{22} & \cdots & X_{2m} \\ \vdots & \vdots & & \vdots \\ X_{n1} & X_{n2} & \cdots & X_{nm} \end{bmatrix} \tag{9.30}$$

用灰色单层次综合评判模型进行 n 个方案优劣的比较，其具体方法如下。

（1）确定最优指标集（X_{0k}）。

设

$$X_{0k} = [X_{01}, X_{02}, \cdots, X_{0m}] \tag{9.31}$$

式中：$X_{0k}(k = 1, 2, \cdots, m)$ 为第 k 个指标在诸方案中的最优值。在指标中，如某一指标取大值为好，则取该指标在各方案中的最大值；如取小值为好，则取各方案中的最小值。

最优指标集（X_{0k}）的意义是通过在各方案中选取最优指标，构成最优理想方案，以此作为基准，采用灰色关联度作为测度去评判各方案与理想最优方案的关联程度，从而得到各方案的优劣次序。

（2）指标值的规范化处理。

由于指标相互之间通常具有不同的量纲和数量级，不能直接进行比较，因此需要对

原始指标值进行规范化处理。用下式进行规范化处理，即

$$\lambda_{ik} = \frac{X_{ik} - X_i^{\min}}{X_i^{\max} - X_i^{\min}} \qquad (9.32)$$

式中：λ_{ik} 为第 i 个方案的第 k 个指标 X_{ik} 的规范化数值；$X_i^{\min}$ 为第 k 个指标在所有方案中的最小值；$X_i^{\max}$ 为第 k 个指标在所有方案中的最大值。

进行规范化处理后得到以下矩阵，即

$$\lambda = \begin{pmatrix} \lambda_{11} & \lambda_{12} & \cdots & \lambda_{1m} \\ \lambda_{21} & \lambda_{22} & \cdots & \lambda_{2m} \\ \vdots & \vdots & & \vdots \\ \lambda_{n1} & \lambda_{n2} & \cdots & \lambda_{nm} \end{pmatrix} \qquad (9.33)$$

（3）计算关联度系数。

将经规范化处理后的最优指标集 $\{\lambda_{0k}\} = [\lambda_{01}, \lambda_{02}, \cdots, \lambda_{0m}]$ 作为参考数据列，经规范化处理后各方案的指标值 $\{\lambda_{ik}\} = [\lambda_{i1}, \lambda_{i2}, \cdots, \lambda_{im}]$ 作为被比较数据列，则可用下述关联度系数公式分别求得第 i 个方案第 k 个指标与第 k 个最优指标的关联系数 $\xi_i(k)$（$i = 1, 2, \cdots, n; k = 1, 2, \cdots, m$），即

$$\xi_i(k) = \frac{\min\limits_{i}\min\limits_{k}|\lambda_{0k} - \lambda_{ik}| + \rho\max\limits_{i}\max\limits_{k}|\lambda_{0k} - \lambda_{ik}|}{|\lambda_{0k} - \lambda_{ik}| + \rho\max\limits_{i}\max\limits_{k}|\lambda_{0k} - \lambda_{ik}|} \qquad (9.34)$$

式中：分辨率 $\rho \in [0,1]$，ρ 一般取 0.5。

进一步求得以下关联系数矩阵 $\boldsymbol{E}$，即

$$\boldsymbol{E} = \begin{pmatrix} \xi_1(1) & \xi_2(1) & \cdots & \xi_n(1) \\ \xi_1(2) & \xi_2(2) & \cdots & \xi_n(2) \\ \vdots & \vdots & & \vdots \\ \xi_1(m) & \xi_2(m) & \cdots & \xi_n(m) \end{pmatrix} \qquad (9.35)$$

式中：$\xi_i(k)$（$i = 1, 2, \cdots, n; k = 1, 2, \cdots, m$）为第 i 种方案第 k 种指标与第 k 个最优指标的关联系数。

（4）建立灰色单层次评判模型。

数学模型为

$$\boldsymbol{R} = \boldsymbol{P} \times \boldsymbol{E}$$

式中：$\boldsymbol{R} = [r_1, r_2, \cdots, r_n]$ 为 n 个方案的综合评判结果矩阵，r_i（$i = 1, 2, \cdots, n$）为第 i 个方案的综合评判结果；$\boldsymbol{P} = [P_1, P_2, \cdots, P_m]$ 为 m 个评判指标的权重分配矩阵，应满足 $\sum\limits_{k=1}^{m} P_k = 1$，权重分配矩阵可用专家法确定。

第 i 个方案的综合评判结果即关联度 r_i 可用下式求得，即

$$r_i = (P_{i1}, P_{i2}, \cdots, P_{im}) \times \begin{pmatrix} \xi_i(1) \\ \xi_i(2) \\ \vdots \\ \xi_i(m) \end{pmatrix} \qquad (9.36)$$

该式也可用 $r_i = \sum_{k=1}^{m} P_k \xi_i(k)$ 表示。

若关联度 r_i 最大，则说明 $\{\lambda_{ik}\}$ 与最优指标集 $\{\lambda_{0k}\}$ 最接近，说明第 i 个方案优于其他方案，据此可排出各方案的优劣次序。

2）灰色多层次综合评判模型

当系统中的指标（因素）构成不同层次时，需要建立多层次评判模型。多层次评判模型以单层次评判模型为基础。其基本思路：首先对最基础层的指标（因素）进行层次综合评估；然后对这一层车路协同系统进行验证评估。

对于车路协同系统的仿真评估分析方法，应根据其主要研究目标、输入数据特点、输出结果要求、计算精度要求等因素来选取，使仿真评价结果最能反映出使用车路协同系统前后的道路交通运行状况，从而及时采取科学合理的交通管控措施，解决路网中存在的拥挤、阻塞等问题，保持通畅、良好的交通运行状态。由于车路协同系统仿真具有指标多且相互之间缺乏可比性等特点，所以沿用一些常规的手段和方法难以使整个系统得出令人满意的评价结果。

建立多层次灰色相对关联度分析综合评估法，即将灰色综合评估法与层次分析法有机结合起来。这样的评估方法既能对复杂系统的各层次子系统进行评估，又能在子系统评估的基础上进行综合评估，将为评估多层次复杂系统提供一种新的思路和方法。根据多指标综合评价的流程，逐步对车路协同系统进行验证。

9.4　车路协同系统验证评估案例

9.4.1　确定评价指标体系

车路协同系统的功能是提升道路交通系统的安全性和通行效率，改善交通环境，增加出行的舒适度。采用车路协同仿真系统可以减少真实系统在研制阶段对人力、物力、财力的消耗，同时还可以避免在实施阶段因性能缺陷而造成严重后果。通过构建车路协同仿真系统，不仅能快速搭建面向典型应用的测试场景，实现大规模的车路协同功能模拟，而且对车路协同仿真系统的功能及性能进行综合评价。

评价目标在车路协同系统评价框架中是很重要的，因为评价指标体系将基于评价目标来建立。车路协同系统的评价目标如下。

（1）提高运输系统的安全性：减少人车冲突次数及其严重程度；减少车辆冲突次数。

（2）提高运输系统的通行能力及运行效率：减少由于交通事故所引起的局部交通系统不能正常运作；改善提供给出行者的服务水平及其方便程度；提高道路通行能力；减少出行时间，节省出行成本。

（3）减少交通拥挤造成的资源消耗：降低单位出行造成的能源消耗和社会资源消耗。

（4）降低交通堵塞造成的环境污染：降低单位出行造成的有害物质排放和噪声污染。

（5）提高机动性和运输系统的方便舒适度：为出行前和出行中的信息获得提供有效途径；提高出行舒适性；减轻出行者压力。

针对定义的车路协同系统评价目标，将与各目标相对应的评价指标列成一个矩阵，用来衡量达到各种评价目标的过程。根据上面影响评价的 5 个评价目标，相应列出了表 9.4 所示的基本评价指标。

表 9.4　车路协同系统的基本评价指标

系统目标	基本评价指标	单位	说明	类型
效率	路网路段平均速度	km/h	定量描述	极大型指标
	路网信号交叉口平均延误	s	定量描述	极小型指标
	路网非信号交叉口平均延误	s	定量描述	极小型指标
	路网平均行程时间	s	定量描述	极小型指标
	路网路段平均延误	s	定量描述	极小型指标
	路网路段平均流量	pcus/h	定量描述	极大型指标
	路网平均最大排队车辆数	pcus	定量描述	极小型指标
	路网路段平均延误比率	%	定量描述	极小型指标
安全	路网平均最小车头时距	s	定量描述	中间型指标
	路网车辆冲突次数	采用优劣等级评价	定性描述	极小型指标
	路网车辆与行人冲突次数	采用优劣等级评价	定性描述	极小型指标
环保	大气环境影响度	采用优劣等级评价	定性描述	极小型指标
	噪声环境影响度	采用优劣等级评价	定性描述	极小型指标
资源	油耗	L/100km	定量描述	极小型指标
	电耗	度/100km	定量描述	极小型指标
	社会资源消耗	采用优劣等级评价	定性描述	极小型指标
舒适	路网交叉口平均饱和度	%	定量描述	极小型指标
	路网路段平均密度	pcus/lane/km	定量描述	极小型指标
	路网路段平均停车次数	次/link/h	定量描述	极小型指标
	路网路段平均停车时间	s	定量描述	极小型指标
	路网车辆速度变化率	$(km/h)^2$	定量描述	极小型指标
	路网平均最大排队长度	m	定量描述	极小型指标

注："说明"中"定性"是指总体属性、趋势，是从宏观角度来说的；相对"定量"来说，是从微观、具体来说的，通常用精确的数据来描述。

"类型"分为"极大型""极小型""中间型""区间型"。"极大型"指标期望取值越大越好；极小型指标期望取值越小越好；"中间型"指标期望取值为适当的中间值最好；"区间型"期望取值落在某个确定的区间内为最好。

将验证评估联邦成员数据库中的数据进行处理，得到指标实际值如表 9.5 所示。

表 9.5　仿真系统得到的指标实际值

指标		I-VICS 数据	非 I-VICS 数据	单位	类型
效率	路网路段平均速度	43.48	32.04	km/h	极大型指标
	路网信号交叉口平均延误	9.05	18.72	s	极小型指标
	路网非信号交叉口平均延误	8.13	17.94	s	极小型指标
	路网平均行程时间	2491.26	3381.83	s	极小型指标

续表

指标		I-VICS 数据	非 I-VICS 数据	单位	类型
效率	路网路段平均延误	4.17	12.75	s	极小型指标
	路网路段平均流量	480.8	222.87	pcus/h	极大型指标
	路网平均最大排队车辆数	4.22	10.38	pcus	极小型指标
	路网路段平均延误比率	35.2	48.9	%	极小型指标
安全	路网平均最小车头时距	7.89	14.02	s	中间型指标
	路网车辆冲突次数	较少（0）	一般（1/2）	定性	极小型指标
	路网车辆与行人冲突次数	较少（0）	一般（1/2）	定性	极小型指标
环保	大气环境影响度	较好（0）	一般（1/2）	定性	极小型指标
	噪声环境影响度	较好（0）	一般（1/2）	定性	极小型指标
资源	油耗	6.47	16.17	L/100km	极小型指标
	电耗	4.65	6.73	度/100km	极小型指标
	社会资源消耗	较多（1）	较少（0）	定性	极小型指标
舒适	路网交叉口平均饱和度	0.65	0.83	%	极小型指标
	路网路段平均密度	11.03	17.37	pcus/lane/km	极小型指标
	路网路段平均停车次数	79.59	238.908	次/link/h	极小型指标
	路网路段平均停车时间	1.64	4.13	s	极小型指标
	路网车辆速度变化率	42.78	101.46	(km/h)^2	极小型指标
	路网平均最大排队长度	28.7	72.66	m	极小型指标

按照线性标准化的方法对其进行无量纲化，如表 9.6 所示。

表 9.6 线性指标无量纲化

指标	车路协同数据	非车路协同数据
λ_{i1}	0.498	0
λ_{i2}	0	1
λ_{i3}	0	1
λ_{i4}	0.309	1
λ_{i5}	0.327	1
λ_{i6}	0.952	0
λ_{i7}	0.407	1
λ_{i8}	0.72	1
λ_{i9}	0.49	1
λ_{i10}	0	1
λ_{i11}	0	1
λ_{i12}	0	1
λ_{i13}	0	1
λ_{i14}	0	1
λ_{i15}	0	1
λ_{i16}	1	0

续表

指标	车路协同数据	非车路协同数据
λ_{t17}	0.45	1
λ_{t18}	0.52	1
λ_{t19}	0.33	1
λ_{t20}	0.397	1
λ_{t21}	0.421	1
λ_{t22}	0.395	1

9.4.2 综合评价指标权重确定

根据以上建立车路协同系统性能评价指标的目的和构建指标体系所遵循的原则，这里把车路协同系统性能分解为效率、安全、环保、资源、舒适 5 个方面进行评价，可以建立图 9.1 所示的层次分析结构。

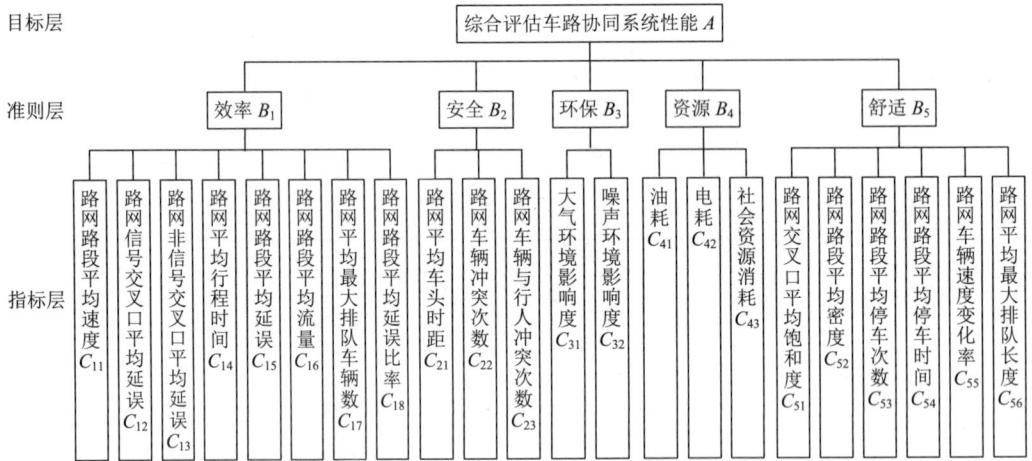

图 9.1　综合评估车路协同系统层次结构模型

对于车路协同性能评估这个问题来说，层次分析模型主要分为三层。最高目标层即综合评估车路协同系统性能，更好地促进车路协同系统发展；中间为准则层，即合理评估系统性能的五方面准则，包括效率、安全、环保、资源和舒适。最下一层为指标层。

两两比较，建立判断矩阵，并对其进行一致性检验，得到各层次单排序，计算过程及结果如表 9.7 所示。

表 9.7　车路协同系统层次单排序

$A \sim B$	A	B_1	B_2	B_3	B_4	B_5		WA	
	B_1	1	1/3	1	4	3		0.207	
	B_2	3	1	3	5	4		0.443	$\lambda_{max}=5.1378$
	B_3	1	1/3	1	4	3		0.207	C.R.A=0.0308
	B_4	1/4	1/5	1/4	1	1/2		0.056	
	B_5	1/3	1/4	1/3	2	1		0.087	

续表

B_1	C_{11}	C_{12}	C_{13}	C_{14}	C_{15}	C_{16}	C_{17}	C_{18}	WB_1	
C_{11}	1	1	1	3	3	3	3	3	0.214	
C_{12}	1	1	1	3	3	3	3	3	0.214	
C_{13}	1	1	1	3	3	3	3	3	0.214	
C_{14}	1/3	1/3	1/3	1	1	1	1	1	0.072	$\lambda_{max}=8$
C_{15}	1/3	1/3	1/3	1	1	1	1	1	0.072	C.R.B_1=0
C_{16}	1/3	1/3	1/3	1	1	1	1	1	0.072	
C_{17}	1/3	1/3	1/3	1	1	1	1	1	0.071	
C_{18}	1/3	1/3	1/3	1	1	1	1	1	0.071	

(准则 $B_1\sim C$)

B_2	C_{21}	C_{22}	C_{23}	WB_2	
C_{21}	1	1/3	1/3	0.142	$\lambda_{max}=3$
C_{22}	3	1	1	0.429	C.R.B_2=0
C_{23}	3	1	1	0.429	

(准则 $B_2\sim C$)

B_3	C_{31}	C_{32}	WB_3	
C_{31}	1	1	0.5	二阶矩阵必然满足
C_{32}	1	1	0.5	一致性要求

(准则 $B_3\sim C$)

B_4	C_{41}	C_{42}	C_{43}	WB_4	
C_{41}	1	1	1	0.333	$\lambda_{max}=3$
C_{42}	1	1	1	0.333	C.R.B_4=0
$C43$	1	1	1	0.334	

(准则 $B_4\sim C$)

B_5	C_{51}	C_{52}	C_{53}	C_{54}	C_{55}	C_{56}	WB_5	
C_{51}	1	1	1/3	1/3	1/2	2	0.098	
C_{52}	1	1	1/3	1/3	1/2	2	0.098	
C_{53}	3	3	1	1	2	4	0.288	$\lambda_{max}=6.0414$
C_{54}	3	3	1	1	2	4	0.288	C.R.B_5=0.0066
C_{55}	2	2	1/2	1/2	1	3	0.169	
C_{56}	1/2	1/2	1/4	1/4	1/3	1	0.059	

(准则 $B_5\sim C$)

　　根据各层次的单排序，从最高层次到最低层次逐层计算得到最低层次对于最高层（总目标）相对重要性的排序权值，即层次总排序计算结果如表 9.8 所示。

表 9.8　车路协同系统层次排序权值

准则	权数 WC_i	指标	权数 WC_{ij}	W_{ij}
效率	0.207	路网路段平均速度	0.214	0.044 298
		路网信号交叉口平均延误	0.214	0.044 298
		路网非信号交叉口平均延误	0.214	0.044 298
		路网平均行程时间	0.072	0.014 904
		路网路段平均延误	0.072	0.014 904
		路网路段平均流量	0.072	0.014 904
		路网平均最大排队车辆数	0.071	0.014 697
		路网路段平均延误比率	0.071	0.014 697

准则	权数 WC_i	指标	权数 WC_{ij}	W_{ij}
安全	0.443	路网平均车头时距	0.142	0.062 906
		路网车辆冲突次数	0.429	0.190 047
		路网车辆与行人冲突次数	0.429	0.190 047
环保	0.207	大气环境影响度	0.5	0.103 5
		噪声环境影响度	0.5	0.103 5
资源	0.056	油耗	0.333	0.018 648
		电耗	0.333	0.018 648
		社会资源消耗	0.334	0.018 704
舒适	0.087	路网交叉口平均饱和度	0.098	0.008 526
		路网路段平均密度	0.098	0.008 526
		路网路段平均停车次数	0.288	0.025 056
		路网路段平均停车时间	0.288	0.025 056
		路网车辆速度变化率	0.169	0.014 703
		路网平均最大排队长度	0.059	0.005 133

9.4.3　建立评价模型

最优指标集为

X_{0i}=[55，9.05，8.13，1969.45，0，493.73，0，0，2，较少（0），较少（0），较少（0），较少（0），6.47，4.65，较少（0），0.5，6，2，0，0，0，0]

对原始指标和最优指标集进行规范化处理，如表 9.9 所示。

表 9.9　原始指标和最优指标集规范化

指标	λ_{i1}	λ_{i2}	λ_{i3}	λ_{i4}	λ_{i5}	λ_{i6}	λ_{i7}	λ_{i8}	λ_{i9}	λ_{i10}	λ_{i11}
I-VICS	0.498	0	0	0.309	0.327	0.952	0.407	0.72	0.49	0	0
非 I-VICS	0	1	1	1	1	0	1	1	1	1	1
X_0	1	0	0	0	0	1	0	0	0	0	0

指标	λ_{i12}	λ_{i13}	λ_{i14}	λ_{i15}	λ_{i16}	λ_{i17}	λ_{i18}	λ_{i19}	λ_{i20}	λ_{i21}	λ_{i22}
I-VICS	0	0	0	0	1	0.45	0.52	0.33	0.397	0.421	0.395
非 I-VICS	1	1	1	1	0	1	1	1	1	1	1
X_0	0	0	0	0	0	0	0	0	0	0	0

计算表 9.9 中各指标和最优指标的关联系数，如表 9.10 所示。

表 9.10　指标和最优指标的关联系数

指标	车路协同关联系数	非车路协同关联系数
$\xi_i(1)$	0.499 001 96	0.333 333 333
$\xi_i(2)$	1	0.333 333 333
$\xi_i(3)$	1	0.333 333 333

续表

指标	车路协同关联系数	非车路协同关联系数
$\xi_i(4)$	0.618 047	0.333 333 333
$\xi_i(5)$	0.604 595	0.333 333 333
$\xi_i(6)$	0.912 409	0.333 333 333
$\xi_i(7)$	0.551 268	0.333 333 333
$\xi_i(8)$	0.409 836	0.333 333 333
$\xi_i(9)$	0.505 051	0.333 333 333
$\xi_i(10)$	1	0.333 333 333
$\xi_i(11)$	1	0.333 333 333
$\xi_i(12)$	1	0.333 333 333
$\xi_i(13)$	1	0.333 333 333
$\xi_i(14)$	1	0.333 333 333
$\xi_i(15)$	1	0.333 333 333
$\xi_i(16)$	0.333 333	1
$\xi_i(17)$	0.526 316	0.333 333 333
$\xi_i(18)$	0.490 196	0.333 333 333
$\xi_i(19)$	0.60 241	0.333 333 333
$\xi_i(20)$	0.557 414	0.333 333 333
$\xi_i(21)$	0.542 888	0.333 333 333
$\xi_i(22)$	0.558 659	0.333 333 333

结合各指标重要性权值，计算车路协同系统和非车路协同系统与理想指标的关联度。

车路协同系统的关联度值为：0.867 619 298。

非车路协同系统的关联度值为：0.345 802 667。

9.4.4　车路协同车辆所占比例对交通评价参数的影响

路网中车路协同车辆所占比例不同所得到的交通仿真结果也就不同。仿真试验表明，车路协同车辆所占比例越高，所得交通评价参数越好，也就是说，车路协同系统可以有效提高交通效率，保障车辆安全通行。以下是一组车路协同车辆占路网中总车辆数不同时路网交通评价参数的对比，交通评价参数主要包括车流量、车辆延迟和停车次数。测试场景为路网中某一车辆发生突发事件（如车辆故障停在道路上或发生交通事故），有车路协同的车辆提前通过车车通信或车路通信得到前方路段突发事故通知进行换道或绕行，无车路协同的车辆接近事发地点时才开始减速换道。试验分别选取了车路协同车辆占路网中全部车辆 0、20%、40%、60%、80% 及 100% 时的试验结果（试验结果用 Paramics Analyser 采集，间隔为 5min，仿真总时间为 1h，仿真粒度为 1/15s），如表 9.11～表 9.16 所示。

表 9.11　车路协同车辆占比 0

开始时刻	结束时刻	流量	延迟	停车次数
0:05:00	0:10:00	660	0.693 398	0.729 167
0:10:00	0:15:00	588	2.779 43	0.58
0:15:00	0:20:00	624	2.255 36	0.692 308
0:20:00	0:25:00	624	2.516 93	0.773 585
0:25:00	0:30:00	552	3.851 52	1.872 34
0:30:00	0:35:00	636	2.670 45	0.867 925
0:35:00	0:40:00	540	1.241 1	0.288 889
0:40:00	0:45:00	612	1.497 3	1.490 2
0:45:00	0:50:00	720	3.003 59	0.639 344
0:50:00	0:55:00	600	1.534 53	0.551 02
0:55:00	1:00:00	540	1.174 44	0.244 444
平均值		608.727 3	2.110 732	0.793 566

表 9.12　车路协同车辆占比 20%

开始时刻	结束时刻	流量	延迟	停车次数
0:05:00	0:10:00	612	2.158 28	0.470 588
0:10:00	0:15:00	588	1.473 3	1
0:15:00	0:20:00	636	1.431 69	0.5
0:20:00	0:25:00	612	2.297 1	0.538 462
0:25:00	0:30:00	564	1.107 29	0.717 391
0:30:00	0:35:00	636	2.934 6	1.245 28
0:35:00	0:40:00	540	0.907 768	0.866 667
0:40:00	0:45:00	612	2.889 46	1.117 65
0:45:00	0:50:00	732	2.185 55	0.262 295
0:50:00	0:55:00	588	4.245 56	0.469 388
0:55:00	1:00:00	540	1.107 77	1
平均值		605.454 5	2.067 124	0.744 338

表 9.13　车路协同车辆占比 40%

开始时刻	结束时刻	流量	延迟	停车次数
0:05:00	0:10:00	612	1.948 3	0.803 922
0:10:00	0:15:00	588	1.983 51	1.061 22
0:15:00	0:20:00	612	1.673 78	0.450 98
0:20:00	0:25:00	636	3.991 21	1.283 02
0:25:00	0:30:00	552	1.976 86	0.913 043
0:30:00	0:35:00	636	1.387 43	0.301 887

续表

开始时刻	结束时刻	流量	延迟	停车次数
0:35:00	0:40:00	540	0	0.577 778
0:40:00	0:45:00	612	0.889 458	0.725 49
0:45:00	0:50:00	720	1.018 89	0.45
0:50:00	0:55:00	600	1.345 56	0.22
0:55:00	1:00:00	528	1.676 46	0.568 182
平均值		603.272 7	1.626 496 182	0.668 684

表 9.14　车路协同车辆占比 60%

开始时刻	结束时刻	流量	延迟	停车次数
0:05:00	0:10:00	612	0.850 266	0.333 333
0:10:00	0:15:00	588	1.718 2	0.816 327
0:15:00	0:20:00	624	0.816 307	0.384 615
0:20:00	0:25:00	624	0.335 556	0.076 923
0:25:00	0:30:00	552	0.824 684	0.782 609
0:30:00	0:35:00	636	1.368 56	0.528 302
0:35:00	0:40:00	540	0	0.733 333
0:40:00	0:45:00	612	2.163 96	1.176 47
0:45:00	0:50:00	732	2.003 59	0.295 082
0:50:00	0:55:00	588	4.085 55	1.693 88
0:55:00	1:00:00	540	0.552 216	0.2
平均值		604.363 6	1.338 081	0.638 261

表 9.15　车路协同车辆占比 80%

开始时刻	结束时刻	流量	延迟	停车次数
0:05:00	0:10:00	612	0.222 809	0.450 98
0:10:00	0:15:00	588	0	0.530 612
0:15:00	0:20:00	624	0.200 943	0.320 755
0:20:00	0:25:00	624	1.991 22	0.490 196
0:25:00	0:30:00	552	1.107 29	1.723 4
0:30:00	0:35:00	636	0.821 388	0.698 113
0:35:00	0:40:00	540	0.641 106	0.466 667
0:40:00	0:45:00	612	1.967 89	0.450 98
0:45:00	0:50:00	732	1.315 07	0.524 59
0:50:00	0:55:00	588	2.799 84	0.367 347
0:55:00	1:00:00	540	0.494 637	0.333 333
平均值		604.363 6	1.051 108	0.577 907

表 9.16　　车路协同车辆占比 100%

开始时刻	结束时刻	流量	延迟	停车次数
0:05:00	0:10:00	612	0.144 379	0.352 941
0:10:00	0:15:00	576	0.595 749	0.693 878
0:15:00	0:20:00	624	0.931 694	0.461 538
0:20:00	0:25:00	636	0.874 016	0.269 231
0:25:00	0:30:00	552	1.172 52	1.108 7
0:30:00	0:35:00	636	0.896 858	0.301 887
0:35:00	0:40:00	540	0.018 883	0.6
0:40:00	0:45:00	612	0.850 243	0.196 078
0:45:00	0:50:00	732	0.282 288	0.245 902
0:50:00	0:55:00	588	0.575 348	0.102 041
0:55:00	1:00:00	528	0.018 88 3	0.222 222
平均值		603.272 7	0.578 26	0.414 038

图 9.2 和图 9.3 所示为车路协同车辆占比不同时的车辆延迟时间和停车次数对比。由于每个时间间隔的交通流量不同，故每 5min 所收集的交通评价指标有较大波动。但是从曲线的趋势可以看出，随着车路协同车辆占总体车辆比例的上升，停车次数和车辆延误均有所降低。求取不同比例时车辆仿真时间（3600s）内的平均延误时间和平均停车次数，如图 9.4 和图 9.5 所示。

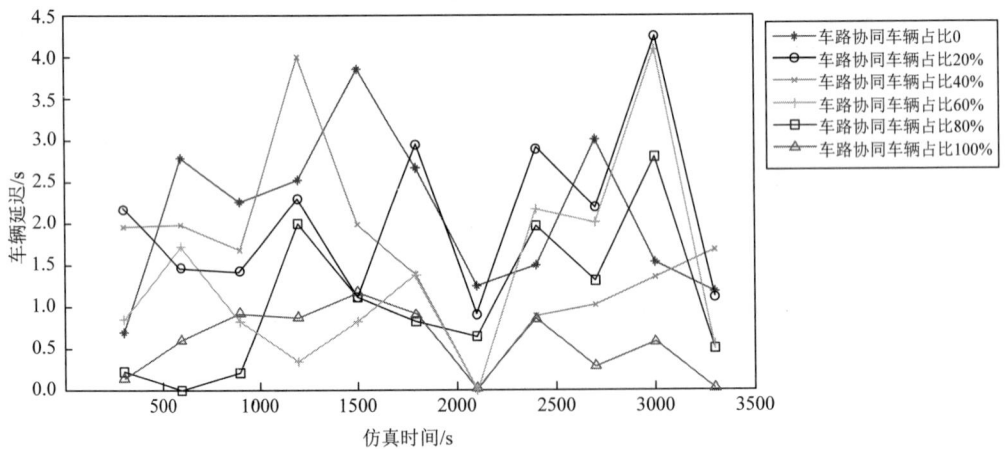

图 9.2　车路协同车辆占比不同时车辆延迟对比

随着车路协同车辆占比的上升，仿真时间内平均延误时间和平均停车次数均有较大幅度的减少。与路网中没有车路协同车辆对比，路网中均为车路协同车辆时平均车辆延迟降低 72.0%，平均停车次数下降 48.1%。由以上仿真数据可以看出，车路协同系统可以在保障车辆安全的前提下，有效降低车辆延误时间和停车次数，提高交通效率，提高驾驶舒适度。

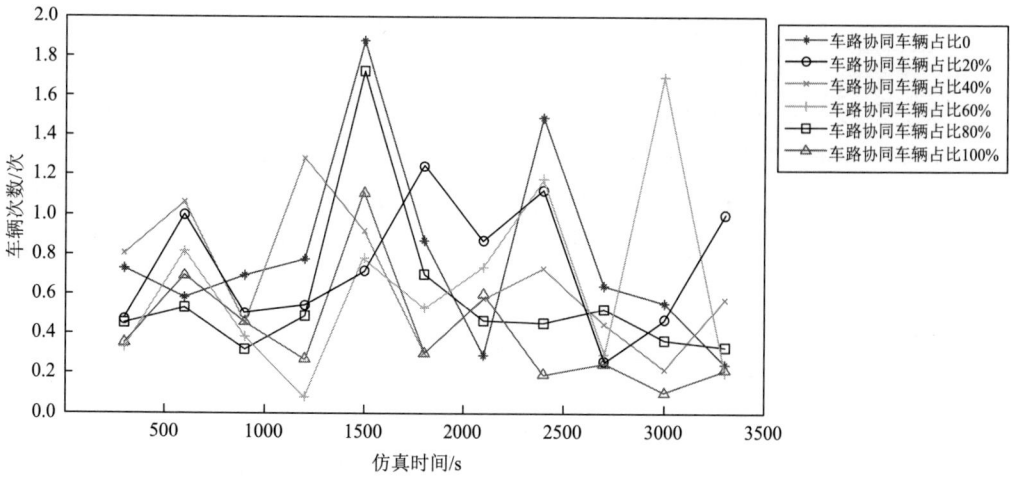

图 9.3 车路协同车辆占比不同时车辆停车次数对比

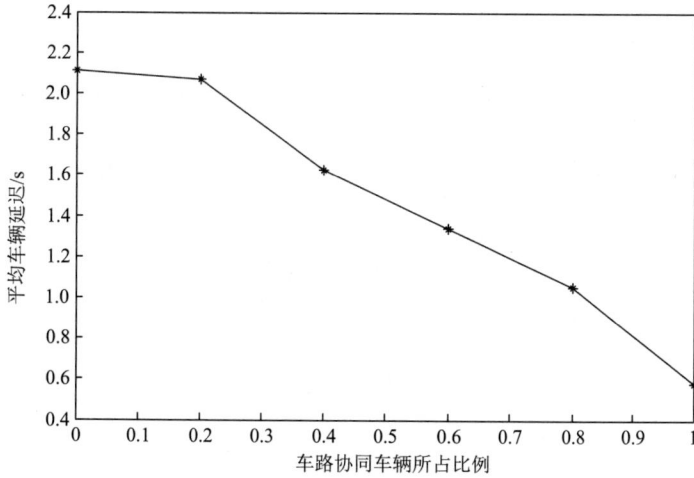

图 9.4 车路协同车辆占比不同时车辆平均延迟对比

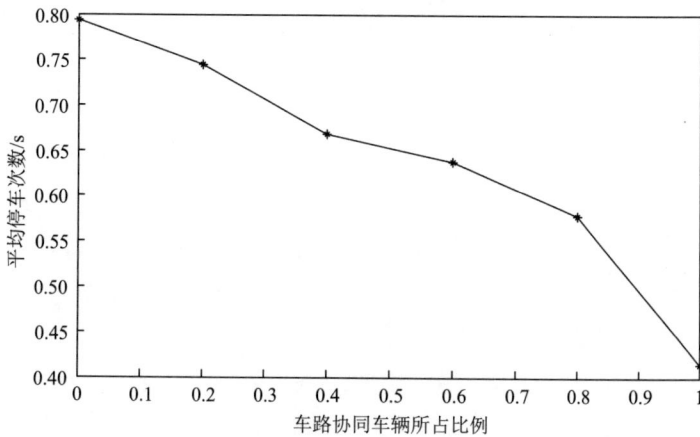

图 9.5 车路协同车辆占比不同时车辆平均停车次数对比

9.4.5　评价结果分析

根据关联度的大小，对车路协同系统和非车路协同系统方案进行排序，关联度的大小顺序即为方案的优劣排名。从上述计算结果得出，车路协同系统的指标集与最优指标集的关联度是 0.868；非车路协同系统的指标集与最优指标集的关联度是 0.346。从关联数值可以看出，车路协同系统比非车路协同系统可以更好地提高运输系统安全性，提高系统的运行效率及通行能力，减少交通拥挤造成的资源消耗，降低交通堵塞造成的环境污染，提高机动性和运输系统的方便舒适度。

第 10 章　车路协同系统仿真实例

本章主要介绍车路协同系统仿真的实现过程，详细介绍了仿真平台的模块构成、软件架构设计、接口实现和测试流程，并实现了面向不同场景的仿真控制，在给出路网、路段、交叉口、车辆交通状态的基础上，测试仿真平台功能，并最后给出验证评估报告。

10.1　平　台　概　述

车路协同的交通系统呈现出超乎常规的复杂性，单一集中的仿真框架支持环境难以适应此种特性。近年来得到广泛应用的 HLA 是在分布交互仿真和聚合级仿真协议基础上发展起来的新一代通用分布式仿真框架。HLA 体系已经被证明是一种很有效的分布式系统的仿真框架，能很好地降低复杂系统仿真的复杂性，并实现组件间的相互独立性。智能车路协同系统主要是为实际的车路协同系统模块的设计及其应用提供仿真参考环境，验证车路协同系统不同模块的功能，面向典型应用场景进行仿真环境下的车路协同系统测试与验证，从而实现在实际系统中难以实现的场景，如大规模路网、混杂交通自主行为引起的复杂交通问题。

基于 HLA 联邦的设计思想，采用 RTI（run time infrastructure，运行支撑环境）为核心的分布式体系结构，将车路协同系统定义为联邦，车路协同系统的仿真过程即为联邦的执行过程。车路协同仿真系统的各个子系统作为联邦成员，共同完成联邦的仿真目标，各个联邦成员既要完成自身的仿真任务，又要根据需要通过 RTI 与其他联邦成员发生交互，互动自身需要的信息或向其他联邦成员提供信息。车路协同系统的联邦结构如图 10.1 所示。

图 10.1　基于 HLA 的车路协同系统仿真平台框架结构

10.1.1　模块构成

I-VICS 仿真联邦共由 6 个模块构成，各模块的基本功能介绍如下。

1. 仿真系统功能模块

车路协同仿真系统功能模块主要包括联邦控制、时间管理、多分辨率场景显示、车车/车路信息交互管理、日志管理等功能。其中，联邦控制功能主要包括仿真远程部署功能以及仿真控制功能；时间管理功能即管理当前 RTI 仿真时间，负责时间推进；多分辨率场景显示功能即以交通流特性为低分辨率、车车/车路信息交互为高分辨率显示当前车路协同系统仿真场景；车车/车路信息交互管理功能即管理车车/车路信息交互，从交通仿真模块接收的车辆状态信息以及交通统计信息等；日志管理功能即存储车车/车路信息交互内容。

2. 典型应用场景管理模块

该模块主要实现以下功能。

（1）要通过分析其他模块在仿真平台中所体现的具体功能，并基于一定的理论、方法，编写生成场景测试案例，形成测试案例集，该测试案例集应尽可能全面描述真实场景，体现各个模块功能。

（2）设计场景测试案例管理软件。根据客户具体要求，可随时添加、删除、修改已成形的测试案例集，实现测试案例集智能化管理。

（3）基于遍历各个模块功能、所测系统功能及路径最短原则，增加测试序列自动生成功能，条件允许的情况下要对所得测试序列进行优化。

（4）接受来自仿真管理模块的交通仿真场景加载命令。以指令形式向交通管理控制模块发送已优化的测试序列和交通场景加载命令，指导整个仿真过程的进行。

3. 交通管理控制模块

仿真过程中该模块输出的交通节点数据应包括车辆节点、路侧节点的数据处理，从而实现相关交通控制算法，通过数据融合处理生成车辆运行状态控制信息、信号灯控制方案、交通提示信息并传送至交通仿真模块；根据典型应用场景管理模块的指令生成交通场景加载命令，并控制交通仿真模块形成相应的交通场景。

4. 交通仿真模块

该模块提取仿真过程中车辆信息、道路信息，并且将信息实时发送给仿真管理模块；接收来自交通管理控制模块的车辆控制信息，并且实现该模块中对应车辆的控制。

5. 信息交互仿真模块

该模块负责接收来自仿真管理模块定义的各节点需发送的信息，同时其内部各节点利用无线网络（RSU 还包括有线传输方式）接收外部信息，并将所接收到的外部信息连同车辆自身状态信息封装后通过 HLA/RTI 发送至交通管理控制模块。

6. 三维视景仿真模块

该模块根据确定的车路协同仿真场景图构建三维仿真场景,加载各个仿真模块,实现车路协同多个场景的可视化仿真。在此过程中,系统可实现对某一重点车辆实时动态监控与仿真,且车辆仿真过程中能够进行视点切换,以增强仿真的真实性。

10.1.2　软件架构设计

测试软件作为典型应用场景管理联邦成员,与车路协同仿真系统其他各联邦成员,以 HLA/pRTI 为中转站进行信息交互,测试软件需要针对不同的测试类型进行测试目标的选取,然后通过对车路协同仿真系统进行条件注入,改变仿真系统的运行状态,使得车路协同仿真系统发生特定的行为,发生信息将由仿真系统发送到测试软件进行信息回收。由此,可以得到对测试目标的评估,图 10.2 所示为典型应用场景管理联邦的输入信息注入过程。

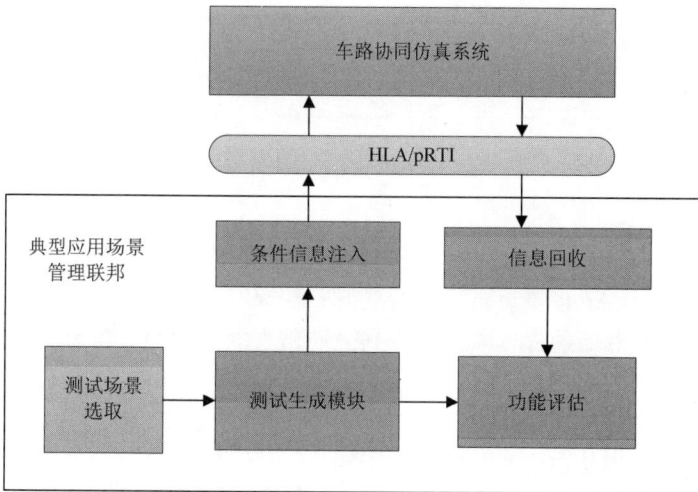

图 10.2　条件注入工作过程示意框图

对测试生成模块进行更为详细的分析即可得到如图 10.3 所示的车路协同仿真系统典型应用场景管理联邦架构。软件的外部操作界面只有一个模块,即测试场景的选择模块,在这个模块中,通过选取一个或多个测试场景(这些测试场景都来源于测试场景库,场景文件以 XML 形式存在),将场景信息导入到测试软件进行后端处理。后端数据处理将对收到的测试场景信息进行功能分析,分析需要测试的系统功能,随后结合测试案例库进行序列生成。生成测试序列之后,利用萤火虫算法对测试序列进行优化,以减少测试冗余,提高测试效率,并形成最终的测试序列。从序列中提取生成场景的条件信息,将该条件注入车路协同系统中,使得系统能够更有效地返回测试所需要的结果值。将返回的信息与先前形成的测试序列对比分析,即可得到最终的测试验证结果。同时,将这些结果形成文件,返回到测试案例库中,以更新数据库。

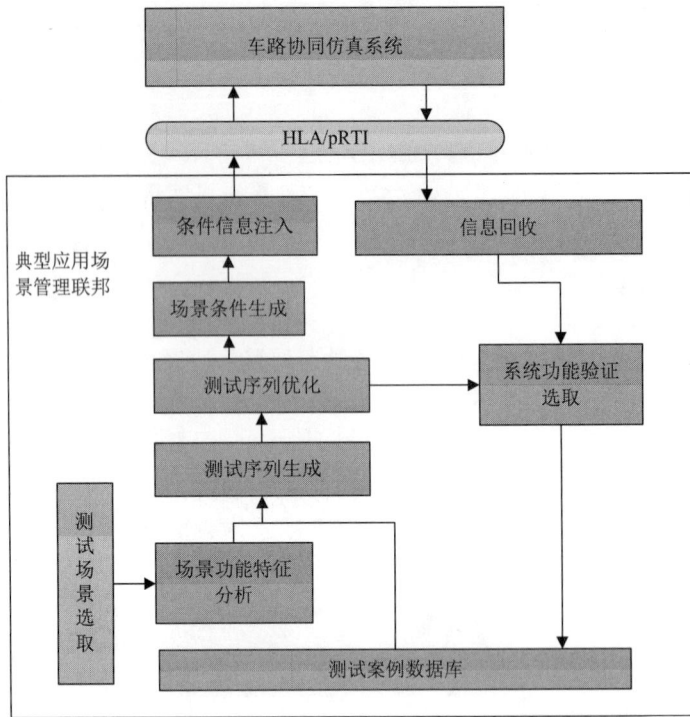

图 10.3　车路协同仿真系统典型应用场景管理联邦架构

10.1.3　软件接口实现

　　测试软件通过 HLA/pRTI 与系统中的其他软件模块进行信息交互，主要存在三类数据交互接口：典型应用场景管理联邦发送到交通仿真联邦成员、信息交互仿真联邦成员和控制中心联邦成员的测试条件注入信息；控制中心联邦成员发送到典型应用场景管理联邦的控制信息；交通仿真联邦成员发送到典型应用场景管理联邦的车辆数据信息。典型应用场景管理联邦的接口信息如图 10.4 所示。

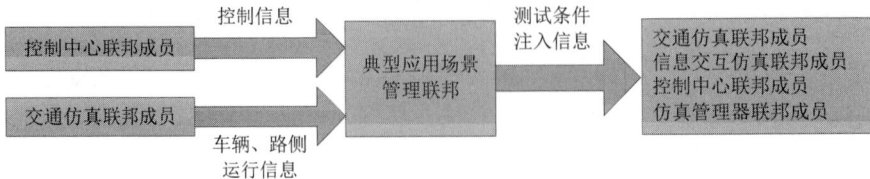

图 10.4　典型应用场景管理联邦的接口信息

　　其中，测试条件注入信息接口列表如表 10.1 所示，控制信息接口列表如表 10.2 所示，车辆/路侧运行信息接口列表如表 10.3 所示。

表 10.1　测试条件注入信息接口列表

名称	类型	备注
scenetype	int	危险场景编号，1 跟驰，2 换道，3……
accelerate	float	加速度
targetspeed	float	目标速度
targetlane	int	目标车道
totalVehicleNum	int	参与场景车辆数
offsetvehiclenum	int	参与定位误差场景的车辆数
offsetType	char	1 固定，2 随机
offsetxValue	float	误差偏移 x 值
offsetyValue	float	误差偏移 y 值
delayvehiclenum	int	参与通信场景的车辆数
delayType	char	1 固定，2 随机
delayValue	float	通信延误
detectorvehiclenum	int	参与感应场景的车辆数
detectorType	char	1 固定，2 随机
detectorValue	int	感应值
timesteps	int	仿真步长
reactiontime	float	司机反应时间

表 10.2　控制信息接口列表

名称	类型	备注
warningtype	char	预警类型
uniqueId	UINT16	预警车辆编号
vehicleSpeed	float	预警车辆速度
acceleration	float	预警车辆加速度
nowlane	char	预警车辆计划驶入车道
other_car	int	通信车辆编号
destination	char	小区设置
simulatingtime	float	仿真时间

表 10.3　车辆/路侧运行信息接口列表

名称	类型	备注
uniqueId	UINT16	车辆编号
vehicleSpeed	float	车辆速度
acceleration	float	车辆加速度
nowlink	char*	车辆所在道路
nowlane	char	车辆所在车道
nextLink_Index	int	下个路口转向标识
xx	float	车辆 x 坐标
yy	float	车辆 y 坐标

续表

名称	类型	备注
destination	float	目的小区
distance	float	距前方交叉口的距离
aheadnum	UINT16	前方车辆编号
behindnum	UINT16	后方车辆编号
perception	UINT16	感知车辆编号
sumilatingtime	float	仿真时间
iscollision	UINT16	是否故障或者撞车
headdistance	float	距前车距离
errorx	float	X 向定位误差值
errory	float	Y 向定位误差值
delay	int	延误时间

10.1.4　平台测试流程

以仿真平台各模块功能需求为基础，图 10.5 给出了测试仿真平台功能时的测试流程。

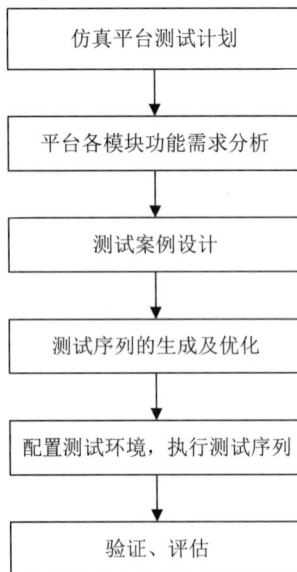

图 10.5　车路协同系统仿真平台测试流程

1. 制定仿真平台测试计划

整个测试工作是由测试计划指导进行的。测试计划包括：选择测试策略和方法，确定测试范围，估计进度和工作量，确定资源需求，明确分工，跟踪缺陷记录，制定指标计划等。

2. 平台各功能特征提取、制定需求、形成功能特征表

根据高分辨率建模所搭建的系统仿真平台可以分割成若干个独立的模块，对每个模块的功能特征进行深入分析，形成功能特征表。目前，国内很少有专家、学者对车路协同系统功能需求做出明确、严格的定义说明，而本阶段工作内容就是要将系统测试需求明确细分，形成"测试需求规格说明"文档，以保证在后续生存周期的各个阶段贯彻测试需求，不会被遗漏。

3. 设计测试案例集

根据系统功能需求以及测试案例内容的要求对测试案例进行设计，将系统测试需求转换为能够执行测试的形式。若要自动执行测试案例，就需要用自动化工具语言进行编程。测试案例也可以手动执行。在此过程中，要分清是自动化执行还是手动执行测试案例。

4. 测试序列的生成及优化

将测试案例优化组合成为测试序列，避免出现针对同一需求的重复测试、遗漏个别功能需求等问题。

上述联邦成员间实现车路协同仿真的测试信息流如图 10.6 所示。

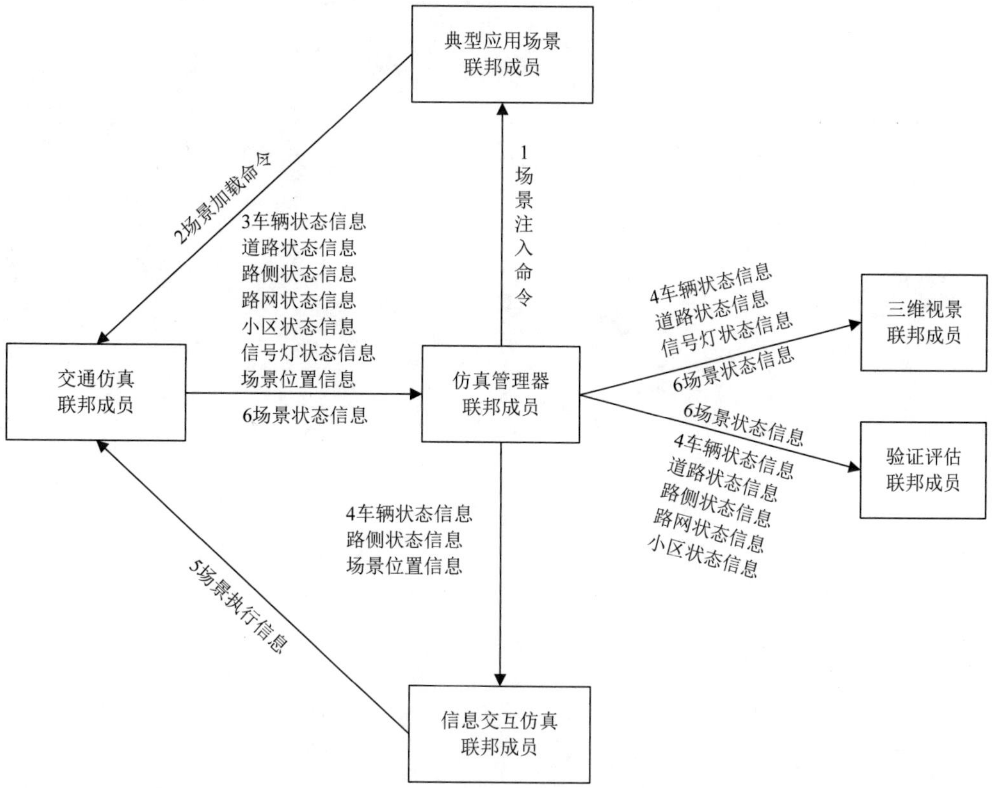

图 10.6 车路协同仿真联邦成员信息流

10.2　仿真系统联邦成员功能

为了对车路协同系统进行性能及功能测试，搭建了车路协同系统仿真平台，对 HLA 仿真联邦各成员进行联合测试。I-VICS 仿真联邦共由 5 个联邦成员构成，包括交通仿真联邦、信息交互联邦、三维视景联邦、测试序列联邦和验证评估联邦。

10.2.1　交通仿真联邦

利用 Paramics 交通软件建立大规模路网，进行车辆行为仿真；提取仿真过程中车辆、道路、路侧设备、路网、小区状态信息，并将其发送给仿真管理器成员处理；结合车路协同系统特性，根据典型应用场景成员发来的测试序列，同时结合信息交互仿真成员发来的场景执行信息，实现对车路协同系统中关键元素的行为控制，实现车路协同交通仿真场景。

所有成员都加入联邦后，在其中加入典型场景，根据场景成员发来的测试序列执行信息，如图 10.7 所示。

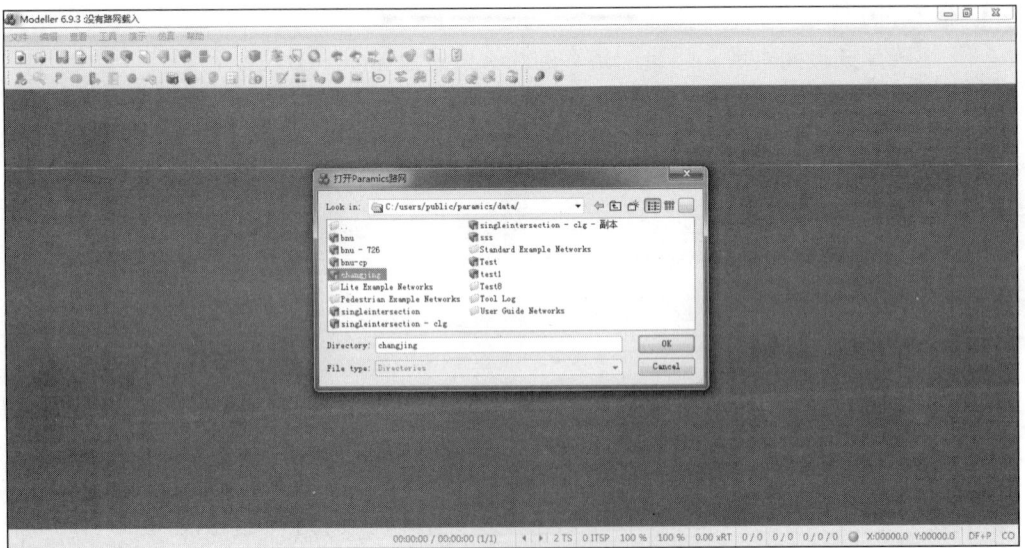

图 10.7　Paramics 加入典型应用场景

场景加入成功后，此时在微观交通仿真界面上可以看到有黑色的小车在运行，如图 10.8 所示，从而完成对车路协同系统交通仿真场景的实现。

10.2.2　信息交互联邦

信息交互仿真联邦是实现车路协同系统仿真的核心模块，是实现路网内车辆、路侧设备间信息交互的介质。它负责接收仿真管理器成员转发的车辆状态、路侧状态以及场景执行位置信息；对车路协同系统中的车车/车路交互信息在 3G、WiFi、DSRC 这 3 种通信模式下进行通信仿真；将仿真结果发送给交通仿真成员作为决定场景如何执行的依据。

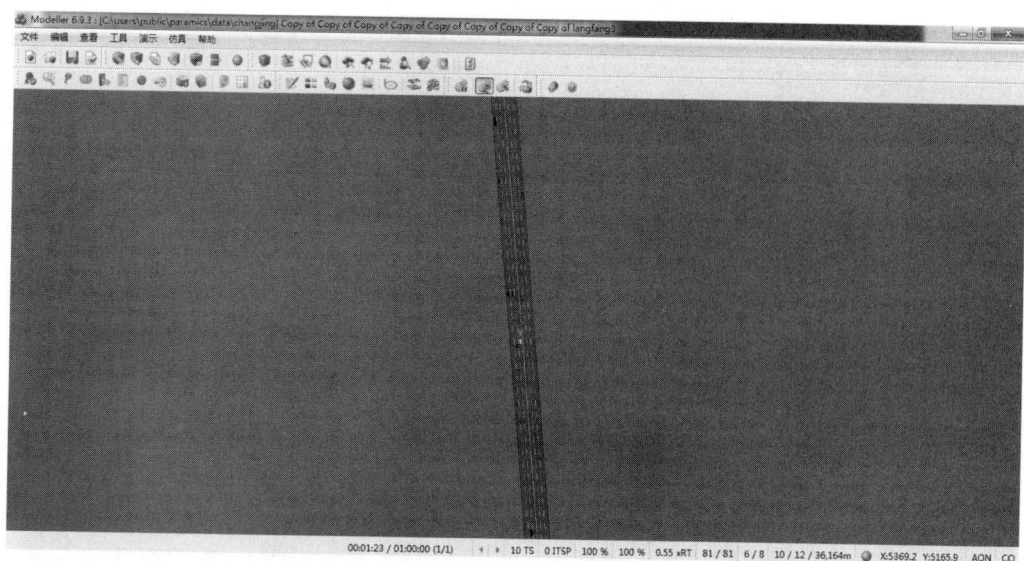

图 10.8　微观交通仿真场景

信息交互仿真的界面如图 10.9 所示。

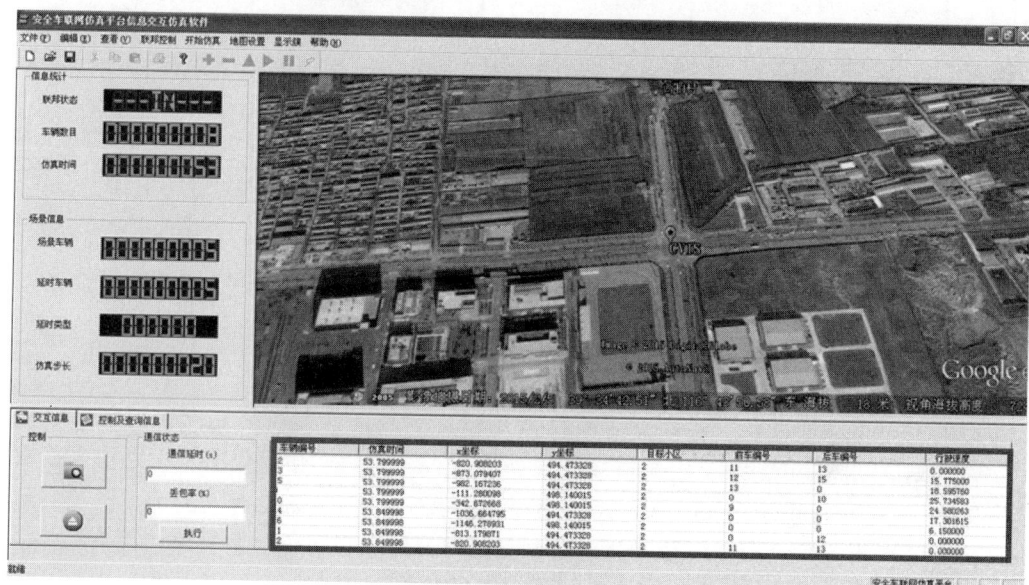

图 10.9　信息交互仿真界面

10.2.3　三维视景联邦

　　根据车路协同仿真场景和系统测试场地环境构建三维视景仿真模型，它能够接收仿真管理器成员发送的车辆状态、道路状态、信号灯状态信息，对典型应用场景中的车辆运动、信息交互进行可视化仿真。

　　三维仿真可以动态跟踪车路协同场景车辆，并进行视点的切换；控制关键车辆车载显示器面板控制按钮开关，实现操作者与虚拟车辆的人机交互，增强仿真的真实性。

　　加入联邦并等待场景加入后，三维视景则会显示每个场景中目标车和周围车辆的运行情况，如图 10.10 所示。

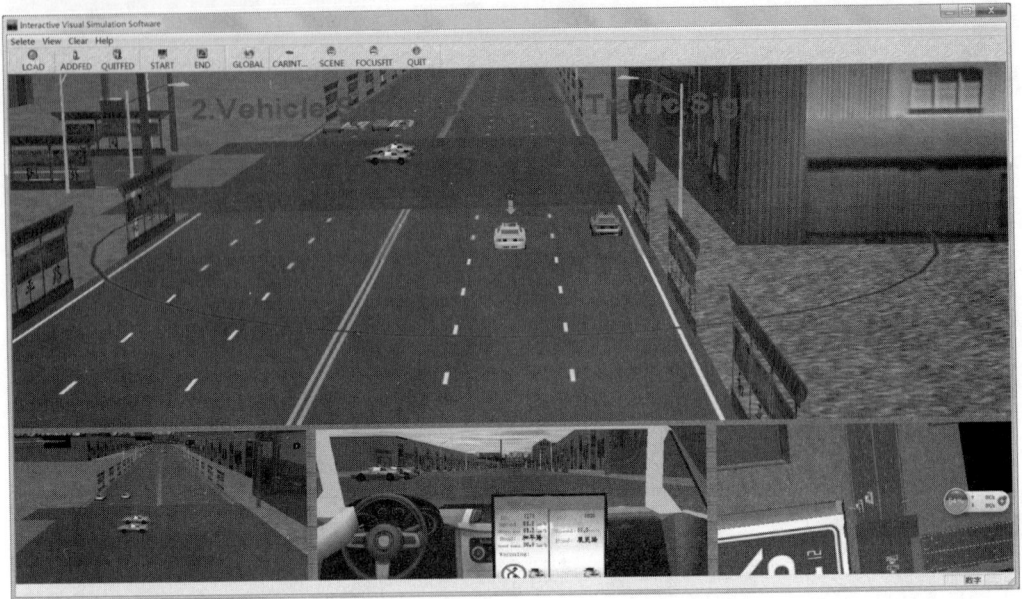

图 10.10　动态跟踪场景车辆

10.2.4　测试序列联邦

　　打开 TASM 典型应用场景仿真模块，模块包含了以下四部分。①数据操作界面：能够用于设置功能参数，数据初始化。②功能实现：能够实现具体的功能。③图形显示界面：能够用于演示功能结果，使功能直观、形象。④数据存储：能够将设计出的结果存入数据库中。

　　典型应用场景管理联邦的软件具有的功能包括以下几个。

　　（1）测试案例库的构建。测试案例库的构建主要用于作为车路协同系统仿真的基础，完成测试案例库的构建，将有助于更完整地进行车路协同仿真体系及车路协同现实体系的功能实现。同时，在进行车路协同系统测试时，不断根据已有的测试案例及实际测试情况进行测试案例库的更新，使得整个测试环节更具有可信性、实时性及有效性。研究中，使用 XML 对案例库中的案例进行有效的定义，更有利于案例数据的分析、提取和保存，如图 10.11 所示。

　　（2）测试场景的选取。在对车路协同系统各模块进行功能测试时，发现车路协同的体现具有一定的局限性，为了提高测试的可呈现性，使测试形成一定的场景，因此，在典型应用场景管理联邦的软件实现过程中，建立测试场景的选取功能，针对不同的场景实现对车路协同仿真系统各类基本功能的测试。

　　（3）测试场景的功能分析。完成测试场景的选取之后，需要对测试场景依据测试案例库中的测试案例进行功能分析，将测试场景的测试转换为系统功能的测试，得到一系列待测试系统功能特征。这样可以使测试过程更加标准化，便于车路协同测试标准体系的建立。

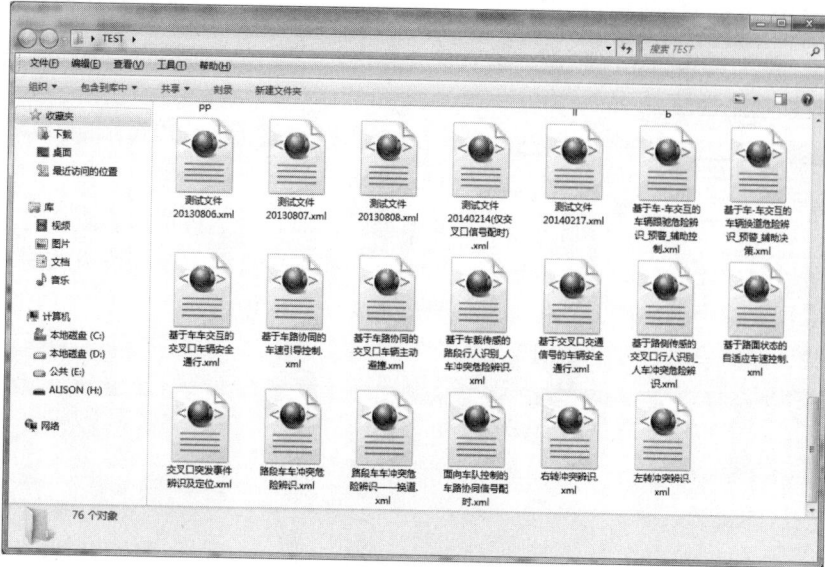

图 10.11　测试案例库

（4）测试序列的生成及优化。通过对测试场景功能分析得到待测功能特征列表，依据带端口标记的时间输入/输出自动机原理，使待测功能特性形成一定的测试序列。测试序列生成完成后，为了提高测试效率及提高一次测试的测试覆盖度，使用萤火虫算法进行测试序列的优化，对待测功能特征以及进行测试所需要的测试条件标定特定的测试序列编号。将测试条件以测试序列编号的顺序注入车路协同系统，完成测试序列的生成及优化。

（5）测试结果的跟踪分析。测试条件注入车路协同仿真系统后，对系统中运行的交通仿真模块及控制仿真模块进行相应的数据提取及分析，得到车载设备及路侧设备的各类控制信息及交互信息，对这些信息进行分析提取，得到针对测试功能特征的实施跟踪分析，如图 10.12 所示。

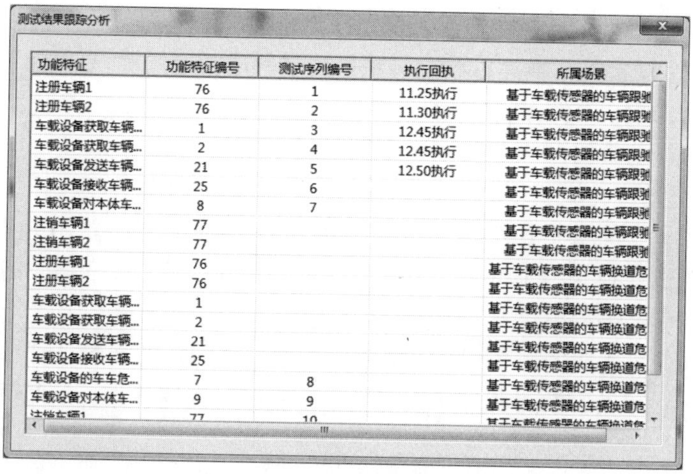
测试结果跟踪分析

功能特征	功能特征编号	测试序列编号	执行回执	所属场景
注册车辆1	76	1	11.25执行	基于车载传感器的车辆跟驰
注册车辆2	76	2	11.30执行	基于车载传感器的车辆跟驰
车载设备获取车辆...	1	3	12.45执行	基于车载传感器的车辆跟驰
车载设备获取车辆...	2	4	12.45执行	基于车载传感器的车辆跟驰
车载设备发送车辆...	21	5	12.50执行	基于车载传感器的车辆跟驰
车载设备接收车辆...	25	6		基于车载传感器的车辆跟驰
车载设备对本体车...	8	7		基于车载传感器的车辆跟驰
注销车辆1	77			基于车载传感器的车辆跟驰
注销车辆2	77			基于车载传感器的车辆跟驰
注册车辆1	76			基于车载传感器的车辆换道危
注册车辆2	76			基于车载传感器的车辆换道危
车载设备获取车辆...	1			基于车载传感器的车辆换道危
车载设备获取车辆...	2			基于车载传感器的车辆换道危
车载设备发送车辆...	21			基于车载传感器的车辆换道危
车载设备接收车辆...	25			基于车载传感器的车辆换道危
车载设备的车车危...	7	8		基于车载传感器的车辆换道危
车载设备对本体车...	9	9		基于车载传感器的车辆换道危
注销车辆1	77	10		基于车载传感器的车辆换道危

图 10.12　测试回执跟踪

研究通过构建针对车路协同系统仿真的测试软件——典型应用场景管理联邦，表明基于时间自动机的测试用例建模及测试序列优化能够很好地用于车路协同系统仿真的测试。基于 HLA 的系统仿真框架，能在满足车路协同复杂系统仿真要求的基础上实现测试的实时性及高效性。

10.2.5　验证评估联邦

通过上述一系列工作，得到车路协同仿真系统测试、验证评估报告表，对车路协同系统进行全面综合评估。将上述信息进行汇总，并利用多目标综合评价方法对车路协同系统进行多目标综合评估，得到仿真系统评价结果。

打开验证评估模块，如图 10.13 所示。

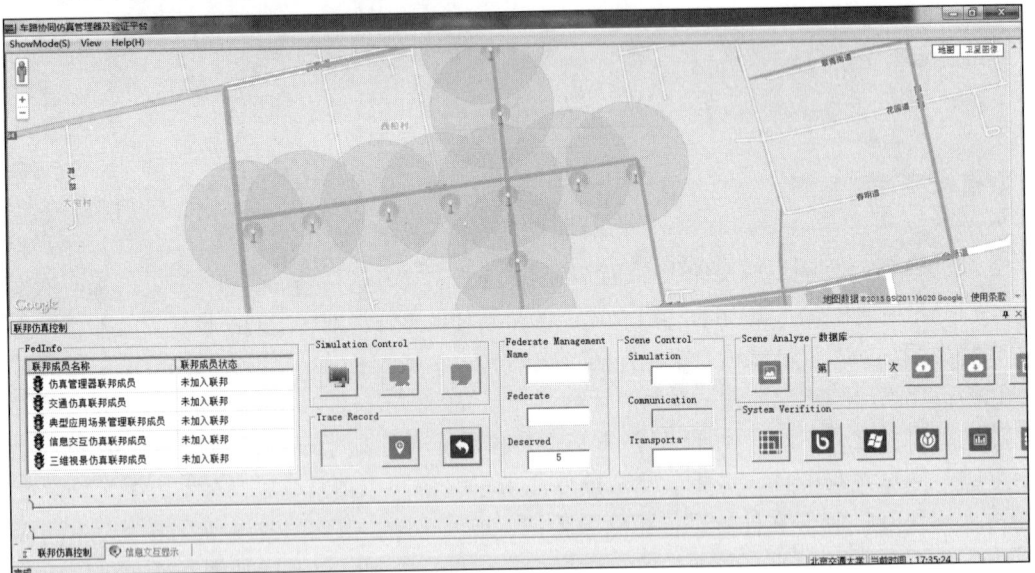

图 10.13　验证评估模块

待测试结束后，对系统性能的验证在宏观上分为点（交叉口）、线（路段）、面（路网）3 个层次，微观上为车辆运行状态评估，可以形成相应的测试验证评估报告。

路网交通状态模块介绍了路网的基本信息、小区发车情况，对路网整体结构有一个整体清晰的认识。仿真路网中的基本要素包括 12 个小区、92 条路段、43 个节点、6 个信号灯、10 个交叉口（其中 20、15、18、8、5、13 为信号交叉口，其余为非信号交叉口）、38 个检测器，同时对路网车辆以及仿真时间进行描述，如图 10.14 所示。

路段交通状态模块介绍了每条路段的车辆运行基本信息，包括路段的平均延误、平均密度、平均速度、平均车流量、最长排队长度、最长排队车辆数、平均延误比率等信息，这些信息将作为重要的评估指标完成对车路协同系统的性能验证评估。这些路段的交通状态信息可以以绘图的形式显示，可用于分析路段的评估指标随时间变化的规律，如图 10.15 所示。

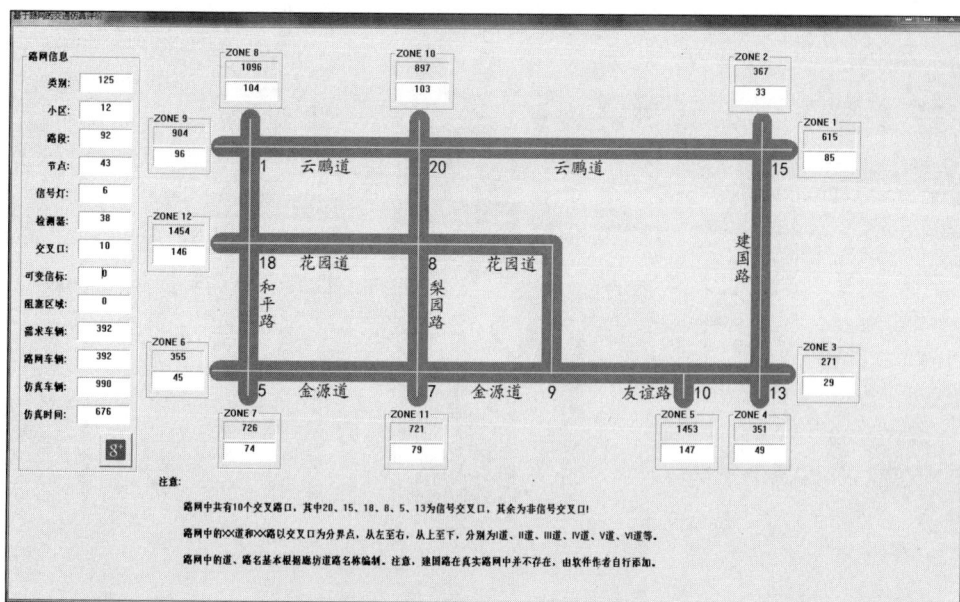

图 10.14　路网交通状态图

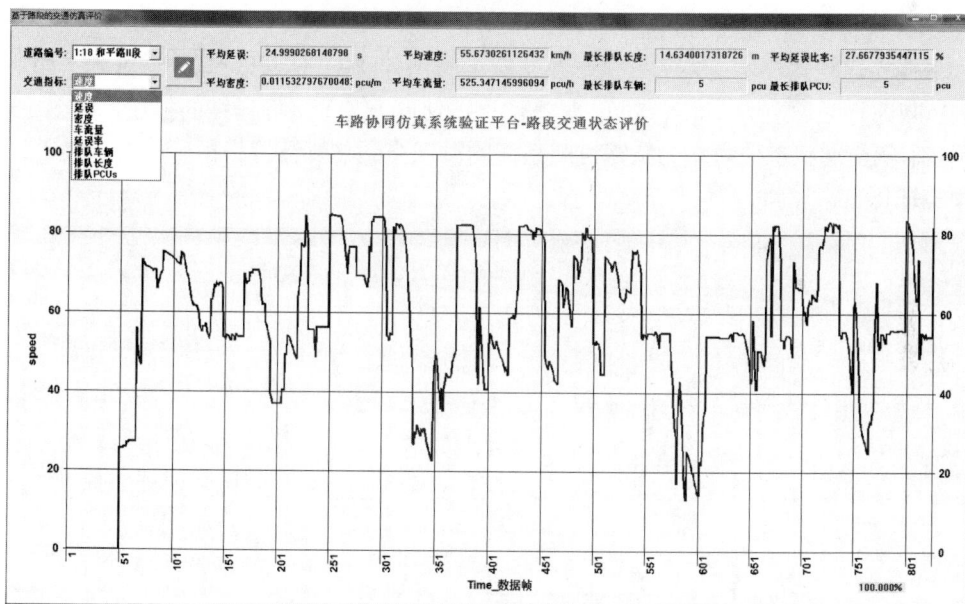

图 10.15　路段交通状态图

交叉口交通状态模块反映了每个交叉口的交通流量值。交叉口是车路协同系统主要的测试场景发生地，因此对交叉口的交通状态评估具有重要的意义。交叉口的交通流量作为车路协同系统验证评估的重要参考指标可以反映交叉口的通行量，进而得出交叉口的通行效率，如图 10.16 所示。

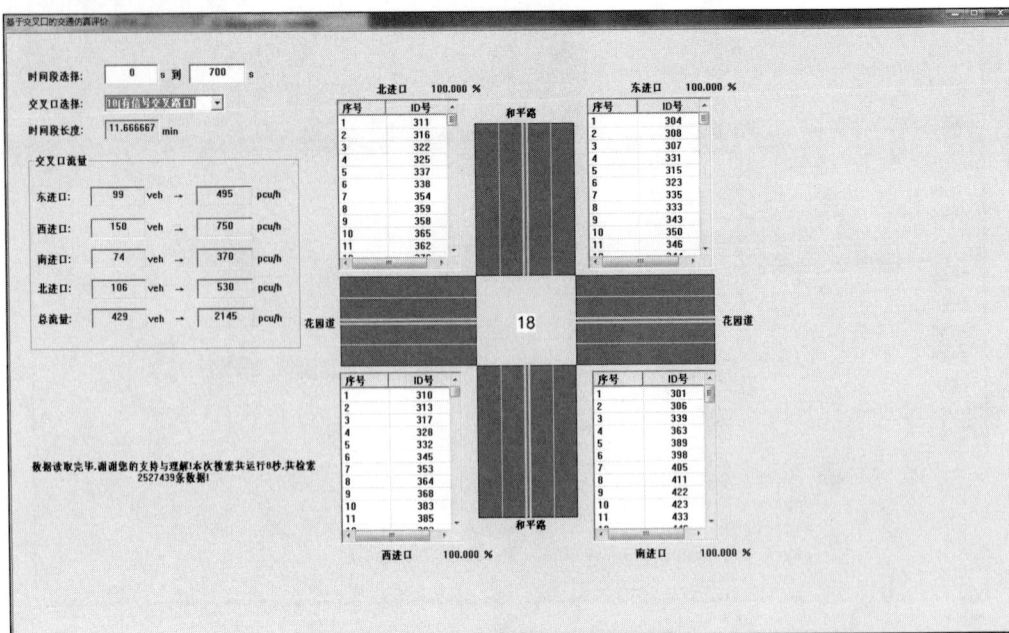

图 10.16　交叉口交通状态图

车辆交通状态模块反映了每辆车在路网中的运行状态，可以对其交通行为（如加速行驶、减速行驶、换道、进入路网、离开路网、速度方差）进行详细的描述，如图 10.17 所示。车辆交通状态信息作为车路协同系统的微观交通仿真评价指标可以对驾驶舒适度进行验证评估。

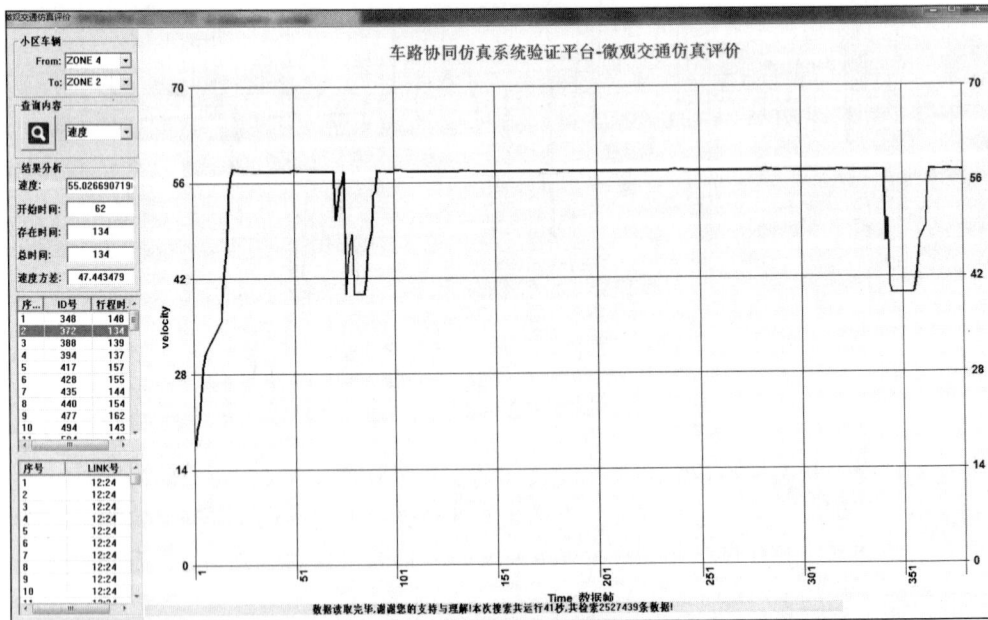

图 10.17　车辆交通状态图

10.3　仿真实现与测试分析

车路协同仿真联邦成员分布在 6 台计算上，各台计算机通过有线局域网进行互联，构成了仿真平台运行的网络环境。

10.3.1　仿真试验准备工作

在仿真管理器上开启 pRTI 软件，其他联邦成员安装好 pRTI 客户端并设置环境变量，就可以进行仿真联邦的联调测试。

（1）首先打开所有软件界面，如图 10.18 所示。

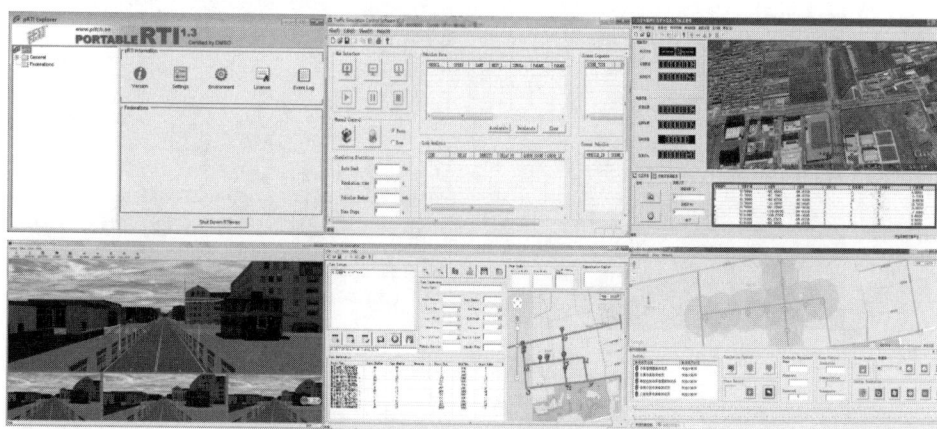

图 10.18　各联邦成员界面

（2）分别使各联邦成员加入联邦，并在验证评估仿真环境中显示"已经全部加入联邦"，如图 10.19 所示。

图 10.19　所有联邦成员加入联邦

10.3.2　仿真试验步骤

（1）在 Paramics 中绘制路网，在 OD 矩阵中输入初始化参数，如图 10.20 和图 10.21 所示。

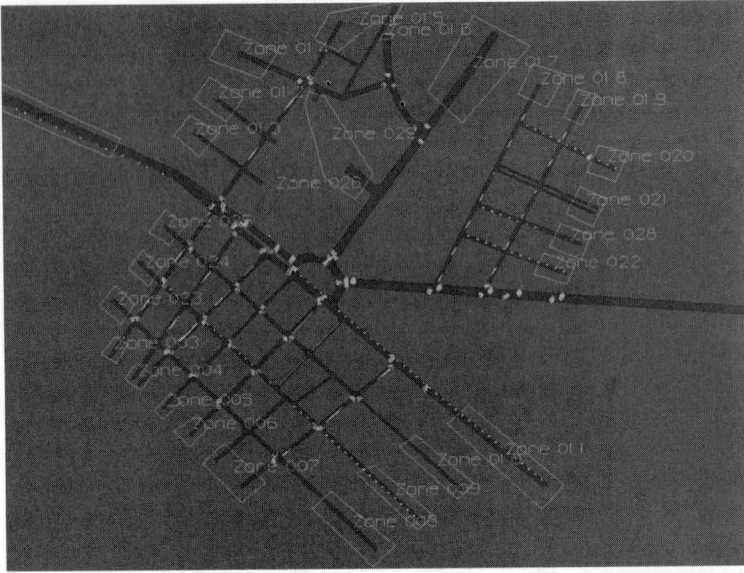

图 10.20　路网的绘制

图 10.21　输入初始参数

（2）根据场景设计，在 Paramics 微观交通仿真中加入典型应用场景，如图 10.22 所示。

（3）在 TASM 典型应用场景仿真中加入场景，如图 10.23 所示。

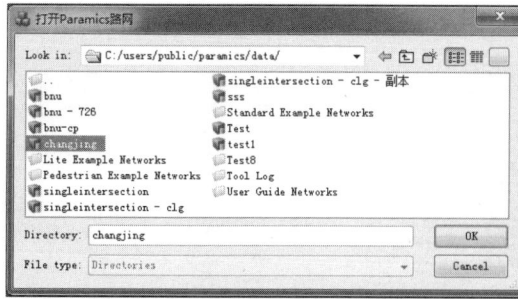

图 10.22　在 Paramics 中加入典型应用场景

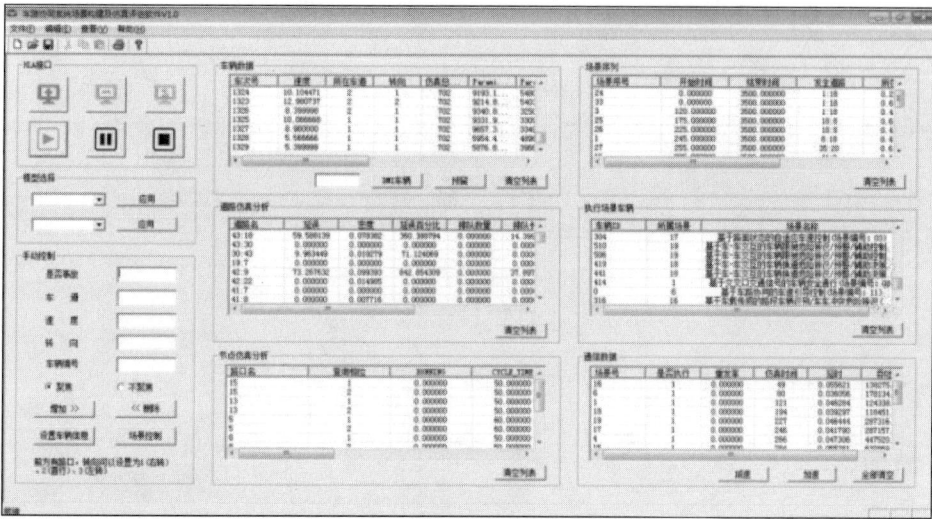

图 10.23　在 TASM 中加入典型场景

（4）当微观交通仿真显示"Scenes Accepted！"时，说明场景加载成功，如图 10.24 所示。

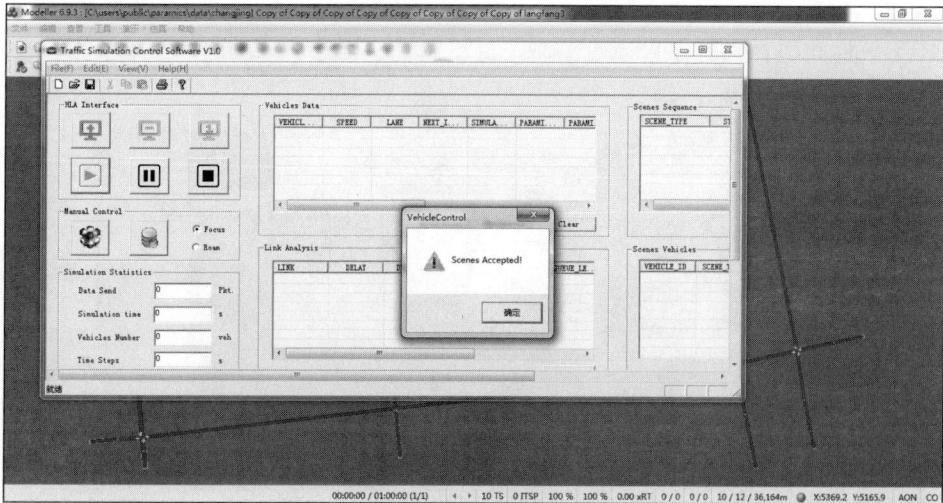

图 10.24　场景加载成功

（5）此时微观交通仿真模块界面显示有车。典型应用场景显示每一场景的完成情况，并标出测试序列的发生位置，如图 10.25 和图 10.26 所示。

图 10.25　生成案例信息

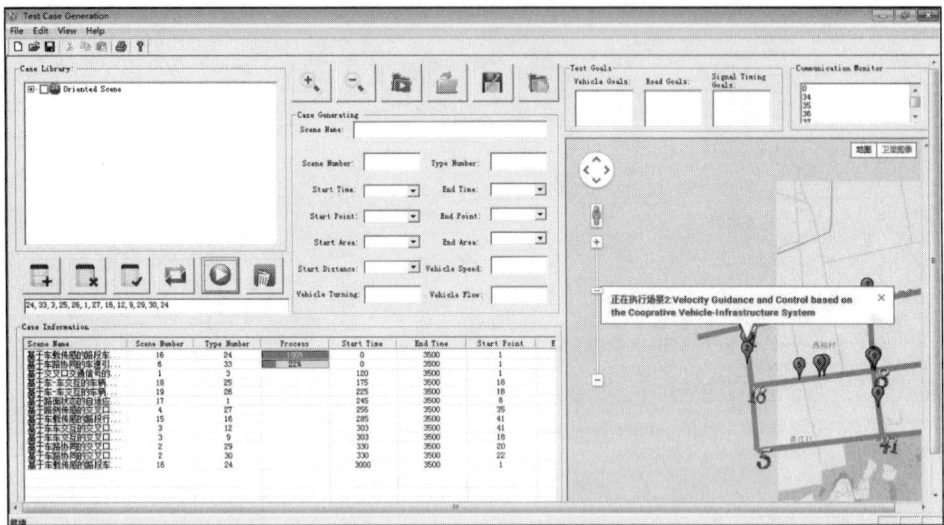

图 10.26　场景的完成情况

（6）此时可以在三维视景模块中显示每个场景中目标车辆和周围车辆的运行情况，如图 10.27～图 10.29 所示。

图 10.27　关键车辆情况

图 10.28　预警信息流向

图 10.29　仿真车辆跟驰运行情况

10.3.3　仿真试验评估

最后在验证评估仿真中形成相应的交通状态图，如图 10.30 所示，最终获得完整的报告，如图 10.31～图 10.33 所示。

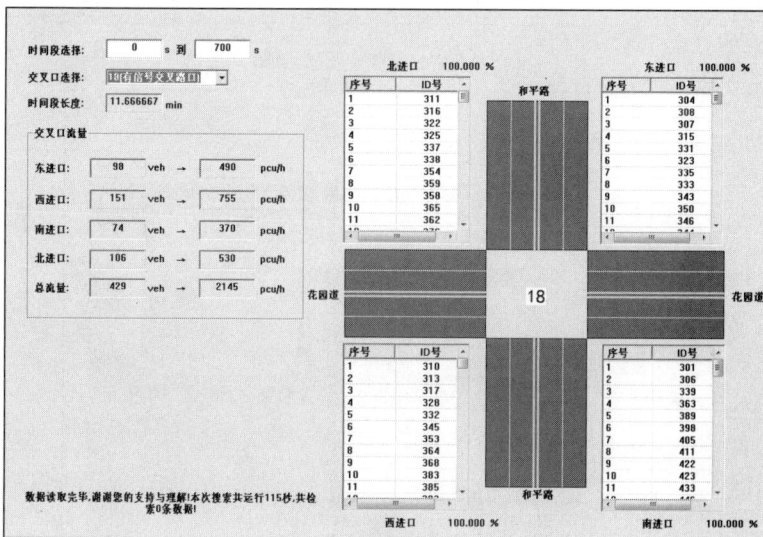

图 10.30　路网交通状态图

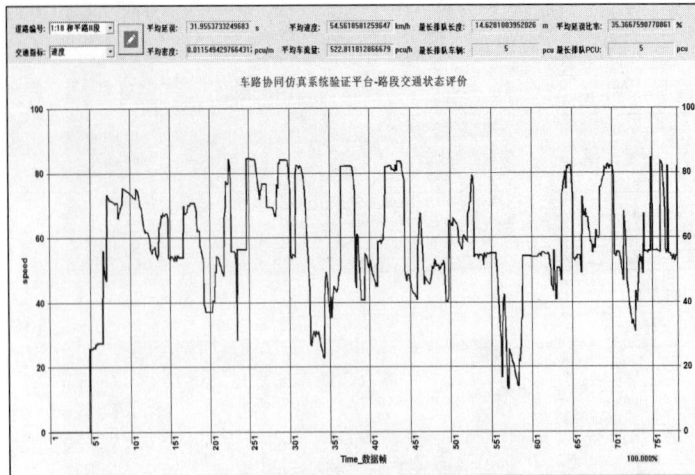

图 10.31　路段交通状态图

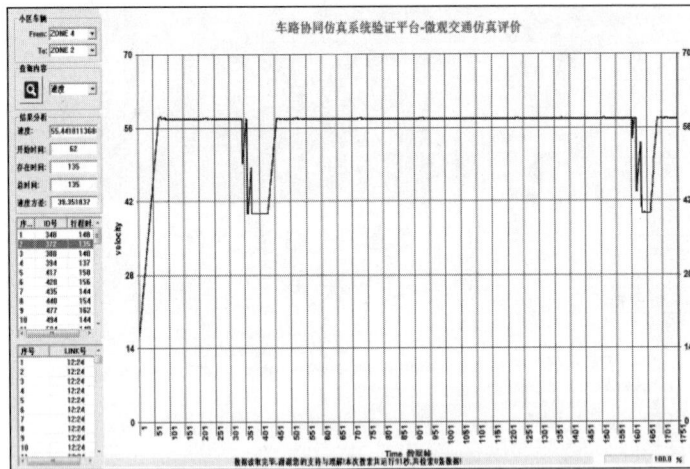

图 10.32　车辆交通状态图

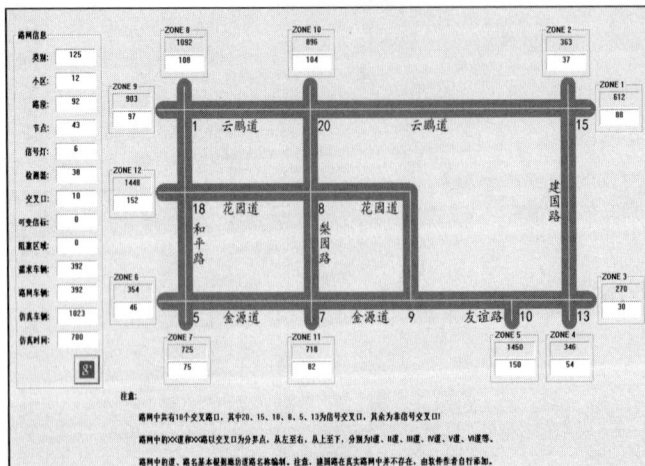

图 10.33　交叉口状态图

对参数进行计算，并进行 I-VICS 和非 I-VICS 数据对比，如表 10.4 所示。

表 10.4 仿真数据对比

	指标	I-VICS 数据	非 I-VICS 数据	单位
效率	路网路段平均速度	43.48	32.04	km/h
	路网信号交叉口平均延误	9.05	18.72	s
	路网非信号交叉口平均延误	8.13	17.94	s
	路网平均行程时间	2491.26	3381.83	s
	路网路段平均延误	4.17	12.75	s
	路网路段平均流量	480.8	222.87	pcus/h
	路网平均最大排队车辆数	4.22	10.38	pcus
	路网路段平均延误比率	35.2	48.9	%
安全	路网平均最小车头时距	7.89	14.02	s
	路网车辆冲突次数	较少（0）	一般（0.5）	定性
	路网车辆与行人冲突次数	较少（0）	一般（0.5）	定性
环保	大气环境影响度	较好（1）	一般（0.5）	定性
	噪声环境影响度	较好（1）	一般（0.5）	定性
资源	油耗	6.47	16.17	L/100km
	电耗	4.65	6.73	度/100km
	社会资源消耗	较多（1）	较少（0）	定性
舒适	路网交叉口平均饱和度	0.65	0.83	%
	路网路段平均密度	11.03	17.37	pcus/lane/km
	路网路段平均停车次数	79.59	238.908	次/link/h
	路网路段平均停车时间	1.64	4.13	s
	路网车辆速度变化率	42.78	101.46	$(km/h)^2$
	路网平均最大排队长度	28.7	72.66	m

10.4 总 结

车路协同系统仿真平台可以结合交通流参数的获取及仿真方法，分析车辆运行冲突的典型应用场景结构，以及仿真车辆运行冲突的消解场景；分析单个交叉口信号控制的过程结构，根据车辆及路侧设备协同采集的交通数据对信号灯进行实时控制仿真；研究车速控制仿真，包括车车之间一定距离范围内的速度控制及突发路况障碍下的车速控制仿真；研究大规模路网条件下，车路协同系统车车/车路系统控制仿真、测试与验证，构建包括多车、多路段、多交叉口在内的系统仿真支撑环境，进行典型仿真场景的动态、实时叠加仿真、测试与验证。

车路协同系统仿真平台可以对系统的功能、性能等关键问题进行评估及验证。验证评估联邦成员接收仿真管理器成员发送的车辆状态、道路状态、路侧状态、路网状态、小区状态信息，并存入数据库；对海量车路协同仿真数据进行处理，搜索关键数据进行交通状态分析；在微观和宏观两个层面分别对车路协同系统功能和性能进行评估与验证。每次仿真结束以后，车路协同系统仿真平台可以有针对性地在数据库中提取特征数据，从面向功能和面向性能两个层次对系统进行验证评估。系统功能方面对典型应用场景的执行情况进行评价；系统性能方面从路网、路段、交叉口、车辆 4 个层次对车路协同系统的效果进行评价。结合对系统功能、性能的评价结果得到系统验证评估报告表。分析综合评价的各项指标对真实系统的性能、功能的改善具有指导意义。

参 考 文 献

安兴, 李刚, 徐林伟, 等, 2011. 虚拟现实技术在美军模拟训练中的应用现状及发展[J]. 电光与控制, 10: 42-46.

蔡伯根, 王丛丛, 上官伟, 等, 2014. 车路协同系统信息交互仿真方法[J]. 交通运输工程学报, 14(3): 111-119.

柴琳果, 蔡伯根, 王化深, 等, 2017. 车联网关键指标对车辆安全影响仿真测试方法[J]. 汽车工程, 11(39): 1316-1324.

柴琳果, 蔡伯根, 王化深, 等, 2016. 车联网中驾驶员反应时间实时估计方法[J]. 交通运输系统工程与信息, 5(16): 71-78.

陈浩, 马平, 2020. 基于改进多目标粒子群算法的 DG 选址定容优化研究[J]. 计算机与数字工程, 48(1): 1-6, 38.

陈俊杰, 蔡伯根, 上官伟, 等, 2019. 双向双车道超车行为的智能车队间隙控制优化[J]. 交通运输工程学报, 19(2): 178-190.

陈俊杰, 上官伟, 蔡伯根, 等, 2019. 车队认知能力增强的通信区块间隙优化方法[J]. 中国公路学报, 32(6): 283-292.

陈立芳, 祁荣宾, 2018. 一致性检验结合模糊支配的多目标进化算法[J]. 控制工程, 25(12): 2224-2231.

戴斌, 聂一鸣, 孙振平, 等, 2012. 地面无人驾驶技术现状及应用[J]. 汽车与安全(3): 46-49.

段绪伟, 李以农, 郑玲, 等, 2014. 基于 NSGA-II 遗传算法的磁流变悬置多目标优化[J]. 振动与冲击, 33(3): 191-196, 202.

黄罗毅, 吴志周, 杨晓光, 等, 2011. 基于仿真的 IEEE 802.11p 在车路协同中的适应性研究[J]. 交通信息与安全, 29(3): 123-126.

李佳佳, 齐元胜, 王晓华, 等, 2011. 基于虚拟现实的力反馈设备的研究与应用[J]. 机械科学与技术, 7: 1107-1111.

李四辉, 蔡伯根, 上官伟, 等, 2014. 车路协同系统仿真信息多分辨率交互方法[J]. 交通运输系统工程与信息, 6(14): 50-57.

李四辉, 上官伟, 蔡伯根, 等, 2015. 车路协同系统仿真实时性优化方法[J]. 中南大学学报(自然科学版), 10: 3944-3953.

柳伟伟, 贺佳, 陈舜杰, 2007. 析因设计重复测量资料的统计分析及 SAS 程序实例[J]. 中国卫生统计, 24(2): 146-148.

罗元, 任爱珠, 2013. 基于蚁群算法的虚拟现实城市道路交通流模拟[J]. 计算机工程与设计, 2: 584-593.

上官伟, 崔晓丹, 郑子茹, 等, 2016. 基于 TdPN 的无信号交叉口优化控制方法[J]. 中国公路学报, 29(3): 124-133.

上官伟, 郭弘倩, 刘朋慧, 等, 2015. 车路协同系统的视景仿真模型[J]. 交通运输工程学报, 3(15): 118-126.

上官伟, 史斌, 蔡伯根, 等, 2016. 车路协同环境下信道接入协议的优化方法[J]. 交通运输系统工程与信息, 16(6): 47-53.

上官伟, 张凤娇, 蔡伯根, 等, 2017. 基于萤火虫-免疫算法的 CVIS 测试序列优化方法[J]. 中国公路学报, 30(11): 129-137, 155.

田书, 赵哲林, 杜少通, 2019. 基于改进多目标差分进化算法的节能优化调度[J]. 武汉大学学报(工学版), 52(12): 1091-1096, 1105.

王祺, 胡坚明, 2011. 一种车路协同系统微观仿真平台的实现[J]. 公路交通科技, 4: 118-123.

王润琪, 周永军, 肖传恩, 2011. 双车道公路超车视距计算方法[J]. 交通运输工程学报, 11(3): 68-73.

杨晓芳, 茅威, 付强, 2013. 基于动态地场和元胞自动机的自行车流建模[J]. 物理学报(24): 99-107.

张存保, 冉斌, 梅朝辉, 等, 2013. 车路协同下道路交叉口信号控制优化方法[J]. 交通运输系统工程与信息, 13(3): 40-45.

张含, 蔡伯根, 上官伟, 等, 2013. 基于多分辨率建模的车路协同系统仿真场景设计与实现[J]. 系统仿真技术, 1(9): 1673-1964.

赵娜, 袁家斌, 徐晗, 2014. 智能交通系统综述[J]. 计算机科学, 41(11): 7-11, 45.

ADAMS R J, LICHTER M D, KREPKOVICH E T, et al, 2015. Assessing upper extremity motor function in practice of virtual activities of daily living[J]. IEEE Transactions on Neural Systems and Rehabilitation Engineering, 23(2): 287-296.

BACHA A, BAUMAN C, FARUQUE R, et al., 2008. Odin: Team victor tango's entry in the DARPA urban challenge[J]. Journal of Field Robotics, 25(8): 467-492.

BAI ZH W, SHANGGUAN W, CAI B G, et al., 2018. Deep learning based motion planning for autonomous vehicle using spatiotemporal LSTM network [C]// Chinese Automation Congress(CAC). Xi'an: CAC: 1610-1614.

BAI ZH W, SHANGGUAN W, CAI B G, et al., 2019. Deep reinforcement learning based high-level driving behavior decision-making model in heterogeneous traffic[C]// Proceedings of the 38th Chinese Control Conference(CCC). Guangzhou: CCC: 8600-8605.

CHAI L G, CAI B G, SHANGGUAN W, et al., 2017. Basic simulation environment for highly customized connected and autonomous vehicle kinematic scenarios[J]. Sensors, 17(9): 1938.

CHAI L G, CAI B G, SHANGGUAN W, et al., 2018. Connected and autonomous vehicles coordinating approach at intersection based on space-time slot[J]. Transportmetrica A: Transport Science, 14(10): 929-951.

CHAI L Q, SHANGGUAN W, CAI B G, et al., 2019. Traffic flow guidance and optimization of connected vehicles based on swarm intelligence[C]// Proceedings of the 38th Chinese Control Conference(CCC). Guangzhou: CCC:2099-2104.

CHEN J J, SHANGGUAN W, CAI B G, et al., 2019. Intelligent platoon operating slot optimization method based on drivers' overtaking behavior[C]// 2019 IEEE Intelligent Transportation Systems Conference (ITSC). Auckland: IOP Conference Series:1947-1952.

DU Y, SHANGGUAN W, RONG D CH, et al., 2019. RA-TSC: Learning adaptive traffic signal control strategy via deep reinforcement learning[C]// 2019 IEEE Intelligent Transportation Systems Conference (ITSC). Auckland: IOP Conference Series: 3275-3280.

DUNBAR W B, MURRAY R M, 2006. Distributed receding horizon control for multi-vehicle formation stabilization[J]. Automatica, 42(4): 549-558.

HUTSON M, REINERS D, JANUS V F, 2011. Accurate navigation using SCAAT and virtual fiducials[J]. IEEE Transactions on Visualization and Computer Graphics, 17(1): 3-13.

INGVARDSON J B, JENSEN J K, NIELSEN O A, 2017. Analysing improvements to on-street public transport systems: A mesoscopic model approach[J]. Public Transport, 9(1-2): 385-409.

KRETSCHMER M, NEUBECK J, WIEDEMANN J, 2005. Combining vehicle dynamics control and decision making procedures towards safe overtaking maneuvers [J]. SAE Technical Paper Series, 7(12): 408-412.

QIU W ZH, SHANGGUAN W, CAI B G, et al., 2019. Research on traffic simulation scenario construction and fidelity evaluation method under environment of i-VICS[C]// Proceedings of the 38th Chinese Control Conference(CCC). Guangzhou: CCC: 7155-7160.

RILETT L R, HUTCHINSON B G, WHITNEY M, 1990. Mechanics of the passing maneuver and the impact of large trucks[J]. Transportation Research, Part A, 24(6): 121-128.

RIZZO A, HARTHOLT A, GRIMANI M, et al., 2014. Virtual reality exposure therapy for combat-related posttraumatic stress disorder[J]. Computer, 47(7): 31-37.

SHAHI S K, WANG G G, AN L Q, et al., 2012. Using the pareto set pursuing multi-objective optimization approach for hybridization of a plug-in hybrid electric vehicle[J]. Journal of Mechanical Design, 134(9): 503-509.

SHANGGUAN W, DU Y, CHAI L G, 2019. Interactive perception-based multiple object tracking via CVIS and AV[J]. IEEE Access, 7: 121907-121921.

SHANGGUAN W, DU Y, CHAI L G, et al, 2019. Survey of connected automated vehicle perception mode: from autonomy to interaction[J]. IET Intelligent Transport Systems, 13(3): 495-505.

SIMONYAN K, ZISSERMAN A, 2014. Very deep convolutional networks for large-scale image recognition[J]. arXiv preprint arXiv. , 14091556.

TRAVASSOS V M, MACHADO F C, BARBOSA F P M, 2012. Software packages to support electrical engineering virtual lab[J]. International Journal of Online Engineering, 8(2): 19-23.

WORRALL R D, BULLEN A G R, 1970. An empirical analysis of lane changing on multilane highways [J]. Highwire RES Record, 303: 20-43.

YADAV R N, YADAVA V, SINGH G K, 2013. Multi-objective optimization of process parameters in electro-discharge diamond face grinding based on ANN-NSGA-II hybrid technique[J]. Frontiers of Mechanical Engineering, 8(3): 319-332.